新时代·教育新方法

趣解小学必背古诗词

看历史，学朗读，懂古诗

【上册】

青池 著

清华大学出版社
北京

内 容 简 介

本书精选了 112 首小学语文教学大纲中的古诗词，按照历史的发展脉络，以诗人的生平故事为主线，将历史、文学与典故结合在一起，通过讲述诗人背后的故事和时代的发展变化，让读者更好地理解古诗词。这些关于背景的理解，也正是现代朗读学对于作品演绎的基本备稿要求。本书的一大特色是为每首诗都绘制了独一无二的"朗读爬山图"，它们是简单明了的朗读方法示意图，让读者能非常容易且直观地读出诗词的韵味。

作者希望通过这些方法，带领学生和家长们一起走进一个充满诗意的世界，让读者们真正地"读"懂古诗词。

本书封面贴有清华大学出版社防伪标签，无标签者不得销售。
版权所有，侵权必究。举报：010-62782989，beiqinquan@tup.tsinghua.edu.cn。

图书在版编目（CIP）数据

趣解小学必背古诗词 : 看历史, 学朗读, 懂古诗 / 青池著.
北京 : 清华大学出版社, 2024.8. -- (新时代·教育新方法).
ISBN 978-7-302-67102-2

Ⅰ. G624.203
中国国家版本馆 CIP 数据核字第 2024PP0680 号

责任编辑：刘　洋
封面设计：徐　超
版式设计：张　姿
责任校对：王荣静
责任印制：杨　艳

出版发行：清华大学出版社
　　网　　　址：https://www.tup.com.cn，https://www.wqxuetang.com
　　地　　　址：北京清华大学学研大厦 A 座　　邮　编：100084
　　社 总 机：010-83470000　　邮　购：010-62786544
　　投稿与读者服务：010-62776969, c-service@tup.tsinghua.edu.cn
　　质 量 反 馈：010-62772015, zhiliang@tup.tsinghua.edu.cn
印 装 者：大厂回族自治县彩虹印刷有限公司
经　　销：全国新华书店
开　　本：148mm×210mm　　印　张：13.625　　字　数：361 千字
版　　次：2024 年 10 月第 1 版　　印　次：2024 年 10 月第 1 次印刷
定　　价：89.00 元（全两册）

产品编号：104264-01

主创团队

青池：主持人、作家、朗诵家。毕业于西南大学新闻传媒学院播音主持专业，原广东人民广播电台节目主持人。曾执教于深圳市龙岗区文化馆、马耳他中国文化中心，多次获演讲比赛、广播节目评比一等奖，现从事对外汉语教学和中华古诗词朗读研究相关工作。多年来致力于青少年语言艺术教育及对外汉语教学，获"第八届全国青少儿语言艺术盛典总决赛卓越指导教师"称号，执导、参演的少儿绘本剧、舞台剧、情景朗诵等广受欢迎。

天鸽子：本书图画作者，自由插画师，深圳大学硕士研究生，深圳市插画协会会员。

禹珵：本书视频汉服与妆发提供者，中华传统服饰爱好者。

王品皓：视频拍摄支持。

深圳市听也文化录音工作室：音频录制支持。

朗读示范

（按姓氏拼音排序）

成人： 陈海滨、米群、卫英华、张磊、张震（以上为深圳市龙岗区朗诵协会会员）

学生： 陈诗颖、代诗彤、黄启腾、黄圣轩、黄思源、巨云帆、刘宥贤、刘远航、王品皓、卫家齐、杨芮、叶芷研、叶籽彧、尹梓萱、张云深、赵廷远、郑楚涵（以上为深圳市龙岗区全民朗读大赛历届优秀选手）

前言

读古诗有什么好玩的

为什么是古诗词

我们从小就背诗。尽管不知道为什么要背,也不一定知道它的意思,但小小的我们都知道,只要能背上几首古诗,就一定能得到夸奖。

古诗词到底有着什么魔力,让年幼的孩子一读便能朗朗上口?让严厉的大人一听到孩子念诗就喜上眉梢?为什么这些诗词能传承几千年而魅力不减?

古诗词,是我们中华民族的文化瑰宝,它用最精练的语言,表达着最深刻的思想、最真挚的感情。心情好时,"春风得意马蹄疾";心情不好时,"才下眉头,却上心头";兴奋时,"漫卷诗书喜欲狂";烦恼时,"剪不断,理还乱";想闯世界时,"长风破浪会有时,直挂云帆济沧海";想家时,"举头望明月,低头思故乡"……

古诗词里有中华文化延续千年的审美和意象,有数代文人前赴后继的赤子之心和襟怀抱负,有让我们至今都受益无穷的温暖和感动。诗中所展现的美好与高洁、所传达的理想与志向,都在源源不断地给予我们力量,成为中华民族共同的精神财富。

无论将来在成长过程中有什么样的欢喜、什么样的困难,出现怎样的人生际遇，我们都能在古诗词里找到共鸣，也能让心灵获得安慰与鼓励。读懂古诗词，可以让我们对于心中所萌发的各种与中华文化相关联的感受，既懂来处，也知去处。

为什么要朗读古诗词

古诗词虽好，如果只拿来看，而不将它读出来，那就太可惜了。古诗里的韵律、节奏都极富美感，体现在声音上，是悦耳，是动听，是易读，是入心。

曾国藩说，"非高声朗诵则不能得其雄伟之概，非密咏恬吟则不能探其深远之韵"；朱自清说，"在语文的教学上，在文艺的发展上，朗读都占着重要的位置"。

面对古诗词，绝不是在心中默读就能体会其中意境的。所谓"情动于中而形于言"，凝练的诗句中蕴含了作者的学识、阅历和想法。如果只是看文字，我们难能真切地体会到。而通过朗读，在一次次的情绪模仿和语气创作中，在对背景和诗意的不断了解中，我们会越来越接近作者的感情状态，会越来越深地感受到作者所思、所想，会越来越直接地接收到来自千年前那震撼人心的感发力量。

可是，虽然我们都背过诗，但都背得相当无聊和枯燥。很多人背诗就是囫囵吞枣、只求速度，才不管诗里到底写了什么内容、表达了什么样的情绪和感情，好像只要赶紧背完就了事了。这样的背诵和朗读，无法真正领会诗词的意境，也完全传达不出诗人的感情。这就好像是有一道营养美味的菜肴摆在我们面前，我们却只是随便闻一闻就倒掉了，简直是暴殄天物啊！

反过来，如果能通过朗读，让千年前的诗歌"复活"，赋予它们第二次生命，去感动和鼓励更多的人，这是多么美好而有意义的事情呀！

为什么说以前是"假"朗读

可能有同学会说，读就读呗，反正我们都读了这么多年了！它一点儿也不难，似乎也不好玩，而且好像也没有什么作用呀？

误会，误会。

你以前练习的可能只是个"假"朗读。

为什么这么说？

因为大部分人的朗读只是在机械地"念字"而已。

想一想，你一般会在什么时候朗读？除了去参加朗诵表演，大部分的朗读都是发生在背课文的时候吧？可问题也恰恰出现在这里。无论是赶速度的背诵，还是全班一起的齐读，几乎都是一样的语调、节奏和拖腔，毫无感情和变化，我们将它称为——念书腔。神奇的是，这念书腔可以无师自通、自发流传，且全国统一！无论是北方还是南方，无论你平时是说东北话还是讲广东话，只要一开口读课文，大家就变成了一模一样的腔调。如此神奇、统一、跨越大江南北的"念书腔"是如何形成的？恐怕少不了以下几点。

（1）求快。就是想早点背完书嘛！

（2）偷懒。懒得去理解文章，就随便乱读一气。

（3）随大流。就算知道了文章的意思，但不好意思跟别人读得不一样。

于是，大家的念书腔平平淡淡、高低一致、节拍匀称，没有情绪、没有起伏、没有变化，刻板而无趣。尤其是在朗读经典古诗词时，它原本的优美和韵律全都不见了，只剩下呆板的背诵，李白听了都想哭！

什么是"真"朗读

现在我们知道了原因，怎么办呢？其实想要"真"朗读，方法很简单，大家只要记住一句话就行——读出文字真正的情感。

不仅是文章诗词句，哪怕只是一个词、一个字，都是有感情、有情绪的。欢喜与悲伤、高兴与发怒、平静与激动……读出来都是不一样的。如果我们能把作品读出它应有的感情，就等于给了它第二次生命，从文字创作变成了声音的创作。这样的二次创作能更深地激发我们内心的情感，使我们从中收获到更丰富的生命体验。

如何做到呢？只要有以下三步就行。

（1）通过理解意思去想象诗中的情景。

（2）体会诗中的情感。

（3）用合适的语气念出来。

我们学习古诗词的时候，一定会去看它的意思。但单首诗的释义往往是孤立的。如果我们能在这里稍稍深入一点，去了解诗人为什么会这样写、它究竟好在哪里，联系每首诗背后的故事一起来看，就会对诗中情感有更全面的认识和感受，印象也会更加深刻。这，就是朗读技巧的基础：理解背景。

所以我们讲每一首诗的时候，都会先讲讲诗人的故事，这样你一下子就能理解了。看故事可比背书好玩多了吧？接着，我们根据故事来想象诗中描述的情景，体会出作者的感受。有了这些基础，我们再用合适的语气念出来就好啦！因此，在理解诗意的基础上，我们的朗读步骤分为三步（图0-1）。

想象情景
⇩
想象出诗中所描述的画面
⇩

体会感情
⇩
心中去体会诗人当时的心情和感受
⇩

朗读语气
⇩
选用合适的语气念出诗歌

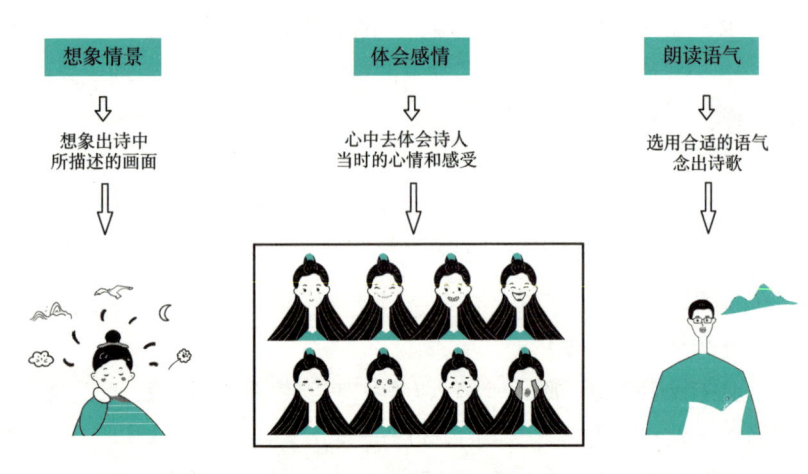

图0-1　古诗朗读步骤示意图

特别解释一下什么是语气。

"语气"，由两部分组成。"语"，指声音；"气"指气息。例如，同样的一句话，"你来啦"，高兴的时候说，我们会把气吸得很足，声音也会变得又高又亮，会大声喊出"你来啦！"，而难过的时候呢，我们的呼吸会变得又慢又沉，声音也会变得喑哑无光，会低声无力地说"你来啦"。这就是语气的妙用。我们在使用不同的语气时，自然会用上不同的语言节奏，会有许多高低快慢、轻重缓急的变化。所以，语气把握准了，朗读的效果大体也就出来了。但别忘了，"情景"和"感情"是把握合适语气的前提哦！

用我们最熟悉的一首诗来举个例子吧！

咏鹅

［唐］骆宾王（约640—约684）

鹅鹅鹅，
曲项向天歌。
白毛浮绿水，
红掌拨清波。

来看一下我们的独家"朗读秘籍"会如何引导大家读出诗的内涵和韵味吧！

【朗读秘籍】

1. 情景： 一个六七岁的小朋友在池塘边看着白鹅戏水。只见那清清的水面上，一群白鹅悠闲地游着。它们伸着长长的脖子对着天空歌唱，它们划着红色的脚掌朝着清水拨弄，真是悠闲又有趣呀！

2. 感情： 活泼可爱。诗里满是孩童那自由自在的灵动之感。

3. 语气： 在这样一个充满童趣的场景中，朗读的语气是喜悦的、轻松的、欢快的，小朋友们还可以带上你们天然的可爱感来读哦！

第一句的第一个"鹅"字，要高起一点，表示孩子刚看到鹅的兴奋之情。后两个"鹅"字则要低一些，表示已经开始观察鹅了。回想一下，我们自己平时在观察事物的时候，说话声音是不是也会不自觉地放低、放慢呢？

第二句的"向天歌"三个字，需要我们的声音往上走，像爬山一样，把声音送往高处。因为鹅是朝着天空歌唱的，我们朗读的时候也要把它的这种姿态表现出来。

第三句的"白毛"二字，声音要往下落一点，因为诗人的视线已经从鹅的脖子移到了鹅毛上,我们的声音也要跟着视线一起往下走一点。

第四句的"红掌"要比前一句的"白毛"的声音更低一点,因为我们看鹅的视线还在继续往下,已经从白白的鹅毛到了红红的鹅掌上了。

当你带着喜悦的感情、用欢快的语气来念这首诗,你的心情和感受都会更贴近诗人作诗时的状态,天真又活泼。这样一来,你朗读这首诗的感觉可就和以往大不相同了!

怎么样?我们的"朗读秘籍"不难吧?

为了避免你们继续用"念书腔",作者还准备了"诗歌朗读爬山图"来给大家作为参考(图0-2)。在爬山图中,字在图中的位置越高,朗读的声音也就越高;字在图中的位置越低,声音也就越低;字与字之间的距离越远,朗读的节奏就越慢;字与字之间的距离越近,朗读的节奏也就越紧凑。

骆宾王《咏鹅》

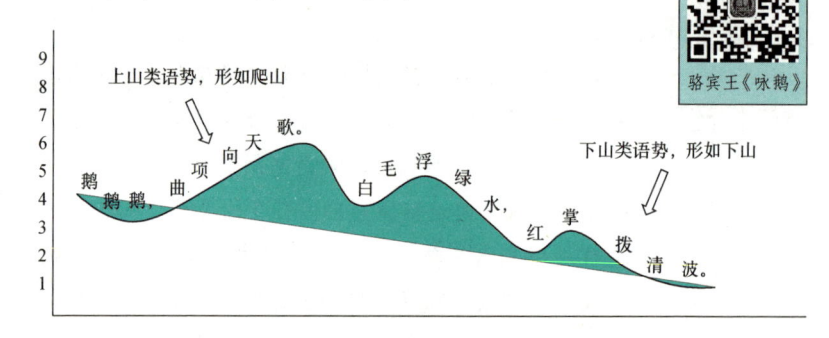

图0-2 骆宾王《咏鹅》朗读爬山图

如果某行诗句在图中是向上的趋势,就像爬山一样,那就是"上山类语势"(如图0-2中的"曲项向天歌"一句);如果诗句里的字都是向下走的,就像我们爬完山要往下走一样,那就是"下山类语势"(如图0-2中的"红掌拨清波"一句)。所以,我们只要根据图中的标示,就能读出不一样的诗歌啦!

通过这样的朗读方式来学诗歌,是不是简单又好玩?

当然，这是一种参考示意。朗读、朗诵、表演都没有标准答案。面对同一篇文章、同一首诗歌，每个人的理解和感受都会不同，用声音进行二次创作的时候也会不一样。所以，在整套书的朗读讲解中，你不必和作者标注得一模一样，这只是给初学者的简单示范。当你真正理解了文句，有了自己的独特感受，便可以用自己的方式来表达、来朗读。

在这套书中，我们将以小学生必背的古诗词为例，在历史的脉络中讲解诗人的生平故事，你可以一边看有趣的历史故事，一边理解古诗词的意思，再加上独门的朗读秘籍作为参考，那些看起来很难的内容一下子就会读啦！所以，只要通过"朗读"这一件事，就能提升文学素养、美学素养、语言能力和思维能力，真是一举多得呀！让我们一起开始古诗词朗读之旅吧！

为了让读者更加直观地理解朗读方法和"爬山图"的用法，作者特意录制并赠送部分教学视频作为示范，可扫码观看详细讲解——"青池读诗"精讲视频（共 21 节）。

目录

第 1 章　中国诗歌发芽啦

1.1　诗歌是如何产生的　　002
   1.1.1　《诗经》：既神秘又好玩的上古歌谣　　003
   1.1.2　《诗经·小雅·采薇》节选：古代当兵苦哇！　　006
   1.1.3　《离骚》：一直被模仿，从未被超越　　008

1.2　诗坛里的起起伏伏　　013
   1.2.1　汉乐府《江南》：走！夏游去！　　013
   1.2.2　汉乐府《长歌行》：快戒掉拖延症　　016
   1.2.3　建安风骨到底是什么　　020
   1.2.4　山水田园诗也开宗立派啦　　023
   1.2.5　《敕勒歌》：苍茫的天涯是我的爱　　025
   1.2.6　诗坛"遭难"？　　027

第 2 章　唐诗是这样发展起来的

2.1　看初唐诗人如何拯救诗坛　　032
   2.1.1　《蝉》：你猜我想表达什么　　032

2.1.2 《风》：一起来猜谜呀！ 035

2.1.3 唐初男子诗歌天团 038

2.2 谁说诗人皆命苦 041

2.2.1 《咏柳》：风能当剪刀？ 041

2.2.2 《回乡偶书》：孩子，我认识你爷爷 044

2.3 大唐边塞诗横空出世 047

2.3.1 《凉州词》：一去不返算什么 047

2.3.2 《凉州词》：这里真的没有春天？ 050

2.3.3 《登鹳雀楼》：火了千年的旅游代言诗 053

2.3.4 《别董大》：你也可以这样鼓励朋友 056

2.3.5 《塞下曲》：想跑？ 059

第 3 章 唐诗全盛时期，背哭小学生

3.1 他堪称唐代最厉害的七绝诗人？ 064

3.1.1 《从军行》：战士们的铮铮誓言 064

3.1.2 《出塞》：这里打了上千年的仗 067

3.1.3 《芙蓉楼送辛渐》：我可没变啊 070

3.1.4 《采莲曲》：生活处处有惊喜 074

3.2 从未做过官却有无数粉丝 077

3.2.1 《春晓》：真的，睡个懒觉好舒服的 077

3.2.2 《宿建德江》：孤单的驴友 080

3.2.3 《过故人庄》：你家饭菜太好吃了，我还要来！ 083

3.3 他的诗好到无法点评？ 087

3.3.1 《九月九日忆山东兄弟》：我不说想你 087

3.3.2	《鸟鸣涧》：声越响、越安静？	090
3.3.3	《送元二使安西》：朋友你今天就要远走，干了这杯酒	094
3.3.4	《鹿柴》：神秘幽静的深林	097
3.3.5	《山居秋暝》：劫后余生，归隐山林	101
3.3.6	《画》：我到底是谁写的	104

第4章　诗人中神仙级别的存在

4.1　诗仙李白　108

4.1.1	诗仙终于来了	108
4.1.2	《望天门山》：我要乘风破浪！	109
4.1.3	《望庐山瀑布》：别怀疑，就是天上来的	112
4.1.4	《静夜思》：思乡古诗排行榜第一名	115
4.1.5	《夜宿山寺》：可以摘星星了	118
4.1.6	《黄鹤楼送孟浩然之广陵》：孟夫子，咱们后会有期！	121
4.1.7	《赠汪伦》：一首诗让一个普通人成为千年网红	124
4.1.8	《古朗月行》：月亮还如当初那般美好吗	127
4.1.9	《早发白帝城》：命运真的瞬息万变啊！	130
4.1.10	《独坐敬亭山》：只有孤独是我的	134

4.2　诗圣杜甫　137

4.2.1	《春夜喜雨》：我盼了你好久！	139
4.2.2	《江畔独步寻花》：约不到朋友，就自己去吧！	143
4.2.3	《闻官军收河南河北》：老人也疯狂	146
4.2.4	《绝句》：不想起名字，你们看内容吧！	150

4.2.5 《绝句》：还是不想起名字，反正我有家族传承　　153

第 5 章　来围观中唐诗人的朋友圈

5.1　原来世界那么小　　158

5.1.1 《早春呈水部张十八员外》：出来看看吧，不骗你！　　159
5.1.2 《游子吟》：母爱排行榜第一诗　　163
5.1.3 《滁州西涧》：浪子回头金不换　　166
5.1.4 《渔歌子》：钓鱼不用鱼饵？　　170
5.1.5 《马诗》：好马也需伯乐识　　174

5.2　患难与共的至交好友　　178

5.2.1 《江雪》：下雪了还去钓鱼？　　178
5.2.2 《竹枝词》：清新少女风　　182
5.2.3 《浪淘沙》（其一）：黄河里能淘出金子来　　185
5.2.4 《浪淘沙》（其七）：震撼的钱塘江潮　　189
5.2.5 《望洞庭》：你见过这么大的盘子吗　　192
5.2.6 《寻隐者不遇》：隐世高人住哪里　　195

第 1 章 中国诗歌发芽啦

1.1 诗歌是如何产生的

作者知道大家在看到这本书之前,就已经背过不少古诗了。不知道大家有没有想过这个问题:诗歌到底是怎么产生的?古人为什么要写出这么多的诗词让我们背呢?古代不上学的孩子们要背诗吗?

亲爱的同学们,误会了。因为"古诗"根本就不是专门写来给你背的!

诗歌早在上古时期就有了,它很可能起源于人们在劳动时喊的口号。大约就是这样:"来,走起!""加把劲儿啊一起拉啊!""你堵那头,我堵这头,咱们一起把鸡捉呀!"喊着,喊着,大家觉得这样的口号很有意思,于是在开心时、伤心时、兴奋时、悲愤时都喜欢来上那么几句,久而久之,便形成了不少歌谣,这就是诗歌的雏形。没想到它的起源是如此接地气吧?

但是,具体是哪个年代开始有的诗歌,我们现在也查不到了。因为诗歌出现得比文字还早呢!原始社会里的上古歌谣,大多都已经失传了。目前我们能找到的最早有文字记载的诗歌是这一首:

弹歌

[上古时期]

断竹,

续竹,

飞土,

逐肉。

相传这是黄帝时代的作品,距今已经有 5000 年了。诗中描绘了人们劳动的场景:砍伐竹子,用竹子制作工具,再用做好的弓去打猎。

看，诗歌的语言很精练吧？才八个字，就写了一个关于打猎的场景出来。

后来，文字渐渐出现了，便陆陆续续有诗句保存了下来。又过了许久，到了距今 3000 多年前的西周王朝，统治者开始重视这些民间歌谣，便专门派人去采集诗歌。

负责采集诗歌的人叫作采诗官。看起来这可是个好工作呀！采诗官可以像旅游一样四处走访，把人们口头吟唱的民谣、诗歌都收集起来，带回都城给周天子（周朝的统治者，那时候还不叫皇帝）看。

用采诗官们自己的话说，"我们不生产诗，我们只是诗的搬运工"，好玩吧？

不过，这当中的风餐露宿有多辛苦，只有他们自己体会最深了。

经过年复一年的采诗，大家只需要通过听诗歌就能知道老百姓心里的想法是什么、日子过得怎么样。接着，周天子会让懂音乐的人把这些内容重新修改、整理、谱曲，让它们变得更加规范，再传回到民间。所以，最早的诗歌大部分都是有曲子、可以唱的，只不过传到现在，曲子早就消失了，只剩下了文字。

幸好还有文字。单单从文字中感受到的诗歌文化，就能在跨越几千年的时光中不断地滋养华夏儿女们的精神世界。无论在地球的哪个角落，只要有人随口吟上一句"床前明月光"，我们就能马上接出下一句。即使大家互不认识，但只要念的是同一首诗，就会产生相似的联想、得到相似的感动。诗歌能将大家紧紧联系在一起，即使是陌生人，也能通过诗歌在精神上产生共鸣、在心灵中留下默契。这正是因为我们共同的祖先早在几千年前，就已经用诗歌为我们留下了文化基因。经过一代又一代的传承，延续千年，生生不息。

1.1.1 《诗经》：既神秘又好玩的上古歌谣

"关关雎鸠（jū jiū），在河之洲"这句诗，很多人都会读，你一定听过吧？它出自《诗经·国风·关雎》。

《关雎》是诗经里的第一首诗，主要是称赞一位美好的女子。那

为什么写女子要从"雎鸠"这种水鸟开始写起呢?两者之间有什么联系吗?这个答案,我们要从《诗经》是什么讲起。

别担心,讲解很短,三幅图就能弄懂。

1. 它是中国第一部诗歌总集(图1-1)

图1-1 中国诗歌长河示意图

喜欢采集诗歌的西周灭亡后,皇室东迁洛阳,东周来接班儿了。东周又分为春秋时期和战国时期两大阶段。春秋时期出现了一位名垂千古的大教育家孔子,你一定听说过他。孔子整理了从西周开始到春秋时期这500多年间流行的诗歌,最后删定的一共305首,所以人们称它为《诗三百》,这就是我们常常说的《诗经》。

2.《诗经》分为风、雅、颂三部分(图1-2)

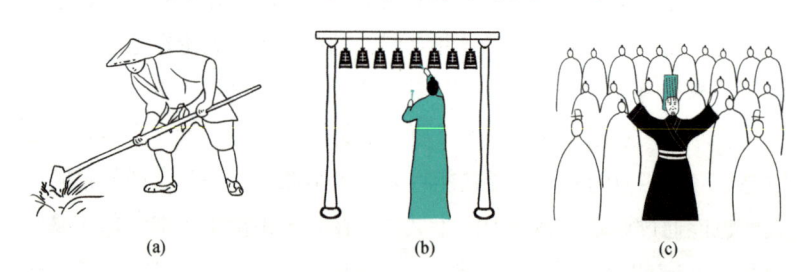

图1-2 《诗经》风、雅、颂三部分示意图
(a)风;(b)雅;(c)颂

赋:直言	比:比喻	兴:象征
现代语:她真好看。	现代语:她像花儿一样美。	现代语:那两只鸟好恩爱,跟我们一样。
诗经曰:有美一人,清扬婉兮。	诗经曰:桃之夭夭,灼灼其华。	诗经曰:关关雎鸠,在河之洲,窈窕淑女,君子好逑。

"风"是国风，这部分内容几乎都是来自各地民间歌谣，就是老百姓中间的"流行歌曲"。

"雅"以贵族作品为主，有点像我们现在在音乐厅里演奏的音乐，那个时候，主要是作为古代贵族举办宴会时的背景音乐或者表演使用的。

"颂"以祭祀歌为主，只有朝廷和指定的封国才能使用，都用在很庄严肃穆的场合。

3.《诗经》有"赋""比""兴"三种创作秘籍（图1-3）

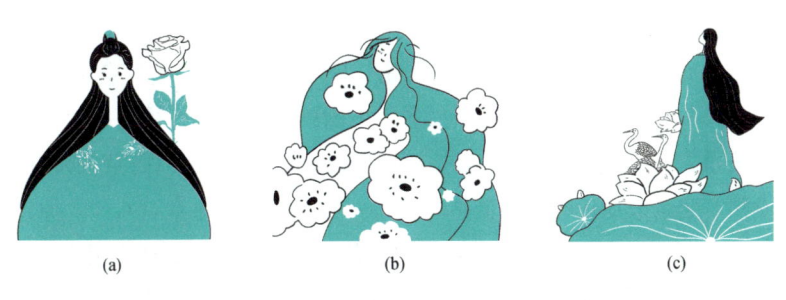

图1-3 《诗经》赋、比、兴三部分示意图
（a）赋；（b）比；（c）兴

现在我们来看《关雎》的前几句：

"关关雎鸠，在河之洲。窈窕淑女，君子好逑。"

它在讲美人之前，先提起"雎鸠"。雎鸠是一种水鸟，这正是用了"兴"的手法：由鸣叫的水鸟引发出对美好女子的追求之心。这是不是有点像我们在看到夏天火热的太阳时，引发出"天气真热，好想吃个冰淇淋"的感慨？

总结起来，《诗经》的特点就是六个字（图1-4）。

内容上分为三部分：风雅颂；修辞手法也有三种：赋比兴。

图1-4 《诗经》特点示意图

介绍完背景知识，我们来看一首《诗经》里的诗歌，并学习怎么朗读吧！

1.1.2 《诗经·小雅·采薇》节选：古代当兵苦哇！

从"武王伐纣"的周武王到"烽火戏诸侯"的周幽王，西周历时约300年。那时候，一个叫犬戎的少数民族一直是西周的强敌，几代周天子都曾经派兵与之作战。甚至最后，西周王朝就是亡于犬戎之手。

西周是奴隶制社会，采用征兵制，等级分明。"虎贲"是周天子和诸侯国的亲兵，属于贵族的子弟兵。"甲士"是驾车的兵，从平民阶级中征召而来，不打仗时他们就在家干农活儿。"步卒"是由庶人（一般指没有田地的人）组成的。"厮徒"是军队的苦力，由奴隶充当。

《采薇》这首诗大概是以一名甲士的口吻写就的，描写了对犬戎的战争之艰辛之持久。薇，是一种野草的名字。诗中以野草的发芽、成熟、变老来指代时间的流逝。全诗一共有六章，每章有八句。原诗很长，写了对家乡的思念、戍边的艰苦以及随时备战的高度紧张。

诗的最后一章写道，好不容易战争结束，能回家了，可路途又是那么远、那么累。但即便如此，还是要坚定地一步步往家走去。

《诗经·小雅·采薇》节选

[周]（约前1046—前500）

昔我往矣，杨柳依依。

今我来思，雨雪霏霏。

行道迟迟，载渴载饥。

我心伤悲，莫知我哀！

一位战士出征多年后终于踏上归途，节选的内容是描写他在艰难归家途中的心情。

"昔我往矣，杨柳依依"：回想当初我出征时，那细细的杨柳枝随着风儿轻轻摆动。"杨柳"的读音很像留下的"留"，在古代，常用杨柳来表达离别的不舍和思念。

"今我来思，雨雪霏霏"：如今我归来的路途中，大雪纷纷满天飞。

"行道迟迟，载渴载饥"：道路泥泞很不好走，现在的我又饥又渴，又累又孤单。

"我心伤悲，莫知我哀"：我这满腔的伤心和悲哀，谁能体会？

这四行诗句并不长，但可别小瞧它们。在艺术上，"昔我往矣，杨柳依依。今我来思，雨雪霏霏"被称为《诗经》中最好的句子——它借着景物来抒发自己的感情，并且对仗十分工整。在"杨柳依依"这样美好的景色里写离家多年的忧伤，又在"雨雪霏霏"这样哀伤的景色里写即将归家的喜悦，在快乐的景色里写哀伤，又在伤感的景色里写喜悦，这样的对比，让忧伤与喜悦都成倍增加了。

也许你会说，"这不稀奇呀，我也能写"。是的，现在"借景抒情"这样的手法已经非常常见了。但这首诗是3000年前作的呀，它可是此类修辞手法的源头呢！我们都知道，"发明者""创造者"总是非常了不起的，对吧？

【朗读秘籍】

1.情景："我"是一名征夫，外出打仗多年。这年冬天，总算可以回家了。我独自走在归家的途中，雨雪交加，天气十分阴寒。又湿又滑的土路上全是泥巴，行走艰难。一路上我风餐露宿，又饥又渴。远远望着家乡的方向，百感交集，却无人可以倾诉。

2.感情：悲伤。他的悲伤里有对家乡的浓浓思念，有对时光流逝的惋惜，也有对战争的厌恶。

3.语气：既然感情是悲伤的，那么我们的语气就要相对低沉、缓慢。我们需要把呼吸放缓、把声音压低，这样才能衬托出诗中的氛围。

第一句"昔我"二字是回忆，声音可以拖长一点，带着一种回味往事的感觉。讲到"往矣"的时候，有些许的忧伤，声音往下走；"杨柳依依"中的"依依"二字往高处走，这是回忆出征前的送别，那飘逸的杨柳是如此美丽。想到这儿，我们的情绪和声音都可以上来一些。

第二句的"今我来思"，是如今孤单的自己想起当初分别的情景，气氛有些往下沉了，我们朗读时的声音也往下走一点。接着，在"雨雪霏霏"这样寒冷的天气里，这位征夫更显凄凉，因此这句声音更加

往下沉。

第三句"迟迟"两字要读得缓慢一点，表现在泥泞雪水中走得很慢、很艰难的样子。"载渴载饥"，人又饿又渴的状态下，语气是有气无力的，声音低沉而缓慢。

第四句"我心伤悲"，像是这位征夫仰天长叹了一口气，感叹自己的悲伤情绪。我们在朗读时把气息猛地一口叹出去，音量也要随之加大一点。"莫知我哀"则是无人诉说、无人可懂自己的悲伤心态，气息收敛，声音低低缓缓地结束。

同时，像"昔""今""往""来""杨柳""雨雪"这样的对比词语可以稍微强调一下，突出对照中的不同。

《诗经·小雅·采薇》（节选）朗读爬山图如图1-5和图1-6所示。

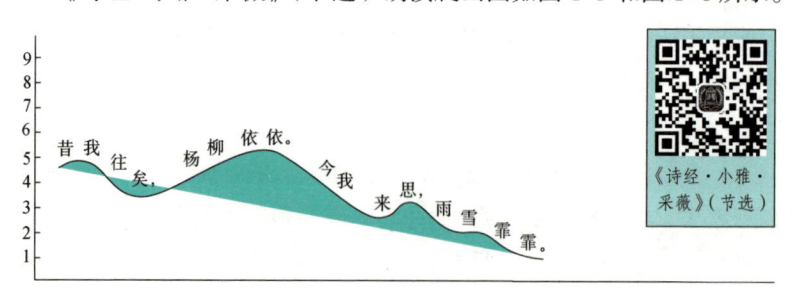

图1-5 《诗经·小雅·采薇》（节选）朗读爬山图1

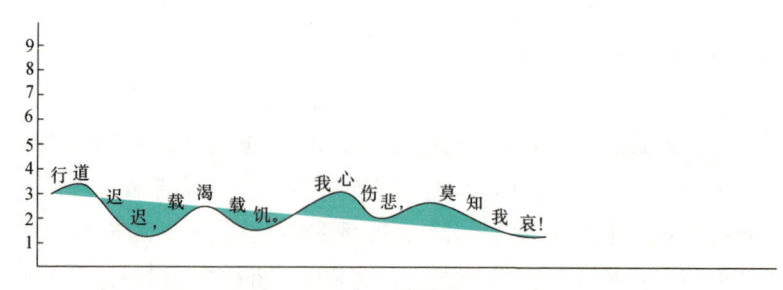

图1-6 《诗经·小雅·采薇》（节选）朗读爬山图2

1.1.3 《离骚》：一直被模仿，从未被超越

《诗经》一出现，便成为读书人必背的内容。在它称霸文坛几百

年后，中国才出现了能与之比肩的新形式作品——《离骚》。

《离骚》是中国古代最长的抒情诗，全诗2476字，包含大量生僻字以及楚地的巫文化。

奇怪了，《诗经》里可是有305首诗啊，为什么单单一首《离骚》能与之相提并论呢？

因为它够长？够难？够深情？够华丽？

都不是。

那是为什么呢？

《离骚》的作者屈原，你一定听过他的名字吧？我们传统的端午节有一个重要的内容就是纪念屈原，这也是我们唯一会在节日里纪念的诗人。

他为什么这么重要呢？

我们来看看屈原和离骚的故事。

屈原（约前340—前278），姓芈（mǐ），屈氏，名平，字原，出生于楚国丹阳秭归（今湖北省宜昌市），战国时期楚国诗人、政治家。

前面说到，东周分为春秋和战国两个时期。那个时候，虽然大家表面上都认同周天子的统治，但实际上都是各自为政。春秋时期，大大小小的诸侯国曾多达140余个。各诸侯国之间经常打仗，大国吞并小国之后，又继续和其他的大国不断地打，先后分别形成了"春秋五霸"[①]和"战国七雄"[②]的局面。

屈原是战国时期楚国的贵族，他的祖上也当过楚王。楚国一度非常强大，是当时唯一能与秦国抗衡的诸侯国。年轻的屈原正生活在这个时期。他凭着一身才干很受楚怀王的重用，在精准分析天下形势后，又推行了革新变法。刚开始改革的成效不错，让楚国进一步强大

[①] 春秋五霸：指春秋时先后称霸的五个诸侯，即齐桓公、宋襄公、晋文公、秦穆公、楚庄王。另一说是指齐桓公、晋文公、楚庄王、吴王阖闾、越王勾践。

[②] 战国七雄：中国东周战国时期七个最强大的诸侯国的统称，包括秦国、齐国、楚国、赵国、韩国、魏国和燕国。

起来。但是，革新，革新，一定会革掉一部分人原有的利益，尤其是势力庞大的旧贵族。当他们的利益被侵犯，就一定会想办法反击。在这些人的排挤和陷害之下，屈原两度被流放。

明明一心为国做事，却被奸人所害。屈原的满腹才华得不到重用，美好理想得不到实现，一腔报国热忱也得不到施展。他只好在被流放的荒凉之地发出无数呼号和叹息。这些都被写进了长诗里，就是我们今天看到的《离骚》《九歌》《天问》等楚辞的代表作。这些代表作和屈原一起，对后世文人的影响乃至对整个中华文化的影响都巨大和深远。体现在哪些方面呢？我们可以来简单了解一下。

其一，屈原的高洁的形象。屈原在长诗中所展现出来的，是一个同情百姓、深沉爱国、批判现实、追求纯洁理想的形象。他说"长太息以掩涕兮，哀民生之多艰"，这是为百姓的艰难生活而流泪叹息。他说"路漫漫其修远兮，吾将上下而求索"，这表明了一路上的黑暗险阻都阻挡不了自己追寻光明的决心。他说"亦余心之所善兮，虽九死其犹未悔"，这是诗人为了追寻理想而不惧死亡的表白。屈原这种执着追求的精神被代代中国文人继承下来，到今天仍在滋养着我们的灵魂、坚定着我们的信念。

其二，屈原的家国情怀。春秋战国时期，各诸侯国都在招贤纳士，人才来去自由。思想上，百家争鸣，各家学说的碰撞自由而热烈。各学派大师都可以率门下弟子游历天下，如我们熟知的孔子就曾周游列国讲学。政治上，诸侯国的概念也和我们现在的国家概念不一样。大家名义上都还属于东周王朝，但周室衰微，国家意识也越来越淡薄。士子们不但可以历聘各国，还可以"合则来，不合则去"。例如，商鞅本是卫国人，去到秦国施政变法；孙武本是齐国人，去到吴国，以自己的兵法使吴国一时强大称霸；荆轲本是卫国人，后效忠燕国太子去刺秦王……

屈原所在的楚国，人才外流也十分严重。楚人伍子胥在吴国立下赫赫战功；楚人范蠡去了越国，帮助勾践灭吴；楚人李斯被秦王重用，成为秦朝的开国丞相……但屈原，即使被误解、被陷害、被流放，也对楚国始终如一、爱得深沉。这种深厚的情感在诗中反反复复出现了无数次。面对流放的困苦,他既不愿离开,也不求自保,只满心牵挂着国家的命运和百姓的生活。乃至最后,当听到楚王被擒,他满心绝望,抱石沉江。

其三,屈原开创的比兴寄托。《诗经》里的"兴"是在诗的开篇起感发作用的,比如由水鸟鸣叫而引出窈窕淑女。而《离骚》里的"比兴寄托"强调的是"意在言外",比如"众女嫉余之蛾眉兮,谣诼谓余以善淫",表面上写大家嫉妒一个女子的美貌,实际上呢?诗人说的是官场黑暗,有小人污蔑于他。

也许你要说,这个比喻不稀奇呀!我们常见。那是因为我们已经熟悉了这种表达方式。可在几千年前呢?《离骚》正是这种写法的源头。从这里开始,我们多了一种言外之意的比兴寄托之法。美人喻君子、花草喻高洁的品质、服饰之美喻美好的品德……屈原用了许多新奇的比喻,自《离骚》开始,中国便有了以"美人香草喻君子"的传统。

其四,屈原的悲秋主题。"悲秋",是中国文人们从古至今都有的情结。每当有人身处逆境、离别、失意,或者感叹生命无常、时间易逝时,都会想到秋天。等真的到了秋天,诗人们更是将自己的感伤之情表露无遗。我们比较熟悉的"月落乌啼霜满天,江枫渔火对愁眠""万里悲秋常作客,百年多病独登台"都是悲秋主题的千古佳作。而在比他们早 1000 多年的楚国,屈原就已经发出了"惟草木之零落兮,恐美人之迟暮"的感叹,这也成为历代诗人悲秋情感共鸣的开端。直至现在,我们都还经常使用"美人迟暮"这个词来形容岁月的无情。

当然,这几方面还远不足以概括屈原的伟大。作为中国第一位有名有姓的大诗人,屈原虽然已经远去了,但是他心灵中的美好、他品格里的高贵,都通过《离骚》传承了下来。在几千年的历史长河中,不断点燃诗人们的热情和追求,不让诗歌走向消极,不让诗人放弃理想,这是屈原和《离骚》留下的最宝贵的财富。

1953 年,也就是在屈原逝世 2200 多年后,世界和平理事会通过

决议，确定屈原为世界四大文化名人之一。另外三位分别是法国作家拉伯雷、波兰天文学家哥白尼、古巴诗人何塞·马蒂。

人的生命虽然短暂，但精神的力量是无穷的，作品的生命是无限的。屈原在《离骚》中所展现出的家国情怀一直被后世的诗人们继承和发扬，他那求索和不屈的精神，影响了一代又一代华夏儿女的选择，也影响了无数后世文人的创作。

屈原和《离骚》带给我们的震撼与感动，几千年来生生不息。所以虽然小学生的课本里还不用背诵他的作品，但我们却一定要知道这位伟大的诗人。

到现在为止，我们已经了解了中国诗歌的两大"巨头"——《诗经》和《离骚》。我们来看看两者的简单对比（图1-7）。

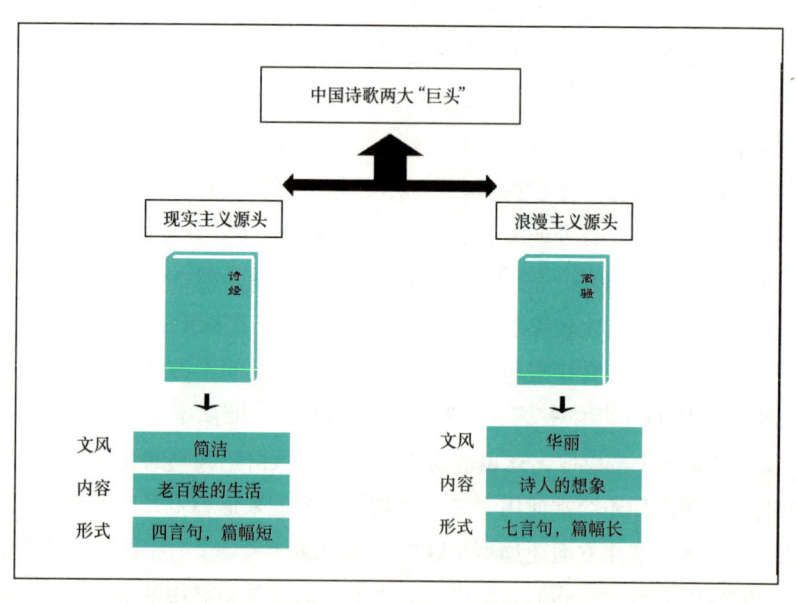

图1-7 中国诗歌两大"巨头"对比示意图

简单总结，《诗经》的内容大多采自民间，来自老百姓的生活，描写的多是现实里的事情，几乎都是四字一句，简短易读，是现实主义文学的起源。

《离骚》里有许多诗人奇特的想象，还结合了南方特有的神鬼传说，文风华丽，是浪漫主义文学的开山之作。

1.2 诗坛里的起起伏伏

1.2.1 汉乐府《江南》：走！夏游去！

春秋战国时期，战争四起，社会发生了很大的变革，思想产生了巨大的碰撞，迸发出灿烂的火花。这一时期，思想文化领域的现象被称为"百家争鸣"。这期间很少人去采诗了。文人们为了表达自己的思想和主张，都喜欢写辞、写赋，而很少写诗，诗歌园地几乎是一片荒芜（在长达400年的时间里只有《离骚》大放异彩，成为中国诗歌史上的高峰）。

大家都不写诗，那诗坛就此没落了吗？

当然不。在沉寂了几百年后，它又迎来了一个新的发展！

我们先来看看这段时间里的历史大事件。

公元前256年，秦灭东周。

公元前221年，秦王嬴政建立了中国历史上第一个统一的封建王朝秦朝，定都咸阳（今陕西省咸阳市、西安市）。"书同文、车同轨"，他统一了文字和度量衡，将"三皇五帝"的称号合并采用，成为中国历史上第一个使用"皇帝"称号的君主，在中国历史上留下了浓墨重彩的一笔。

公元前207年，秦朝灭亡。

公元前206—前202年，刘邦、项羽楚汉争霸。

公元前202年，刘邦建立西汉，是为汉高祖，定都长安（今陕西省西安市）。

西汉的第七位皇帝刘彻，便是大名鼎鼎的汉武帝。他的名气和贡献，与手下群星闪烁的文臣武将分不开。文，有写下《史记》的司马迁，有独尊儒术的董仲舒，有汉赋大家司马相如，有古代四大才女之一的卓文君；武，有卫青、霍去病横扫匈奴，以战封神，有飞将军李广威震西域。对内，汉武帝颁布推恩令瓦解诸侯势力，不拘一格录人才；对外，他派张骞出使西域，打通了"丝绸之路"。

而这个时期对于诗坛而言的大事，便是"采诗夜诵"。汉武帝仿照周朝的传统，命人收集诗歌，将之重新谱曲、流传，民间诗歌又一次被重视和保存起来。由于当时是由一个叫作"乐府"的机构来管理音乐和诗歌，所以这些诗歌我们就称为"乐府诗"，或者叫"乐府""汉乐府"。

新上岗的采诗官们可高兴了。他们哼着歌、带着笔，上庙堂、下田地，全国各地到处跑，山间田野四处逛。新一代采诗官们一边旅游，一边工作，收集了大量的诗歌，带回长安汇编成册。其中，有贵族祭祀的乐歌，有乐器演奏的曲子，还有许多"相和歌辞"。相和歌辞是百姓在劳作时随口吟唱的歌谣，内容贴近生活、通俗易懂，有的就像是邻居之间在聊家常、唠嗑一样。其中蕴含的感情和哲理也让人感到十分亲近，所以是汉乐府中最受人欢迎的诗歌类型。相和歌辞讲了老百姓日常生活中的许多事情，真实又有趣。《江南》就是其中的一首。

江南

[汉]乐府诗（约前110—前100）

江南可采莲，莲叶何田田。

鱼戏莲叶间。

鱼戏莲叶东，鱼戏莲叶西，

鱼戏莲叶南，鱼戏莲叶北。

很简单的一首诗。它收录在小学一年级的语文课本里，读起来非常欢快可爱。

"江南可采莲，莲叶何田田。鱼戏莲叶间"：初夏的江南，人们去采莲子，看到许多鱼儿在水中游荡。田田：形容荷叶很茂密的样子。前三句告诉了我们时间、地点和事件。简单的三句诗，向我们展现出如画儿一般的江南美景。

"鱼戏莲叶东，鱼戏莲叶西，鱼戏莲叶南，鱼戏莲叶北"：鱼儿一会儿游到东边，一会儿游到西边，一会儿游到南，一会儿又游到北。

这四句除了"东西南北"几个方位词有所变化外，其余内容都是一模一样的。这里用的修辞手法叫"复沓"和"互文"。古代的诗歌大多是配着曲子唱出来的，"复沓"也就是歌曲中的循环往复，非常有节奏感和韵律感。"互文"是句子间的相互呼应。这两样修辞手法充分地把鱼儿四处畅游的调皮劲儿展现出来了。别看这表面上只写了鱼儿的玩耍，实际上也指的是少男少女们采莲时的欢乐场景。像鱼儿一样欢快活泼的他们，真让人开心。咦，看大家结伴出来玩的样子，像不像我们现在的春游？不过采莲的季节是初夏，我们不妨叫它"夏游"吧！

这首诗语言通俗易懂，我们不用看译文就能明白大致的意思，把它背下来也不是难事。不过，想要朗读好可就不那么简单了。不信，你回忆一下，当初大家是怎么背这篇课文的？是不是从"鱼戏莲叶间"这句开始，后面全部用的一样的语调？甚至同学们相互间还会比速度，看看谁把后面的"东西南北"背得最快？

可惜了，可惜了，这么欢快有趣的一首诗，大家随便读读就把它放过了，那可不行！来看看咱们的朗读秘籍吧！

【朗读秘籍】

1. 情景：夏初，江南又到了采莲的季节。我们来到湖边玩耍，看到莲叶全都盛开了，一朵一朵浮出水面，层层叠叠，一片生机盎然。鱼儿在水中游来游去，一会儿游到这儿，一会儿游到那儿，欢快极了。

2. 感情：通过以上的情景，我们也能感受到采莲人的快乐吧？夏日里，人们一边划船戏水，一边采摘莲子，水中的鱼儿与船上的人儿都在嬉戏，好一个盛夏光景，好一段欢乐时光！

3. 语气：诗中描写了采莲时鱼儿在莲叶间游动的情景，朗读的时候就好像是我们自己要出门去玩耍一样，带着这种放松的心情来读，语气欢快活泼、声音明亮。

第一句"江南"二字清晰带出，告诉人们采莲的地点。"可采莲"适当放慢，这是在说人们在干什么，语气是明快愉悦的。

第二句"莲叶"二字就不必再强调了，着重放在"何田田"上，展现莲叶的茂盛，语气是带着欣赏和欢快的。

第三句"鱼戏莲叶间"的节奏比前两句稍快一些，"鱼"字稍微突出一点，因为后面讲的都是鱼儿的动作了，它可是后面的主角呢。这里用稍缓的上山类语势。

接下来的几句，就不用再强调"鱼"了，转而强调"东""西""南""北"这几个方位词。同时注意，语言节奏是轻快的，不要拖音，要展现出鱼儿的活泼和欢快。朗读的时候可以一句高一句低地来搭配，不要四句都读成一模一样的节奏。虽然现在没有了曲子，但我们仍然可以用自己的朗读来展现诗句的丰富变化。

汉乐府《江南》朗读爬山图如图1-8所示。

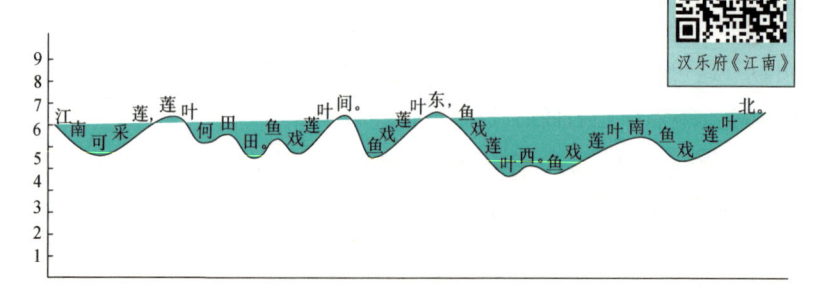

图1-8　汉乐府《江南》朗读爬山图

1.2.2　汉乐府《长歌行》：快戒掉拖延症

你有"拖延症"吗？有经常被大人们说"慢吞吞""磨磨叽叽"吗？有觉得今天的事情好像永远也做不完、总是想等到以后再说吗？

如果以上情况都有，那么你可得好好品读一下这首古诗了。

长歌行

[汉] 乐府诗（约前110—前100）

青青园中葵，朝露待日晞。

阳春布德泽，万物生光辉。

常恐秋节至，焜黄华叶衰。

百川东到海，何时复西归？

少壮不努力，老大徒伤悲。

前面讲《诗经》的时候我们提到过，最早的诗歌很可能是来源于老百姓在劳动时喊的"口号"。几千年前，人们种地、盖房子可都是没有机器的，需要很多人协作、相互鼓励。喊一些劳动口号有助于大家一起加油。慢慢地，这些口号就演变成了歌谣。人们发现这样的歌谣朗朗上口，唱起来很有意思，流传度也广。许多乐府诗也是来源于此。这些诗歌缘事而发，有很强的叙事性。后来，人们开始在诗歌中加入一些观点、道理、劝诫等，希望能对世人有所帮助。《长歌行》就是这样一首"励志歌"。它讲了什么呢？

"青青园中葵，朝露待日晞"：园子里的菜郁郁葱葱，长得非常茂盛。早上还有露珠在叶子上滚动呢，可等到太阳一出来，就被晒干了。

这里的"葵"是中国古代很流行的一种蔬菜，我们叫它"葵菜"，滑溜溜的，很好吃，大家不妨找来试一试！

"阳春布德泽，万物生光辉"：暖暖的阳光把幸福和希望洒满大地，大自然里的万事万物都焕发出了勃勃生机。德泽：恩惠，这里指大自然的恩惠。

"常恐秋节至，焜黄华叶衰"：但还是让人时常担心，怕秋天一到，草木发黄，花儿凋谢。焜（kūn）黄：形容草木凋落枯黄的样子。华（huā）：同"花"。

诗句到了这里，是一个大转折：前面还在说春天的美好，瞬间就来到秋天的衰落了。诗人这样写是想引出什么呢？

"百川东到海，何时复西归"：你看，千百条河流都是向东而去

汇入大海的，它们什么时候会回头向西呢？

原来上一句的担心是在这里呢！流水不回头，时光也是一样啊！所以诗中接下来说道：

"少壮不努力，老大徒伤悲"：人也是一样啊，年少时如果不珍惜时间，到了年老体弱、精力不够的时候再来后悔，那也没有用了啊！徒：白白地。

看到这里，你大概已经知道为什么说这首诗是"励志诗"了吧？它从自然景物的消逝写起，由小见大地描述出时光一去不复返的自然现象和人生哲理。几千年来，人们常用这两句诗来告诉我们，要趁青春年少努力奋斗，莫去虚度光阴。

除了劝诫之外，这首诗还使用了"托物起兴"的手法。诗的第一句先从蔬菜讲起，看起来似乎和主题"珍惜时间"没有什么关系，它也不直接讲道理，而是通过万物的变化来让我们感知时间的变化，最后点明主旨，劝大家珍惜时光。

我们写作文的时候也可以用"托物起兴"的手法哦！例如，你想出去玩，不直接写出去玩，而是可以先写自由飞翔的鸟儿、欢快奔跑的小朋友、阳光下的草地等，到后面再讲你想出去玩的愿望，是不是跟你直接写"想出去玩"会有不一样的效果？

【朗读秘籍】

1. 情景：这首诗有点长，又以景物描写为主，故事性不够，所以不那么好记。不过不用担心，我们可以根据前面讲解的意思想象出一幅动态的画面，来帮助我们更好地理解和记忆！

来，我们一起来观看这样一个大自然的纪录片：春天的菜地里，蔬菜长得翠绿可人。早上的时候，菜叶上还有许多晶莹剔透的露珠呢，可太阳出来后，就把露珠晒干了。春日的阳光照射下来，温暖又舒适，仿佛都带着幸福的光辉。可是到了秋天，树叶、小草都变黄、枯萎了。你看，所有的河流都是往东流去，什么时候见它们能倒流回来的？所以，不趁年少的时候努力，到老了就来不及啦！

2. 感情：虽然诗中有对自然景物逝去的感慨，但总体的感情是积极向上的。全诗共五组句子，前两组是表现大自然的勃勃生机，三、四组是表达对时光流逝的惋惜，最后一组是对大家真诚的劝勉和鼓励。全诗充满了"爱"的感情。这个"爱"，包括对大自然的爱、对时间的爱，也包括对世人的爱。正因为爱，才让诗的作者愿意花这么多时间精力，以"托物起兴"的手法开始，把干巴巴的道理讲得如此充满美感。

3. 语气：整体语言节奏较慢，但无论是平缓说理，还是深刻的感慨，都不是单一的情绪，而是以"爱"为铺垫，才能读出诗中的情感。

第一组句子讲青翠可人的蔬菜"青青园中葵"时，我们的声音也是清脆、愉悦的，朗读节奏比较明快。但是当露珠被太阳晒干，"朝露待日晞"后，语速要放慢，带着些许惋惜，用下山类语势。

第二组"阳春布德泽，万物生光辉"，说起这大好春光，我们的气息要饱满，声音别含着，随着感情一起放出来，充满对大自然的赞扬和欣赏之情。这一组大体上可用上山类语势来表现阳光铺满大地的幸福感，节奏稍放慢。

第三组诗句的感情有所转换，我们的语气也要随之变成担忧的状态：气息凝滞，声音放低，带着一些忧虑的心情和语气念出这惋惜的感慨："常恐秋节至，焜黄华叶衰"。

第四组诗句用了大自然里的万千河流来举例，情感大气，语气也要随之豪迈起来：气息吸满、音量加大，同时要带着引人深思的感觉来念："百川东到海，何时复西归？"这问句有反问的意思，大家都知道百川不会向西流，所以语气会更强烈一些。

第五组诗句是全诗的诗眼，也是我们朗读时要着重表现的部分。先用十分有力的语气提醒人们，做一个假设，接着再用惋惜、后悔的语气陈述这后果。节奏上，先是用上山类语势告诉大家，如果你"少壮不努力"，那么就会"老大徒伤悲"。最后这一句，声音放低，节奏放慢，尤其末尾"徒伤悲"3个字要慢慢地、带着一种既惋惜又警醒的感觉，略有力度地收尾，以达到发人深省的效果。

汉乐府《长歌行》朗读爬山图如图1-9和图1-10所示。

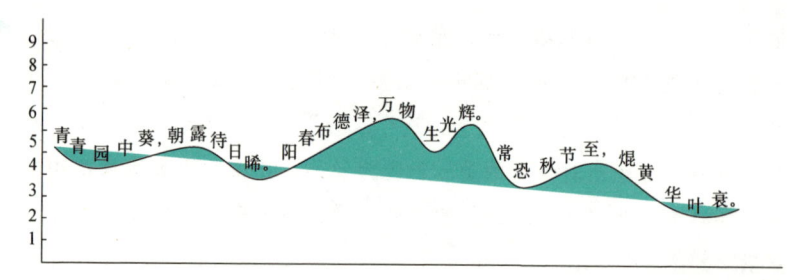

图1-9　汉乐府《长歌行》朗读爬山图1

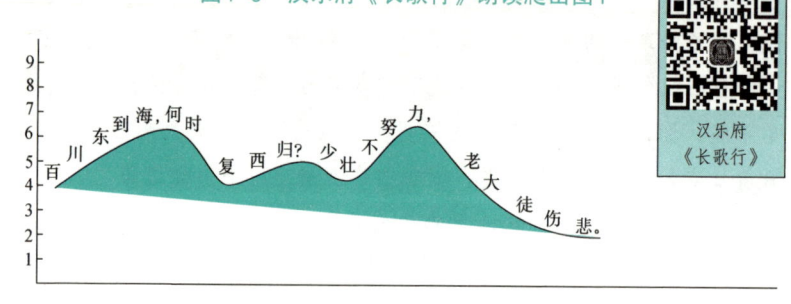

图1-10　汉乐府《长歌行》朗读爬山图2

1.2.3　建安风骨到底是什么

从西汉到东汉的400多年间，国家强大、社会繁荣，文学和艺术都得到了很好的发展。

汉赋是汉朝文学的代表，但是咱们小学生还不太看得懂。别不服气跑去找汉赋来看啊，免得打击到你自己。简单来说，汉赋是一种歌颂皇帝、描述上层社会生活的古文，离老百姓的生活很远。乐府诗才是老百姓的心声。可当时的文人们都喜欢写赋，几乎不写诗，诗歌只能靠从民间百姓的口头中收集而来。这种情况一直持续到东汉末年。

东汉末年是个什么状况呢？不知道大家有没有听过一句歌词："东汉末年分三国，烽火连天不休"？它描述的就是那时候群雄并起的情形。各个都想占地盘、抢江山，相互打来打去。说到这里，肯定有同学会说，三国我知道呀！曹操、刘备、孙权，还有诸葛亮、赵云、周瑜……好多故事呢！中国古典四大名著之一的《三国演义》不就是讲的这些吗？

没错！在"三国"这段历史中，曹操是不可或缺的人物。而他对于诗歌的发展，也有着不可忽视的作用。我们来聊聊曹操和他引领的建安文学。

"建安文学"是中国诗歌史上一个里程碑式的发展。里程碑，从字面意思上理解，就是路边刻有数字的石碑，比如到1000米的地方，我们立一个石碑，上面刻"1000米"的字样，告诉大家，这儿离起点已经有1000米了。到了5000米、10000米的地方再继续立石碑。这样的石碑就非常具有代表性和指示性。延伸到其他领域，就代表重大的、标志性的事件。

建安文学能成为中国诗歌史的"里程碑"，是因为在这之前，几乎没有文人写诗（以屈原为代表的楚辞诗人除外，他们实在太稀少了）。无论是周朝的《诗经》，还是汉代的《汉乐府》，里面的诗歌都是从民间收集而来的，相当于当时百姓传唱的"民歌民谣"。很少有人专门去写诗，也很少有诗人留下自己的名字。而建安文学时期，则是中国文学史上第一次由"文人"创作诗歌的高潮时期，从此奠定了"文人诗"的主导地位。我们熟悉的唐诗宋词，都是"文人诗"的代表。唐代诗人陈子昂提出"汉魏风骨"的主张、李白称赞的"蓬莱文章建安骨"，指的都是建安文学。

这么厉害的文学，是怎么发展而来的？

东汉末年，社会动荡、连年战乱，许多文人不再尊重传统儒学，他们更愿意在乱世中突出自己的个性，于是便开始尝试在诗歌里写下自己丰富的感情。这一写可不得了啦，大家发现，"以诗言志"这种方法太好用了！它既简单、好记，也易读、易诵，不像长长的汉赋，一般人连看懂文章的意思都很困难，更别提广泛流传了。

当文人们注意到诗歌这么方便的形式，就都开始发力了：抒发豪情壮志的时候，写一首；表达伤心失意的时候，写一首；看到百姓苦难的时候，写一首；感叹人生短暂的时候，也写一首……于是，渐渐

形成了以曹操、曹植、曹丕父子三人和"建安七子"[1]为代表的建安诗派。曹操擅长四言诗，曹植擅五言诗，而曹丕的《燕歌行》则是最早的七言诗。建安七子的诗作也都各有特点。后世既然把他们统称为"建安诗人"，一定是有其共性的。他们都有哪些地方很像呢？简单概括就是：

感情方面，丰富而强烈，多悲慨。

语言方面，刚劲而有力，始修饰。

这里"始修饰"是什么意思呢？开篇说过，以前诗歌的主要来源都是民间，语言质朴，内容也是以叙事为主。从建安文学开始，"文人写诗"逐渐占了主导地位，他们开始在诗歌里抒情，加入一些修饰和对偶的手法，这对后代五言诗、七言诗的发展起到了很重要的引导作用。也就是说，从这时开始，人们开始注意诗中的修辞手法了。

建安诗人们不仅诗写得多，诗人本身也都颇具个性。

多有个性呢？建安七子中的王粲去世了。曹丕（后来的魏文帝）带着大家去送葬，说："王粲生前喜欢听驴叫，我们都叫一声送他。"于是一个相当于太子的人带着一帮文学界大佬纷纷在墓前学起了驴叫！这事儿无论放在哪个朝代，都是绝无仅有的吧？

但你们千万别以为他们只会"搞笑"。建安派的诗人们个个都怀着远大抱负和慷慨义气，写下了大量渴望建功立业、抒发雄心壮志的诗歌。例如下面这一首：

短歌行（节选）

[东汉] 曹操（155—220）

对酒当歌，人生几何！
譬如朝露，去日苦多。
慨当以慷，忧思难忘。
……
山不厌高，海不厌深。
周公吐哺，天下归心。

---

[1] 建安七子：指汉建安年间（196—220）七位文学家的合称，包括孔融、陈琳、王粲、徐干、阮瑀、应玚、刘桢。

这首诗虽然不在小学生必背诗词的大纲里，但我相信很多同学都读到过，因为它实在太有名了！在诗中，曹操把自己求贤若渴的心情毫无保留地展现了出来。如果你想要朗读出这首诗的韵味和气度，首先就得理解曹操想要统一天下的雄心壮志，要像他一样怀着一种广纳天下人才的理想，用积极、大气、坚定的感情来朗读，才能展现出这首诗的雄浑意境。

1.2.4　山水田园诗也开宗立派啦

曹操不仅开创了建安文学，还为魏国的建立奠定了坚实的基础。当时他离称帝只差临门一脚了，可就是没做成。最后还是由他的儿子曹丕完成了这一步。曹丕建立魏国后，给曹操追封了帝位——魏武帝，也算是了了这位一心想雄霸天下的老父亲的心愿。后来刘备、孙权也相继称帝，分别建立了蜀汉和东吴。"魏蜀吴"三国鼎立的状况就此形成。

可惜呀，他们都只坚持了几十年，就被曹操曾经的手下——司马懿的家族给统一了。再后来，事情就乱成了一锅粥：司马家灭掉三国后建立了西晋王朝，不过这个西晋也只坚持了几十年，又被北方的少数民族给分裂了。司马家的人又跑到南方建立了东晋，100年后，东晋又被人灭了。

从此，中国分为南、北两块。南边是东晋以及宋、齐、梁、陈四个非常短的朝代。为了便于区分，称它们为南朝宋、南朝齐、南朝梁、南朝陈，每个朝代都只有几十年，其间还换了一大堆皇帝。后来，北方也分裂成了五胡十六国（图1-11）。可想而知天下有多乱。

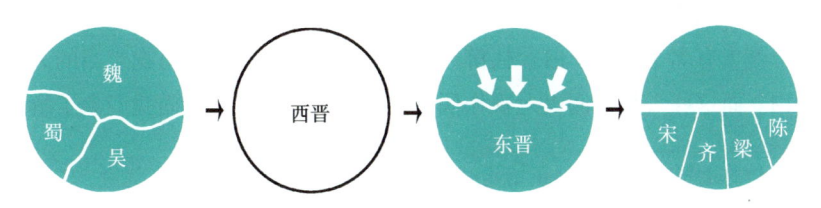

图1-11　三国魏晋南北朝变迁图

我们曾讲过，从屈原开始，中国的诗人们大多都有浓厚的家国情怀。遇到这样的乱世，诗人们都在干什么呢？

东汉末年的建安文学时期，诗人们抒发了强烈的建功立业的抱负，并且付诸了行动。可到了西晋的时候，诗人们就只能把抱负隐晦地写在诗中了。因为掌权的司马家族杀帝、废帝，还严厉监管舆论，谁说他们不好就抓谁。政治环境如此险恶，诗人们只好把家国情怀在心里埋藏起来。他们表面上吊儿郎当、不务正业，实则内心充满孤寂和苦闷。这期间诞生了著名的"竹林七贤"①。他们远离政治，专注探索自己的内心，形成了独有的"魏晋风度"。看，这就是历史大环境对文学发展的影响。

而当西晋又分裂成东晋和北方的五胡十六国之后，天下更乱、官场更黑暗了。于是诗人们远离喧嚣，寄情于山水田园之间。这时候的诗坛又有了一个里程碑式的发展——产生了山水田园诗。代表诗人是写田园诗的陶渊明和写山水诗的谢灵运。

"采菊东篱下，悠然见南山""羁鸟恋旧林，池鱼思故渊"等都是田园派"开山祖师"陶渊明的著名诗句。陶渊明是中国历史上第一位田园诗人，他"不为五斗米折腰"，不愿跟黑暗的官场同流合污，因此弃官隐居，过着身体劳苦却内心闲适的日子，被尊为"隐逸诗人之宗"。他的生活态度和诗歌文章，对后世的文人们都有极大的影响。相信大家都听过一个词叫"世外桃源"吧？它就出自陶渊明笔下的《桃花源记》。世外桃源已经成为中国的一个文化符号，几千年来都是华夏儿女们心中向往的美好之地。

和陶渊明差不多同时期的诗人谢灵运，则是山水诗派的开创者。他的诗对于小学生来说也许不那么朗朗上口，不过，他的"粉丝团"可就太有名了——李白、杜甫、王勃……全是中国诗坛里响当当的人物。而这些人都把谢灵运视作偶像，可见他的厉害。后面我们会了解

---

① 竹林七贤，指三国魏正始年间的嵇康、阮籍、山涛、向秀、刘伶、王戎及阮咸七人，因常在当时的山阳县竹林之中喝酒、纵歌，肆意酣畅，世谓七贤，后与地名竹林合称。

到更多的山水诗，这里主要是告诉同学们，诗歌的发展与我们的历史变迁有着千丝万缕的联系，留意到这一点，对于我们理解诗歌的背景和内容很有帮助哦！

1.2.5 《敕勒歌》：苍茫的天涯是我的爱

讲完了魏晋时期混乱的南边，我们来看看北边。

北方少数民族灭亡司马家的西晋后，占领了北方地区，但它们并没有统一，而是先后分裂成二十几个国家，其中有 16 个国家比较强大，于是这段历史时期我们称为"五胡十六国"。

后来，鲜卑族短暂统一了北方，我们称为北魏。再后来，北方又经历了西魏、东魏、北周、北齐等朝代，它们和 1.2.4 节提到的南边的宋、齐、梁、陈四个小朝代年代大致相同。所以在这 100 多年间，南方、北方的情况都差不多：差不多的混乱、差不多的政权短命、差不多的不安、差不多的难。唉！

好在中间还是有和平时期的。当不再受到战火的侵扰，南、北两边的人便常在一个叫作"阴山"的地方相互来往、做些买卖。例如，南方需要北方的牛羊肉和马匹，北方需要南方的布匹、茶叶等。大家便选择在阴山交换商品。

阴山，现在在中国内蒙古自治区。那里自古以来就生活着许多牧民，也因此留下了许多远古岩画。距今 1500 多年的地理学家郦道元就在《水经注》里提到过"阴山岩画"。1976 年，国家开始对这里进行全面考察，共发现了一万多幅岩画！这里是中国最大的岩画宝库，也是目前世界上发现得最早、内容最丰富的岩画地之一。阴山岩画的内容大多取材于狩猎活动，其中画得最多、凿刻最精致的就是各种各样的动物。这也说明，从遥远的古代开始，人类和动物就共同在这里生活了很长时间。

阴山下是一大片草原。中国的草原非常多，如果你家里有中国地图，拿出来看一看就会发现，在地图的上方以及左上方，草原几乎占了我们国土将近一半的面积，那可是相当之广阔啊！

敕勒歌

北朝民歌（386—581）

敕勒川，阴山下，
天似穹庐，笼盖四野。
天苍苍，野茫茫，
风吹草低见牛羊。

"敕勒川，阴山下"：敕勒族人民生活在阴山脚下。敕（chì）勒：是一个种族名，又叫铁勒，在北齐时期居住在朔州（今山西省朔州市）一带。还有种解释说敕勒是维吾尔族。

这一句既点明了地点，又塑造了一个非常大气的场景：整座阴山，绵延1000多公里，都是我们的背景！这生活的地方该是何等的辽阔啊！

"天似穹庐，笼盖四野"：天空像圆圆的蒙古包一样笼罩在辽阔的原野上。穹（qióng）庐：游牧民族用毡布搭成的帐篷，也就是蒙古包。

谁家的帐篷像天一样大？谁家的地能延伸到地平线以外去？仅这一句诗就立刻让人感受到了草原天地间的雄壮画面。

"天苍苍，野茫茫，风吹草低见牛羊"：蓝蓝的天空、青青的草原，仿佛连到了一起。草原的风吹来，牛羊在其间若隐若现。见（xiàn）：同"现"，呈现、显露的意思。

"苍苍""茫茫"带给人强烈的广袤而古老的感觉。这一首极富北方色彩的诗最开始是用鲜卑语创作的，翻译成北齐的语言后，句子的长短就有了变化（就像我们把中文翻译成英文，句子长短也不一样了），所以诗句看起来参差不齐。但这并不妨碍我们对它的欣赏。

【朗读秘籍】

1.情景：当我们走在辽阔的草原上，抬头望，天空像一个大大的圆顶帐篷，低头看，原野无边无际。蓝蓝的天空下，茫茫的草地上，随着一阵风吹过，牧草一片片地弯下了腰，露出了正在吃草的牛羊。

2.感情：看着天高地广的风景，心情自然会变得豁达而开朗。加上面对如此开阔的景色、丰盛的水草、肥壮的牛羊，诗人对家乡、对生活的爱也洋溢其间。

3. **语气**：总体来说是心情开朗、语气明快的，我们朗读时声音会偏高、偏亮。

第一行诗里的"敕勒川"平送出去，仿佛是看到了广袤的北方大地；"阴山下"逐字往下降，这是顺着阴山山脉往下看，场景大气，朗读时我们的声音也需要相对拓长，显出草原的广阔之景。

第二行的"天似穹庐"往上走，呈上山类语势，因为我们的视线是从下往上看到了天空，所以声音也顺着往上走。同理，"笼盖四野"是从天上往下看，那么我们的声音也顺着往下走，朗读节奏呈下山趋势。这句诗形容天空像一个盖子一样笼罩着我们，此时声音也稍往内收。

第三行的"天苍苍，野茫茫"，我们可以把声音平缓铺开、拓开，体现无边无际的宽阔之感。这一句千万不要很短、很快地就把它读完了，那样就失去了辽远的感觉，没有诗中的意境了。

第四行"风吹草低"可用美好的语气读慢一点，用声音带出草原上安静的放牧画面。"见牛羊"这几个字可以多一些动感和活泼感，"见"字可以稍作强调，拓开一点，增加牛羊出现的形象感。

北朝民歌《敕勒歌》朗读爬山图如图 1-12 所示。

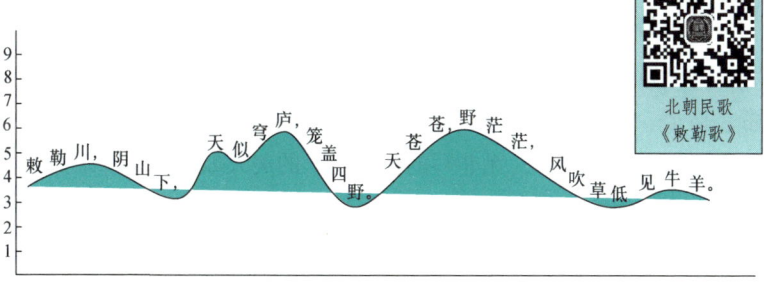

图 1-12 北朝民歌《敕勒歌》朗读爬山图

1.2.6 诗坛"遭难"？

本来吧，这诗歌发展得好好的，人们唱得欢快，诗人们写得也有劲儿。可是，当历史的车轮滚滚向前，总会开到一些岔路口，绕去别的方向。

从东汉末年的三国到魏晋南北朝时期，政权更迭频繁。例如，前面提到一位开创山水诗派的诗人谢灵运。他出生于东晋末年，可他活着活着，国家就改朝换代了，从东晋变成了南朝宋。他去世后不久，南朝宋又变成了南朝齐。他稍微活得长一点啊，都能历经三个不同朝代的更换了，可见当时政权的混乱啊！南朝齐的时候，他的家族里出了一位叫作谢朓的后代，也是一位有名的诗人，我们把这两位分别称为"大谢""小谢"。这两位不仅出自同一世家，还都满身才情、爱写山水诗。但是这两位性格都不太好，得罪了很多人，导致他们先后都被人害死。他们的被害跟"诗坛遭难"有什么联系吗？当然！他们这一死，中国诗坛直接"断供"了！"小谢"去世之后的100年间，中国诗坛里没有出过厉害的诗人，也没有什么值得流传下来的诗作。

发生了什么？明明前面的发展是那样丰富而多彩，既有像建安文学、魏晋风骨这样文人写诗的发扬，又有田园派和山水派的这两大写诗主题的开创，还出了像陶渊明这样顶级的大诗人，可为什么说中国诗坛"断供"了呢？

是因为后来的人开始写"宫体诗"了。

宫体诗，就是从皇宫里兴起流传的一种诗风，一开始主要是皇帝、皇子、大臣等写的诗。这些诗，辞藻很华丽、形式很精巧，可是内容很单调、很无聊，无非写的都是宫里的美人如何美、舞蹈如何精彩、宴会如何高大上等。

我们有介绍过，诗歌起源于百姓的劳动，反映的是百姓的生活，《诗经》《汉乐府》莫不如此。而从屈原的《离骚》开始，诗中的"家国情怀"又影响了我们几千年。到了建安文学，开启了"文人写诗"序章，但文人们写的不是阳春白雪，而是常在诗歌中反映社会现实、抒发远大志向。陶渊明的田园诗在展现自然美学的同时，也体现了诗人淳朴真诚、淡泊致远的人生态度。

而宫体诗的创作意图及范围都非常狭窄，与百姓无关，与社会无关，与个人壮志无关，多半只是为了写而写，内容也都是花花草草、吃吃喝喝、唱唱跳跳之类的。

就好像给了你一个特别漂亮的枕头，你想拿它来睡觉，哪知里面塞的是雕了花、有棱有角的石头，虽然它很好看，可它没法用来睡觉啊！宫体诗就是给人这种华而不实的感觉。

举个例子，他们写女性，几乎就只写宫廷女性这一类，常从旁观者的角度去写，显得比较冷漠，没有同情心，缺乏真情实感。比如写女性的愁，宫体诗里是这样的：

咏歌诗

[南朝梁] 萧绎（508—555）

汗轻红粉湿，坐久翠眉愁。

传声入钟磬，余转杂笙篌。

意思是说有一个美人在唱歌的时候充满了愁绪，但是歌声很好听。前后没有交代她为何有愁绪，没有说她发生了什么、想的什么，也没有反映出什么思想特点或者社会现状。诗人仿佛只是"为赋新词强说愁"，就是为了写愁而写愁，拼命往里堆砌充满愁绪的辞藻，看着很漂亮，但无法打动人。可当时的王公大臣们就爱写这样的内容，所以那100多年间，中国诗坛并没有留下什么经典作品。

同样的道理，我们在朗读时如果没有感情也一样不行。无论是我们对作品的理解，还是作为朗读者的"二次创作"，如果没有真切的感受，便只会流于表面，给人矫揉造作之感。一定是要在了解内容和创作背景的基础上，充分感受作者的内心，才能理解眼前的作品，才懂得如何用合适的方式去表达。这样，你读出来的内容才有自己的感情、才有真正的灵魂。这也是作者要在朗读技巧前面给大家介绍这么多诗歌背景的原因。

补充一下，虽然这个时期的诗歌内容不怎么样，但是它还是有贡献的，那就是让诗歌渐渐形成了格律。在这之前的诗歌，两字一句、四字一句、五字一句的都有，又或者像《离骚》那样，句式长短

不一。到了南北朝，大家渐渐把诗歌向五言格律诗靠拢，每句都是五个字，而且对仗比较工整，也开始讲究押韵了。这些改变能让诗歌读起来更顺口。格律诗的形成，对唐朝诗歌的蓬勃发展以及我们今天朗朗上口的背诵，起到了很好的推动作用。

什么？你并不想背诗？请往下看，你会被诗歌迷住的！

第 2 章 唐诗是这样发展起来的

2.1 看初唐诗人如何拯救诗坛

2.1.1 《蝉》：你猜我想表达什么

南北朝终于要翻页了。581年，杨坚建立了隋朝，并于589年统一中国，结束了分裂又混乱的局面。不过，隋朝的两个皇帝去世都很早，隋朝的寿命也非常短，总共还不到40年。618年，隋朝灭亡，取而代之的是大名鼎鼎的唐朝。

讲了这么久的诗，终于要迎来诗歌满天飞的大唐了！

我们常把唐朝称为"大唐"，因为它在全盛时期非常强大和富有。作为当时傲视全球的强国，唐朝的富裕和繁华享誉中外。直到现在，国外都还是把华人聚集的地方称为"唐人街"。大环境安定、物质生活丰富，加之唐朝科举制度的推行，唐朝的人们纷纷追求起精神世界的富足，诗歌文学的创作也达到了顶峰。流传至今的唐诗有5万余首（实际数量更多，不过因战乱等原因失散了不少）。我们熟知的《唐诗三百首》就是从几万首唐诗里精选出来最脍炙人口的部分，非常适合小朋友们朗读。

但唐朝的诗歌可不是从一开始就兴盛无比的，它也经历了一个逐渐发展的历程。唐朝之前的两百年里（南北朝和隋朝），诗歌的主要风格是"宫体诗"。我们说过，这种诗虽然辞藻很华丽，内容却很空洞。幸好到了唐朝初期，一些有文化、有艺术追求的诗人看不下去了，纷纷认为应该改变这种风气。在他们的努力下，终于逐渐扭转了这种华而不实的诗风。比如说这一首：

蝉

[唐] 虞世南（558—638）

垂緌饮清露，

流响出疏桐。

居高声自远，

非是藉秋风。

这是一首咏物诗，诗人通过写"物"来抒发自己的志向。

"垂緌饮清露"：蝉低垂着触须吸吮清澈甘甜的露水。垂緌（ruí）：官员帽子下面的系带，诗人把蝉的嘴比作垂緌。这也悄悄地告诉了我们，他是一名官员。饮清露：古人认为蝉只喝露水就能活下来，这是多么干净啊！诗人也是以此来比喻"干干净净做官"。

"流响出疏桐"：连续不断的鸣叫声从梧桐树枝间传出。流响：不断地响。这里描述的是蝉的声音从梧桐树里传出来，又高又远。疏桐：高大的梧桐树。

"居高声自远，非是藉秋风"：蝉所在的位置高，声音自然传得远，并不是因为借了秋风等外力的帮助。藉：凭借。

许多人读了这首诗，都觉得诗人很"傲娇"，说他表面上是在写蝉，实际上是在夸自己。真的是这样吗？我们来了解一下这位诗人的生平。

虞世南（558—638），字伯施，越州余姚县（今浙江省慈溪市）人。南北朝至隋唐时期书法家、文学家、政治家。这位老先生历经南陈、隋、唐三个朝代，见证了历史的动荡和变迁。按说这三个朝代的皇室之间都是你死我活的关系，不是你灭了我，就是我反了你，应该很难有人能在三个不同的政权下都好好地生存下来。可神奇的是，这三个朝代的帝王都对虞世南很好。在他小的时候南陈的皇帝怕他饿着；长大了后，隋朝的皇帝怕他生活不好；年老后，唐朝的皇帝也很尊重他。为什么呢？从史料上看，虞世南非常孝顺、正直、勤奋好学，从不与奸臣同流合污。这样的人，肯定是有着自己的骄傲和坚持的，所以诗里有点傲气并不奇怪。他这个傲气对谁都一样，皇帝也不例外。

虞世南70岁时，还被唐太宗李世民留在身边做官。有一次，唐太宗写了一首诗拿给虞世南看。老先生看过之后直接说："你这诗吧，挺工整，但是内容不雅，会让人学坏的！"

敢这么顶撞皇帝，厉害了。关键是唐太宗被怼了之后，也不生气，只是笑眯眯地说："我只是试探一下你啦！"而后就去改了。由此可见他非常敬重这位老师。

除了写诗，虞世南的书法也非常厉害。他是唐初的四大书法家之一，曾经跟著名书法家王羲之的七世孙——智永禅师学习书法。传说他为了练书法，用手指头在被子上写字，被子都被划烂了好几床！他的字中正、淡然、外柔内刚。我们常常说"字如其人"，所以现在再来想一想，他的诗里真的只有"傲娇"吗？他写蝉只为夸自己吗？

结合诗人的性格、成长经历，也许，他是在借这首咏物诗告诉世人，君子应像蝉一样立于高地、靠自己德行高洁而声名远播，而不是凭借外在的助力。君子的这份"傲气"，是一份不被浑浊沾染的干净之气。

所以，别看这一首诗只有短短20字，它所蕴含的意思、表达的志向可不简单。那怎么才能读出它的韵味呢？

【朗读秘籍】

1. 情景： 安静的夏日午后，一只蝉趴在高高的梧桐树上，用清亮的声音鸣叫着。树下，一个头发花白的老人抬头往树上看，嘴里念叨着：我们就是要像这蝉一样"居高声自远"啊！

2. 感情： 诗的主题是赞扬人自身的品性高洁，不假与他物。所以整体的感情是以赞扬为主，可以带一点点清高和对世人的劝告之感。

3. 语气： 总体是赞扬、肯定的语气。

第一句是蝉喝水的动态。严格来说，它不是"喝"，而是"吸"。所以"垂绥"二字往下，音量适中、声音稍偏低。到了"饮"字，我们稍用点力来读，就像蝉儿用力吸食树上露水那样。"饮清露"三字则往上走。

第二句是写蝉的鸣叫声传得很远。所以我们可以用积极明亮的声音来读，大体呈上山趋势。

第三句，诗人开始抒发自己的志向了，我们朗读时情绪和语气要加强。"居高"二字我们的起势也要高一点，不能用低低的声音来念，否则那还是"居高"吗？同样的道理，"声自远"的"远"字也要往高、往远拖长一点点，这样才能表达出声音的"远"，所以这一句是呈上山趋势的。

第四句中的"非是"两字，一定要强调出来，用坚定的态度来朗读。"藉秋风"三字弱化处理，用声比较低和轻。

虞世南《蝉》朗读爬山图如图2-1所示。

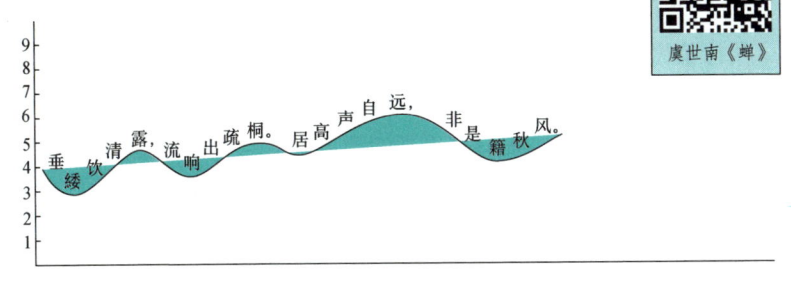

图2-1　虞世南《蝉》朗读爬山图

2.1.2 《风》：一起来猜谜呀！

上一篇介绍的《蝉》是一首咏物诗，这一篇要讲的也是一首写物的诗，不同的是，它更像一首"猜谜诗"。

风

[唐] 李峤（645—714）

解落三秋叶，

能开二月花。

过江千尺浪，

入竹万竿斜。

如果不看标题，你能根据诗的内容猜出它写的是什么吗？是什么能让秋天的叶子落下？又让春天的花儿盛开？是什么既能让江面上吹起巨浪，又能让万竿翠竹倾斜？

你一定猜到啦，是"风"。这首诗整篇都在写"风"，可通篇都没有出现"风"这个字，就像是一首"猜谜诗"一样。诗人通过四个动作、四样事物来描写风的特点，新奇有趣，怪不得它会成为一首描写自然事物的代表作呢！

本诗的作者李峤（645—714），字巨山，赵郡赞皇（今河北省赞皇县）人。唐朝时期的宰相、文学家。李峤写文章很有名，与杜审言、崔融、苏味道并称"文章四友"（杜审言是杜甫的爷爷，苏味道是苏轼的先祖，真是文脉有传承啊！）。

诗作方面，李峤喜欢咏物，流传下100多首"猜谜诗"。如果把这些诗都做成灯谜的话，那很可能就是中国历史上写灯谜最多的诗人了！而且他也可能是官职最高的灯谜专家——李峤一共当过三次宰相，还被封为赵国公，做官几乎是做到顶峰了。不过大家对他的"当官"有那么一点点意见。因为李峤一生共历经了五位皇帝：唐高宗、武则天、唐中宗、唐睿宗、唐玄宗。这五位皇帝之间的关系可不怎么好，神奇的是，他在每一任皇帝手下都当了大官，不得不说一句"厉害"！经历了太多的朝政动荡，换了数任"老板"（皇帝），李峤夹在中间，难免要当一当"墙头草"，说一些阿谀奉承的话、拍拍马屁什么的，所以后世对他当官的评价并不太好。不过，李峤是一个"安贫宰相"，即使身居高位，生活依然清贫。而且，他也有非常正义的一面，曾招降过叛军，也抑制过酷吏，还曾因秉公执法被贬官呢！

那是李峤和狄仁杰的故事。狄仁杰是唐朝著名的"探案专家"，他破过许多离奇的案件，由此留名青史。可连这么厉害的人都躲不过官场的算计，他遭人陷害、被判处死刑！当时满朝的大臣都知道这是一桩冤案，却没人敢站出来说话。只有李峤在复审时找到了证据，坚持将实情上报。他说，"孔子曰：'见义不为，无勇也。'我岂能明知狄公负冤却不为他申明冤屈！"他上奏为狄仁杰申冤，救了狄仁杰等人的性命。可他也因仗义执言触怒了皇帝武则天，被赶出了京城。好在后来，武则天因为爱惜他的才华，又把他召了回来。

李峤这一生起起落落、有失有得，也许，只有在将世间万物变成谜语、写成各种猜谜诗句的时候，才是他最轻松自在的时刻？

"解落三秋叶"：风能吹落秋天金黄的树叶。在诗人的笔下，叶子不是粗暴地被吹落，也不是如"秋风扫落叶"般无情，而是带着一种温柔的、不舍的感觉轻轻地去"解开"叶子，我们朗读的时候也带着这种感觉，就能十分传神地读出诗人的心情了。

"能开二月花"：能吹开春天美丽的鲜花。也许你会想，二月份还很冷呀，哪里有许多花开放呢？这是因为古诗里的月份都是农历，一般农历的二月就相当于现在公历的三月了。不过每一年都略有不同，你可以查一查，看看今年的农历二月一日相当于公历的什么时候。

"过江千尺浪"：风从江面上掠过，吹起千尺高的浪花。这里运用了夸张的手法，我们可以想一想，把江面吹起滔天巨浪，此时的风还温柔吗？

"入竹万竿斜"：吹进竹林能使万竿倾斜。当狂风一起，成片成片的竹林里数以万计的竹子都能被吹得歪歪斜斜，这风的力量得有多强大！

在这首诗里，"风"时而柔情、时而活力，时而激情澎湃、时而威力无穷。因此，虽然它只有4句，短短20字，但却有着非常丰富的感情。

【朗读秘籍】

1. 情景：我们观察各种各样的风：温柔的秋风，轻轻解开了树上的叶子。清新的春风，温柔地吹开了鲜花。强劲的大风，在江面上掀起巨浪。猛烈的狂风，吹斜了一大片竹子。

2. 感情：从以上四种情景中我们不难分析，诗中的四句感情是不同的。

第一句的"解落"是心疼的不舍之情；

第二句的"能开"是充满希望的欣喜之情；

第三句的"千尺浪"是澎湃激动之情；

第四句的"万竿斜"是大气壮观之情。

3. 语气： 根据感情的变换，语气的使用也各不相同。

第一句"解落"是心疼的语气，风那么温柔地轻轻解开树叶的叶根。我们朗读时，气息平缓地徐徐吸入，声音轻柔；"三秋叶"则可稍往上走，以承接下一句。

第二句花儿开了，是欣喜的语气。朗读时气息外放，口腔打开、面带微笑，声音稍高一点点，带着高兴的感觉。

第三句需要提前吸满气，提高音量和音调，重点强调"千尺浪"，3个字距离拉开，但声音不要拖长。"千"字是其中最突出的字眼，这一句也是全诗声调最高、音量最大的一句，需要用我们的声音展现出浪之高、之猛。

停顿一口气之后，再开始念第四句。"万竿斜"的大气画面需要我们用较长的气息来支撑。朗读时，整体语速放慢，每个字、每个词都不黏在一起，要拓开词语之间的距离，保持气息饱满、把声音铺开、稍作延长，这样才能显出一大片竹海的震撼之感。

李峤《风》朗读爬山图如图2-2所示。

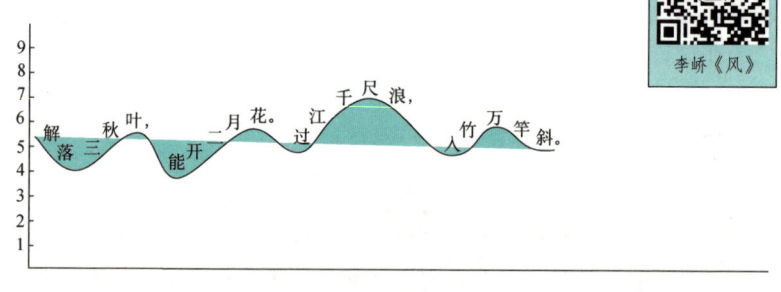

图2-2 李峤《风》朗读爬山图

2.1.3 唐初男子诗歌天团

有一首唐诗在中国可谓家喻户晓。它也是许多人学会的第一首诗，上到百岁老人、下到两岁孩童都会背，你猜到了吗？

咏鹅

[唐] 骆宾王（约640—约684）

鹅鹅鹅，

曲项向天歌。

白毛浮绿水，

红掌拨清波。

据说这首诗是骆宾王7岁的时候即兴而作的。有一天，他家里来了客人，客人见他聪明伶俐，便问了几个问题，骆宾王全都对答如流。客人十分惊讶，便想考一考他，于是指着池塘里的鹅问他：能不能作诗？骆宾王一边观察鹅，一边思索，不一会儿便吟出了这首《咏鹅》。诗里的动词用得十分巧妙，"歌""浮""拨"这几个动作，既展示了小诗人从上到下的观察顺序，又生动形象地描写了白鹅在水里优哉游哉嬉戏的样子，让整首诗看似简单却回味无穷。骆宾王也因为这首诗被称为"神童"。

诗里的意思几乎不用解释，大家都明白。不过，我们在朗读的时候也很容易有这样的想法："反正这首诗很简单，我随便一读就完事了。"这可就不好玩了。前言部分我们拿这首诗来举过例子，这里就不放朗读秘籍啦，大家可以翻回去看一看。

咱们来聊聊它的作者，骆宾王。

骆宾王（约640—约684），字观光，婺州义乌（今浙江省义乌市）人。唐代的官员、文学家、诗人。7岁的时候，骆宾王就写出了这么经典的诗句，从小就被称为"神童"，可长大后的他，才华并没有得到施展，还显得非常"叛逆"。到底发生了什么呢？

骆宾王不是个追逐名利的人，有了官职后也不徇私枉法。他时常批判社会现实，指出上司的缺点，因此仕途之路很不顺利，不但不能升迁，后来还被诬陷坐了牢！他在牢里写过一首《在狱咏蝉》，其中的"那堪玄鬓影，来对白头吟"流传甚广。到了老年，骆宾王更是把自己的"叛逆"发挥到了极致——他跑去造反了！还写了一篇《为徐敬业讨武曌檄》，向当时的女皇武则天宣战。

"造反"是皇室最深恶痛绝的事，这篇檄文更是把武则天骂得狗血淋头！按说武则天应该非常痛恨骆宾王才是，可当她看了这篇文章后却说："这个人很有文采，怎么没拉到我们这边来？"被骂的皇帝不但不生气，还有点可惜这个人才，可见骆宾王的这篇文章写得有多厉害了！

　　后来造反失败，骆宾王便不知所踪了。有人说他被杀了，有人说他出家了，还有人说他隐姓埋名藏于民间。至今我们也不知他到底去了哪里、具体何时去世的。可他留下的诗歌和文章，一直记载于中国的文学史上、流传于孩童的牙牙学语之中。

　　自骆宾王之后，唐朝初年还出现了不少诗人。其中，王勃、杨炯、卢照邻和骆宾王一起，被称为"初唐四杰"。这可不是后世给他们的名号哦！在当时，这四位就已经被"打包"到了一起。用我们今天的话来说，他们就像是一个"偶像天团"。是因为他们四个是好朋友、经常在一起写诗，所以一起"出道"了吗？当然不是。他们不但没有在一起写过诗，而且他们年龄不一致、工作不一样、出生地也不同，甚至他们互相之间不全都认识！那为什么要把他们放在一起呢？

　　因为他们很像。

　　像在哪里？一方面，这四位都是满腹才华却得不到施展、年纪轻轻却历经沧桑世事。另一方面，也是更重要的原因，是他们都做了同样一件伟大的事情：反对华丽浮夸的文风，坚持用朴实的语言写诗。

　　我们说过，从南北朝到初唐都盛行宫体诗，内容浮夸而空洞。而"初唐四杰"并不跟随那种诗风。他们在诗里描述真实的生活、反映社会现实、抒发自己的理想抱负。例如，王勃的"海内存知己，天涯若比邻"，"落霞与孤鹜齐飞，秋水共长天一色"；骆宾王的"无人信高洁，谁为表予心"；杨炯的"宁为百夫长，胜作一书生"；卢照邻的"传语后来者，斯路诚独难"……也许，这些句子对我们小学生来说，不如后来的唐诗那么耳熟能详。但，在最初的时候，是他们，努力地打破宫廷诗的桎梏，开创了不一样的文风。可以说，在"初唐四杰"的努力和影响之下，逐渐扭转了自南北朝以来写诗华而不实的风气，对后世盛唐的诗人们产生了典范式的作用，开启了一个新的写诗时代。

所以说，"初唐四杰"这个诗歌天团的称号实至名归。

2.2 谁说诗人皆命苦

2.2.1 《咏柳》：风能当剪刀？

前面我们提到的"初唐四杰"，他们的运气都不太好，要么英年早逝，要么身患重病，要么一生都怀才不遇……其实不仅仅是他们，后来的许多诗人也都是一生坎坷。好像不经历点磨难就迸发不了才华、写不出好诗一样，真是令人唏嘘呀！不过，初唐的时候却有这样一位诗人，他一路都顺风顺水、一辈子都过得潇潇洒洒。这位幸福的诗人就是贺知章。

贺知章（约659—约744），字季真，晚年自号四明狂客，越州永兴（今浙江省杭州市）人。唐代的官员、诗人、书法家。

贺知章从小就是个学霸，他是浙江省在唐朝第一个有史料记载的状元，武则天时期他低调为官，唐玄宗时期他崭露头角，后来逐渐为皇帝所器重。

这么厉害的人，当官后却特别随和，乐于交朋友。李白就是贺知章的"忘年交"之一。什么是"忘年交"？我们可以理解为，"友情好到不在乎年龄、忘记了年纪辈分的差距"。两人刚认识的时候，贺知章已经是一位大官、是前辈了。不过，83岁高龄的他，在长安的旅店里见到41岁的李白时，可一点儿也不矜持，他一读完《蜀道难》，

就直呼李白为"谪仙人",立刻拉着李白去喝酒。可当时没带钱,怎么办?李白要给,老大哥贺知章坚决不让!他当即就拿着自己的金龟去换酒。"金龟"是什么?那是皇帝赐给官员佩戴在腰间、代表品级和身份的,谁也不敢弄丢它,贺知章高兴起来却毫不在乎!大约两年后贺知章病逝,李白写诗缅怀,其中就有一句"金龟换酒处,却忆泪沾巾"。意思是想起当初金龟换酒的豪爽,忍不住眼泪直流。那个时候,身居高位的贺知章为了款待一介布衣的李白,想都不想就拿金龟去换酒,足见他的豪爽和不羁,是一位任性的老爷子没错了!这样一位率真的诗人,他笔下的诗会是什么样呢?

咏柳

[唐] 贺知章(约659—约744)

碧玉妆成一树高,

万条垂下绿丝绦。

不知细叶谁裁出,

二月春风似剪刀。

据记载,这是贺知章在归乡途中,看到久别的江南美景,心情愉悦的他大笔一挥,写下了这首七言绝句。

"碧玉妆成一树高":柳树长满了嫩绿的新叶,像是被无数碧玉装饰起来的。碧玉:绿色的美玉,也指美丽的姑娘。这里把柳树枝比喻成碧玉,很容易让人联想到柳树婀娜多姿的形态。

"万条垂下绿丝绦":树上的柳条垂下来,仿佛是无数条绿色的丝带在飘动。这里的"丝带"可不是我们今天看到的拿来做包装的一卷一卷的细带子,而是指的丝绸。中国自古以来就是产丝大国,闻名于世界。起源于汉代的"丝绸之路",主要用途就是把中国产的丝绸运到国外去。我们想象一下,在一棵树上飘满了丝绸,那是多么飘逸唯美啊!诗人的这个比喻进一步展现了柳树的灵动之美。

"不知细叶谁裁出":这细细的嫩叶是谁的巧手裁出来的呢?换作我们可能会想:这么漂亮的叶子是怎么长成的啊?唯有诗人别出心裁地想:这是谁特意裁成这样的呢?

"二月春风似剪刀"：原来，是二月的春风如剪刀一般，裁出了这么美丽的绿叶啊！看看，诗人在这里用了诗歌史上堪称神级的比喻——把春风比作剪刀！也许，现在的我们读来不觉得很新奇，但是，在当时，这是前所未有的奇妙想象。它既显示了春风的灵巧可爱，又展示了柳叶的巧夺天工之美。后来的许多诗人都借用"剪刀"的比喻来致敬贺知章。

【朗读秘籍】

1. 情景：走在阳光明媚的春日里，看到柳树的枝条已经变得翠绿可人了，像无数丝绸一样轻轻缓缓地随风摆动。微微吹拂的春风像剪刀一样剪裁出了细细的嫩叶。

2. 感情：在和煦的阳光和习习微风之下欣赏春光，感情是舒展、明媚的。

3. 语气：心情好，我们的声音便会明亮起来，语气轻松明快。

第一句的第一个词就用"碧玉"来形容柳树的美，所以我们要用明亮的嗓音来读，从一开口就给人赞美、愉悦的感觉。"一树高"3个字可放缓一点，给时间来展现柳树婀娜多姿的形态美，而不是匆匆带过。

第二句的"万"字，口腔要打开，这个字要念饱满，体现数量多、柳树茂盛。"垂"字往下落，用我们的眼睛和声音一起描摹弯弯的柳条枝，展现柳树的细长灵动之美。到"绿丝绦"时，声音再往上走，依然是明亮愉悦的感觉，赞美柳条像丝绸一样美。这句诗的走势像走下一个山谷又爬上来一样（详见朗读爬山图）。

第三句是问句，"不知细叶"轻轻地带出来，"谁"字是重音，声音逐渐上扬，整句呈上山趋势，这里可以用上略带俏皮的语气来问，尾音不要拖。

第四句是回答，声音略低、语速放缓，但注意语气还是欢快愉悦的。"春风"二字作为谜底可稍作突出，再以柔和的语气念完，同样，尾音不要拖，给出答案后轻快地结束。

贺知章《咏柳》朗读爬山图如图2-3所示。

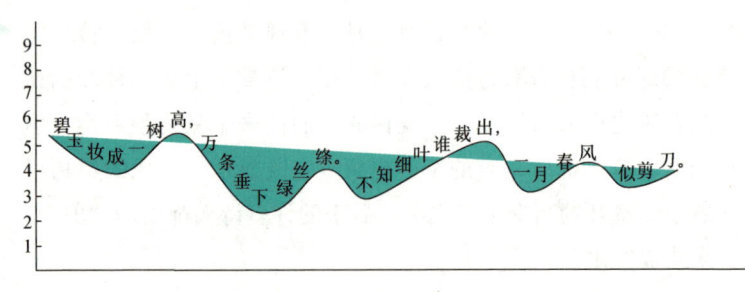

图2-3 贺知章《咏柳》朗读爬山图

2.2.2 《回乡偶书》：孩子，我认识你爷爷

贺知章不光是诗写得好，书法也很厉害。我国著名的书法家、有"草圣"之称的张旭就是他的好朋友。两人经常一起游玩、喝酒、切磋书法，不亦乐乎。后来，随着年纪越来越大，贺知章越来越不愿意受官场的拘束。85岁的时候，他生了一场大病，病愈后他仿佛看透了一切，执意告老还乡。当时的皇帝唐玄宗很舍不得他，劝他说，你年纪大了，在京城也过了大半辈子，留在这里养老不好吗？

你猜贺知章干了什么事情？为了表明自己回乡的决心，他干脆把自己的宅邸捐了做道观！皇帝也无奈了，只能应承他的请求，并给道观赐名为"千秋观"。告别的那天，唐玄宗让太子携百官在京城东门设宴欢送。大家写诗、敬酒、共祝平安，热闹非凡。大约是对这个老人又喜欢又心疼吧，唐玄宗一连写了两首诗赞扬贺知章，表达自己的不舍之情。他说自己"岂不惜贤达，其如高尚心"，说百官"群僚怅别深"，最后祝福贺知章"行路满光辉"。当时一起送别的文人们也纷纷写诗为贺知章践行，多达30余首。唐玄宗让人将这些诗文整理成册并亲自作序，这在整个唐朝可都是绝无仅有的退休待遇呀！

带着这份特别的礼物，贺知章启程了。出京的路上，太子和百官还是一程一程地送。也许大家心里也清楚，老人家这么大年纪了，今日一别，就再难相见了。一直送了50里地的时候，贺知章坚决劝说了众人，大家才返回。

古人回个老家，可不像我们现在这样方便，买张机票、高铁票，说走就走，几小时就能到。贺知章一路走走停停，花了几个月时间才回到家乡。阔别老家50年，看到依旧熟悉的风景和早已不熟悉的人，他的内心不禁感慨万千。

回乡偶书

[唐] 贺知章（约659—约744）

少小离家老大回，
乡音无改鬓毛衰。
儿童相见不相识，
笑问客从何处来。

这首诗，许多小小年纪的孩童都会背诵。它的意思很简单：我小的时候就离开了家乡，到了老年才回来。虽然我的家乡口音没有改变，但是我两鬓的头发却已经花白。家乡的孩子见到后也都不认识我，还笑着问我，这位客人，您是从哪里来的呀？

贺知章写这首诗的时候，心里是有着惆怅和惋惜的。毕竟离家太久，很多人和事都变了。他所看到的孩童们，应该都是故人的后代。可当年的那些故人呢？在古代，能活到八十几岁的人凤毛麟角。想必贺知章这趟回家，认识的人已经不多了。向他发问的孩童，说不定就是自己年少时朋友的孙子、重孙，而那些少时玩伴，多已不在世上了。面对此情此景，他心中难免叹息。

好在贺知章的心性非常豁达，生活在盛唐时期的他，生活、事业的发展都很顺利，朋友遍天下，晚年更是自号"四明狂客"，可见性格之豪爽。因此这首诗中虽有对岁月流逝的感慨，却没有过度的悲伤之意。

【朗读秘籍】

1. 情景：一位白发苍苍的老者回到自己的家乡，走在乡村的路上时，遇到了一群正在玩耍的孩童。孩子们看见陌生人新奇得很，纷纷笑着问他：老爷爷，您是从哪里来的呀？是来我们这里做客的吗？

2. 感情：面对阔别已久、物是人非的家乡，亲切又陌生，欢喜又忧伤。

3. 语气：诗人有着无限的感慨。前两句语速偏慢、声音较低，后两句声音略高一些，甚至可以带一点自嘲的语气。

第一句"少小离家"，是带着回忆的语气，用比较沉的声音、悠长的气息来读出这种回忆往事的感觉。与它形成对比的"老大"二字，要通过慢速重读来强调一下，"老大"在这里代表年老，这么多年才回到家乡，有一种惋惜的语气在里面。

第二句"乡音无改"可以略高一点，似乎内心有一句潜台词是：幸好我还是会说家乡话的啊！但后面的"鬓毛衰"则是带着对岁月流逝、自己已经年老的感慨，语速慢，声音要比第一句更沉一些。

第三句表现儿童的反应，语言节奏稍快，声音略高，尤其是"不相识"三字需要稍微强调一下，展现出诗人内心的波动，或惊讶、或无奈、或自嘲，也许三者都有，我们朗读时需要体会这种复杂的感受，并用自己的声音把这种感受表达出来。

第四句，我们在读"笑问"的时候要注意情绪的把握，这里面既有孩童的天真好客，也有诗人无法作答的感伤。这句中的"客"字需要强调，这既是儿童发问的原因，也是诗人无奈的起源。末尾"何处来"三字语言节奏放慢，带着疑问、带着回忆、带着淡淡的忧伤。

贺知章《回乡偶书》朗读爬山图如图2-4所示。

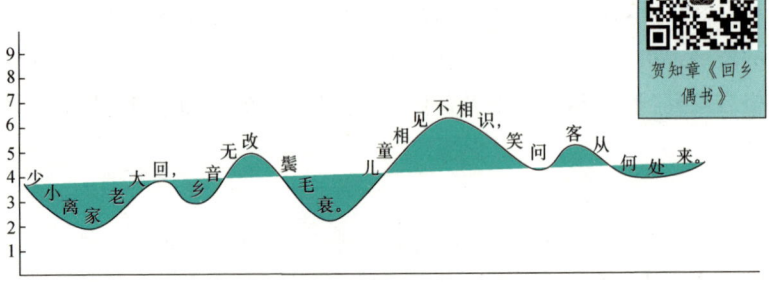

图2-4　贺知章《回乡偶书》朗读爬山图

2.3 大唐边塞诗横空出世

2.3.1 《凉州词》：一去不返算什么

大唐很繁华，但，边境一直都不安宁。边关地区时不时会发生一些战争，有时候是外敌入侵，有时又是自己主动想要扩大点地盘。与以往的历史时期不同的是，许多文人也在这时候去到了边塞。他们或是被派去随军打仗，或是自己跑去想要建功立业。总之，当文人们到了边塞后，看到了完全不同于内陆的自然风光，感受到了不同于日常生活的肃杀之意，也更深地体会到了战争的残酷。于是他们把这些感受都写进诗歌当中，形成了一个新的诗歌流派：边塞诗派。我们来看一首盛唐边塞诗的代表作：

凉州词

［唐］王翰（687—726）

葡萄美酒夜光杯，

欲饮琵琶马上催。

醉卧沙场君莫笑，

古来征战几人回。

这首激昂豪气的边塞诗不知触动过多少热血男儿，也表达出无数将士心中的万丈豪气。

"葡萄美酒夜光杯"：甘醇的葡萄美酒盛满在夜光杯之中。夜光杯：用白玉制成的酒杯，光可照明。这一句的画面感极强，仿佛为我们拉开了一场盛大宴会的帷幕。是在哪里的盛宴呢？葡萄酒、夜光杯在唐朝时都是西域的产物，诗人一开头便暗暗地说明了地点——西部边境。

"欲饮琵琶马上催"：正要畅饮时，听到了有人在马上弹奏的琵

琶声，仿佛是催人出征一般。欲饮：正准备喝酒。这里的琵琶声可不是温柔缠绵之音，而是边塞地区类似作战时用的号角，是骑在马上用力弹奏而成，节奏快而激越，给人以振奋之感。

"醉卧沙场君莫笑，古来征战几人回"：如果我喝醉了睡在沙场上，也请你不要笑话。自古以来，外出打仗的有几个人能回来？沙场：战场。

这里的"几人回"用了夸张的手法。光看这一句诗，挺悲壮的：今日在这里豪饮的将士们，上了战场后，还有几个能安然无恙地回来？

但纵观全诗，悲凉并不是它的主题。这句话出现在沙场的欢宴之中，更像是一句劝酒词、一句充满豪气的战士宣言。写下这豪言壮语的诗人王翰，也是一位慷慨潇洒之士。

王翰（687—726），字子羽，并州晋阳（今山西省太原市）人，唐代边塞诗人。王翰从小家境富裕，年纪轻轻便考中了进士。有句谚语叫"三十老明经，五十少进士"，它的意思是，明经易考，进士难得。30岁时考取明经科就已经算晚了，而如果能在50岁时考取进士，却还算很早的。王翰则在23岁时就考中了进士，是难得的人才。可考完试他又回到家乡太原去了，并没有就任什么官职。他文风豪迈、个性飞扬，即使后来经人举荐做了官，也依然豪放不羁，经常呼朋唤友去家里饮酒作诗、谈天论地，并不乖乖守规矩。所以很多人都看不惯他、排挤他，他也就不停地被贬职。但王翰似乎并不在意这个。他家中养着名驹名禽、歌舞乐队，生活富裕而自在。不管官场顺不顺利，他始终保持着自己潇洒的生活态度。到了边塞，王翰更是尽情地把自己融入壮丽的边塞风光中，写下了不少大气磅礴的诗篇。所以，这样的人，即使面对战场，他胸膛中升出的也是一股视死如归的豪情壮志：一去不返算什么？我们战士，只要能报国杀敌、以酬壮志，早已将自己的生死置之度外！

【朗读秘籍】

1. 情景：这是一幅在西域边疆的军营里特有的场景。将士们正在宴席上痛痛快快地饮酒、大声谈论着自己的抱负。就在这时，响起了激越的琵琶声。这是大家所熟悉的声音——每每上到战场上都能听到。伴随着激动人心的乐曲，将士们举杯痛饮间大声说着心里话：醉就醉吧！自古打仗就是这样，既然来了军营，就没有怕死的！

2. 感情：有视死如归的勇气，有壮志报国的勇猛，也有对战争残酷的叹息。但总的感情还是雄壮高昂的，展现了将士们的坦荡胸怀和将生死置之度外的豪迈。

3. 语气：心中沸腾着报国的热血，整体语气刚劲豪迈，声音浑厚有力。

第一句是宴席的热闹场面，朗读时，要情绪满、气息稳、语速慢，用我们的声音缓缓铺开将士们欢庆的盛大宴席场景。"美酒"二字可位于朗读节奏的山谷顶峰，发音饱满和完整。

第二句语言节奏稍显紧张，不过要注意，"欲饮"和"琵琶"不用接太紧。我们前面说过这句诗的意思：正准备喝呢，响起了激烈的琵琶声。所以，在"欲饮"这里稍作停顿，再把"琵琶马上催"连在一起，更符合诗意。

第三句，"醉卧沙场"缓缓起势，再随着豪迈之情有力地带出"君莫笑"，声音往上走，节奏拓长，不要害怕感情的释放。脑中想着将士们拼杀及痛饮的情景，用语言尽情展现出自己胸中的豪气。但第三句念完后，一定要在高处定住，感情内收、声音放低，就好像我们爬山爬到顶峰之后又站立了一会儿，再接着缓缓地念出下一句。

第四句"古来征战几人回"是诗人的悲慨，同时也是将士们不惧牺牲的决心。朗读这一句时，需要把前面高昂的感情控制一下，用比较低沉的声音但同时又蕴藏着力量的感觉，缓缓念出。

王翰《凉州词》朗读爬山图如图2-5所示。

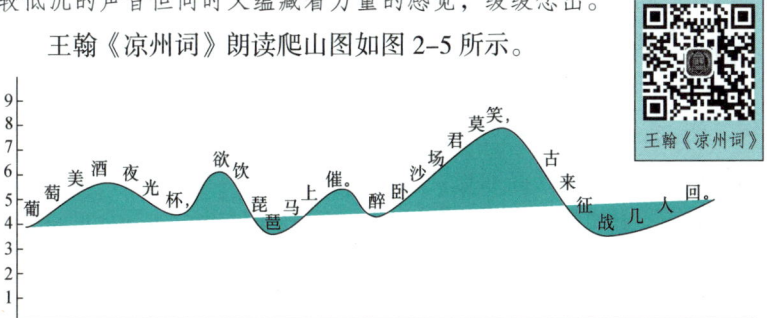

图2-5 王翰《凉州词》朗读爬山图

2.3.2 《凉州词》：这里真的没有春天？

凉州词

[唐]王之涣（688—742）

黄河远上白云间，

一片孤城万仞山。

羌笛何须怨杨柳，

春风不度玉门关。

又是一首《凉州词》。为什么两首诗的名字会是一样的呢？其实，古代的很多诗都是配着曲子唱的。《凉州》就是当时很有名的一支曲子，许多诗人都为它配过唱词，所以那些诗都叫《凉州词》。同样的诗名，同样的边塞诗人，同样描写的边疆战场，这两首诗的意境一样吗？

前面王翰写《凉州词》时，是随军出征，他是万千将士中的一员，诗里体现的是即将要上战场的激情。而王之涣的《凉州词》则是在他辞官后游历边塞时写下的。此时的王之涣并没有参军。那么，没有亲上战场的诗人，他的边塞诗写得怎么样呢？我们一起来看看。

"**黄河远上白云间**"：黄河好像从白云间奔流而来。黄河的源头在我国西部高原，相对于当时大部分人生活的中原平地而言，西部高原是非常高的了。李白有一句诗说"黄河之水天上来"，也是描写黄河源头之高、水势之大。但是两者的意境并不相同，王之涣的这首更多的是为塞外景色的高远和粗犷做铺垫。

"**一片孤城万仞山**"：玉门关孤独地耸峙在高山旁，显得孤峭冷寂。仞：古代的长度单位，七八尺为一仞。这里的"万仞"不是具体的数量，是形容非常高的意思。就好像我们说"千军万马"，不是一千名军人、一万匹马，而是形容数量极多。诗中说，在那万丈高的群山对比之下，边塞的小城就更加显得渺小而孤单了。

"**羌笛何须怨杨柳**"：何必用羌笛吹起那哀怨的《杨柳》曲呢？羌笛：唐代边塞经常使用的乐器。杨柳：指的是《折杨柳》曲。我们在讲诗经《采薇》时介绍过，古人常用杨柳来比喻送别，《杨柳》曲就是一首表达不舍的思念之曲。这里的"怨"，是幽怨地演奏。

"春风不度玉门关"：连春风都不来这玉门关呀！玉门关：位于现今甘肃省敦煌市。在古代，它是西域的门户，自汉武帝开始便以此为界，区分塞内塞外。在古人的观念里，出了玉门关便是离开了中原，到了蛮荒之地。

诗人说这玉门关是春风也吹不到的地方，其实也暗喻了"谁会关心这里"的意思。他通过描写塞外的开阔辽远，对比边陲小城的孤寂冷清；用羌笛演奏的曲子衬托出了边疆战士们的思乡之情。还用"春风都不来"暗讽了执政者对边疆的不闻不问，好像朝廷的关切与春风一样，都被玉门关给挡住了。

诗人虽然没有上战场杀敌，但是这首诗写得情景交融、妙绝千古。短短几句之中，既有战士们的离乡思家之苦，又不失强国军队的宏大气魄。写下此诗的诗人应是一位感情细腻且心胸开阔之士，否则，怎能写出如此恢宏大气又直击人心底柔软的诗句？

我们来看看它的作者王之涣的故事。

王之涣（688—742），字季凌，祖籍并州晋阳（今山西省太原市）人。王之涣小小年纪便熟读经典，又喜欢结交朋友，经常与好友一起舞刀弄剑、骑马打猎。所以，他和另一首《凉州词》的作者王翰一样，在人生经历中都有年少轻狂的一面，性格里也都有豪迈自由的因子。不同的是，王翰生活得更富贵，而王之涣则多了一份少年侠气。王之涣在经人举荐当了小官后，虽工作得兢兢业业，却还是适应不了官场里的尔虞我诈。于是他干脆辞了官，去享受自由生活。他一边游历山川，一边将所见所感写成诗句。当时，王之涣的许多诗都被广为传唱，他也因写边塞诗而名动一时，结交了许多朋友。

王昌龄、高适等边塞诗人就经常和王之涣一起唱和作诗。关于这三位，还有一桩趣闻。传说，有一次三人在酒楼里聚会，遇到一群歌女唱曲。当时非常流行唱有名的诗句，因三人写诗的名气不分高下，年纪稍幼的王昌龄便提议来一场"比赛"：看谁的诗被唱得最

多，谁就可以把自己的诗留在墙壁上。斗诗怎么能输呢？三位诗人都很期待。第一位歌女唱了"寒雨连江夜入吴……"，这是王昌龄的诗。第二位歌女唱了"开箧泪沾臆……"，这是高适的诗。几曲之后，王之涣的诗始终没有人唱。可能他也有点着急了，便说道："如果最貌美的那位姑娘唱的还不是我的，那我就再也不和你们斗诗啦！"话一说完，只见那位歌女转轴拨弦，美妙的歌声里夹杂着沧桑之感唱着："黄河远上白云间……"这正是王之涣的《凉州词》。几位诗人哈哈大笑，便各自在墙上题了诗，谁也没输。这就是"旗亭画壁"的故事。

【朗读秘籍】

1. 情景： 远远望去，黄河仿佛是从天上的白云间奔流而来。拔地万丈的群山是如此雄伟壮阔，显得那座边塞小城更加孤独。凄楚悠长的羌笛奏起了思乡的《杨柳》曲，但有什么用呢？连春风都不来这玉门关啊！

2. 感情： 整首诗宏大而不空洞，悲壮而不消沉，后两句虽有思念感伤，却不是哀怨。虽有暗讽执政者不顾边关疾苦，但并不是抱怨、埋怨。所以总体来说，这首诗的感情是以豪情粗犷为主的。

3. 语气： 全诗从浑厚苍凉的景物开篇，朗读前两句时，气息要多而满，声音平稳而有力，后两句则要把气息和声音都收回来。

第一句"黄河远上"的意境无比开阔，我们要气息饱满、将字词拉开，用声音把人带入那高远的景色中去。但是要注意起势不必太高，否则后面我们在往"白云间"读的时候会很吃力甚至破音。

第二句，小小的城在万丈高山的对比之下，显得凄寒而孤独。"一片孤城"可以用带着肃杀之气的感觉来读，口腔控制得比较有力度。朗读"万仞"二字时需加大力度，把万丈高山的气势带出来。

第三句"羌笛何须"是带着反讽劝诫的语气的。意思是，"你何必这样呢？明知道没有用"。读这句时尾音可以拖长，来引出后面的内容。

第四句反映了战士们的艰辛以及对"春风"不来的讽刺。所以，

"不度"二字要强调出来。不过最后一句虽是主旨，但也无须过于发力重读，而是要用平实的声音把原因讲出来，引人深思。

王之涣《凉州词》朗读爬山图如图2-6所示。

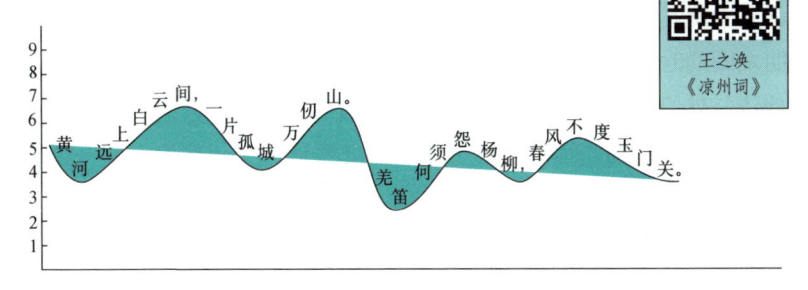

图2-6　王之涣《凉州词》朗读爬山图

2.3.3　《登鹳雀楼》：火了千年的旅游代言诗

辞官之后的十几年里，王之涣一边游历一边作诗，诗名大盛。盛唐时期的诗人中，王之涣地位超然。可惜的是，他的诗大多都已失散，如今仅有6首流传下来。但就这6首，首首都是经典，尤其是《凉州词》和《登鹳雀楼》，被诗评家列为唐诗前十名！虽说"文无第一、武无第二"，文学作品很难从单一角度来打分排序，但是能在几万首唐诗里排到这么靠前的位置，足以说明大家对这两首诗的认可。《凉州词》前面已经了解过了，那么，《登鹳雀楼》呢？

登鹳雀楼

［唐］王之涣（688—742）

白日依山尽，

黄河入海流。

欲穷千里目，

更上一层楼。

这首诗太经典了，连带着鹳雀楼也成了全国闻名的景点。它位于山西省永济市蒲州古城的黄河边上，整座古楼高大而精巧，建造于北周时期（557—581，属于南北朝时期中的一个短暂的朝代）。在屹立

了 700 多年后，于战争中被烧毁，直到 1997 年才开始重修。2002 年 10 月 1 日，重修工作终于完成，不久后便对外开放，我们才能有幸再次一睹鹳雀楼的风采。值得一提的是，这是我们国内唯一采用唐代彩画艺术恢复的唐代建筑，非常宝贵。现在，许多来到这里的游客在发朋友圈的时候都忍不住要附上王之涣的《登鹳雀楼》。看，仅仅靠一首诗，就给一个地方带来了源源不断的名气和人气，文学的力量不可小觑呀！不知当地有没有考虑给王之涣颁个文化旅游大使一类的荣誉奖呢？

一首诗带火一个地方上千年，足以说明大家对这首诗的认可度。那它究竟好在哪里呢？

总结起来 12 个字：意境深远、融理于景、回味无穷。

"**白日依山尽，黄河入海流**"：夕阳依傍着山峦慢慢沉落，黄河向着大海滔滔东流。我们想象一下这个画面：站在鹳雀楼上举目四眺，它的对面，是一望无际的山脉，高大巍峨、连绵起伏。到了傍晚时分，一轮落日沿着群山渐渐西沉。低头看往鹳雀楼的脚下，则是波涛翻滚的黄河，朝着大海奔流而去。如果是我们写作文，得用多少华丽的辞藻才能把它展现出来啊！可诗人仅仅用了 10 个字就描绘出壮丽山河的磅礴气势，用词还十分对仗呢！

"**欲穷千里目，更上一层楼**"：想要看到千里之外的风光，那就要再登上更高的一层楼。两句朴素至极的诗句，却道出了深刻的哲理：站得高才能看得远。寓意抛弃故步自封，要不断登高，才能拓展出新的境界。

我们都不喜欢听大道理。许多文章由于空洞的道理太多，我们也读不进去。而这首诗，把自然之景融入了哲理、在哲理中又融入了感情。所以读它的时候，我们的第一感觉是雄浑的诗意，然后才是哲理的领会。正因它简单易懂，又含义深远，所以千百年来一直激励着中华儿女保持昂扬向上、积极探索的精神，它也因此成为千古名句，流传至今。

总结一下《登鹳雀楼》的影响：

诗，被称为唐代五言诗的压卷之作。

诗人，因此诗而名垂千古，成为中国诗歌史上绕不开的人物。

鹳雀楼，因此诗而名扬中华，千百年来游人如织。

用我们今天的话说，这是一"神作"啊！

【朗读秘籍】

1. 情景： 站在高高的鹳雀楼上，望着远处的太阳渐渐落到了山后，脚下黄河奔腾着向大海归去。不禁让人想到，若想要看得更远，那就得站得更高才行啊！

2. 感情： 看着奔腾的黄河，怀着宽广辽远的气势，畅想着人生继续往上走。整体感情热诚而舒展，带着鼓励的兴奋感，充满对未来的希望。

3. 语气： 前两句声音平稳有力，气息深长。后两句声音和情感都是饱满的、充满鼓励的。

第一句"白日"二字平稳铺开，读"依山尽"的时候，就仿佛看着太阳爬上山又落下去（可参考朗读爬山图里的起伏），我们的声音和眼神都仿佛随着太阳在一起移动。朗读节奏较慢，"尽"字后稍延长，以接下一句。

第二句"黄河"二字可起高一些，接着，我们的声音和眼神也顺着黄河的水势往下走，仿佛一起流入了无垠的大海一般。这一句的朗读节奏依然是缓慢的，大体呈下山趋势。

第三句的"欲穷"开始往上走，代表人的一种欲望，想要做的事情。随后可以突出"千里目"的"千"字，形容出极远的感觉。而且要带上一种追求、渴望的语气，带着对未来的无穷希望来读，这样更有催人奋发之感。最后的"目"字也是需要延长，不要立刻结束。

第四句像一级级爬楼梯一样，一个字比一个字高，无论是诗意还是我们的表达，都要突出往上走的感觉，朗读的节奏属于上山类语势。注意这里吐字要坚决而有力度，结尾无须拖长。

王之涣《登鹳雀楼》朗读爬山图如图 2-7 所示。

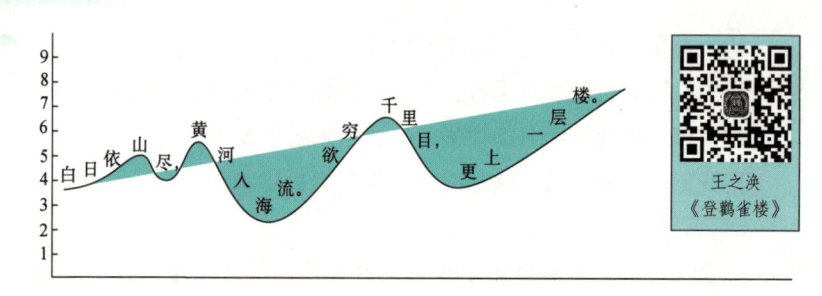

图2-7　王之涣《登鹳雀楼》朗读爬山图

2.3.4　《别董大》：你也可以这样鼓励朋友

前面"旗亭画壁"的故事中出现过"高适"这个名字,他和王之涣、王昌龄一起在酒楼斗诗,你还记得吗?这位可不是个普通人啊!

高适(704—765),字达夫,沧州渤海县(今河北省衡水市)人。高适不但是一位有名的边塞诗人,还是一位真正上阵杀敌的军人、一位因军功而拜将封侯的朝廷栋梁。这样的人写出来的边塞诗会是什么样的?我们来看一小段:

燕歌行(节选)

[唐] 高适(704—765)

杀气三时作阵云,

寒声一夜传刁斗。

相看白刃血纷纷,

死节从来岂顾勋。

君不见沙场征战苦,

至今犹忆李将军!

这几句意思是说,打仗时,杀气像乌云一样聚在天空整天不散。半夜巡逻敲打的声音,声声悲伤。战斗时,只见双方的兵器上都是鲜血,血洒得到处都是。这时的战士,只有拼死报国的决心,哪有想着要功勋奖励的心思?你是没看见在战场拼杀有多惨多苦啊!我们殷切盼望着能有像李广那样有勇有谋的将军来带领我们打胜仗啊!

看完这段的感受是什么？惨烈。

《燕歌行》是高适最有名的作品，也是整个唐朝边塞诗里的杰作。它对小学生来说有点难，所以我们只节选了一小段介绍给大家。这首诗里还有著名的讽刺句"战士军前半死生，美人帐下犹歌舞"，是说战士们在沙场上拼命，将军们却在营帐里欣赏歌舞表演。还有两句读来让人十分心痛，"少妇城南欲断肠，征人蓟北空回首"，这是参军打仗的征夫与妻子之间的思念之情，而他们很可能已经无法团圆了。

把战争的细节描写得如此入木三分，你一定以为高适自己也参加了这场战斗。但其实，这是他在听完亲历者的描述、又看完另一位诗人的诗作后，写下的一篇唱和之作。高适对战争场面感同身受，写下的诗气势雄浑、悲壮惨烈，充满了气愤的讽刺。后来他去到边塞，遇见了王之涣、王昌龄、岑参、李白等诗人，大家志趣相投，相互唱和作出了很多诗篇。

了解到了高适的个性，我们来看看这一首小学生必背的诗：

别董大

[唐] 高适（704—765）

千里黄云白日曛，

北风吹雁雪纷纷。

莫愁前路无知己，

天下谁人不识君。

这是一首相当励志的送别诗。据传是高适与当时著名的琴师董庭兰短暂相聚又离别时写下的。

"**千里黄云白日曛**"：千里黄云遮天蔽日，天色昏暗。曛：太阳黯淡无光。第一句铺出送别朋友时的天气特点，阴天，一眼望去全是乌云，就好像此时的低落心情。

"**北风吹雁雪纷纷**"：北风送走雁群又吹来大雪纷纷。看看这场景，北风呼啸、大雪漫天，往南的大雁在奋力飞行。这也是边塞风光与繁华内地之景完全不同之处：广阔、暗黄、萧寂、苍凉。

高适写下这首诗的时候，不但没有建功立业，甚至连吃饭喝酒

的钱都快没有了。他早年穷困、仕途不顺、四处游历而不得志。我们仿佛也能从这两句景物描写中感受到诗人郁积的心情。诗人会就此感到悲伤而消沉吗？当然不会！他出身于军人家庭，祖父高侃是唐朝名将，高适从小就练武习兵，有着一腔热血。于是接下来他笔锋一转：

"莫愁前路无知己，天下谁人不识君"：别担心前路茫茫没有知己，这天下谁不知道你的盛名呢？

看看诗人这心境，这劝人的口吻，多么豪放、慷慨！哪位朋友听了这样的话不受鼓舞？

我们看到朋友不开心，都想着要去安慰一下。安慰的方式有很多种，像高适这样，用两句诗来劝慰朋友是不是很厉害？我们猜想他的这位朋友当时应该也处于困境之中，所以诗人才会在诗中给予安慰和鼓励。他既肯定了朋友的能力、夸赞了朋友的才名，又给了朋友明亮的希望和奋进的动力。这首诗流传开来以后，鼓励了无数人，是励志型的送别名言。

【朗读秘籍】

1. 情景：今天是个送别的日子。广袤的塞外，下着大雪，天色昏暗。只有几只南归的大雁还在空中奋力飞行。朋友啊，别被恶劣的天气影响了心情，也别担心此去没有了朋友。这普天之下到处都是欣赏你的人啊！

2. 感情：从前两句北方苍凉广袤的景色，到后两句充满信心和力量的鼓励，体现了诗人尽管目前不如意，但仍充满了斗志的精神状态。整体的感情是豪情舒展的。尽管当时的天气、际遇都不好，但是诗人心中还是充满了对未来的希望。

3. 语气：前两句需要把景色交代清楚，不要囫囵吞枣地一口气随便念完，也不要一提到塞外风光，就一味地提高声音、加大音量。而是放慢语速，用稍低沉的声音去描述诗人笔下的画面，渲染离别时的昏暗气氛。

第一句先突出一个"千"字，形容云之广，那么也就给人一种辽远的感觉，铺垫出离别时的景象。"黄云"不透亮，有点暗，所以我们的声音也要暗一点，嗓音低沉、音色喑哑，整句大致呈一个山谷的趋势。

第二句"北风吹雁"声音轻轻往上走，是对大雁的鼓舞，是对它前行方向的展望，也是对当下恶劣天气的描述。"雪纷纷"3个字稍缓，用声音营造出雪花漫天又萧瑟的氛围感。

第三句"莫愁前路"，这是从描写景物变成跟朋友对话了，声音不必拖长，像平时聊天时那样，声音落在近处。这是劝慰的话，要鼓励朋友树立起信心，所以我们朗读时的音调要稍高一点，语句干脆不拖拉。

第四句，心中豪情一动，气势拔起，声音也跟着越发积极明亮起来，"天下谁人"一定是要带着一种放眼天下的豪迈感觉，音量增大，把声音往高、往远处送。

高适《别董大》朗读爬山图如图 2-8 所示。

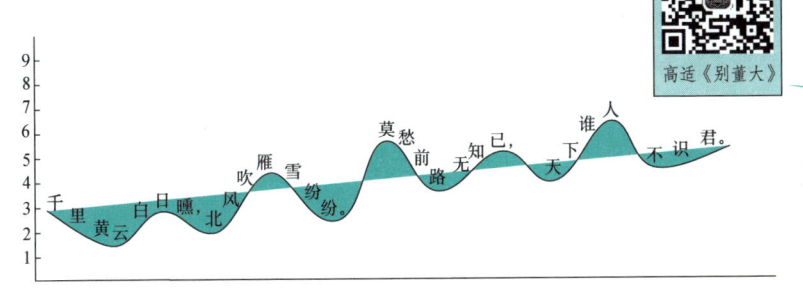

图2-8　高适《别董大》朗读爬山图

2.3.5　《塞下曲》：想跑？

我们前面提到的边塞诗人高适是一位真正打过仗的诗人，他还参与了"安史之乱"的平叛，立下赫赫战功。而"安史之乱"正是唐朝由盛转衰的节点。

唐朝建立后，经过几代皇帝的励精图治（努力工作），到了唐玄宗的手上，已经是一个非常繁荣、安定的强大王朝了。可渐渐地，皇帝就自大了起来。当时有个叫安禄山的将领，特别会拍马屁，皇帝很喜欢他，给了他很多权力和很大的地盘。皇帝的宠妃杨玉环甚至把安禄山收为干儿子，对他非常信任。然而，就是这个深得皇帝宠信的人，利用皇帝的信任和放纵，不断扩大自己的权力和势力，囤积兵马，联合一个叫史思明的人一起发动了叛变，还一路打到了长安！

按说，长安当时有20万大军驻守，叛军是很难进来的。可是唐玄宗被自己这干儿子气得不行，居然不顾大局，非要让士兵出城迎战，给自己出口恶气。结果，城门一开，敌军蜂拥而入，马上就占领了长安城。这会儿别说出气了，连命都不一定能保住！皇帝只好赶紧带着亲眷，逃跑了！

在逃命的路上，还发生了"马嵬驿兵变"。当时，护送皇帝逃跑的士兵们认为，大家落得这步田地都是奸诈的相国杨国忠一手造成的，于是便杀死了他，还逼皇帝处死了杨国忠的妹妹、皇帝的贵妃、安禄山的"干妈"杨玉环。这中国古代四大美人之一的杨贵妃，就在马嵬驿这个地方香消玉殒。

后来虽然平定了战乱，但是唐朝的国力就此衰弱了下去，许多被战火烧过的地方几十年都没有恢复好。百姓流离失所、生活艰难，边境战争也时有爆发。

卢纶便成长在这个时期。

卢纶（739—799），字允言，河中蒲县（今山西省蒲县）人。唐代诗人，大历十才子之一。卢纶满腹才华却一直考不中进士，幸而从中央到地方的许多高官要员都十分赏识他，常向皇帝推荐卢纶的诗，他也靠自己的见识与才干赢得了三代皇帝的喜爱。后来在参与平乱时被召去元帅府做判官。

无论皇室发生怎样的变动，保家卫国的将士们始终保有自己的一腔热血，他们的决心不曾动摇、他们的勇猛不曾减退。卢纶随军戍守边关时，在边塞看到了许多雄浑肃穆的景象，接触到了无数粗犷豪迈的将士，这对他的写诗风格产生了很大的影响。

塞下曲

[唐] 卢纶（739—799）

月黑雁飞高，

单于夜遁逃。

欲将轻骑逐，

大雪满弓刀。

这是一首让人紧张到不敢呼吸的诗，虽作于中唐时期，却颇具盛唐气势。看到诗的内容，就仿佛是"月黑风高危险夜，追击敌人正当时"。诗人通过对环境的渲染，描绘出一幅枕戈待旦的战斗场面。

"月黑雁飞高"：没有月光的夜晚，大雁被惊飞。天黑肯定就看不清大雁了，所以这是听见了大雁扇翅膀的声音。可是，按说这深夜不是大雁飞翔的时刻呀？那很可能是被"惊飞"的。诗人用5个字告诉我们：天很黑、周围非常寂静、危险已来临。瞬间就给人一种紧张之感。

那么，在这寂静的夜里发生了什么呢？

"单于夜遁逃"：敌军趁着夜色的掩护逃跑了！单于：原指匈奴的首领，在这里指对战的敌军首领。诗人十分肯定地说他们是在溃逃，而不是攻打、偷袭，语气里透着强大的自信和对敌人的蔑视。仿佛内心是在说：你跑啊，有用吗？

"欲将轻骑逐"：准备让轻骑去追他们。逐：追。虽然准备去追击，但没有出动大部队，仅仅是让一支轻骑去执行任务，可见根本没把逃跑的敌人放在眼里。

"大雪满弓刀"：大雪不停地落下，把战士的弓刀都覆盖住了。这一句告诉了我们天气的严寒。你看，只是整队的这一小会儿工夫，武器上就落满了雪花。虽然环境艰苦，但也衬托出了战士们奋勇向前的精神，他们是怀着必胜的决心的。可以想象，一旦接到命令出发，他们就会像一支支离弦的箭一样迅疾掠过。

诗人写到这里戛然而止，没有描写激烈的战斗场面，没有告诉我们追逐的过程和结果。虽没写结局，但通过这短短20个字的描写，

我们已经不担心这场追逐战的结果了。想跑？没门儿！

【朗读秘籍】

1. **情景**：月黑风高，大雁惊飞。深蓝的夜幕下，敌军在溃逃，我军马匹已备好、武器已亮出，整装待发去追击。

2. **感情**：在此情景之下，朗读的感情是紧张、热血而又充满信心的。

3. **语气**：朗读时，整个语气紧起来。要用声音展现出现场感，营造危险而又紧张的氛围。

第一句收着点声音和气息，读出深夜追击的感觉。"黑"字可以适当延长，渲染气氛。"高"字往上走，但发音要短促，不能拖长。这句是上山类语势。

第二句讲敌人溃逃，声音轻一点，好像在一旁观察到他们正在悄悄逃走一样。末尾的"逃"字稍微延长一点，代表他们还在跑，这个行为还没有结束。

第三句气息短促、语速稍快、声音偏硬。"欲将"是我方的决策，朗读时一定要有力，"轻骑逐"3个字逐级往上走，有一种要越追越近的感觉。

第四句"大"字稍作强调处理，但注意紧随其后的"雪"字不要拉长，用这两个字铺垫环境和气氛。"满"字发饱满，但是最后的"弓刀"也要干脆利落地结尾，不可拖长。

卢纶《塞下曲》朗读爬山图如图2-9所示。

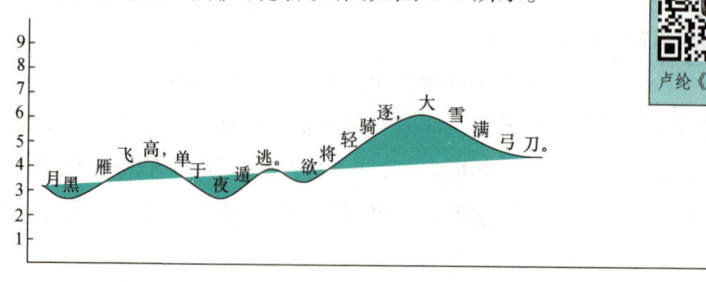

图2-9　卢纶《塞下曲》朗读爬山图

第3章 唐诗全盛时期,背哭小学生

3.1 他堪称唐代最厉害的七绝诗人？

3.1.1 《从军行》：战士们的铮铮誓言

第2章我们讲了唐朝的边塞诗。除了已经提到的王翰、王之涣、高适、卢纶等各有风格的边塞诗人之外，还有两位颇具代表性的边塞诗人，一位是写下《白雪歌送武判官归京》的岑参，他的诗我们要到中学里才会学到；还有一位便是堪称"七绝圣手"的王昌龄。

王昌龄（698—757），字少伯，河东晋阳（今山西省太原市）人，也有说法说他是京兆长安（今陕西省西安市）人。盛唐时期边塞诗人。

王昌龄在诗坛里有着"诗夫子"的美名。"诗夫子"可不是随随便便就能叫的。大家都听说过孔子吧？作为儒家学派的创始人，中国古代最著名的教育家、《诗经》的编辑者，我们后世都尊称他为"孔夫子"。而王昌龄得"诗夫子"这一称呼，可见当时的人对他有多推崇了！据说后来在印刷的时候出现了错误，把"诗夫子"印成了"诗天子"，大家一看，觉得"诗天子"更有气势，于是便把这称号也给了王昌龄。又是"夫子"又是"天子"的，我们来看看这位诗人究竟有多厉害呢？

从军行

[唐]王昌龄（698—757）

青海长云暗雪山，
孤城遥望玉门关。
黄沙百战穿金甲，
不破楼兰终不还。

乍一看，这前两句似乎并不朗朗上口，不好理解也不好背诵。那它好在哪里？我们一起来分析和感受一下诗人笔下的景色。

"青海长云暗雪山"：青海湖上的漫漫云雾，遮得连绵雪山一片黯淡。青海，位于我国西北的青海省，那里有我国最大的内陆湖——青海湖。青海湖域无比宽广，一眼望过去像大海一样，有海天相接的感觉。雪山：指的是祁连山。

"孤城遥望玉门关"：一座边塞古城孤单地守护着边境线，与玉门关遥遥相望。"遥望"说明战士所在的位置离玉门关很远，离家就更远了。

我们如果能了解一下地理距离，就能更直观地感受到开篇这两句的雄浑壮丽了。青海湖、祁连雪山、玉门关这三个地方连起来是一条长达千里的防线，光凭人的肉眼，一眼是看不到的。而把三个距离这么远的地方放在同一个画面里，可见景色之辽阔，也可见诗人的大格局、大情怀。同时这样的描写也展示了将士离家之远、长途征战之苦。要知道，古代可没有汽车、飞机，饿了、渴了，也没有超市、便利店，喊外卖就更不可能了。将士们远征去边疆，全靠两条腿走路。如遇到紧急情况，还要忍饥挨饿、连夜行军！试想下西北的严寒与荒凉，没日没夜地背着武器、棉被和衣服走路，有多辛苦？

可即使再艰苦，将士们的坚定意志也不曾改变过。

"黄沙百战穿金甲"：黄沙万里，频繁的战斗磨穿了将士身上的铠甲，他们身经百战仍壮志不灭。黄沙：指的是西北的戈壁荒漠。这个词点明了战斗的地点——西北边疆。百战：这不是一个具体的数字，而是无数次的战斗。战斗多到什么程度呢？连将士们身上的铠甲都磨穿了。按说士兵的铠甲是非常坚硬的，是用来抵挡刀剑的，可这样结实的铠甲都磨破了，足见将士们戍边时间之长、打仗次数之多、生活条件之艰苦。可即使这样，将士们的意志仍然十分坚定。

"不破楼兰终不还"：不打败那些进犯的敌人，我们誓不返回家乡！

戍边将士们强大的意志和坚定的决心都在这句诗中表露无遗。

楼兰，是古代西域的一个国家，曾与匈奴联合杀害汉朝使臣。在这首诗里不仅仅是指这一个国家，而是泛指频繁进犯西北边境的敌人。这句诗的意思是，不打退那些进犯的敌人，我们绝不回家！

纵观全诗，诗人把将士们在严寒风沙中苦苦坚持、誓死保家卫国的壮烈情怀都融入雄浑的景色当中。"以景带情，以情写景"，这是王昌龄诗歌的特色，读他的诗，能让我们直接联想到他所描绘的画面，从而更深刻地理解诗中的情感。

【朗读秘籍】

1. **情景：** 青海湖碧波荡漾，远处的雪山隐约可见。雪山脚下的边陲小城显得那样孤单。小城的千里之外是玉门关，那里的将士们生活在戈壁沙漠里，穿着已经破损的铠甲，一次次击退了进犯的敌人。条件再艰苦，他们也从未想过后退，心中的誓言十分坚定：不破楼兰终不还！

2. **感情：** 诗中既表现出盛唐军人的豪情壮志，也不回避战争的艰难苦痛。前两句从壮阔而苍凉的景色开篇，到第三句讲将士们的长期战斗以及第四句掷地有声的誓言，传递出的感情都是雄浑有力的。

3. **语气：** 通过情景想象，我们仿佛身处广袤的大西北，体会着将士悲壮而坚定的感情。此时我们的语言表达一定是大气豪迈的。

第一句描述大的环境，语气要与浑厚苍凉的景色一致，气息绵长，声音较低，语气平缓，像缓缓拉开帷幕一样带大家看青海长云、遥远的雪山。"暗"字是句中抒情的字眼，可稍稍突出。

第二句中"遥望"二字需拓长，念出远远看去的感觉。如果语言节奏过快，则失去了"遥"的感受。"玉门关"三字可读得轻一点，那是心中的柔软，是回家的方向。

第三句的气势要起来，"百战"一词形容战斗数量极多，要用实声，不能用虚声，"穿金甲"三字给人非常坚韧和艰苦的感觉，连铠甲都磨穿了、磨破了，还在坚持战斗，将士们内心对于敌人、对于战争都是厌恶的，但不能退缩，必须打退敌人、取得胜利。所以这一句是憎恶又坚韧的语气，气息要足，声音要硬，一字一词都很有力度。

第四句是将士们的铮铮誓言，我们念的时候要铿锵有力地给出。语气坚定，气息多而粗，声音像战鼓一样饱满，"终不还"三字重重地砸下。

王昌龄《从军行》朗读爬山图如图3-1所示。

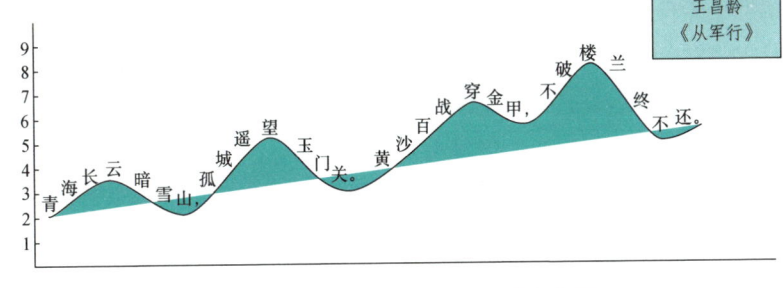

图3-1　王昌龄《从军行》朗读爬山图

3.1.2　《出塞》：这里打了上千年的仗

王昌龄现存诗歌181首，数量不算少，但是关于他生平的记载却不多，我们也仅能从有限的资料和轶事中看出他的与众不同。比如前面提到的"旗亭画壁"，就是王昌龄提出要赛诗的，给人感觉那时的他活泼好玩。到目前为止，故事里的三位主角——王之涣、高适、王昌龄，全部出场啦！他们都是盛唐时期边塞诗派的代表人物，笔下自带大唐盛世的雄浑气质。而且王昌龄跟李白、孟浩然等诗人也都是好朋友，当时他就已经是诗坛上享有盛誉的名人了。

不过，王昌龄也不是一开始就认真在诗坛耕耘的。年少时期，当同龄人都在努力读书、考取功名时，王昌龄却与众不同地跑去嵩山当道士了！

不知大家有没有听过这句歌词："想去嵩山少林学武功……行侠仗义、飞檐走壁。"很多武侠片里都说嵩山的少林弟子很厉害。虽然王昌龄学的是道而不是佛，去的也不是少林寺，但也不妨碍他怀揣一颗行侠仗义的心去修行。我们不知道在嵩山的那些年里他的武功有没有学成，只知道在当了几年道士之后，王昌龄就下山去了边塞。有

记载说他于27岁那年出了玉门关、行走塞外。到了边境的王昌龄，目睹了大大小小的战事，感慨良多，写下了许多反映边疆将士们气概和苦楚的诗。《出塞》就是其中的一组。

出塞

[唐] 王昌龄（698—757）

秦时明月汉时关，

万里长征人未还。

但使龙城飞将在，

不教胡马度阴山。

开篇第一句就把大家给镇住了。自古以来，文人们对这句诗不是普通地欣赏，而是"激赏"——就像我们今天的"疯狂点赞"。

一句诗就让无数文人墨客服气，它究竟好在哪里？

"**秦时明月汉时关**"：依旧是秦汉时期的明月和边关。在同一句诗里写到了秦朝的月亮和汉朝的关口，很特别吗？是的，很特别。

今天，教育普及、资讯发达，我们可以轻松谈论着千年前的历史，看着制作精良的纪录片，读着被精选出来的故事和古诗，大家对此都已习以为常。但在千年以前，许多手法都是刚刚被创造出来，是第一次，是独一份儿。比如"秦时明月汉时关"这句诗，这是一种不在一时一地的"互文"的手法。秦朝时的月亮照着汉朝时的关口，"秦"与"汉"、"月"与"关"彼此互文，你中有我、我中有你。西域的关口，从秦汉时期就一直存在。那一轮明月，更是从古悬挂至今，它们都是历史的见证。诗人说自古以来明月就一直映照着边关，其实是想说千百年以来这里就战争不断，正因如此，才引发了下面的诗句：

"**万里长征人未还**"：守关御敌、征战万里的将士还未回还。征夫们离家万里来到边关，多少男儿战死沙场、有来无回。这是何等的悲凉与壮烈！要如何才能早日结束战争、让将士们返乡团聚呢？诗人说道：

"**但使龙城飞将在**"：倘若龙城的飞将军李广今还在。汉朝时抗击匈奴的名将李广有着"飞将军"的美誉。他曾多次击退匈奴，以至于到后来，只要有他在，匈奴就不敢进犯。龙城：李广当时驻守的卢龙城。这句诗表达了诗人的心情：边关不宁、国无良将，多希望能有像飞将军那样的人来带兵打仗啊！这样就可以：

"不教胡马度阴山"：绝不让敌人的铁蹄踏过阴山！胡马：胡人骑的马，这里泛指当时西北常常来边境骚扰的游牧民。阴山，我们在《敕勒歌》里曾提过，没有战火的时候，阴山南北两边的人们会在那里交换商品。而一旦打起仗来，那就是一个天然屏障。

诗人从千年之前、万里之外入笔，把历史和现实结合起来，站在百姓和征夫们的立场上抒情言志。征夫，是远征去打仗的普通士兵，也叫士卒。打仗时冲在最前面的是他们，伤亡最惨重的也是他们。我们在第 1 章里讲的《采薇》，就是一位出征多年的征夫回家时的情景。"行道迟迟，载渴载饥。我心伤悲，莫知我哀。"自古以来有多少人前仆后继、万里出征，只为了守住国家的边境、保护当地的百姓。

诗人也希望能有像龙城飞将那样，既体恤士兵、又能带他们打胜仗的将领，带着大家早退敌、早还乡。这表现出了诗人对历史的回顾、对征夫的同情，以及对边境安宁、百姓安定的盼望。诗虽短，内涵却无比丰富，意境也是恢宏深远、雄浑自然，有着纵横古今的强大气魄。真不愧是被后人誉为"唐代七绝压卷之作"的诗啊！

【朗读秘籍】

1. 情景： 在边塞的戈壁上，一轮明月高高地悬挂着。它从古照耀至今，就如这将士们驻守着的边关，自古以来就屹立在这里。将士们夜夜望着明月，思念自己的家乡。多少年了，他们还没能回去。看着边关的景色，想到早在秦朝和汉朝时，一代又一代的将士就已经守护在这里，保家卫国、击退外敌。如今，上千年过去了，战争还没有停歇。以前曾有飞将军在这里多次击退匈奴，取得胜利。多希望现在也能有那样的将军来带领自己啊，好让大家早点击退外敌、返回家乡！

2. 感情： 诗中大气的感情横亘古今。整首诗意境雄浑，感情厚重而昂扬。有对长达上千年的边境战争的历史思索，有对名将到来的盼望，更有对击败敌人的信心宣示。

3. 语气： 朗读时既有大气坚强的战斗意志，也有历史沧桑感和希

望尽快结束战争的愿望。

第一句"秦时"二字轻轻起,但是"秦"字和后面的"汉"字对应,需稍作强调,所以是气息轻而咬字略重。"明月"二字要拉开,展现出广袤天空与时空的感觉。"汉时关"三字逐渐减弱下去,引出历史的沧桑感,同样也注意"汉"字稍作强调。

第二句是征夫们的苦楚,用较慢、较低的语速来朗读。"万"字稍拓长,把路途遥远的感觉展现出来。"人未还"三字带着心疼与叹息的感觉有克制地念,控制住气息,不要全部放出,以表达战争的残酷。

第三句带着强烈的希望,"但使龙城"开始逐渐让感情和声音外放,"飞将在"需要强调出来,用气要足,声音饱满有力,整句呈上山趋势。注意声音和力度的控制,不要喊破音啦!

第四句的意思是紧接着上一句的,所以中间不要停顿,让"不教"二字紧跟上一句的"飞将在"念出,带着坚决的、必胜的甚至有点发狠的语气,就像是将士们在战场上拼杀一样。这句诗,一字一词体现的都是将士们的决心。最后的"度阴山"三字要重重地砸出,以示保家卫国的坚定意志。

王昌龄《出塞》朗读爬山图如图3-2所示。

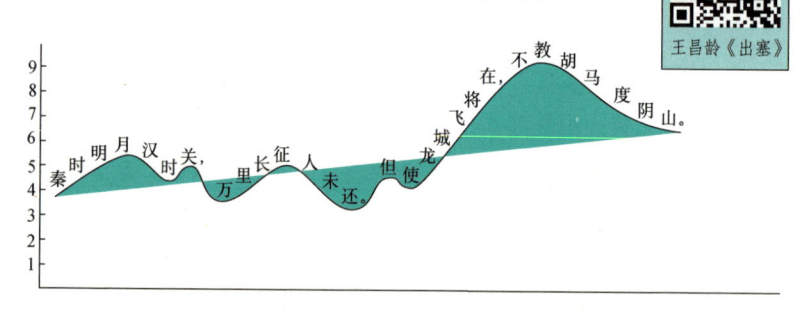

图3-2 王昌龄《出塞》朗读爬山图

3.1.3 《芙蓉楼送辛渐》:我可没变啊

在边关的那些年里,王昌龄的诗名、才气都得到了大家的推崇。在他的带动和影响之下,七绝诗与边塞诗都得到了极大的发展,他也因写了许多高质量的七言绝句而得名"七绝圣手"。王昌龄在诗里对边塞的百姓和士兵都抱着极大的同情,也许正是这段经历让他意识到,如能考取功名、成为大官,就能为大家做更多的事情了。于是,在边关历练了几年之后,30岁的王昌龄去了长安参加科举考试。

考试很顺利,王昌龄一下子就中了进士,当了秘书省校书郎。我们可以把这个职位理解为国家图书馆的管理员。可接下来,他在仕途上很不顺利。王昌龄说话直接,又一身正气,得罪了朝中权贵,没几年就被贬去了江宁(今江苏省南京市)。他前后两次在江宁为官,一共历时8年,因此得名"王江宁"。在江宁期间,有一次因为要去送别朋友辛渐,他便在江苏镇江的江边上住了一晚,写下两首《芙蓉楼送辛渐》,我们来看第一首:

芙蓉楼送辛渐

[唐] 王昌龄(698—757)

寒雨连江夜入吴,
平明送客楚山孤。
洛阳亲友如相问,
一片冰心在玉壶。

这首诗是唐代七言绝句的代表作之一。"芙蓉楼"也因此声名远播,至今还是许多游客的打卡之地。前有王之涣的《登鹳雀楼》,后有王昌龄的《芙蓉楼送辛渐》,一首好诗就是一个地方的文化名片呀!

七言绝句在唐代逐步发展完善。所谓"七绝",指的是每句诗都是7个字,一共4句,且有严格的押韵要求,也十分讲究平仄。在这样的要求下,写七言绝句,既要有深刻的内容,又要有丰富的形式。内容里要有真情实感、要意境深远,形式上又要读起来朗朗上口、富于美感。看来,要写好一首七言绝句实在是太难了!我们来仔细品读这首诗吧!

"**寒雨连江夜入吴**":下着冷雨的夜晚,我来到吴地的江边。吴:泛指江苏、浙江一带,镇江在春秋时期属于吴国。大家有没有听过一个词叫"吴侬软语"?就是形容江苏、浙江、上海一带的吴方言(汉

语七大方言之一），它的语调比较温柔婉转，所以叫"软语"。诗人在江苏镇江送别朋友，自然也属于"吴"的范围了。

秋冬季节的雨让人觉得寒冷。它既不似春雨般绵柔，也不像夏雨凉爽。这天夜里，寒冷的雨水和江水连成了一片。诗人在开篇便点明了愁绪。

"平明送客楚山孤"：清晨送走朋友后，我独自面对着楚山离愁无限。平明：天亮后。诗人先写夜里下雨，又写天亮后的送别，可见他们在江边聚了一整晚。

"楚山孤"，江苏在春秋时期曾属于吴国，到了战国时期被并入楚国，所以这里也被称为"吴楚山水"。诗人和朋友临江而聚并在此告别，按照我们的想法，都会说自己的思念和愁绪也随着面前的江水流去了，而王昌龄却用了"楚山孤"这个词，这是在强调朋友将沿着江水往北而去，而自己却只能像大山一样留在此地，孤单地送别。

"洛阳亲友如相问"：到了洛阳，如果有亲友问起我来。王昌龄从中央朝廷被贬去地方任职，很不愉快。他一路上走得拖拖拉拉，中途还在洛阳住了半年。可能他是想用这样的方式来表达不满吧！也许是在洛阳期间结识了不少志同道合的朋友，他常与大家谈天说地、吐露过许多心里话，所以诗人在这里嘱托朋友：要是亲友们问起我，你一定要告诉大家——

"一片冰心在玉壶"：我的心依然像玉壶里的冰那样晶莹纯洁！冰心：心灵像透明的冰块一样纯洁。玉壶：美玉做的壶，玲珑通透。在通透的壶里放着一颗冰做的心，这是多么干净、纯洁！他是想告诉朋友们，自己的心仍像之前一样洁白、明净，没有在官场上同流合污。

后面这两句诗，诗人没有在离别的愁绪里纠缠了，而是充满希望地期待故友们对他的问候与牵挂，同时也坚定地表达了自己的信念：无论遭遇什么样的事情，我都初心不改！

【朗读秘籍】

1. **情景**：秋冬时分的江面，下起了阵阵寒雨。天亮的时候要送朋友远行了，自己却只能和江边的大山一样留在这里，不能远去。要是有老朋友问起我的近况，请一定要告诉他们，我的心还是像壶中冰块一样，里里外外都是纯净的！

2. **感情**：前两句是离别愁绪，后两句则是表明尽管遭遇挫折，但是心中的信念仍未改变，自己决不会同流合污，会一直坚守初心。朗读这首诗的时候，我们要注意感情的转换，不要看诗人前面写的"寒雨""楚山孤"，就觉得这是首表达伤感的离别诗，那就很不全面，也丢失了诗人的气韵了。

3. **语气**：整体是比较平缓的语气。

第一句的"寒雨"二字，气息凝滞，声音低沉，以烘托离别冷意。"寒雨连江"4个字缓慢往上走，有种顺着雨势看江面的感觉。"夜"字可用虚声，表达出寂静之情。"夜入吴"三字往下走。

第二句和第一句的节奏很像，"平明送客"往上走，"楚山孤"往下。不过这一句比上一句声音稍高一些，语气也不那么凝滞。注意"客"与"孤"这两个字要强调出来，显示出送别后的孤单。

第三句话锋一转，从愁绪转向了对朋友的嘱咐和交代，要有对话的感觉，像是在跟朋友聊天一样。"如相问"带上问句的语气，声音往上扬，让人期待你接下来的回复。

第四句是表现诗人品质的关键之句，要用清朗的声音和气质展现出来。"一片冰心"是展现高洁性情的，我们用上赞美的语气来读。"在玉壶"三字稍加重、拉长，情感和气息延绵不绝，给人以思索和回味之感。

王昌龄《芙蓉楼送辛渐》朗读爬山图如图3-3所示。

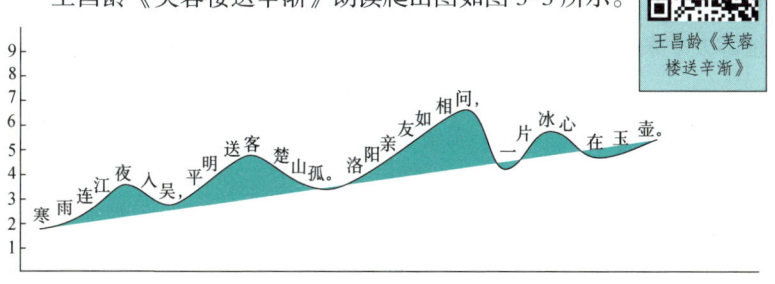

图3-3 王昌龄《芙蓉楼送辛渐》朗读爬山图

3.1.4 《采莲曲》：生活处处有惊喜

王昌龄被贬去江宁后，内心郁闷惆怅。可这还没完呢！再后来，他因锋芒太露、不拘小节的性格又一再被贬。据说，当时权倾朝野的两大奸臣杨国忠和李林甫都要置他于死地！幸好唐玄宗认为他只是细节没做好，不必下重刑。皇帝一句话，救了王昌龄的性命。命虽保住了，官职却是保不了了。51岁这年，王昌龄被贬去当时非常偏僻荒凉的龙标县当县尉。他在龙标生活了8年，由此得名"王龙标"。听说过九品芝麻官吗？就是形容官职小的，而王昌龄的这个官职可比九品芝麻官还小！他的好朋友李白听说他被贬后写了一首诗：

闻王昌龄左迁龙标遥有此寄
[唐] 李白（701—762）

杨花落尽子规啼，

闻道龙标过五溪。

我寄愁心与明月，

随风直到夜郎西。

李白将自己的"愁心"寄了过去，希望对朋友能有所慰藉。这也侧面说明了大家对于王昌龄的被贬很是同情。那个时候，王昌龄的诗名已经享誉天下了，仕途却相当不顺，生活也一直很贫困。按说这样的生活很容易让人悲观消极，但历经寂寞修行、大漠风沙和权臣倾轧的王昌龄并不如此，他个性慷慨豪迈，不会被轻易打倒。随着年岁增长以及对官场的失望，王昌龄也渐渐看透了、看开了。我们来看看这位诗夫子来到偏远荒凉之地后，写下了什么样的作品吧！

采莲曲
[唐] 王昌龄（698—757）

荷叶罗裙一色裁，

芙蓉向脸两边开。

乱入池中看不见，

闻歌始觉有人来。

整首诗清新灵动。你很难把这样一首充满活泼美感的诗跟诗人的经历和写诗时的年龄结合起来。王昌龄，这位在当时极负盛名的诗人，先是在边关磨砺，后一举登科，享受过短暂的荣耀，但又连番遭遇贬官。到了晚年，甚至像是被放逐一样，被贬去了湘西的边陲小镇。这一生的经历可谓十分坎坷了。但即便如此，他笔下的诗句却依然富有积极的生命力。

"荷叶罗裙一色裁"：采莲少女的绿色罗裙融入田田荷叶中，仿佛一色。罗裙：指古代女子穿的裙子。一色裁：感觉裙子和荷叶像是从同一匹布上裁下来的一样。古代不像我们现在，想买衣服了可以直接去店里或者逛逛网店就行了。那时候想要件新衣服，都是要买布回家自己做。古代有许多布庄，一匹匹各种颜色的布都堆在一起，你要几尺，店家就给你裁几尺。诗里的"一色裁"也说明了采莲女的裙子翠绿翠绿的，像荷叶一样美。

"芙蓉向脸两边开"：出水的荷花正朝着采莲女的脸庞开放。芙蓉：荷花。你能想象这个画面吗？驾着一条小舟穿梭在莲塘里，刚刚出水的芙蓉花迎着你盛开，你一路往前，一路都有花儿来欢迎你，这感觉怎能不让人心生欢喜？诗人在此处的用心也是非常巧妙了。本来采莲女只是从花间穿过，诗人却说是花儿都在迎着她们开放，足见诗人对采莲女欣赏和赞美之情。

"乱入池中看不见"：混入莲池中不见了踪影。乱入：混入的意思。说采莲女的脸庞像芙蓉花一样美丽，穿的裙子又和荷叶同色，一起混入池中后，相映成趣，让人都分不清啦！

你学到了吗？不直接说采莲女的脸有多美，只说她们和花儿在一起，让人傻傻分不清楚，自然就让人感觉到了她们清新灵动的美，厉害吧？

"闻歌始觉有人来"：听到歌声才发觉池中有人来采莲。

接上一句的意思，本来都"看不见"了，忽然又听到了美妙的歌声，这才发现了这群欢快的采莲女。这样的描写，让画面显得更加生动，增加了诗的意趣和含蕴。这不由得让人想起了一首汉乐府的诗歌

《江南》，写的就是鱼儿在莲叶间的嬉戏，暗喻了青年男女在池塘里的玩耍。而王昌龄的这首诗，则是直接描写了女孩们在池中采莲子的场景，灵动可人。

从这首诗中我们可以发现，尽管历经坎坷、人生艰难，诗人仍保有一颗纯真而美好的心灵。他在人生的低谷期、前程失意之际还能有如此雅兴，还能把一些偶遇当作惊喜，还有一双发现美的眼睛，不得不令人佩服。

【朗读秘籍】

1. 情景： 盛夏的池塘中，盛开着一大片的荷花。一群欢快的采莲女驾着小舟在其间嬉戏。她们的裙子跟荷叶是一样的颜色，她们的脸如同花儿一样美丽。富有青春活力的采莲少女们，唱着歌欢快地穿梭于荷塘之中。她们就像是美丽大自然的化身一样。当女孩儿们都去到了池塘深处，便与荷花荷叶融为了一体。要不是听到她们美妙的歌声，都不知道还有人在里面呢！

2. 感情： 欢快的嬉戏场景，带来的自然是欢快恬适的心情。诗人抛却了仕途上的种种不顺，静下心来欣赏眼前的美景和鲜活的劳动场面，也展现了诗人开朗、豁达的人生态度。

3. 语气： 情绪轻松、语气轻快。

第一句"荷叶""罗裙"是并列关系，读的时候要注意展现清楚。由于语言节奏的走势比较平缓，所以要带上欣赏的语气，不然就容易读得过于平淡；"一色裁"注意声音不要往下掉，稍往上走一点。

第二句的"芙蓉向脸"节奏可以稍快一点，语势往上走，"脸"字要突出，有迎面而来的感觉；"两边开"是欢快的语气，声音明亮，语句上扬，但不要拖长。

第三句同样是欢快的语气，"乱入池中"的语言节奏也比较快，但与上句不同的是，这4个字的语势要往下走，仿佛声音都随着女孩儿们一起往里藏了。但语气仍是欢快的，展现活泼的动感之美。

第四句"闻歌"二字要突出，因为听到歌声才发现了采莲女，所以这两字很关键。我们可以在此处停顿一下，当然也可以不停，看朗读者自己的感受。"有人来"虽是结尾，但不必拖太长，否则会打扰整首诗的兴味。

王昌龄《采莲曲》朗读爬山图如图3-4所示。

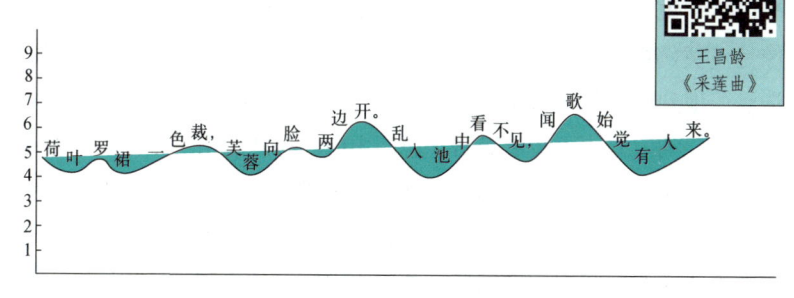

图3-4 王昌龄《采莲曲》朗读爬山图

3.2 从未做过官却有无数粉丝

3.2.1 《春晓》：真的，睡个懒觉好舒服的

我们看王昌龄写的一些诗，能大略地体会到他晚年宠辱不惊、悠然自得的生活，其间还是有许多小美好的。不过，尽管此时的他心境已然变得豁达，却有一件事情让他难以放下，那就是他的好友孟浩然之死。怎么回事呢？我们来看看孟浩然的故事。

孟浩然（689—740），字浩然，号孟山人，襄州襄阳（今湖北省襄阳市）人，唐代著名的山水田园派诗人。

在古代，几乎所有的读书人都会去考取功名，争取一个当官的机会。那个时候不像现在，信息发达、产业丰富，我们能选择的职业非常多。古代的读书人，如果想要施展自己的才干和抱负，就只有出仕当官这一条路可走。况且，儒家也有"学而优则仕"的传统，所以我们会看到许多有名、有才华的诗人都会去考取功名，或者找大官推荐自己，就是为了能走上仕途。然而，孟浩然一没当过官，二没考取过功名，终其一生，只是一介布衣。但他却拥有很多"粉丝"，大诗人李白、王维、杜甫等都很崇拜他，他自己也经常出现在别人的诗里，像是《黄鹤楼送孟浩然之广陵》《赠孟浩然》等。大家都这么喜欢孟浩然，他到底有什么厉害之处呢？

年轻的时候，孟浩然隐居于鹿门山中。这鹿门山可不是一座普通的山，传说汉朝的光武帝刘秀在这里巡山时，梦见了一对神鹿。在中国的传统文化中，鹿是长寿、政权和帝王的象征，于是汉光武帝就在山上修建了双鹿守门的鹿门庙，鹿门山也就被认为是"仙山"了。东汉末年的名士庞德公就隐居于此。"庞德公"这个名字你也许没有听说过，但有一人曾拜他为师，这个人你一定知道，那就是三国里著名的丞相——诸葛亮。"卧龙诸葛亮""凤雏庞统"的名号就是庞德公点评出来的。诸葛亮十分敬重庞德公，每次相见都要拜于床下。但庞德公淡泊名利，无论当时的荆州刺史刘表如何相请，他都坚决不肯出山。后来干脆就隐居进鹿门山，不让人找到他。所以鹿门山也被称为"圣山"。

孟浩然出身于书香门第，祖上有一些田产，他从小就得到了不错的教育，也有条件能在鹿门山这样一处极负盛名的山间隐居，每天读书、作诗，好不快活。

春晓

[唐] 孟浩然（689—740）

春眠不觉晓，

处处闻啼鸟。

夜来风雨声，

花落知多少。

这首清新动人的诗作于孟浩然隐居鹿门山的时期。

"春眠不觉晓，处处闻啼鸟"：在春天里睡觉格外香甜，不知不觉天就亮了。醒来的时候听见四周有许多鸟儿在啼叫。晓：天亮。

"夜来风雨声，花落知多少"：回想昨天夜里听到风雨声，不知道那些花儿都落了多少呢？

诗人并没有直接写春景，而是通过早晨起来那一瞬间的回忆和联想来写，生动地表达了对春天的喜爱，也让我们感受到诗人当时的愉悦心情。整首诗清新自然，没有刻意雕琢的痕迹，就仿佛是从诗人心灵深处流出的一股泉水一般。我们在朗读的时候要把握好这种闲适、惬意的感觉。

【朗读秘籍】

1. **情景**：某个春日的早晨，睡了个懒觉的你悠悠转醒，还没睁开眼睛呢，就听到房前屋后传来一阵阵清脆的鸟叫声。此时你轻轻弯起了嘴角：这是多么令人愉快的"小闹钟"呀！闻着雨后的空气里混着的泥土清香，回想昨夜，是枕着阵阵雨声入眠的，突然想到，不知道夜晚刮风下雨时，吹落了多少花儿？

2. **感情**：顺着前面的情景，感受自己也在这个雨后的春日清晨里睡着懒觉，悠闲地躺在床上，有一搭没一搭地想着风儿、花儿、鸟儿，多惬意呀！

3. **语气**：愉悦闲适，轻松自在。

第一句是刚刚醒来，稍微带一些蒙眬的感觉，气息轻巧、语气温柔，音量也是比较小的，声音稍往上扬，整句呈上山趋势。

第二句突出"处处"，形容到处都有鸟叫声，耳朵都听不过来了，所以我们的声音可以一高一低，以展示出范围之广，四周都是鸟叫声。到了"闻啼鸟"，可以念得活泼一点。

第三句"夜来"是回忆昨晚的风雨，声音放缓，仿佛是在思索。后面接的"风雨声"因是带着回忆的感觉，声音趋势往上。注意这句读完的时候气息不要断掉。

第四句是接着上一句的猜测，所以说前面的气息不要断掉，但它接得不急不紧，是缓缓地延伸。这句诗是带着惋惜之情的，用下山类语势。其中"花落"可以把声音的起伏拉开，读出花落下、略带遗憾的感觉。"知多少"则把声音缓缓放平，在淡淡的疑问中结束。

孟浩然《春晓》朗读爬山图如图3-5所示。

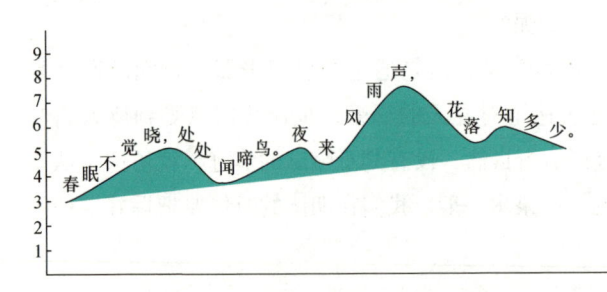

图3-5　孟浩然《春晓》朗读爬山图

3.2.2　《宿建德江》：孤单的驴友

孟浩然常年隐居，寄情于山水之间，开创了盛唐的山水田园诗派。他潇洒的人生态度也许是在这样得天独厚的环境中养成的。所以，尽管他是一介布衣，却依然能靠自己的才华赢得众多诗坛名家的羡慕和推崇。这也足以说明孟浩然水平之高、性格之奇。

虽说孟浩然一天的官都没做过，但并不代表他完全没追求过。年少时他写过"吾与二三子""俱怀鸿鹄志"这样的诗句，说明他也曾想出仕为官、报效国家。但在那十几年间，皇权更替频繁，时局动荡。也许是受了儒家思想"天下有道则现，无道则隐"的影响，也许是觉得还不着急，想先享受当隐士的感觉，所以，孟浩然悠然自得地在山上隐居到了30多岁。

又过了几年，唐玄宗开始执政。这是一位在早期很有决心和魄力的皇帝。他通过一系列的整顿措施，任用了很多治国的人才，让唐朝渐渐繁荣起来，打造了唐朝著名的"开元盛世"。

儒家倡导文人们"乱世避、盛世出"，不是让他们贪生怕死，而是指乱世之中不要被迫去与人同流合污、欺压百姓；盛世时则要去辅佐明君、实现理想抱负。加上此时的孟浩然已经人到中年，家境也大不如前。大概他也觉得自己得出去干一番事业了，于是潇洒了半辈子的孟浩然，想要出仕了。

40岁那年,孟浩然离开家乡去往都城。一路上他结交好友、吟诗唱和。他曾写下过"坐观垂钓者,徒有羡鱼情"这样的诗句,希望能得到丞相的赏识,却杳无音讯。后来参加科举考试又名落孙山。他在外游历10年,却都没有被成功举荐。别人是仕途不得意,他是压根儿就没有仕途。

不过据《新唐书》中记载,孟浩然也曾有过一次机会。那是他去王维的办公室里玩的时候,皇帝突然来了。唐玄宗早就听说过孟浩然的诗名,这又正好碰上了,便让他吟诗一首。

孟浩然的好诗那么多,可在这关键时节,他却偏偏读了一首《岁暮归南山》。里面有一句"不才明主弃",在唐玄宗听来,这是埋怨自己没有重用他,于是便生气地说道:"你都没有来求取功名,怎么是我弃用你呢?"当场拂袖而去。

得罪了皇帝,当官这条路自然就走不通了。孟浩然心灰意冷,决定返回家乡,不再苛求出仕之路。不愧是孟浩然,即使遇到挫折,他仍可以收拾心情边走边玩。这个孤单的"驴友"在重游吴越的途中,写下了一首诗。

宿建德江

[唐] 孟浩然(689—740)

移舟泊烟渚,

日暮客愁新。

野旷天低树,

江清月近人。

"**移舟泊烟渚**":把小船停靠在一片烟雾蒙蒙的岸边。泊:停靠。渚:水中小块的陆地。烟渚:指的是被江水雾气笼罩的小沙洲。诗篇第一句就把孤寂的意境带出来了。

"**日暮客愁新**":在日落时分,新的愁绪又添在了游子心头。日暮:日落的时候。客:指的是诗人自己。他出门在外,去到哪里都是"客人"。

"**野旷天低树**":远远望去,旷野里的天空好像很低,比树还低。

这是多么空寂的场景啊!

"江清月近人":清澈的江水里倒映着月亮,仿佛离我们很近、很近。水面平静,才能清晰地倒映出月亮,这又进一步让我们感受到了整个环境的"静"。

从远处的天和树,到近处的水和月,这些大自然的美妙景致里都透着诗人淡淡的愁思。这与边塞诗人写的"黄河入海流"那奔腾的水势完全不同。诗人的愁绪,也许是仕途的不如意,也许是与朋友分离时的不舍,也许是思念家乡的亲人……但是,这份愁绪并不浓烈,它很淡,淡到极致,但在极致的淡中又充满意味,显得那么隽永。我们仿佛可以看到,在远树、明月、清水组成的孤寂画面中,有一个怀着淡淡忧愁的诗人在静静地思考人生。

【朗读秘籍】

1. 情景:傍晚,舟车劳顿的"我",来到一个小沙洲前,停船休息。"我"在寂静的旷野中独自坐着,静静地望着远方,思绪越飘越远。矮矮的天空,寂静的旷野,平静的江水,月亮的影子……在这日暮时分,仿佛有一丝忧愁爬上了"我"的心头。

2. 感情:整首诗,安静又淡然,还夹杂着淡淡的忧思。但是这忧思并不强烈,更没有绝望,只是在静谧的大自然中有一些人生感慨,这反而生出了一种隽永的孤清感。

3. 语气:这首诗的语气和声音都是平静、恬淡的。

第一句是静静地讲述自己将船停靠于岸边,朗读时语速慢一点、声音轻一点。其中,把"泊"字念得饱满一点,读出停靠船只的动态感。

第二句"日暮"声音稍往下沉,带着黄昏的感觉。"客愁新"是发出了一句轻轻的、略带忧伤的感慨,声音比较低沉而缓慢。其中的"客"字稍稍突出一点,点明诗人羁旅的身份和内心的孤单。

第三句心思与眼光都放到了远处,读这一句的时候我们需要把气息送远、声音稍稍拉长,同时眼神也移向远方,从我们的深情到我们的语言,都向人传递出一种辽远的感觉。

第四句回到了身边之景,"江清"二字可稍短促,节奏便有了变化,不至于让整首诗都过于缓慢和拖沓。到了"月近人"时,再带着淡淡的思绪缓缓结尾。

孟浩然《宿建德江》朗读爬山图如图3-6所示。

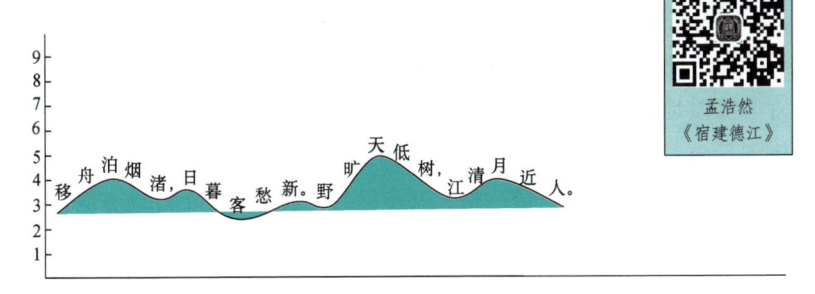

图3-6 孟浩然《宿建德江》朗读爬山图

3.2.3 《过故人庄》:你家饭菜太好吃了,我还要来!

结束了十余年的漫游之路,孟浩然回到了家乡。这时候的他,心境与少年时期已经大不相同了。他见过了长安、洛阳的繁华,经历了求仕而不得的失意,结识了几位至交好友,也感受了大江南北山山水水的壮美。此时他再回到家乡隐居,就仿佛是从一个少年侠客修炼成了武林至尊,带着大批仰慕者的崇拜和思念(许多人都非常羡慕孟浩然亲近自然、潇洒自如的生活状态),在山林里悠闲自在地生活。

过故人庄

[唐]孟浩然(689—740)

故人具鸡黍,邀我至田家。
绿树村边合,青山郭外斜。
开轩面场圃,把酒话桑麻。
待到重阳日,还来就菊花。

这是孟浩然应邀去朋友家做客写下的诗,每一句都像是在聊天一样亲切、自然。既有闲适的生活情绪,也有真挚的朋友情谊。

"故人具鸡黍,邀我至田家":老朋友准备了丰盛的饭菜,邀请我去他的农家院子里玩。具:准备。黍:黄米,在古代是上好的粮食。诗人用"鸡黍"来代称丰盛的饭菜。这话说得开门见山、简单直接。这不正是应老朋友之约才能如此轻松随意吗?开篇如话家常般提起老友相邀,给全诗定下了一个轻松愉悦的基调。

"绿树村边合,青山郭外斜":绿色的树林环绕着整个村落,苍翠的青山横卧在村落外。合:环绕。郭:村庄的外墙。我们可以想象,诗人慢慢地走进老友所在的村庄,一路都在愉快地欣赏风景。从绿树到青山,他由近及远地把自己所看到的景色一一展现在我们面前,让人感觉这个村子既自成一格,又不孤寂偏僻,真是个好地方啊!

"开轩面场圃,把酒话桑麻":推开窗户面对着谷场菜园,共饮美酒,闲谈庄稼情况。开轩:开窗。场圃:指的是两块地方。"场"是指农村的打谷场,上面经常会晾晒各种农作物。农家会把收上来的稻子、麦子、玉米和各种豆类摊开在一大块平地上晒干后,再用棍子去敲打,让它们可以"脱壳而出",也因此得名"打谷场"。"圃"则是菜园子。"开轩面场圃",打开窗户就面对着打谷场和菜园子,充满了农家的生活气息。

请大家联系前两句关于村外景色的描写"绿树村边合,青山郭外斜",想想看,外面是绿树青山,里面是象征收获的打谷场和菜园,这里外一映衬,景色那叫一个绝呀!

接下来,"把酒话桑麻",桑麻具体是指桑树和麻,都是与织布有关的材料,这里当然不是说大家端着酒杯聊织布,而是用"桑麻"指代所有庄户里的农事。大家举着酒杯闲聊着村庄里的生活,就是我们现在常说的"拉拉家常"。

"待到重阳日,还来就菊花":等到九九重阳节这天,我们再来这里赏菊花。这里的"就"字用得非常妙。好像是要等到秋日里,用菊花的美景来下酒一样,想想就令人陶醉!我们可以想象,这一定是一次宾主尽欢的聚会,正是因为大家都意犹未尽,才又有了下一次的相约。这既说明了主人的热情,也说明了客人的愉快。大家都盼望着下一次来赴约呢!

这首诗乍一看并不高深，写的是眼前的景色，说的是口头语言，非常平易近人，为什么会成为孟浩然的代表作，被那么多诗人所喜爱呢？

正是因为这份朴实啊！而且，更妙的是，它真实却不枯燥，平凡却不薄弱。第一、二句写了应朋友之约，让我们感受到了农家的气氛；第三、四句写村庄的风景，向我们展示了青山绿水间的独特小天地；第五、六句写了朋友之间把酒闲聊，让我们体会到了大家闲适的心情；第七、八句写了下次还要再来，让我们感受到了这次聚会的愉快以及诗人对朋友和这村庄的不舍。这些诗句构成了一个完整的意境，把秀美的乡村风光和淳朴的真挚情意自然地流露了出来，没有华丽的辞藻，没有刻意雕琢修饰的痕迹，整首诗"语淡而味终不薄"，读来让人感到清风拂面般的舒适，却又充满内涵与韵味，让人意犹未尽。

【朗读秘籍】

1. 情景： 受老朋友相邀去他的田庄里玩，一路上"我"都在欣赏着田园风光。这村子四周绿树远山，真看得人心旷神怡呀！来到朋友家，"我们"一边喝酒一边闲聊家常。推开窗户，就面对着打谷场和菜园子，仿佛能闻到窗外传来的谷香，别提有多惬意了！这么愉快的聚会，"我们"可舍不得散去，于是约好了等到重阳日的时候再过来赏菊花！

2. 感情： 整首诗在感情上都没有大开大合、大起大落。孟浩然的许多诗歌都是这样，简洁的语言、平静的叙述、淡淡的语调。但是透过朴实的外表，我们能感受到其诗歌内在的韵味——朴实、自然。这本就是生活的真谛。

3. 语气： 朗读时在语言上也要把握朴实自然的感觉。

首联平实、直接地讲述老友相邀。提到老朋友，"故人"二字带着愉悦感。"具鸡黍"三字慢慢说，告诉大家是什么事情。"邀我至田家"当然是开心的，语气里可以带上期盼和开心的感觉。

颔联是描写村外风光，诗人一边走一边观赏风景。"村边合"的"合"字有包拢的感觉，我们朗读的时候感觉也往里收，似乎自己也被绿树围绕着。"郭外斜"三字则要把声音打开，往上走，像沿着青

山往外延伸的感觉。这两句都是上山类语势。

颈联"开轩"像是自己也推开了窗户一样,读出一个动态的感觉来,气息、声音、情感都向外打开。"把酒"则要气息、声音、情感都拉回来,因为这是在跟朋友面对面交谈了。

尾联"待到重阳日"一句,充满再次聚会的期待之情,音量加大一些、声音上扬,呈上山趋势。"还来就菊花"是一句约定,在整首朴实的诗中,这句要给得有力一些,显示出一定还会再来的决心,也从侧面展现出这次聚会非常愉快。所以朗读时嗓音明亮有力(但不能过于激昂),节奏干脆利落。

孟浩然《过故人庄》朗读爬山图如图3-7和图3-8所示。

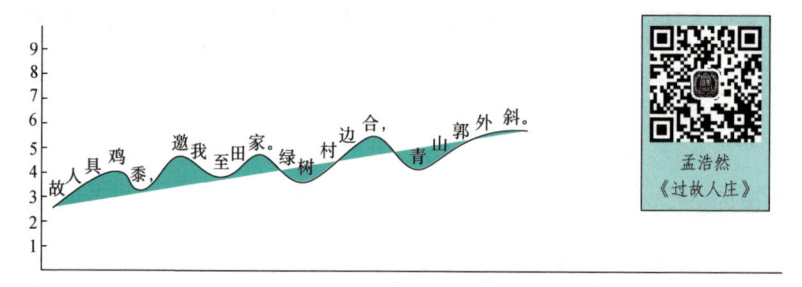

图3-7 孟浩然《过故人庄》朗读爬山图1

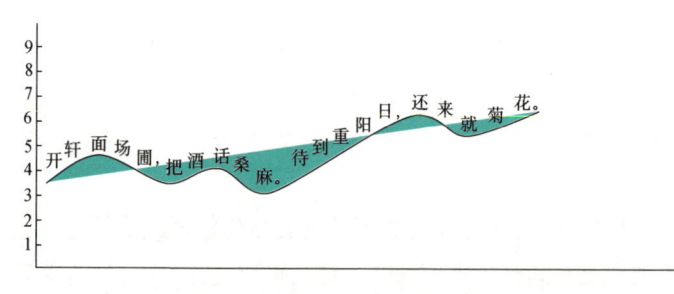

图3-8 孟浩然《过故人庄》朗读爬山图2

孟浩然的故事我们就写到这里了。他是唐朝第一个倾力写田园诗的诗人,诗作风格影响了后来的许多文人。孟浩然的这一生虽没有做过官,没有得到过皇帝的赏识,却拥有大批文人粉丝和至交好友。王昌龄也是其中一位。前面提到王昌龄对孟浩然的事情难以放下,这是为什么呢？

据记载，有一年孟浩然背上长了毒疮，身体虚弱，许多朋友都来探望他。经过一段时日的调养，他快要痊愈了。恰逢王昌龄被贬官时路过襄阳，便也去看望孟浩然。好友相聚，定然会把酒言欢。孟浩然一高兴，把大夫"忌食生鲜"的嘱托完全抛在了脑后，用当地最有名的鲜美鱼肉来招待朋友，自己也一起吃了起来，因此引发背疾，去世了。

王昌龄对此悔恨不已。孟浩然自己的感受和想法呢？我们不得而知。不过，在最后的日子里，能见一见老友，一起畅谈诗歌与人生，应该也少了许多遗憾吧？我们也只愿他仍是在山林里归隐，不让人见其踪影罢了。

3.3 他的诗好到无法点评？

3.3.1 《九月九日忆山东兄弟》：我不说想你

孟浩然人缘不错，王昌龄、李白、杜甫都是他的好友，也都曾与他作诗唱和，尊称他为"夫子"。李白有一首诗，开篇便是"吾爱孟夫子"，这是早期潇洒隐居的他；杜甫也有一首诗，第一句是"吾怜孟浩然"，说的是老年生活贫困的他。而孟浩然还有一位很密切的知己好友，在诗坛上与他并称"王孟"，他们是彼此的知音和欣赏者。这位诗人便是有着"诗佛"之称的王维。

王维（701—761），字摩诘，号摩诘居士，河东蒲州（今山西省永济市）人，祖籍山西祁县。唐朝诗人、画家。

王维出身于书香门第，父亲来自有名的太原王氏，母亲来自博陵崔氏，都是名门望族。他的爷爷精通音律，曾在朝廷做乐官。父亲擅长诗文，母亲喜绘画和学佛。所以王维的诗文、音乐、绘画和佛学都是从小就耳濡目染的。但是在9岁那年,他的父亲病逝了,家道中落,生活艰难。母亲只好带着6个儿女返回娘家山西蒲州(今山西省永济市)。在母亲的辛苦维持下,孩子们都学有所成。15岁那年,王维离开家乡,去往长安谋求发展。虽然他在长安求学、作诗、交友,看起来过得很充实,但其实也有感到十分孤独、分外思念亲人的时候。

九月九日忆山东兄弟

[唐] 王维(701—761)

独在异乡为异客,

每逢佳节倍思亲。

遥知兄弟登高处,

遍插茱萸少一人。

九月九日是重阳节,这是中华民族的传统节日,起源于上古时代,在西汉的时候普及到民间。到了唐朝,这更是一个普天庆贺、众人祈福的好日子。每年到了农历九月,粮食丰收、果蔬飘香,人们都会在九九重阳这一天祭天、祭祖,并且会为家中的长辈祈祷平安、长寿。"九"在中国文化中代表"阳数""极数",所以九月九日两个阳数合在一起,称为"重阳",有祝福老人健康长寿的寓意。

写下这首诗的时候,王维才17岁。他的老家在山西,距长安千里之遥。诗题中的"山东"不是指如今的山东省,而是以华山为界,华山东边是家乡河东蒲州,王维当时在华山的西边京城长安。他思念的是远在家乡的兄弟们。

"独在异乡为异客":一个人独自在他乡做客。一个"独"字、两个"异"字,把漂泊在外的孤独感表现得浑然天成。此时的王维,离家已经两年了。无论京城如何繁华,结交的朋友多么高贵、多么富有学识,他仍然感觉到自己只是一个异乡做客的外人。这种感觉在过节的时候尤为明显——别人都是阖家团聚,唯有异乡人形单影只。诗人连用两个"异"字,让艺术效果非常强烈,直抵人心。

"每逢佳节倍思亲":每次到了传统佳节的时候,就格外地思念家乡亲人。古时不像我们现在,去往其他城市发展是一件很稀松平常的事情。那时候交通、信息传达都不方便，农耕经济也使得各个地方都有不同的风俗习惯，外乡人的融入总是特别困难。现在的我们可以比较容易尝试和接受各种各样的口味，也可以通过许多方式购买家乡特产来一饱口福，但在古时候，那可就难啦！

"遥知兄弟登高处"：遥想兄弟们今天登高望远的场景。古时人们会在重阳节这天与亲友结伴爬山。站在山顶，视野开阔，放目远眺，到处都染上了浓浓的秋色，迷人秋景令人心旷神怡。诗人在这一天，回想着曾经在家乡和兄弟们一起爬山登高的地方，忆起那些年在山顶上与兄弟们一起看到的风景、聊过的天，这份思乡之情更加浓烈。

"遍插茱萸少一人"：他们在采摘、插戴茱萸的时候就会想起还少了我啊！茱萸：一种气味芬芳、颜色鲜红的植物，每年九月成熟。古时的人们会在重阳节采摘茱萸，将之戴在头上或者放入香囊中，表达祛除邪气、祈求平安的愿望。

明明是自己在思念着家乡亲人，诗人却不这样说。他在诗中不谈自己的思念，而是说兄弟们在登高游玩、相互插戴茱萸的时候，一定会非常想念自己。似乎自己不能回去没关系，而是亲人们会觉得在佳节里不能团聚挺遗憾的；似乎自己独自在外过节也没什么，反倒是兄弟不齐这种遗憾更让亲人挂心。这新奇的角度，让他的思念显得更加曲折、动人、更富意味。

【朗读秘籍】

1. 情景：九九重阳节这一天，长安城中特别热闹繁华。男女老少都从家中走出，或聚在一起饮酒闲聊，或相约一起登高赏秋，或一起采摘茱萸、祈福辟邪。在一片欢声笑语中，有一位少年却独自落寞地坐在一旁。那少年眉目清秀、气质出众，但双眸之中却透着淡淡的忧伤。这便是来到长安已经两年的王维。在这个热闹的节日里，他格外地思念家乡亲人。望着远处家乡的方向，他默默地想着：兄弟们今天登高插茱萸的时候，一定也会非常想念我的吧？

2. 感情：整首诗都带着淡淡的孤单和浓浓的思念之情。"亲情"是贯穿全诗的感情主线。

3. 语气：当我们孤单或忧伤的时候，我们的呼吸会放缓，声音也会变得有些低沉。

第一句，我们可以试着先轻轻叹一口气，声音轻而低沉地感叹道："独在异乡为异客"。两个"异"字突出强调，它代表着诗人未融入他乡的孤独感。

第二句"每逢"二字稍低一点，这是自己的感叹，"每次都是这样"，有点无奈和无力。"佳节"二字稍拖长一点点，把思绪、目光、声音缓缓拉向远方。"倍思亲"3个字的语言节奏要慢一点，好像你的思绪随着你的语言一起飘向了远方。

第三句情绪稍起来一些，好像是看到了兄弟们在爬山，看到了自己儿时的情景，心里是充满了期盼和向往。大体上呈上山趋势，这既是登高的状态，又是自己情绪的展现。

到了第四句，诗人回到现实，自己并不在家乡，也不能和兄弟们一起登山。这里的情绪稍显落寞，语调略低沉，平静而缓慢的声音中透着淡淡的忧伤，在思念中悠悠地结束。

王维《九月九日忆山东兄弟》朗读爬山图如图3-9所示。

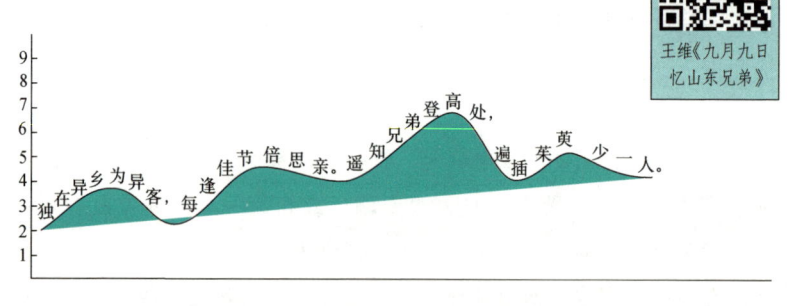

图3-9　王维《九月九日忆山东兄弟》朗读爬山图

3.3.2　《鸟鸣涧》：声越响、越安静？

王维少年得志，初到长安便小有名气。那时的他还是一位翩翩少年，善音律、精绘画、懂作诗，书法也写得很好，所以很快就成了王公贵族的座上宾，大家都以能听到王维演奏一曲或者率先看到他的诗为荣。在大家眼里，王维，代表着品位。

几年之后，王维的学问大有长进，声名鹊起。据说有一次，岐王让王维扮作一个乐师的样子去到玉真公主府演奏。演奏得很精彩，公主觉得这个年轻人不错。哪知后面还有惊喜：只见这名乐师又拿出了自己的诗文，公主一读，感叹，简直太有才了！觉得这个年轻人不得了，年少有为、博学多才，便极力推荐他。于是名声大噪的王维在20岁那年便中了状元。这个传说我们不知真假，但王维年纪轻轻就能把好几门艺术融会贯通，实属有大才啊！他也的确是凭借着自己的真才实学赢得了大家的尊重与欢迎。而且，当时的科举考试，确实不完全是只看交上去的文章，也会看一个人的名声和影响力，在当时的人看来，这也是实力之一。

中状元后，王维被封了一个管理皇家礼乐的官。这是他擅长的事，做起来应该得心应手。可哪知有一次，他的下属在舞蹈中用了黄色的狮子，这事儿牵连到了他。要知道，在古代，黄色是皇帝专用的颜色，民间擅自使用是要获重罪的。所以，王维被贬去山东济宁管理粮库。

从京城颇受欢迎的俊朗才子，一下子被贬到远处去做一个九品芝麻官，王维的落差得有多大？这要是放一般人身上，那都是要忧伤郁闷很长时间的。但王维却没有。也许是他从小就受母亲学佛的影响，心中自有禅意吧！后来他辞官游历江南，写下了不少诗篇，我们可以从中感受到他的一些心境。

鸟鸣涧

[唐]王维（701—761）

人闲桂花落，

夜静春山空。

月出惊山鸟，

时鸣春涧中。

好静的一首诗。你能从中看出有任何悲愤、忧伤、失落的情绪吗？

"人闲桂花落"：在寂静的山谷中闲坐，只有桂花在轻轻地飘落。

人闲：闲下来了，不忙了。王维从15岁去到长安求取功名，一直到20岁高中状元、出任乐官，恐怕都没有能闲下来的时候。总有学业要完成、有朋友要相聚、有达官贵人要应酬……在长安的王维，应该是很忙的。而游历江南的王维，无官一身轻，他开始了半隐居的生活，学佛、坐禅、看风景，远离繁杂世事。通常，人们在看到落花、落叶都容易联想到春意不再、时光消逝、生命短暂，王维则不然。他看到桂花落下，并没有哀愁，只是写自己闲看花瓣一片片飘落而已。得多幽的环境、多静的心，才能让人注意到花瓣的飘落，甚至是听到花瓣落下的声音？

"夜静春山空"：晚上山里没有人，显得非常空寂。这句诗写山中夜景之静，那白天呢？诗人说"春山"，春天大家出游踏青赏花，白天的山里应该很热闹，这才衬得山里的夜晚更加寂静。诗人暗暗地用了这种对比的手法，也仿佛是在对比自身——从前那个身处繁华的自己和如今闲静悟禅的自己。

"月出惊山鸟，时鸣春涧中"：月亮刚刚升起，洒下的月光惊动了山中栖息的鸟儿，它们不时地高飞鸣叫在这春天的溪涧中。

山中安静到什么程度了呢？月亮出来的动静都能把鸟儿惊起来，月亮可是无声的啊！山涧，就是山谷间的水沟，诗人在此又用一个"春"字，"春涧"，让我们能从这个词里读出美好的感觉——春天的山涧，定是绿草青青、野花摇曳的。前有"春山"，后有"春涧"，都带给人一种闲适安静的美好。

诗人闲静的心情通过一首诗跃然纸上。我们还能通过这首诗感受到国家的安定与和平。此时的王维，虽仕途不顺，但仍处于"开元盛世"时期，盛唐的强大与繁华影响着诗人们的创作，让他们能够安心观察身边的一切美好事物。

【朗读秘籍】

1. 情景：夜晚的山中，一片宁静。闲坐于春夜的山景之中，看着桂花一片片飘落。月亮从山的那边升了上来，光芒映射进了山涧小溪里，惊到了休憩的鸟儿，它们时不时地在山谷里鸣叫几声。而这偶尔的鸟叫与花落的声音，衬得夜晚更加寂静了。

2. **感情**：我们一直都在讲这首诗里的"闲"和"静"。但是，这里的"闲"并不是悠闲。纵观诗人一生的经历，此时他虽然心静，但还没有寻找到那种完全悠然自得的感觉。这和陶渊明隐居时所作的"悠然见南山"还是不一样的。王维在《鸟鸣涧》里所表现出的"闲"，是一种带着禅意的"闲观""闲坐"，是有着许多思考和感悟的。这里的"静"也不是死板的静。闲坐、花落、月出、鸟鸣，这些动态衬托出了夜晚的静谧，灵动而幽深。

3. **语气**：这首诗写得十分空灵，画面感、声音、禅意都有，我们在朗读的时候，气息和声音都不用太强烈，它是静静的、淡淡的，但在静与淡之中，又有着灵巧的动态之美。

第一句我们呼吸放缓，用较低的声音、较小的音量、较慢的节奏来读。其中的"桂花落"3个字要有一个动态的落势，读出花瓣的飘落之美，具体落势可参考"朗读爬山图"。

第二句音量依然不大，但是声音不必那么低沉了，音色稍亮一点，带着美好的感觉读"夜静春山空"，大体上呈上山趋势。

第三句也是一个动态，可以用活泼一点的语气来展现。"月出"两字后稍稍停顿。"惊"字提高音调但是音量不大。"山鸟"二字又需要降低些音调，否则会给人感觉太吵。

第四句带着悠然的享受来读，"时鸣"二字低起，与上一句有鲜明的高低起伏的错落感。"春涧中"平缓地往上读，缓缓结束，给人一种余音袅袅的感觉。

王维《鸟鸣涧》朗读爬山图如图3-10所示。

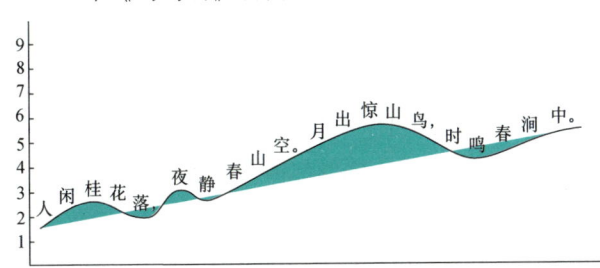

图3-10　王维《鸟鸣涧》朗读爬山图

3.3.3 《送元二使安西》：朋友你今天就要远走，干了这杯酒

王维在外游历几年之后，张九龄出任了宰相。张九龄不仅是一位大官，也是一位很有名的诗人（我们会在中学里学到他的诗）。他颇为欣赏王维的才情，便把这位大才子又带回京城做官。这期间王维被朝廷派往西域慰问将士，他终于来到了盛产边塞诗的西域，见到了浑厚苍凉的西域风光。一向儒雅温和的他也为此写下了诗句，但风格却不似以往边塞诗的萧瑟。"大漠孤烟直，长河落日圆"，王维用简单的10个字就构成了一幅画，把大漠的广袤与安静展现在了我们面前。从此，这便成了人们形容大漠风光使用率最高的诗句。也因为这段经历，王维深刻感受到了塞外的艰苦，以及边疆不稳的隐患。因此，多年后他在送别老朋友元二去往边疆时，尽管表面故作轻松，但实际上还是充满了对友人的牵挂与担心。

送元二使安西

[唐] 王维（701—761）

渭城朝雨浥轻尘，

客舍青青柳色新。

劝君更尽一杯酒，

西出阳关无故人。

标题"送元二使安西"，"元二"是诗人朋友的简称，姓元，在家中排行老二。就如前面我们看到的《别董大》里的"董大"一样，那位朋友姓董，在家排行老大。古时是以男性在家族堂兄弟里的排行来论的。堂兄弟就是叔叔、伯伯家的儿子。假如，你有一个堂哥、一个堂弟，那么你在家中排行老二。假如你有10个堂兄，那么你就排第十一，假如你姓李，那么就可以叫你"李十一"啦！使：出使。这说明元二是被朝廷派往安西的。安西：安西都护府，是唐朝设在新疆的管辖机构。当时与吐蕃多有战争，边境不稳。

"渭城朝雨浥轻尘"：早上的渭城下了一场小雨，润湿了地面。渭城：秦时的咸阳，汉代时改名叫"渭城"，在长安的西北方。唐朝时人

们往西边去都会经过渭城，离长安大约40里地。在古代，这个路程可不短，走路得好几个小时，骑马也得一个时辰吧！能来这么远送别，一定是感情非常深厚的朋友了。送别完，自己还得走那么远的路返回呢！

朝雨：早上的雨。古时出远门都是在早上，这样才能在白天尽量赶路、在天黑之前找好住处。不像我们现在，几点走都没问题，反正城市里有许多运营车辆，还有24小时营业的餐厅、便利店与酒店，生活非常方便。浥：湿润。早上的小雨把道路变得湿润了，这样既不会尘土飞扬，也不会泥泞不堪，感觉这天气都在方便朋友赶路。诗人能观察到"轻尘"这个细微的事物，也体现了对朋友的关心。

"客舍青青柳色新"：客舍边的杨柳在雨后越发显得清新翠绿。客舍：指古代的驿站、旅馆。元二应该是提前就住在了渭城的驿站里，方便第二天早起赶路。而王维在元二出发前就赶到了，说明王维起得更早，或者，说不定他前一晚也随朋友一起离开长安来到渭城，留宿驿站，就为了第二天的送别。无论是哪种情况，都能看出诗人对朋友的真挚情谊。

柳色新：柳树淋了雨，颜色显得更新了。我们在《采薇》和《凉州词》里都讲过，柳树自古以来就象征着离别和不舍之情。

"劝君更尽一杯酒，西出阳关无故人"：朋友啊，再喝一杯酒吧！等你继续西行、出了阳关之后，就没有老朋友的陪伴了啊！这句话像是祝酒词，也更是充满了诗人浓浓的不舍之情。"阳关"和我们前面提到过的"玉门关"一样，是通往西域的关口，在现今的甘肃省敦煌市。唐朝时期的高僧玄奘从印度取经归来，就是走的阳关这个关口。

古人的送别总是这么依依不舍。现在，我们几乎都没有送别的仪式感了。告别一下好像都没什么，大家可以继续用电话、微信联系，还能视频聊天。想见面了，汽车、高铁、飞机……许多便捷的交通工具供我们选择。可古代的情况就完全不同。从长安到阳关，步行得一个多月，骑马也要好些天。所以，他们的每一次分别，都很刻骨铭

心，因为那是真的不知何时能再见了。就像我们前面讲的贺知章，在他告老还乡时，太子带着文武百官摆宴席为他送别。也许是大家心里都清楚吧，贺老已经85岁了，身体又不好，他这一回故乡，怕是再也见不到了。确实，贺知章在回乡的当年就病逝了，那一次的欢送，果然就成了他与长安的朋友们的最后一次见面。

王维送别朋友时，也许也有这样的情绪吧。当时大唐边境已经不稳，加上他自己也去过西域，深知那里的荒凉和苦楚。也许他是担心朋友的安危，心里默默地难过着，才跑出城送这么远吧！这首诗当时是有曲子的，配上这发自肺腑的不舍之词，成为那时候唐朝最流行的送别曲，也叫《渭城曲》。尤其是最后一句"西出阳关无故人"会反复吟唱几次，一唱三叠、千回百转，于是又有了个名字，叫《阳关三叠》。

【朗读秘籍】

1. **情景：** 早上，刚下过一场小雨。渭城客舍旁的柳树显得更加青翠了。路上微微有点湿润，灰尘扬不起来了，正好适合赶路。在这样清新自然的景色里，"我"与朋友喝酒离别。

2. **感情：** 前两句诗人把景色描写得非常清爽，大概也是想以此来冲淡离别的愁绪吧！但一想到朋友毕竟是要远去到荒凉绝域，心中还是充满了浓浓的不舍。

3. **语气：** 前两句语调可以明快一些，营造出一个清新美好的氛围。

第一句中的"朝雨"需要突出强调，它既说明了送别的时间，也说明了离别时的天气。"浥轻尘"三字读得柔和一点，有种小心与不舍的感觉。

第二句描述离别时的环境，清新美好。我们的语气也要塑造出这样的感觉，声音轻柔一点。"客舍青青"节奏明快，到了"柳色新"再放慢节奏，因为这是代表不舍之意的柳树。

第三句"劝君更尽"，这时候情感转为浓烈，我们的语气也要强烈起来，节奏稍快，音量加大，声音逐渐上扬。但到后面"一杯酒"

这 3 个字时，语速要慢下来，可以逐字吐出，加大力度，尤其"酒"字，可适当拖长，把余味表现得更足些。

最后一句带着强烈的不舍之情，声音稍沉、节奏放缓。"西出阳关"这 4 个字在声音上的表现可以低下来，其中的"关"字拖长一些，好像诗人也把思绪放到了那遥远的关口。接着用惋惜的、不舍的语气，低低地、缓缓地读完最后 3 个字"无故人"。

王维《送元二使安西》朗读爬山图如图 3-11 所示。

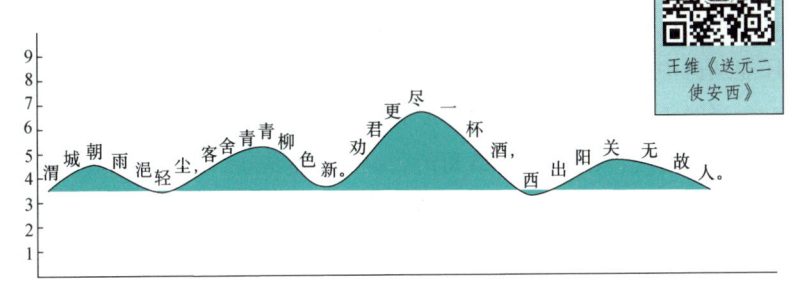

图3-11　王维《送元二使安西》朗读爬山图

3.3.4　《鹿柴》：神秘幽静的深林

送别了好朋友元二，王维又投入辋川别墅的建造之中。辋川别墅，也称辋川别业，是王维精心营造的一处"世外桃源"。

王维从年轻时高中状元，到被贬官、辞官、外出游历数年，后因为张九龄的相助才再次回到长安当官。这几十年间，他的心境已和从前大不相同。尤其是挚爱的妻子和至交好友孟浩然都相继离世，有着恩师之谊的张九龄又在政治斗争中失败被贬，王维身边的好友一个个或远行、或辞世，渐渐地，他也不再追求仕途上的成功，转而作诗、修禅，在辋川别墅里过起了"半官半隐"的生活。

辋川的风景本就十分优美，有山有树、有泉有田。经过王维的精心设计，这里呈现出大大小小二十几处景点，简直就是一个风景区。当时有不少文人墨客都想去一睹风采，这也让辋川别墅在历史上留下了大名，同时留下的还有不少诗作。

我们在前面讲每一首诗歌的时候，都会在"朗读秘籍"里先让大家想象出它的情景，这情景或是景物、或是人物、或是情节。我们把每一首诗都想象成了一幅幅动态的画。而王维的很多诗，正是像画一样美。你知道吗？他也是一位技艺高超的画家哦！《辋川图》就是他其中一幅有名的代表作。可惜的是，这幅图的真迹没有流传下来，我们现在能看到的都是各个朝代画家临摹出来的。而每个朝代的画家都是临摹的上一个朝代的作品，这样，临摹得越多，离原作品本身的神韵可能也就越远了。幸好，王维给辋川的许多景点都写过诗，我们还能从诗中看到一点点辋川的风貌。

当时王维经常请自己的朋友裴迪过来游玩，这两位诗人便以景点的名字为题目，各写了25首诗，编成一本集子，叫《辋川集》。有诗评家说这是王维前无古人、最有特色的一组诗。我们来看看其中的一首。

鹿柴

［唐］王维（701—761）

空山不见人，

但闻人语响。

返景入深林，

复照青苔上。

王维是诗人、画家、书法家，也是音乐家。他的这首诗，就是声、画、诗的完美结合。诗中有响声从而显得更加寂静，有光影才显得更加幽暗。这是写景的高手啊！

鹿柴（zhài）："柴"在这里是栅栏的意思。这个景点也许是一处养鹿的院子，外面围了一圈篱笆，所以叫"鹿柴"。

"空山不见人，但闻人语响"：空空的山中很是寂静，虽然看不见任何人，却能远远地听到仿佛是有人在说话的声响。

尽管有不少人争论，诗中的"人语响"是真的有人在说话，还是诗人的一种想象。但何必去追究这个真真假假、虚虚实实呢！诗人只是通过这个声音来反衬深林的寂静，而作为读者的我们，能通过它想象、感受这种静就可以了。

“返景入深林，复照青苔上”： 夕阳的余晖映入深林，又照在幽暗处的青苔上。返景（yǐng），“景”是说影子返照了回来，而不是景色，所以读 yǐng。

诗中用衬托的手法把一处空旷寂静的山景呈现在了我们面前：从远处传来人声，却不见人影，于是这人声衬得深林里更加幽静了。傍晚时天色本已渐渐暗去，落日的余晖又返照了几束光，透过层层树叶，落在了青苔上。这斑驳的光影，衬得四周更加幽暗了。

寂静之中这一点点动态，暮色之中这一点点亮光，让诗人心有所感，下笔才如此传神。南宋的词学家刘辰翁说，王维的这首诗“好到无法点评”。我们仔细体会不难发现，王维非常善于把没有生命的景物写出生命来，而且写得动静结合、声画相和。大山本无情，但山间吹拂的风、流淌的水、到处跑动的鸟兽虫蚁、生生不息的花草树木，不都是生命吗？他学佛修禅，是享受那种寂静的。不过，虽然自己的心静，但是诗人也明白，大自然没有一时一刻是静的，他会仔细观察体会大自然里的生趣。所以在王维的笔下，景物才如此生动，像一幅幅动态的山水画。

补充一个“青苔上”的“上”字的读音。一般我们都把它读成 shàng，包括语文课本里也会是这样标注的。但是中国古典文学研究专家叶嘉莹先生说，根据五言绝句的韵律，这诗中的第二句“但闻人语响”的“响”，和第四句“复照青苔上”的“上”，是韵脚，压的上声（普通话声调的第三声）的韵，因此这个“上”读第三声（shǎng）。而且，第三声的读音是婉转的，降下去又升上来。如果是读第四声，直直地就下去了，少了悠远的感觉。所以她认为应该读复照青苔上（shǎng）。这样结尾能把声音与画面结合到一起来，给人丰富的美感。大家可以做个参考哦！

【朗读秘籍】

1. 情景： 鹿柴附近的山间深林里，古木参天。周围一个人也没有，却隐约传来一阵说话的声音。想必这人一定离自己很远，但竟能

通过幽谷传声过来，可见这山谷的空荡和寂静。天色已暗，快落山的太阳斜照了一抹余晖进来，印在幽暗的青苔上，天快黑了。

2.感情：诗人在辋川别墅里过着半隐居的日子，时常在大自然中感悟禅宗佛意。此时的他，心是非常静的，感情是平缓而柔和的。

3.语气：朗读这首诗，首先要注意我们标注的几个特殊的读音。接着，试想着把自己也放入诗的情景之中，在那样安静又空旷的地方，我们的呼吸平顺、声音温和，听着若有似无的谈话声、看着光影的变化，语言便随着这样寂静的心情流淌了出来。

读第一句的时候，注意控制气息，它是含着的，稍往里收，仿佛一直有气在嘴里，不全部放出，它既不送远，也不大声，是轻轻地在说那种"空山"的感觉。"不见人"这三字则逐个往上走，呈上山的趋势。

第二句气息往下走一点，声音也跟着往下落，此时气息和声音都可以比前一句稍微重一点。"人语响"三字是以低声衬托人语，以人语衬托林中之静，是下山的趋势。

第三句的"返景"二字后可以稍作停顿，有一个往上的延伸，仿佛我们的眼神、气息都在跟着阴影光线的变化而往远处观察。"入深林"三字气息要绵长些，像是你的声音和太阳的影子一样进入了深林之中。

第四句"复照"两字可高声一些，它是一个变化，表示太阳又回来了。"青苔上"可以读得轻柔一点，气息不要一下子用完，缓缓地收回，留给人无限静谧的感受。

王维《鹿柴》朗读爬山图如图3-12所示。

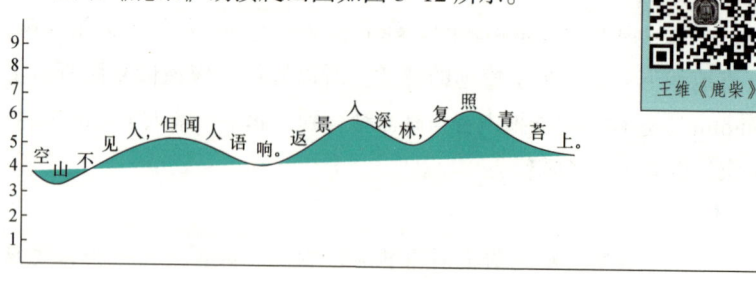

图3-12　王维《鹿柴》朗读爬山图

3.3.5 《山居秋暝》：劫后余生，归隐山林

王维在辋川别墅里的生活还是很惬意的。这一头，有一座处处是美景的园林别墅，他可以修佛悟禅、招待朋友来访，轻松快活。那一头，身居高位，享受着朝廷的俸禄和待遇，可以说是有名、有闲、有官又有钱，这是大家眼中妥妥的人生赢家啊！

可是，好景不长。就在王维尽情享受"大隐隐于市"的生活时，一场浩劫开始了——755 年，唐朝爆发了安史之乱。

前面在讲高适的时候跟大家简单介绍过安史之乱。当时叛军打进了长安城，皇帝唐玄宗带着少数亲信出逃。朝中许多官员听到风声也跟着跑了，可王维没来得及走。当叛军占领长安之后，他们也需要官员来干活儿、维持国家运转。于是，当时名声很响的王维便被点名去当官。虽然说许多文人一辈子都在追求仕途，可是面对逆贼递过来的官，大家都不愿意当。王维当然也不想这么干，便给自己灌了哑药，把身体弄得很虚弱，想借此逃脱过去。但即使这样了，还是没成功，他只能被迫接受了这个烫手的官位。再后来，李氏皇帝又打回来了，收复了长安和朝廷。这时候，肯定要清算那些"背叛"过的人。很多人都要被处死，包括王维。

幸好王维的弟弟在安史之乱中平叛有功，他用自己的官职力保哥哥。加上王维在被迫当官的时候，写过一首表明心迹的诗，被人递给了皇帝。王维和他的诗作都很有名，这不仅让他免了杀身之祸，后来还被升官了呢！

用官职保他性命的弟弟，叫王缙，他们这份兄弟情义让人动容。作者猜想他一定是"遥知兄弟登高处"的其中一人，后来官至宰相。而救了王维一命的诗叫《凝碧诗》，其中两句是"万户伤心生野烟，百官何日再朝天"。证明他心中还是非常期望能像以前一样朝拜大唐天子的。安史之乱期间，战争四起、硝烟弥漫，多少房子被烧、多少百姓流离失所。王维在这首"救命诗"里体现了对战争的厌恶、对百姓的同情，以及对皇帝归来的盼望。

经此之后,王维更加深居简出了。他变得非常"佛系",每天静心打坐、吃斋念佛,在辋川别墅里安享晚年。《山居秋暝》就是这个时期的作品。

山居秋暝

[唐]王维(701—761)

空山新雨后,天气晚来秋。
明月松间照,清泉石上流。
竹喧归浣女,莲动下渔舟。
随意春芳歇,王孙自可留。

王维与孟浩然是唐朝山水诗歌的领军人物。《山居秋暝》就是一首写山水的名诗。

诗题"山居秋暝",意思是住在山里感受秋天的黄昏。暝:黄昏。

"空山新雨后,天气晚来秋":空旷的山里刚刚下过一场雨,初秋的黄昏,天气变得凉爽。我们读到后面也知道,山里还有洗衣姑娘、划舟的人等。那为什么诗人还要说是"空山"呢?也许是为了表现人迹罕至的"静",也许是诗人内心的"孤静"吧。

"明月松间照,清泉石上流":洁白的月光从松树林里照射下来,清透的泉水在石头上潺潺流过。因为足够安静,也因为天黑看不清,人的听觉会更灵敏,所以能听见泉水流过的声音。在这静静的夜里,山林、月光、泉水,都能让人感受到大自然的美好和纯净。

"竹喧归浣女,莲动下渔舟":听到竹林里传出来一阵嬉笑声,知道是洗衣姑娘们回来了;看到莲蓬在轻轻摇动,知道是有打鱼的小船划过来了。这两句,诗人先写听觉和视觉的感受,让人跟着一起去发现、去猜测,给人感觉很是新鲜、别致。

"随意春芳歇,王孙自可留":任凭春天的芳菲随风飘散吧,我这个隐逸的人仍然要继续留下徜徉。"王孙"出自《楚辞·招隐士》:"王孙兮归来,山中兮不可久留!"呼吁隐士离开山间,出仕做官。而王维虽用了这个典故,但却是反着用的。他觉得"山中"比"朝中"好,他想要远离官场,所以说"自可留"。

王维写诗，善于把"画、诗"两者合一，给人多方位的艺术享受。我们在朗读的时候，也要注意去感受诗人的匠心独具哦！

【朗读秘籍】

1. 情景： 空旷的山里刚刚下过一场雨，空气凉爽舒适，显得翠绿清朗。月光从松林里洒下来，泉水在石头上淙淙流过。我们可以想象，这声音让人感到前所未有的平静和解压。竹林里传来了洗衣姑娘的嬉笑声，池塘里也有小舟在划动，这些平实的生活让人觉得单纯而美好，如同在世外桃源一样。

2. 感情： 诗里的感情是十分闲适而清寂的。闲适，我们很容易感觉到；清寂，则是因为山里有人而说"空"、别人相邀出山而说"留"。此时的王维，妻子、孩子、挚友相继过世，又经历了安史之乱的动荡、被迫接受伪职的羞愧，他已没有什么雄心壮志，孤寂之感一直伴随着他。好在他能寄情于山水和修禅，从中找到了平静。

3. 语气： 《山居秋暝》前六句的语气都是明快惬意的。

首联"空山新雨后"静静带出，声音是放松、愉悦的，但朗读节奏可以稍慢一点，把大环境用声音描述出来。"天气晚来秋"的朗读节奏则可以加快些。这两句呈一个"先下后上"的朗读语言趋势。

颔联"明月松间照，清泉石上流"中，"明月"和"清泉"这两组词要读饱满，"照"和"流"字则可以稍延长，读出大自然事物里的动态美感。这两句可以读得慢一点，呈一个"先上后下"的趋势。

颈联"竹喧归浣女，莲动下渔舟"整体可以读得欢快些，语言节奏比上一联的两句要快，一是为了契合诗意，二是为了有丰富的朗读节奏，不要呈一个单一的调子，这样听起来就显得乏味了。虽然节奏偏快，但不能读不清楚，尤其注意"浣女""渔舟"需要稍做强调处理。

尾联"随意春芳歇，王孙自可留"，是诗人的心境，他不再理会外面世界的变化，只想久留于这深山之中。我们的语气可以轻松一些、不在乎一些。"随意""王孙"两个词要突出一些，"自可留"带着自得其乐的心情读出来，其中的"自"字稍强调一下，表现出诗人

享受隐者生活的自在和安逸。

王维《山居秋暝》朗读爬山图如图 3-13 和图 3-14 所示。

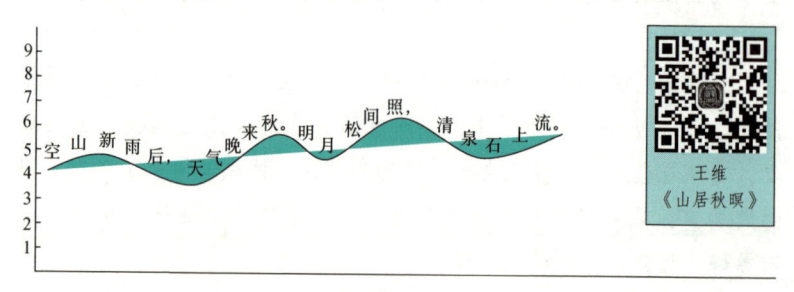

图3-13　王维《山居秋暝》朗读爬山图1

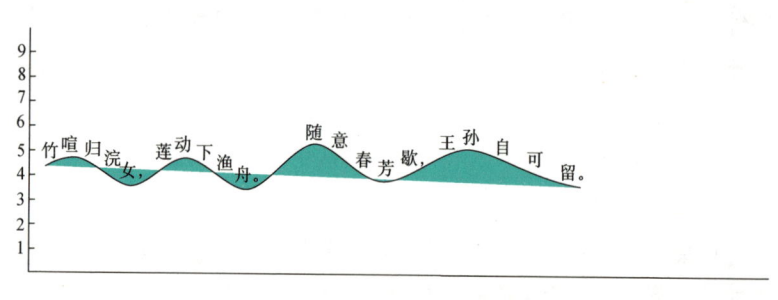

图3-14　王维《山居秋暝》朗读爬山图2

3.3.6　《画》：我到底是谁写的

关于《画》这首诗的作者一直都有争议。有的说是宋朝的佚名诗人，有的说是南宋的禅师，有的说是唐代的王维。我们现在还无法确切地知道它的作者，所以姑且先把它放到这一章，排在王维的诗后面。这样做只是为了让大家顺着前面"画、诗"二合一的艺术作品一起读下来。

画

远看山有色，
近听水无声。
春去花还在，
人来鸟不惊。

诗的意思很好理解，也有点像猜谜诗呢！

"远看山有色，近听水无声"：远远看去，山上一片青翠。走近一看，流动的水一点声音都没有。

"春去花还在，人来鸟不惊"：春天已经过去了，枝头上的花儿还在盛开，人都走过来了，鸟儿竟也不害怕。

如果不看标题，只看这首诗的意思，你能猜出来是怎么回事吗？哪里的流水是无声的？哪里的花是开不败的？哪里的鸟都不怕人？

答案是：画里。

这首诗表面看起来是在写自然景物，实际上是在赞美一幅画。虽然我们现在看不到这张图，却不难感受到它的传神之处。怪不得会被许多人认为是王维在给自己的画题诗呢。王维的画，都说画得好，却都没有流传下来。我们只能从一些记载或者同时代文人的赞美中得知他是一个绘画高手——王维被视为南宗水墨画的创始人。这说明他在画画这个领域的成就可不一般。他的作品被苏轼评价为"诗中有画、画中有诗"，也许只有像他这样"诗""画"功夫都超脱的人，才能将二者结合得如此之妙吧！

扯远了，扯远了，万一这诗不是王维写的呢？

那我们还是来看看诗作本身吧！

这四句诗可谓非常工整（图3-15）。

远　看　山　有　色，
↓　↓　↓　↓
近　听　水　无　声。
春　去　花　还　在，
人　来　鸟　不　惊。

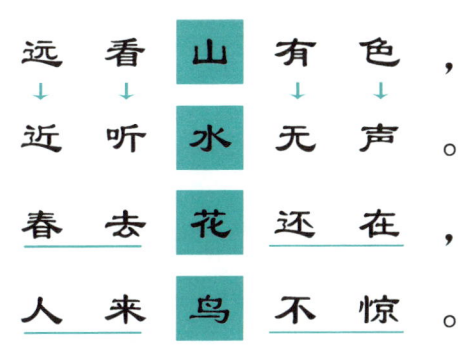

图3-15　《画》工整对比示意图

诗中，山色清脆、流水无声、花开四季、鸟不怕人，四种景象构成了一幅完整的山水花鸟图。朗读的时候，我们也可以用自己的声音把这清新美丽的图画展现出来哦！

【朗读秘籍】

1. **情景**：此刻在我们眼前的是一幅非常具有动态美感的画。画里的大山郁郁葱葱，画里的水仿佛在潺潺流动，画里的花儿争相开放，画里的鸟儿悠闲地栖息着。

2. **感情**：带着观察的眼光来看这幅画，欣赏它的美感，赞叹它的逼真，心中十分欢喜。

3. **语气**：我们用喜爱的语气来朗读这首诗，气息平静而深长，声音柔和。

第一句的"远看"二字气息送出、拉长，读出远远望去、观察的感觉。"山有色"节奏快一点，尤其尾音不要拖。

第二句"近听"气息和声音都短一点，也可以停顿一下，与上一句中拉长的"远看"形成对比。"水无声"则可以带一点奇妙的、疑问的感觉，这里的尾音可以稍微拖长一点，让人听了以后不禁思考：水为什么会没有声音呢？

第三句"春去花还在"中的"去"和"在"字，是对比，需要强调出来。

第四句"人来"稍停，"不惊"二字需要突出，可以一字一顿，故作神秘，此时你内心的潜在语是：看吧？神奇吧？人来了鸟都不怕呢！

《画》朗读爬山图如图3-16所示。

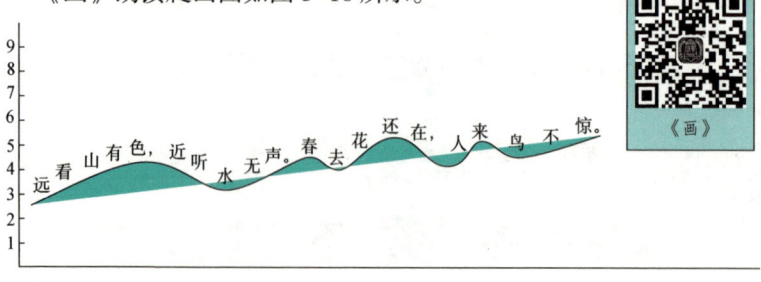

图3-16 《画》朗读爬山图

第4章 诗人中神仙级别的存在

4.1 诗仙李白

4.1.1 诗仙终于来了

诗仙李白的名字在中国可以说是无人不知。

假如我们做一个测试,让大家在一秒钟之内说出一个唐朝诗人的名字,可能大多数人脱口而出的都是李白。因为他实在太有名、太有才、太有个性了!从他笔下流淌而出的诗句,伴随着我们无数华夏儿女长大。

孤独时,我们念"举杯邀明月,对影成三人";

忧愁时,我们念"白发三千丈,缘愁似个长";

思念家乡时,我们念"床前明月光,疑是地上霜";

感谢友人时,我们念"桃花潭水深千尺,不及汪伦送我情";

人生得意时,我们念"仰天大笑出门去,我辈岂是蓬蒿人";

踌躇满志时,我们念"长风破浪会有时,直挂云帆济沧海";

充满自信时,我们念"大鹏一日同风起,扶摇直上九万里";

不愿阿谀奉承时,我们念"安能摧眉折腰事权贵,使我不得开心颜";

郁闷不平倔强时,我们念"抽刀断水水更流,举杯消愁愁更愁";

失意却不失其志时,我们念"天生我材必有用,千金散尽还复来"……

是什么样的天才,能如此行云流水般写出这么多的佳句?我们来看看这位诗仙的故事吧!

4.1.2 《望天门山》：我要乘风破浪！

李白（701—762），字太白，号青莲居士，又号"谪仙人"，家世、家族皆不详，唐代伟大的浪漫主义诗人，与杜甫合称"李杜"，后世也有因他的官职而称他"李翰林"。

关于李白的故乡，有很多种说法。有的说是四川，有的说是山东，有的说是甘肃陇西……但是关于他的出生地，中外学者都有一个共识，那便是碎叶城。这个地名听起来好陌生的样子？确实，以前它是大唐西域的四大重镇之一，但现在属于中亚的吉尔吉斯斯坦，所以我们极少听说。传说是李白的先祖在隋朝时获了罪，被流放或者是被迫迁徙去了西域，李白便也出生在那里（但至今都没有定论）。能明确的是，5岁那年，李白的父亲李客带着一家人来到四川省江油市青莲镇定居，李白在那里度过了近20年的青少年时光。也就是说，他的整个求学生涯都是在蜀地度过的。

传说李白家是富商，为了给他营造一个好的读书环境，家里专门在山上给他找了一处僻静的地方学习，他也因此打下了厚实的文学基础。15岁那年，少年李白开始游历四川，走遍了蜀地大大小小的山水，俨然一位"资深驴友"。725年，24岁的李白认为自己可以去闯天下了，便辞别亲人，外出游历。

李白出蜀后一路往东，在安徽省当涂县做过短暂停留。那里有一座天门山，由东梁山和西梁山组成，长江就从两山的中间流过。

望天门山

[唐] 李白（701—762）

天门中断楚江开，
碧水东流至此回。
两岸青山相对出，
孤帆一片日边来。

无论是看江、看船还是看舟，全诗都没有离开一个"望"字。什

么样的景物需要我们去"望"而不仅仅是"看"？是不是得又大又远的才需要"望"？那我们来看看这首诗里的景物是不是又大又远吧！

"**天门中断楚江开**"：天门山仿佛是被巨斧从中劈开一样，长江水势从中奔流而过。楚江：当涂在战国的时候属于楚国，所以这一段长江也称为"楚江"。当涂县的长江两岸有两座山隔江耸立，像是对峙了千百万年一样。但诗人不说两山的对立，而是说奔腾的长江撞开了天门才形成如此奇景，这是多么猛烈的想象啊！诗中借山势之奇来说江水的汹涌，能看清整个山势，这是不是"望"的感觉？

"**碧水东流至此回**"：碧绿江水滚滚向东流去，又到这里折回。这句是诗人顺着前面的想象与实景相结合写出的诗句：长江之水虽然在天门山这里冲出了一道"门"，但它毕竟不够开阔，阻挡了水势，所以江水会在这里回旋翻滚。这句是借水势之猛来说山势的雄起。前后两句诗的对比充分显示出了天门山奇险的气势。能看清长江汹涌的水势，这是不是"望"的感觉？

"**两岸青山相对出**"：两岸高耸的青山隔着长江相峙而立。前两句诗虽然有水流冲击的动感，但给人的感觉还是站在某处固定的景点上观看的。但从第三句开始就不同了。因为这句说两岸的青山是"相对出"，就是说两岸的山是不断地显现出来，而不是静静地立在那里。这是一种什么状态呢？

大家都坐过汽车或者火车吧？当我们坐在车里，车行驶在路上的时候，我们自己没有动，但是两旁的风景却会逐渐向后移动。尤其是位于我们前方的景物，好像是它们自己列好了队走到我们眼前来展现一样。

能看清两岸的高山依次出现，这是不是"望"的感觉？

"**孤帆一片日边来**"：江面上一叶孤舟像从西边的落日处悠悠驶来。

人在什么时候会觉得两岸的山是逐渐出来的？就是"行驶"在路上的时候。从这里我们能够得知，此时诗人正乘着小船顺流而下呢！所以他才说青山是相对"出"的。读了这最后一句，才明白上一句里的"出"字是多么传神——正因为诗人在江面之上随舟行驶，才能感觉到两岸雄伟的青山像欢迎客人一样列队而出。这两句的衔接也是非常之妙了！

能看到一艘小船远远地从日边而来，这是不是"望"的感觉？

所以说，整首诗，诗人都是围绕着诗题中的"望"字而来的。如果李白去参加考试，他一定不会跑题！

另外，你能猜出这首诗写的是一天中的什么时候吗？

我国的地势是西高东低，所有江河都自西向东奔向大海。《望天门山》的第二句也说了"碧水东流"，诗人乘舟顺流而行，也是向着东方走的。最后一句"日边来"，说的是这一叶孤舟仿佛是从天边太阳处而来的。从有太阳的地方驶向东方，那么太阳当然就是在西边了。所以，此时此刻，已经是傍晚了。太阳开始西斜，才会给人"日边来"的观感。

看，从15岁就开始旅游的"资深驴友"李白，开始用诗歌带着我们从不同的角度来看风景了，还不赶紧跟上？

【朗读秘籍】

1. 情景："我"乘船行驶在长江上，江水奔流往前，仿佛是冲开了一扇巨大的天门。两岸的青山顺着江水依次出来，仿佛在夹道欢迎"我"。而"我"，乘着这一叶孤舟，从阳光灿烂之处驶来，顺流而下，即将乘风破浪！

2. 感情：虽是一叶孤舟漂在这宽广的江面上，但诗人的笔下出现的都是雄伟绮丽的山水，而且感觉高大连绵的青山是在夹道欢迎自己，这一叶孤舟，仿佛代表的就是诗人仗剑远游的孤侠之情，小舟在江上乘风破浪，诗人也将带着自己的满腹才华去天下一展其芒！

3. 语气：这首诗意境开阔，充满了朝气蓬勃的感觉。

第一句的开头既是"天门"，那一定是高高的，我们的声音起点也可以高一点。"中断"二字不要拖音，读出"断"的感觉来。到"楚江开"时，加大力度，体现江水冲开的力量感。

第二句"碧水东流"，这是大江东去，我们的声音也要有送远的

感觉。"流"字可以适当地向上延长一点，到"至此回"时，流水在这里又回转了，我们的声音也要收回来，再慢慢落下。

第三句是上山类语势，"两岸青山"逐个往上走，仿佛有青山一座接着一座从眼前掠过一样。"相对出"的"出"字要加大吐字力度来突出它，这样能把山、江、人之间的动态之美显现出来。

第四句是从阔大的山景到了一艘小船上，所以声音可以低一点、慢下来。其中，"日边来"的"来"是诗人行舟过程中的动感，而且是从"日"边来的，距离非常远，所以"日"和"来"这两字需要撑开、拉长以作突出。

李白《望天门山》朗读爬山图如图4-1所示。

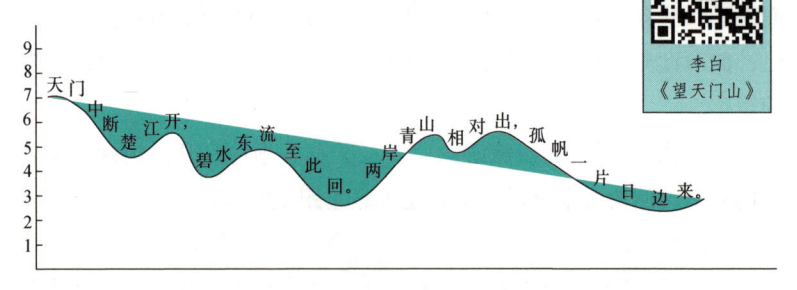

图4-1 李白《望天门山》朗读爬山图

4.1.3 《望庐山瀑布》：别怀疑，就是天上来的

李白从小在山上读书时就常与道士相伴，深受道教文化的影响。十几岁的他在大匡山里读书时，有一次去拜访一名道士，却没有见到，在等待之余他写下了"树深时见鹿，溪午不闻钟"这样的名句。18岁时，李白拜道教名士东严子赵蕤为师，跟随他习剑、养鸟、谈书、论道。两人一起隐居了一段时间，亦师亦友，感情深厚。

后来李白外出游历时也经常去寻仙访道。有一次，他一路游玩，来到了江西九江。传说这里的庐山是有仙人出没、有仙境存于其中的地方呢！李白当然要在这里好好游玩一番了。也有人说，陶渊明笔下的《桃花源记》中的仙境就是在庐山里面。李白可是陶渊明的粉丝啊，这怎能不让他神往呢？他不仅去拜访了陶渊明的故居，清扫了无人照看的墓园，还带着好奇心观察着山里的一切，先后写下了两首《望庐山瀑布》。其中广为流传的是第二首。

望庐山瀑布

[唐] 李白（701—762）

日照香炉生紫烟，
遥看瀑布挂前川。
飞流直下三千尺，
疑是银河落九天。

有学者认为李白的两首《望庐山瀑布》不是写于同一时期。第一首是写于刚刚出蜀的 725 年，第二首则是写于安禄山造反之后、李白隐居于庐山（756 年）时。目前没有确切的资料记载究竟写于哪一年，但是大家可以根据诗中的意境和李白的生平来猜一猜，它究竟是写于踌躇满志的二十几岁时呢？还是颠沛流离却仍不愿放弃理想的五十几岁时呢？

"日照香炉生紫烟"：香炉峰在阳光的照射下生起袅袅紫烟。这里的"香炉"指的是庐山的一座山峰，形似香炉。在庐山，关于神仙的故事很多，所以当李白来到这里，也就有了许多奇思妙想。比如，形容香炉里飘出来的烟时，诗人用的是"生"这个字，意思是香炉自己要生烟，不是人为的，这就把香炉写活了！而且这香炉可不一般，它是象征着仙山的博山炉。博山炉上宽下细，外形有点像我们今天的红酒杯，但雕刻技艺十分复杂。通常会在炉的外侧雕各种飞禽走兽，也会留下许多隐蔽的小孔，当熏香被点燃的时候，袅袅香烟就会从小孔中缓缓升腾而出，这样，整个炉子就会被烟气萦绕，就像是一座仙山一样。诗的一开头就把山峰比作了仙山，后面还有更新奇的比喻吗？

"遥看瀑布挂前川"：远远看去，瀑布像从山上直接挂下来的一样。这里把流动的瀑布化为静态，像是一整块的白色丝绸挂在了山前。

如果我们端着一杯水，迅速地向盆里一倒，你也会发现那泼出的水像一整块透明的水晶一样，有晶莹剔透的静态之美。所以，这一个"挂"字，既写出了大自然的鬼斧神工，也展现出了瀑布水势之迅疾。

"飞流直下三千尺"：高崖上飞腾而下的瀑布好像有几千尺。这里形容瀑布的水直接从顶峰喷涌而出，凌空飞下数千尺高，可见山势之陡、水流之急。"三千尺"不是一个确切的数字，而是说山势之高、瀑布之长难以估量。

"疑是银河落九天"：难道是银河从九天之上倾泻而来？

现在的我们对于银河、星空很是熟悉，但是在古人的世界里，把山川、河流想象成天上的景物是罕见的。可诗人用一个"疑"字便把自己空灵的想象带到了世人眼前。虽然是"疑"，但让人读来却不觉得突兀。因为前面已经有了巨大的仙炉、升腾的紫烟、高挂于天的瀑布这样的形容，这一切都不像是人间的景物，而是来自那天边的仙境，所以，诗人说这瀑布仿佛是从天而降的，我们也在这恍惚的想象之中认可了这一点。这就是李白的魅力啊，让人不知不觉地就跟着他进到瑰丽的想象世界中去，体会浪漫主义的美好。

【朗读秘籍】

1. 情景： 灿烂的阳光洒下，高大的山峰像一个巨型香炉一样蒸腾着云彩，仿佛是天上神仙的物品。瀑布从悬崖上飞流而下，雄奇壮观，也像是神仙直接从银河上挂下来的一样。

2. 感情： 这首诗充满了作者瑰丽的想象，感情热烈而美好。

3. 语气： 整体语气充满朝气和美好。

第一句"日照"二字稍起高一点点，语气舒缓。但不能起得太高，因为后面还要继续"爬山"的。"香炉"是一个寄托了神仙寓意的意向，可以读得缥缈、向往一些。朗读"生紫烟"一词时，声音仿佛在随着升腾的紫烟逐渐往上走，呈上山趋势。

第二句"遥"字稍拖长，显出远看的感觉。"瀑布"二字虽出得快，但也要念清楚，不要把字给吃了。念"挂"字的时候要突出，发音饱满，显出大自然的神奇。

第三句读"飞流直下"时一气呵成，但力度不减，要带着水势奔腾的感觉来读。到了"三千尺"时，字字拓开，声音扬高拉远，突出瀑布之雄伟。尤其"三"字要强调出来。

第四句"疑是"二字从低处起，与上一句的节奏有一个明显的高低落差的起伏。同时心中也体会着诗人的百转千回，像是在发问的感觉。"银河"是诗人的想象，也是对问题的猜想，所以要强调出来。"落九天"三字带着观察、欣赏的感觉逐渐回落，韵味拉长。

李白《望庐山瀑布》朗读爬山图如图4-2所示。

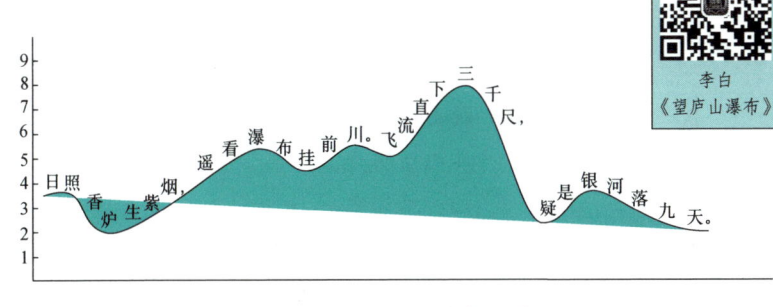

图4-2 李白《望庐山瀑布》朗读爬山图

4.1.4 《静夜思》：思乡古诗排行榜第一名

726年，25岁的李白已经出门远游两年了。在这两年里，他一路欣赏风景名胜，广交朋友，乐善好施，潇洒不羁。沿途中，他把洞庭湖、庐山、黄鹤楼等AAAAA级景区全都浏览了一遍。我们现在每到一处是拍照打卡，李白呢，则是每到一处都挥笔写诗，以做纪念。而且，生性潇洒的他也丝毫不在意钱财。遇到落魄书生无钱赴考，他请人吃饭，资助人家去长安的路费；遇到聊得来的朋友，就请人喝酒看戏，过得好不快活。

当然这中间也有不顺利的时候。在拜访刺史李邕时，李白本希望能得到对方的赏识，从而走上仕途，但却被同样恃才傲物的李邕所轻视。所以他很不高兴地写下一首非常有名的诗作《上李邕》后便走了。诗中的"大鹏一日同风起,扶摇直上九万里""宣父犹能畏后生,丈夫未可轻年少"至今都是人们表达自己志向的名句。

不过这对于青年李白来说,也不算什么。不高兴是一时的,享受快乐才是生活的主旋律。但这年秋天,李白生病了,身体不适的他只好在扬州停下来休息。偏偏这时候,身上的钱也花得差不多了,真是屋漏偏逢连夜雨呀!大约在农历九月十五这天晚上,月亮格外圆,月光也格外皎洁。望着与故乡一样的明月,潇洒如李白,也难免会在心头泛起一阵阵思乡的情绪。

静夜思

[唐]李白(701—762)

床前明月光,

疑是地上霜。

举头望明月,

低头思故乡。

这首诗在我们中国、在华人世界里应该是无人不知、无人不晓的吧?如果有一个颁奖仪式,票选最广为流传的唐诗,我想,它和《咏鹅》《春晓》应该票数相当,可以并列成为华夏儿女的"唐诗启蒙三大篇"。因为它们每一首都是用最简单的语言,写出了最真实的情感,给了我们最真切的感受。无论身处世界的哪个角落,大家在想念家乡的时候,都能随口吟出这首古诗。如果我们列一个思乡古诗排行榜,最广为人知的《静夜思》肯定是第一名!

"床前明月光,疑是地上霜":明亮的月光洒在我跟前,好像是一层银色的秋霜铺在地面上。这里的"床"有很多种说法。一般认为,如果诗人身处室内,是不大可能一抬头就能看到月亮的。所以这里的"床"应该指的是在室外使用的一种坐具或者是井台边的围栏。

这两句写的是诗人在一个秋夜里,一刹那间的恍惚和错觉。白天我们总是有许多事情要忙碌,到了夜深人静,一切喧嚣散去的时候,独自一人便很容易引起各种神思。他想到了什么呢?

"举头望明月,低头思故乡":抬头望着天上的明月,低头思念远方的家乡。

当诗人意识到地面上的银色不是秋霜而是月光时,他顺着这月光抬头望向了夜空中的明月。这明月,象征着团圆、象征着故乡,更让游子感到寂寞了。

寂寥的庭院,孤独的病人。人在生病的时候会格外地思念亲人,看到月亮的时候,也更容易想念家乡。"月",在我们中华文化中有它独特的含义:团圆、美好、思乡。李白特别爱写月亮,除了《静夜思》之外,他还在多首诗里都提到过它,像是"小时不识月""举杯邀明月""明月出天山""月下飞天镜""峨眉山月半轮秋""月出峨眉照沧海""只今惟有西江月"等。我们在后面还会读到他有关月亮的诗哦!

【朗读秘籍】

1. **情景**:安静的旅舍里,只有"我"这样一个孤单的、在养病的游子。"我"身处的扬州离自己的家乡有着千里之遥。这一天晚上,看到皎洁的月光洒到地面,还以为是结了秋霜。顺着这月光往上看,是一轮熟悉不过的明月。它和"我"在家乡时看到的一模一样呀!不知,在月光的照耀下,"我"的家乡是什么样子的呢?家人们都还好吗?"我"的书斋还干净吗?山中的道士又有了什么新感悟吗?

2. **感情**:在静谧之中的思乡之情,有淡淡的忧伤在其中。

3. **语气**:整体语气平缓而真挚。

第一句的"床前",是低头看着地面,声音低起,到了"明月光"这3个字我们便逐个往上走,让声音和眼睛都循着月色往上。整体语速慢一点,营造孤独思乡的意境。

第二句"疑是"带着疑惑的语气,稍往上扬一点。"地上霜"代表着眼睛已经从看月光转为了看地上,我们朗读时的声音和目光也都随着诗里的内容往下落。

第三句"举头望明月",这时候头抬高了,视线往高处走了,我们的声音也走远一点、高一点,声音的力量在这一句上也要加强。因为这是全诗中感情表达最强烈的一句,我们音调上升的程度可以高

第4章 诗人中神仙级别的存在

117

一些,以突出诗人强烈的感情。

第四句"低头"声音从低处而出,因为此时诗人是在低头沉思,视线也收回了,那么我们的声音也要往回收、沉一点,无须用力,但是要饱含情感。

李白《静夜思》朗读爬山图如图4-3所示。

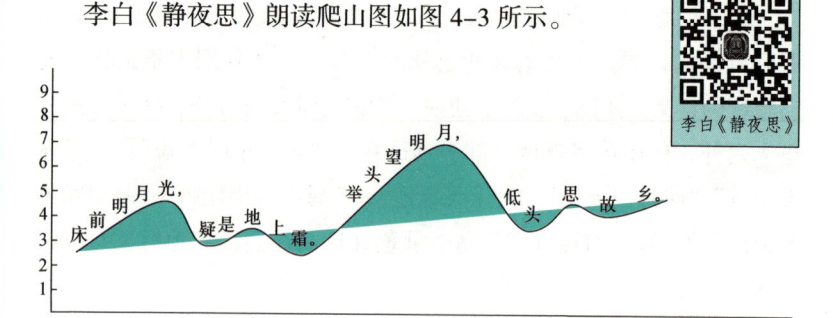

图4-3 李白《静夜思》朗读爬山图

4.1.5 《夜宿山寺》:可以摘星星了

不知道思念故乡的李白有没有怀念自己当初离开家乡时"仗剑去国,辞亲远游"的豪情。当初,他带着一身才华与剑术来闯天下,也许在他的想象中,自己要么做大官、要么做大侠吧。

也许你会问,李白真的会剑术吗?我们并不知道答案,只知道他似乎跟东严子学过剑法,当时有人写文章说李白可以"以一敌数",他自己也在诗中描写自己的功夫很厉害。而且他还特别爱写剑,据统计,在李白现存的诗歌中,"剑"字出现了上百次之多!习剑法、当剑客,这也是他性格潇洒豪逸的来源之一吧!但他的剑术究竟师承何人、有没有真的当过剑客,我们都不得而知。

看到这里,你也许会想,为什么有这么多不确定的地方呢?其实,历史发展到今天,经历了无数战争的焚毁与社会的动乱,许多资料、文稿都已经遗失。我们今天能读到这么多唐诗,多亏了一代又一代文人的传承与保护。在这漫长的岁月中,哪怕再多一个意外,我们能看到的文化瑰宝都会比现在更少。比如说,目前我们能找到的李白存诗是 900 余首，据说这只是他十分之一的作品而已。而作为一名书法家，李白也只留下了《上阳台帖》这一幅作品传世。不仅李白，许多文人的作品和故事，都已经消散在漫漫历史烟云中，我们再也读不到了，真的非常令人心痛。

所以，有时即使能读到一首好诗，也很难分清它的确切年代和所描写的地方，引发读者的无限好奇。就比如李白的《夜宿山寺》，我们也好想知道，他究竟是借住在哪一间山顶寺庙里，可以近到伸手摘星。

夜宿山寺

[唐] 李白（701—762）

危楼高百尺，

手可摘星辰。

不敢高声语，

恐惊天上人。

李白这"诗仙"的名号不是白叫的。他一生都在寻仙问道，向往天上的世界。能生出如此奇妙的想象，也得益于他极度浪漫的个性吧！

"危楼高百尺"：山上寺院的楼高百余尺。这"危楼"可不是我们现在说的有危险的、易倒塌的楼房，而是一座耸立在山顶的楼宇。大概是因为山势险峻、位置过高，与山下悬崖形成强烈对比，让人产生"危"的感觉。这开篇的一个"危"字，立马就把诗的气势拉了上去，让读它的人身临其境，也仿佛是站在了这高楼之上，感叹它雄伟之余，也不得不小心翼翼地对待。

"手可摘星辰"：好像一伸手就可以摘到天上的星星。自古以来人们就对星空、宇宙充满了向往。而身在山巅的诗人感觉自己一伸手就能够到星星，这想象足够大胆、足够瑰丽、足够自由而浪漫。

"不敢高声语"：不敢高声说话。这是为什么呢？

"恐惊天上人"：怕惊扰到天上的神仙呀！诗人的这个担心，既体现了他奇妙的想象，又体现出了这寺庙的高——连大声说个话都

可能会吵到神仙，你说这个地方是不是似乎离登天就只有一步之遥了？

读完整首诗，给人的感觉就是：高，真高，实在是太高了！不仅仅是寺庙的位置高，诗人的想象也高，用词的水平也很高。纵观全诗，全是很平实、很普通的字，没有用什么看起来很高深的词，但是被组合在一起后，就是这么让人惊艳！读完后，给人感觉似乎有点危险、有点让人害怕的高，但又实在是太美、太奇幻了，让人忍不住跟着一起想象。李白能完完全全地把读者带到顶峰之上、给人以雄视寰宇的气势，同时，又展现了孩童般的天真与稚气，让人读来倍觉新鲜有趣。不愧是被称为天才的诗人啊！

【朗读秘籍】

1. 情景： 深夜，站在高峰之上的寺庙里，凭栏远眺，感觉星空离自己特别近，仿佛一伸手就能够到星星。四周很安静，"我"都不敢大声说话，生怕惊扰了天上的神仙。这大概是离天最近的地方了吧？

2. 感情： 虽然诗中处处写"高"、写"危"，但诗人的感情是愉悦的、享受的、畅快的，而不是恐惧、害怕或者高处不胜寒。

3. 语气： 总体是带有童稚的、欢喜的感情。

第一句开篇的"危"字要突出，这个字，诗人用得突兀，我们也要念得突兀，方能显出对这座高楼的惊叹之感。"高百尺"这三字中，"高"与前面的"危"是相互映衬的，要稍强调一下；"百"字的夸张之感要读出来，可以把声调稍往上扬，比平时读得更高一些。

第二句整体声音低下来，用比较轻柔的语气。因上一句有3个字都做了重音处理，那么第二句就要相对弱化一些，不可句句都强调，否则会给听众僵硬、用力过猛的感觉。只需把"星辰"二字稍突出，但不是用力地突出，气息仍是柔和的，带着些欢喜的感觉，像孩子看到了喜欢的玩具一样，把声音往上送一下。

第三句同样是较为轻柔的声音，但需用上不同的语气。上一句里的轻柔，气息是外放的，表达出欢喜。这一句里的轻柔，气息是内收的，有一种怕吵到别人、需要控制声音的感觉。"不敢"二字，不是真的很害怕、很恐惧，而是带着欣喜、有趣又怕打扰别人的感觉。就好像是小朋友在客厅玩耍，很开心，但是爷爷奶奶在卧室里睡觉，小朋友在开心之余又会多一分注意，不要太大声，以免吵到老人家了。

　　第四句的"天上人"，在作者看来是全诗的灵魂，一定要带着孩童般的天真与欣喜把它缓缓念出。这个"缓"，不是犹豫的、悲伤的缓，而是像发现了一个宝贝，又怕大声说话会吵到大家的那种"一字一句"、期待别人听得清楚明白的"缓"。

　　李白《夜宿山寺》朗读爬山图如图4-4所示。

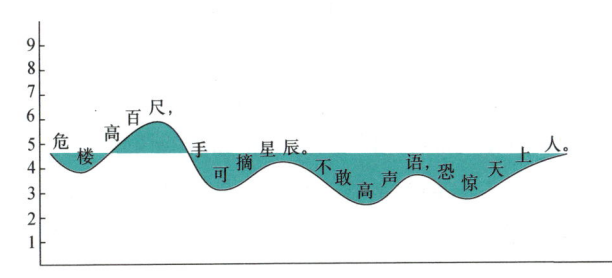

图4-4　李白《夜宿山寺》朗读爬山图

4.1.6　《黄鹤楼送孟浩然之广陵》：孟夫子，咱们后会有期！

　　从四川出来后的青年李白，漫游天下名山名城，也结识了许多至交好友。后来他在湖北安陆暂时停下了脚步，客居10年。这期间李白结识了年长他12岁的孟浩然。那时候的孟浩然已经是一位名满天下的大诗人了，李白对孟浩然是既喜欢又羡慕。他曾在诗中说"吾爱孟夫子，风流天下闻"，这直接的表白，这令人羡慕的友情，可谓是唐朝诗人中的一段佳话了。李白喜欢孟浩然寄情山水、超脱世俗的生活态度，也羡慕孟浩然的隐居漫游生活。

　　他们相识的时候，正值大唐盛世。国家强大，人们生活富足。730年，李白得知孟浩然要去广陵（今江苏省扬州市），便约他在江夏（今湖北省武汉市）见面，两位性情潇洒的豪客，在黄鹤楼告别，又各自踏上新的人生旅程。

黄鹤楼送孟浩然之广陵

[唐] 李白（701—762）

故人西辞黄鹤楼，

烟花三月下扬州。

孤帆远影碧空尽，

唯见长江天际流。

不愧是李白，不愧是生活在开元盛世、意气风发的青年李白，把一次告别写得如此意境开阔、飘逸灵动，丝毫不见忧伤，却又情深意永。

"故人西辞黄鹤楼"：老朋友在黄鹤楼跟我告别。故人：老朋友。当时黄鹤楼已经是天下名楼了，传说还有仙人在此飞升，更增加了它的名气。而黄鹤楼是在扬州的西边，所以说"西辞"。

"烟花三月下扬州"：在阳春三月里去往烟花如织的扬州。三月，春光正好。这里的"烟花"一词非常妙，它可不是指过年放的烟花、花炮，而是形容烟雨迷蒙、繁花似锦的江南风光。扬州在古代是江南名城，繁华、热闹，有着看不尽的阳春美景。这一句也体现了诗人对于扬州的向往。

"孤帆远影碧空尽"：那一叶帆影渐渐消失在碧空的尽头。古诗中常用"帆"来指代"船"。"孤帆"并不是说长江上真的只有一艘船在行驶，也许是李白的眼中只有孟浩然乘坐的那一艘而已。在孟浩然登船后，李白仍然没有离去，一直站在岸边目送，直到船越走越远，远到都看不见了，诗人这才留意到——

"唯见长江天际流"：只有这滚滚的长江水还在往天边奔流。这句既写景、也写情。因为奔涌的不仅是江水，还有诗人李白那一颗思念与向往的心哪！

在这之前我们也学过两首讲离别的诗。高适的《别董大》，通过暗淡的黄云和呼啸的北风，渲染出了离别时的苍凉。王维的《送元二使安西》更直接，一句"西出阳关无故人"表达出了浓浓的不舍之情。而李白的这首《黄鹤楼送孟浩然之广陵》，虽然也是离别，但是它所体现的并不是忧伤的离别，而是一次惬意美好的愉快相送。那时的孟浩然还没有遭遇连连求官不得的失意，李白也正意气风发地畅想着未来之路。诗中的"孤帆远影碧空尽"，虽然写的是"孤帆"，但并不孤独伤感，因为它是行驶在"碧空"之下的。在明丽的、碧蓝的天空映衬下，这艘船在愉快地前进，有一种海阔天空任遨游的畅快之感。看看诗中这大气与潇洒的描述，是不是也带上了诗人的羡慕之情呢？他们都认为彼此会很快相见，各自也都会有更灿烂的未来。

【朗读秘籍】

1. 情景：繁花似锦的三月里，老朋友要去扬州了。我们相约在黄鹤楼告别。短暂相聚之后，老友乘船而去，"我"站在岸边久久凝望。滔滔江水连绵不绝，把他的船送去了远方，一同送去的，还有我的思念与祝福。

2. 感情：这次告别对于两位诗人来说都是短暂而愉悦的。黄鹤楼是当时的名楼，扬州是当时的名城，孟浩然作为有名的诗人，可称为"名仕"。在名楼送别名仕去往名城，李白诗兴大发，潇洒挥就这一千古佳篇。我们在朗读时，感情也是潇洒大气的，不需要往常告别时那种拖泥带水的感觉。

3. 语气：虽有不舍，但整体的语气并不低沉。

第一句的"故人西辞"轻轻、慢慢地开场，略带不舍地讲述朋友要远行的事情，语速较慢，呈下山趋势。"黄鹤楼"是分别的地点，声音可稍稍加重。

第二句的"烟花三月"，带着对烟雨迷蒙的扬州的喜爱，语气愉悦而向往，呈上山趋势，但是节奏更轻快。"下扬州"的下山趋势也是轻快型的，不慢也不沉。

第三句的"孤帆远影"，这是诗人目送朋友远行，气息和声音也要随之往远处送，尤其是"碧空尽"几个字的间距拉长一些，好像是朋友走了很远了，诗人还在目送，舍不得离开。所以即使这句读完了，我们的气息也不要马上断掉，而是让它停留一会儿，再渐渐下落、收回。

第四句的"唯见长江"，是诗人将目光从远方水天相接之处拉回

到了眼前，朗读时的声音也要体现在近处。但是到"天际流"三字时，声音要顺着长江水一起慢慢往远处走，把声音拉长、送远，诗句的余韵反复和声音一起回荡在那江水之上。

李白《黄鹤楼送孟浩然之广陵》朗读爬山图如图4-5所示。

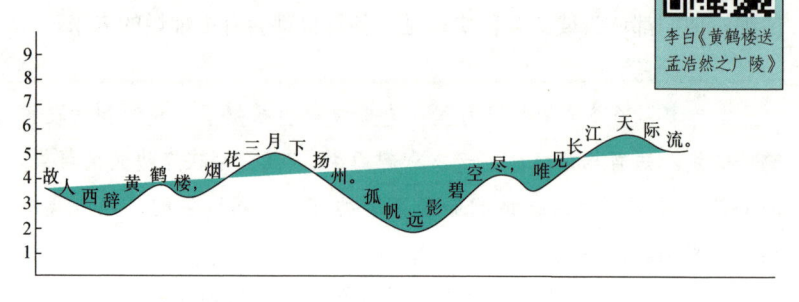

图4-5　李白《黄鹤楼送孟浩然之广陵》朗读爬山图

4.1.7　《赠汪伦》：一首诗让一个普通人成为千年网红

告别孟浩然，李白继续他饮酒作诗、旅游交友的生活。据《随园诗话补遗》记载，有一次，一个叫汪伦的人写信给李白，邀他去泾县（今安徽省宣城市）游玩。汪伦在信中说："先生好游乎？此地有十里桃花，先生好饮乎？此地有万家酒店。"这几句话可是写进李白的心坎里去了！李白是出了名的好酒好游，汪伦这么热情地以美酒美景相邀，他当然会心动啦！

去到之后，果然发现汪伦是一个热情好客、豪放不羁之人。可当李白问起十里桃花和万家酒店在哪里时，汪伦说道："桃花，是一个潭水的名字，并没有真的桃花；万家酒店，是因为店主人姓万，并不是有上万家酒店。"引得李白大笑。在泾县游玩数日之后，李白要离开了，汪伦来给他送行，李白深受感动，写下了一首赠别诗。

赠汪伦

[唐] 李白（701—762）

李白乘舟将欲行，

忽闻岸上踏歌声。

桃花潭水深千尺，

不及汪伦送我情。

前面说汪伦与李白素不相识，只是写信相邀，李白便去了。这段故事我们不知真假。也许真实的汪伦只是一个普通村民，为李白游历时所遇，因热情好客而与李白结识；也许汪伦曾经为官，后闲居于桃花潭边；也许汪伦是一个隐居修道之人……但无论他们是怎么认识的，都不影响两人在告别时的真挚情谊。

"李白乘舟将欲行"：李白乘舟将要远行离去。将欲行：正准备走的意思。这句简直太直白了！本来说写诗不要太直白、太浅显，要蕴含深意，让人读来引发联想和思考。但是你看李白的这一句，跟我们平时说的大白话差不多，那它还是好诗吗？作者想，我们不能因为它是李白写的，就说它一定是好诗，也不能因为它非常直白，就说它一定不好。别着急，咱们接着往下看！

"忽闻岸上踏歌声"：忽然听到岸上传来踏歌的声音。"踏歌"是唐朝在民间流行的一种歌舞形式，大家手拉手、两足踏地为节拍，可以边走边唱。忽然听到歌声，说明李白对此感到很意外。也许是他们前一天已经告别过了，也许是李白走那天以为汪伦不在家，总之，他完全没有想到这个时候竟然听到了汪伦来送行的踏歌声，"忽闻"二字传神地道出了李白当时出乎意料又惊喜十足的心情。

"桃花潭水深千尺"：即使桃花潭水有千尺那么深。乍一看，这句子也很直白，就是说潭水很深嘛！无非就是加了夸张的比喻，"千尺"，形容潭水很深。再仔细体会一下呢？这句说明了地点，在桃花潭，但更主要的是为后面做了铺垫。什么铺垫呢？

"不及汪伦送我情"：这桃花潭水再深，也比不上汪伦对我的感情深啊！

原来如此！诗人前面说桃花潭水深，只是为了对比朋友的情谊呀！最妙的是，他把水深和情深联系在一起时，不说"犹如"，而说"不及"，这一个词，就把他们之间的情谊、把诗人内心的豪放、把此

次游玩的尽兴都展现出来了!

读到这儿,咱们再回到释义第一句诗时提的问题,这么直白,是好诗吗?

你有答案了吗?

在作者看来,全诗从称呼自己的名字开始,以朋友的名字结束,带着孩童般的天真活泼和玩耍兴味,以口头语对比眼前景,让人对汪伦送别的情意印象深刻,通俗易懂又情谊深厚,也显出了诗人当时直率可爱、亲切又洒脱的心情。

这首诗像极了李白脱口而出的即兴之作,没有雕琢的痕迹,天然、直率、真诚。这也是他作诗的风格之一。李白写诗很自由、想象很大胆,既不拘一格,也不循规蹈矩。仿佛那些作诗的规矩和框架根本不在他心中。但是,他信手拈来的词、随口吟出的句子,又都能使音韵和谐统一,给人形象美、声音美、意境美的感受,还常常让人对他的奇特想象和比喻叹为观止。这种不世出的天才,这种可望而不可即的才华,古往今来,也唯有这一人而已吧!

【朗读秘籍】

1. 情景:在泾县玩了好多天啦,"我"也该回去了。这天,"我"来到桃花潭正准备乘船离开,忽然听到了从岸边传来的踏歌的声音,这不是汪伦的歌声吗?他居然赶到这里来给"我"送行了!眼前这桃花潭水那么深,可是都没有汪伦送给"我"的情谊深哪!

2. 感情:带着尽兴而归的心情登船,又收获了朋友来送行的惊喜和感动,这深厚情谊留在了诗人心间。

3. 语气:总体的语气是欢快的,但是深情与不舍的语气也是蕴含其间的。

虽是离别,但是第一句中的"李白乘舟"并不伤感沉重。这些天诗人应该玩得很开心。离开,也是高高兴兴地离开,所以用淡淡的不舍的语气来念这一句即可。"将欲行"3个字逐个往下走,气息稍延长一点,表现出要远走的动态之感。

第二句中的"忽闻"要表现出不期而至的感觉,在此时轻吸一口气,同时加快语速、提高声音念出这两个字,这样就有了"突然"的感觉。"踏歌声"3个字要带着惊喜的语气来念,气息饱满、声音明亮。

第三句带着感动与感叹轻轻说"桃花潭水",此时声音稍低一点,为下一句的感情表达做铺垫。"深千尺"这3个字拓开一点、强调一下,因为要表达出它的深厚。

第四句"不及"二字可不是嫌弃潭水不够深啊,是带着爱、带着感动说的,后半句更是如此。朋友的名字"汪伦"要认真念出。"送我情"气息深长,感动至深,"我"字低低地念出,"情"字往上扬,慢慢收尾,显得情意悠长。

李白《赠汪伦》朗读爬山图如图4-6所示。

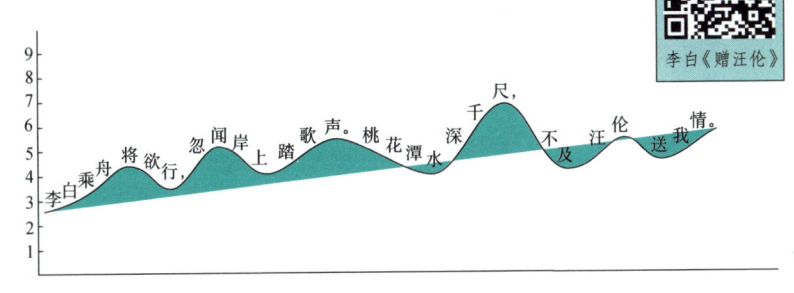

图4-6 李白《赠汪伦》朗读爬山图

4.1.8 《古朗月行》:月亮还如当初那般美好吗

前面我们学过一首《静夜思》,是青年时期的李白写的。可到了后来,同样的月亮,在中老年李白的眼中,已经有了许多不一样的意义了。

《古朗月行》节选

[唐] 李白(701—762)

小时不识月,

呼作白玉盘。

又疑瑶台镜,

飞在青云端。

这段诗的意思是，小时候我不认识月亮，把它喊作白玉盘。有时我还怀疑那月亮是瑶台仙人的镜子，所以它才能飞到天上去。

有没有觉得诗人这几句写月亮写得仙气十足？每逢中秋时节，就会有许多小朋友喜欢念上这几句诗，诗意简单明了，意象非常唯美。

但，你可别看《古朗月行》的前四句这么"仙"，它背后的故事以及后来发生的事，可一点也不"仙"。

这首诗作于李白50多岁的时候，距离写下《静夜思》已经过去30年了。这30年，在李白的身上发生了太多的事情。从20岁到40岁的这20年间，他满腹才华，却一直求官而不得，心情时时郁闷。好在他本性潇洒，四处云游，结下了不少至交好友，拥有了一段快意人生。不管际遇如何，李白都在一路挥洒豪情，写下无数名篇，诗名大振。终于，他42岁的时候，在贺知章和玉真公主的推荐下，皇帝唐玄宗召见了李白，并以贵宾之礼招待他。刚刚接到消息时，李白兴奋不已，写下了"仰天大笑出门去，我辈岂是蓬蒿人"的诗句。与皇帝在席间的谈话，李白对答如流，尽展才学，让唐玄宗十分欣赏，便把李白留在身边做翰林。可这时候的唐玄宗已经不是开元盛世时励精图治的唐玄宗了。他宠信奸臣，也不大过问政事，任用李白也不是想用他治国，只是想把他留在身边写诗文以供娱乐而已。

可李白一直觉得自己是要干大事的，他认为自己的才华对内可治国辅政、对外可击退千军万马。所以这段时间，虽然他很得皇帝宠爱，却也过得郁闷。"翰林"这个职位对他而言很不舒服，因为他和别的翰林不一样，李白得到的工作，主要就是给皇帝的吃喝玩乐写助兴诗的。比如，唐玄宗带杨贵妃赏花的时候，会说，这么美好的时节，还唱旧诗有什么意思？让李白来写首新的！李白只好应召，写下了"云想衣裳花想容"这一类赞美杨贵妃的诗句。这样的"官"，李白当得很没意思，不仅不能一展自己治国平天下的才华抱负，还要面对皇帝身边的一些奸臣和小人，让他非常难受。因此他谁也不爱搭理，常喝得酩酊大醉。杜甫曾写诗说他"天子呼来不上船，自称臣是酒中仙"。他自己后来也写过"安能摧眉折腰事权贵，使我不得开心颜！"的诗句。后来，李白实在难以忍受这样的情形，便请求皇帝让他出宫。

皇帝同意了。因为那两年间，皇帝也见识了李白的放荡不羁和狂妄自大，心中对他也有不满。于是大家"好聚好散"。可出宫后的李白，真的就不问政事了吗？并不是。他离开长安之后，虽时时游山玩水，但还是怀着政治理想，关心国家大事。后来，皇帝宠信的宰相杨国忠、节度使安禄山的权力越来越大，他们一个把朝堂搞得乌烟瘴气，一个拥兵自重、野心昭然若揭。李白十分担心他们对国家的消极影响，写下了一首反映他当时忧思的诗——《古朗月行》。全诗如下：

古朗月行

[唐] 李白（701—762）

小时不识月，呼作白玉盘。
又疑瑶台镜，飞在青云端。
仙人垂两足，桂树何团团。
白兔捣药成，问言与谁餐？
蟾蜍蚀圆影，大明夜已残。
羿昔落九乌，天人清且安。
阴精此沦惑，去去不足观。
忧来其如何？凄怆摧心肝。

这首诗小学生只需背诵前两行，有时也会背到前四行，因为它好懂又唯美。那后面四行说的是什么呢？诗人把奸臣比喻成"蟾蜍"，也就是我们俗称的癞蛤蟆，说这些癞蛤蟆啃缺了月亮，月光因此暗淡。因为有后羿射下九个太阳，人间才得以安宁。现在月光已经模糊沉沦，走开吧，没什么好看的了。可是，我心怀忧虑，又不忍走开呀！这样的担忧、悲伤真是催人心肝呀！

看，前半段的月光有多美好，后面因月色晦暗而引发的悲伤就有多悲痛。诗人把月亮比作国家，从前它是那么美好，如同仙境一般，可后来，却被奸人贻误至此……

【朗读秘籍】

1. 情景： 望着天上圆圆的明月，回忆起小时候对月亮的畅想，那

里是不是仙境呢?月亮是不是就是仙境里的一面镜子,所以飞在天上呢?

2. 感情: 在回忆中充满了孩童时的美好幻想。

3. 语气: 节选的这前四句诗的语气还是比较天真美好的。

第一句"小时"二字后可以稍微拖长一点点,仿佛把人带入往事之中。"不识月"三字往上走,带着孩童般的天真语气。

第二句的"呼作"一词可以发得饱满圆润一点,仿佛是小孩子在鼓起腮帮子说话一般。"白玉盘"三字要稍微强调一下,是孩子的猜想,也是诗人的回忆。

第三句中的"又疑"拖长,是孩子在琢磨,不确定的样子。"瑶台镜"是诗人的又一次想象,也要慢慢地、清晰地念出来,但不是低沉的、忧伤的慢,而是像小朋友一样,一字一句说清楚。

第四句"飞"字高起,仿佛你的眼、你的心也和这月亮一样飞上了天空。最后的"青云端"也是在爬楼梯,逐级往上走。

李白《古朗月行》朗读爬山图如图4-7所示。

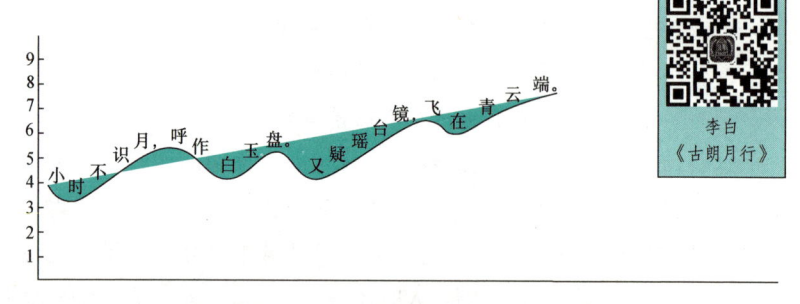

图4-7 李白《古朗月行》朗读爬山图

4.1.9 《早发白帝城》:命运真的瞬息万变啊!

前面的《古朗月行》写的是李白担心奸人误国,后来,这样的事情果然发生了。755年,唐朝爆发了安史之乱。国家动荡,战火连天,连皇帝都跑了。李白看起来放荡不羁,但其实一直心怀政治理想,觉得自己一旦被重用,便可以治国安邦平天下。这也许是来自天才的狂想，也许是来自拯救天下的责任感，总之，李白的用世之志一直存在且非常强烈。他一直希望能有机会在政治上大展拳脚。终于，他等来了一个机会。

安史之乱期间，唐玄宗逃去了成都，他的儿子李亨在灵武即位做了皇帝，尊唐玄宗为太上皇。唐玄宗哪能甘心呢？于是又派他另一个儿子永王李璘当了节度使参与镇守，想以此削弱李亨的势力。可是，他的儿子一个个的都不是省心的料啊！这永王李璘不断招兵买马、扩大势力，看样子也是想要起兵自己干的！这可把他的皇兄李亨惹急了，两兄弟便打了起来。在这期间，李璘得知李白在庐州隐居，便去邀请李白加入他的幕僚。收到永王的邀请，李白很是高兴啊，都没搞清楚情况，就以为是跟随永王去剿灭叛军的，这不正好是自己想做的事情吗？便欣然加入永王大军，还为此写了不少诗呢！后来，永王兵败被杀，李白也因此获罪，虽在多方朋友营救之下，最终免于一死，但还是被判流放夜郎（今贵州省遵义市）。这么大的反转，是李白万万没想到的。这一年，他已经58岁了，折腾至此，命都不保，何谈报国？幸好，第二年，他赶上了皇帝唐肃宗大赦天下。当时还在流放途中的李白刚刚来到巫山（现重庆境内），就收到了被赦免的消息，重获自由的李白非常兴奋，立即写了一首诗来表达自己愉快的心情。

早发白帝城

[唐] 李白（701—762）

朝辞白帝彩云间，

千里江陵一日还。

两岸猿声啼不住，

轻舟已过万重山。

诗人写得畅快，我们读来也畅快。但不知为何，这畅快之中又充满了对这位不服老的诗人的同情。

"朝辞白帝彩云间"：早上辞别了高耸入云的白帝城。白帝城地势很高，早上的云朵低低的，太阳从中透过，映射到城里，远远望去，这座城仿佛是在彩云中间一样。天色的明丽也显示了诗人的大好心情。

"千里江陵一日还"：千里之外的江陵只需一天便能到达。诗人是遇赦后返回，那轻松欢快的心情，简直像一只小鸟一样飞得欢快。江陵虽不是他的家乡，但此时也显得格外亲切了。这里的"还"字用得非常传神。在去的途中，他是戴罪之身，本就心情沉重，还要逆流而上，更显艰辛。而返回途中，已是自由之身，又是顺流而下，自然倍显轻快。所以去江陵就像回家一样愉快了。

"两岸猿声啼不住"：两边岸上的猿声还在耳边不停地回荡。这句诗很妙。表面上看似乎没有很特别，但其实，人们通常都觉得猿啼声是很哀伤的，常引起身居他乡的游子的伤感之情。而在此时的李白看来，这猿啼声一点儿也不哀，反而因为他的船只穿行得非常快，猿声连成了一片，两岸的山影也连成了一片，那叫一个痛快！

"轻舟已过万重山"：轻巧的船只早已穿过了无数山川。船真的变轻了吗？船还是那艘船，是因为诗人自己一身轻松了，船又是顺着江水往下漂，这心理因素加上物理因素，双重作用下，当然就感觉速度很快啦！一个"轻"字用得精彩绝伦，瞬间让人感觉这船都轻巧得能飞起来了！

想想我们心情不好的时候会是什么样？例如，你出门玩的时候，把最喜欢的玩具弄丢了，怎么找也找不到，心里很难过。这时候你又需要经过一个上坡，浑身都没什么力气了，觉得这个坡好难爬。刚爬到一半，小伙伴在下面喊你说，找到啦！你的玩具找到啦！这一瞬间，你肯定浑身充满力量，拔腿就往下跑。下坡本来就比上坡跑得快，风呼呼地从你耳边吹过，你一点也不觉得累，脚下生风地一路往前跑，看着喊你的那位小伙伴，此时也一定觉得他亲切不已。

有了这样的感受，再来看看李白当时的处境，是不是就更能体会他的心情了？

【朗读秘籍】

1. 情景： 一大早，"我"就收到了被赦免的好消息。回头看看那白帝城，它被彩云围绕着，"我"要立马返回、无须过去它那边了。回想起以前的种种，真的恍如隔世。这命运，可真是瞬息万变哪！

"我"在一片光明中踏上归途，船顺着江水疾驰而下，岸两边的山呀、树呀、猿啼声呀都混成了一片,在我周边飕飕地掠过。"我"可没工夫去欣赏这些,只想着快点到江陵!

2. 感情:一夜之隔,天差地别。此时的诗人如释重负,带着愉悦的心情顺江而下、随舟而行。

3. 语气:以轻松喜悦的语气为主,气息轻快、声音明亮。

第一句中"朝辞"二字自带朝气色彩,心情很好地念出来。"彩云间"三字逐渐往上走,最后的"间"字音量稍稍加大,字尾稍微往上扬一点。一是显示出白帝城的地势之高,二是显露出诗人的兴致之高。

第二句中的"千里"和"一日"是对比,朗读诗时,尤其是"千"字和"一"字,要放慢语速,同时加大力度,将这两个字饱满地读出来,给人日行千里的畅快感。

第三句整体的感觉往里收一点,"两岸猿声"声音稍低,气息柔和。"啼不住"这三字一个个往上走,呈上山趋势。最后的"住"字不要停得太快,需要延长一点,往上送一点,因为它要引出下一句诗。

第四句"轻舟已过万重山"。这句是全诗的精华,完美展现了诗人畅快的心情。"轻舟已过",我们的语气也要轻巧愉悦,节奏加快,仿佛也和那轻舟一样畅快。在读"万重山"之前稍稍停顿一下,如果你气息不够,此时就需要补一口气,再用喜悦的语气饱满地读出"万重山",这3个字需要拓开、拉长、往上扬,好像自己的苦难也全部都已经"过"了。

李白《早发白帝城》朗读爬山图如图4-8所示。

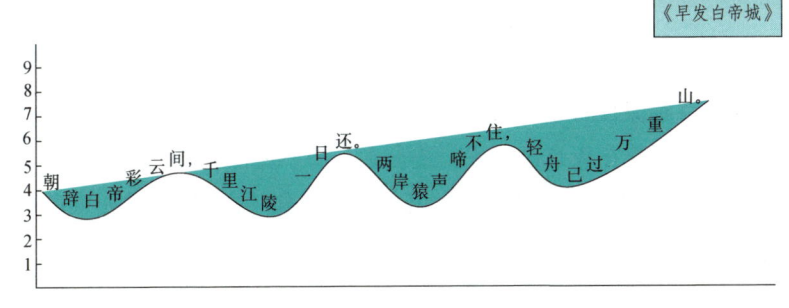

图4-8 李白《早发白帝城》朗读爬山图

4.1.10 《独坐敬亭山》：只有孤独是我的

尽管获得了赦免，但是李白的政治生涯还是结束了。上元二年（761年），经历了安史之乱的漂泊、蒙冤进狱的苦难、戴罪流放的屈辱之后，他的精神和身体受到了双重打击。已逾花甲之年的李白在第七次来到宣州时，景象与以往已经大不相同了。经历了战乱，小到地方、大到国家都需要时间修复。尽管宣州物产丰富，但也受到了战争的影响，不再热闹繁华。对于李白来说更重要的是，这里的朋友也越来越少了，有的失散，有的远离，有的已故去。"一生好入名山游"的李白，在他60岁左右再次登临敬亭山的时候，心境已经大为不同。想想当初飘荡江湖十余年的风流倜傥，又看看此时穷困潦倒、疲惫不堪的自己，再也没有了以前登楼题诗、纵酒高论的潇洒兴致了。他在敬亭山上独自一人坐了很久很久，写下了这首诗。

独坐敬亭山

[唐] 李白（701—762）

众鸟高飞尽，

孤云独去闲。

相看两不厌，

只有敬亭山。

读完这首诗，最大的感受便是"孤独"。

"**众鸟高飞尽，孤云独去闲**"：天上的鸟儿们都高高地飞到了远处、看不见了。广阔的天空下，也只剩下一片白云，还越飘越远。这两句诗看似在写景，但却无比形象地反映出了诗人内心的孤独和伤感。一切都在离自己远去，连鸟和云都不愿停留。这两句用鸟和云的动态，衬托自己的静坐；用"飞尽"和"去闲"，衬托自己的孤独。

"**相看两不厌，只有敬亭山**"：能不嫌弃对方、相互看不厌倦的，只有眼前这座敬亭山了。诗人的浪漫又体现了出来——他把山给拟人化了。当天空中空无一物、山野中空无一人时,四周安静到了极致。诗人久久地凝视着敬亭山,敬亭山也在默默地陪伴他。他与山仿佛联系在一起,彼此有了感情、有了交流、有了依托。可诗人越是写山"有情",越是让人感受到人的"无情"。曾经朋友遍天下的"驴友"李白,曾经诗名撼九州的诗仙李白,曾经潇洒恣意的酒仙李白,此时此刻,孤身一人,没有亲朋相伴,没有前途可寻。幸而他不是悲观消极之人,在如此境地之下,他也只是闲坐而已。毕竟,胸中还有沟壑万千,笔下还有壮志未酬。

【朗读秘籍】

1. 情景:年迈的诗人独自步履蹒跚地爬上敬亭山,静静地独坐了许久。他看到高远的天空下,鸟儿远去,一只不剩;白云飘散,一缕不留。只有这座山与诗人两两相对、两不相厌。

2. 感情:这不是带着闲适之心的登山游玩,也不是抒发苦闷的大声念唱。在静谧而空旷的环境中,诗人凄凉的处境和孤独的心情一览无余。但是,由于诗人本身的旷达与潇洒,他孤独而不空虚寂寞、伤感而不悲痛绝望。

3. 语气:需要用悠长的气息带出这首诗的淡然。

第一句的"众鸟"二字低起,"高飞"二字需要把声音提高,显示出天的高远和鸟的高飞。"尽"字不要结束得太快,稍稍延一点点尾音,读出诗人望着鸟儿一直飞到天空尽头的淡淡不舍之情。

第二句"孤云"二字往下落。"独去"二字放慢语速、压低声音,与前面的"高飞"形成对比。"闲"字慢慢地拉长。注意这里的拉长不是以往朗读诗歌时那种余韵袅袅的拉长,而是有一种兴味索然的孤独感。

第三句"相看"二字认真地念出,表现出诗人认真在看、在体会的意思。"两不厌"的"厌"字需要把声音提高、延长以做强调,这是诗人感情的抒发。

第四句"只有"需要重读一点,表示"就剩它了、只有它了"的重视和安慰。"敬亭山"轻读,但不是轻视它,而是通过轻读来与前

面的重读形成对比,表现出对它的珍惜之感,因此用轻柔且带着爱的语气,缓缓结束。

李白《独坐敬亭山》朗读爬山图如图4-9所示。

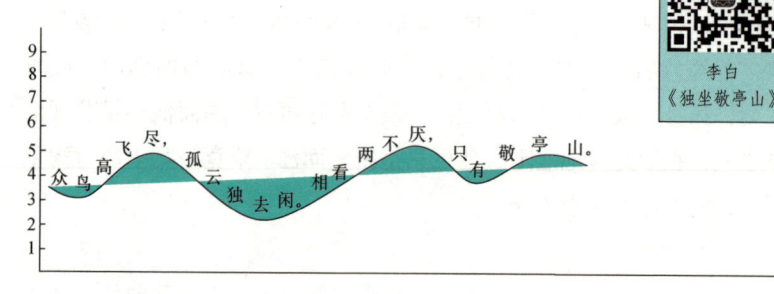

图4-9　李白《独坐敬亭山》朗读爬山图

诗仙李白的一生狂放不羁,挥笔写下无数从天而来的诗句。他的理想高远而纯洁,怀着对天下苍生深切的关怀。他渴望建立一番功业,本想在施展自己的才华抱负之后,便飘然而去,并不需要世俗的奖赏。可在现实中呢?青年时,因是胡商之子,得不到科举考试的机会,便广交诗友、投递作品、打出名气;中年时去给唐玄宗做翰林招待,却只被当成一支好看的笔养着,需要给杨贵妃写赞美诗;老年时去给永王李璘做幕僚,没想到被当成反军入狱……他一次次地失望,却又一次次地重燃希望。纵观李白的一生,都在追求为世所用、实现理想的机会。761年,已经61岁的李白,身体已经很差了,可当听说李光弼率大军去追击安史之乱的残余势力时,他还想着去尽一份力。李白为此写了一首很长的诗,自己也开始启程去追赶大军,却不幸在中途病倒,无法参军了。第二年,他便病死在族叔李冰阳的家中。

李白至死都没有放弃自己致世报国的理想,他的追求不为名利、只为出力,他的理想太过高远和纯洁,无法在当时的现实中实现。

也许,你听过一个传说,李白是由于醉酒时下水捞月亮而坠湖身亡。这大概是后世之人出于遗憾而给他安排的一个充满意外却不悲惨的结局吧!

4.2　诗圣杜甫

说完了诗仙，该到诗圣了。

杜甫（712—770），字子美，自号少陵野老，出生于河南巩县，原籍湖北襄阳。唐代伟大的现实主义诗人，与李白合称"李杜"，后世也因他的官职而称他为"杜拾遗""杜工部"。

李白、杜甫，总是被放在一起来说。他们是大唐诗歌顶峰的代表，也是一对惺惺相惜的好友。"文人相轻"这个词从来不会出现在李白和杜甫之间。他们很能看到对方的长处、发现对方的特点。才气相近的两人，能相互理解、相互欣赏。著名学者闻一多曾这样赞扬李白和杜甫的相遇："四千年的历史里，除了孔子见老子，没有比这两人的会面，更重大、更神圣、更可纪念的。"他还说，李白和杜甫的相遇是中国文学史上的一件大事，就像太阳和月亮在天空中走到了一起，我们应该敲锣打鼓来庆贺。

这件相遇的大事发生在 744 年。那一年，李白 43 岁，杜甫 32 岁。当时的李白已经是享誉诗坛的大诗人，而杜甫还是个默默无闻的新人。但这并不影响他们的交往。那一年，李白刚辞了翰林的职，带着失落从长安离开，开始了新一轮的天下游；杜甫科举未中，趁着年轻，家有余财，便"放荡齐赵间，裘马颇清狂"，也开始游历四方。那一年，两名"驴友"在洛阳相遇，彼此欣赏，相伴着度过了一段游山玩水、骑马打猎、饮酒作诗、寻仙求道的潇洒日子。顺便说一句，也是在那一年，高适与他们相伴游玩了一段时间。

略略遗憾的是，李白与杜甫从 744 年相识，到 745 年分别，此后，他们就再未相见过了。杜甫回忆李白，说他"笔落惊风雨，诗成泣鬼神""世人皆欲杀，吾意独怜才"，李白回忆杜甫是"思君若汶水，浩荡寄南征"。真是一段神仙友谊啊！

李白被称为"诗仙",因为他飘逸潇洒,因为当时的泰斗贺知章一见他就喊"谪仙人",更因为他写下的诗句像是从天上拈下来的,谁也模仿不了,是唐朝浪漫主义诗歌的巅峰代表。

而杜甫则被称为"诗圣",这又是为什么呢?

在中国古代,"圣"这个字可不是能随意使用的。能被称为"圣"的,都是才华和道德"双高"的人物。比如文圣孔夫子、武圣关羽、医圣张仲景等。杜甫被称为"诗圣",也是因为他才华与道德的"双高"。

才华方面,杜甫的诗被称为"诗史""集大成者"。

说他是"诗史",是因为如果我们从他青年时期的《望岳》一直读到老年的《江南逢李龟年》,便能从中看到一部大唐由盛转衰的历史。

《望岳》"会当凌绝顶,一览众山小",这是气魄十足的大唐江山,正是青年人积极进取、志在用世的好时候。

《饮中八仙歌》,说贺知章"骑马似乘船",说李白"一斗诗百篇",说张旭"挥毫落纸如云烟",这是大唐盛世下文人们的洒脱与豪放。

《春望》,"国破山河在,城春草木深""烽火连三月,家书抵万金",这是被叛军占领的长安城,它不再如昔日车水马龙、繁花似锦,而是一副杂草深深、破败不堪的模样。

《登高》,"艰难苦恨繁霜鬓,潦倒新停浊酒杯",虽然此时安史之乱已结束,但是国家和自己这个老者一样,已经是衰颓失意、满是遗憾了。

《江南逢李龟年》,本是"岐王宅里寻常见"的著名乐师也成为天涯沦落人。当年高朋满座的聚会难以再现,那个满是荣光的大唐盛世也已经落下帷幕……

杜甫的笔下,有写社会矛盾激烈的"朱门酒肉臭,路有冻死骨",有写战争惨烈的"四万义军同日死",更有记录战争社会真相的"三吏三别",发出了"人生无家别,何以为烝黎"的呐喊。

杜甫的诗里记录了整个安史之乱的过程以及百姓遭遇的苦难,比官方的记载更详细、更真实,因此被称为"诗史"。

说他是"集大成者",是因为他什么诗都能写。

形式方面,他各种诗歌体裁都写得很好,五言、七言的律诗和绝句、古体诗、近体诗、长篇诗都极具代表性。古今长短各种诗歌形式,他都能融会运用、无一不精。他在遵守所有对仗、音韵的要求下,还能写出仿佛是自然造就的诗句,真的是鬼斧神工啊!格律诗的发展在杜甫的手上到达了巅峰。

内容方面,他写人物、写风景、写动物、写官场腐败、写百姓遭遇。感怀、咏物、赠送、题画、赏景、登临、咏史等无所不有。诗中的人物形象也丰富多样,大官小贩、将军诗人、歌者游子、少妇老妪、农夫小童等尽入笔端。

一个集大成的诗人,生在一个集大成的时代,成就了一个集大成的传奇。

前面说了,被称为"圣"的,都是才华与道德"双高"的人物。杜甫的大半生都在贫病交加、颠沛流离中度过,身体衰老得特别快,据说 50 岁的杜甫就已经像个 70 岁的老人一样了。可他从未放下过对国家和人民的关怀。他在诗歌里自然流露出的道德感和责任感,为百姓真切的悲与喜,对国家深切的痛与爱,都让人震撼与感动。杜家世代出仕为官,绵延十几代。虽到杜甫这一代已经衰落,但是几百年来积累的家族传统和儒学致世的理想,杜甫都继承了下来。他总是"以天下为己任",把"文以载道"的观念实践了一辈子。他的许多诗作都是反映社会现实、民间疾苦的代表作,真实地记录了唐朝由盛转衰的百姓苦难。所以,杜甫是当之无愧的"诗圣",他的诗,是唐朝现实主义诗歌的巅峰代表。

不过,那些苦难深重的诗都没有收录在《小学生必背古诗词》里,中学生的课本里倒是有一些。现在我们要读的几首诗,都是杜甫晚年生活里短暂安定时期的作品。

4.2.1 《春夜喜雨》:我盼了你好久!

前面提到与李白相游时的杜甫,那时的他正值壮年,大唐也是

一片繁华。后来，遇到战乱，他活得非常艰难，但仍不改理想，坚决不投靠叛军。被叛军抓后也想尽办法逃了出去，之后他千里奔袭、流浪，只为寻找唐皇。当时刚继位的皇帝是唐肃宗李亨，当他看到这位衣衫褴褛、苦苦追寻大唐正统的诗人时，内心很感动，封他做了左拾遗。好不容易走上仕途，杜甫的日子开始好起来了吗？

这位左拾遗，一点儿也不"珍惜"这个好不容易才得到的官职，天天给皇帝上奏提意见，弄得皇帝很不开心，加上受他人案件的牵连，后来被皇帝赶走了。

晚年的杜甫更加穷困潦倒。761年，他的世交朋友严武去四川任成都尹、剑南节度使，掌管一方大权。因此杜甫也前去成都避难，在严武的帮助下盖起了一座草堂，在那里住了几年。在这短暂的被照拂的期间，他不用再像以前一样到处逃难、流浪、时时忍受饥荒了，他和家人有了一段稍稍安定的生活。杜甫也经常下田耕种，生活在农民之中。他也因此更深刻地感受到古代种地"靠天吃饭"的自然规律，对于宝贵的春雨十分喜爱。

春夜喜雨

[唐] 杜甫（712—770）

好雨知时节，当春乃发生。
随风潜入夜，润物细无声。
野径云俱黑，江船火独明。
晓看红湿处，花重锦官城。

这首诗写于761年春。因为时常参与耕种，他对土地、对大自然的感情很深，某天遇到春雨，联想到它对万物的滋润，分外喜悦，写下了这首描写春夜降雨美景诗作。

"好雨知时节，当春乃发生"：好雨仿佛是知道适应时节，正是在春天植物萌发生长的时候来了。诗的一开头就用一个"好"字来形容春雨，足以看出诗人的赞美之情。接着说雨"知时节"，这个"知"字非常传神，说雨像人一样，知道该什么时候来，诗人笔下的春雨灵气十足呀！春天正是植物生长需要水分的时候，春雨就下起来了，在天地间飘飘洒洒,给足了宝贵的养料。

"随风潜入夜,润物细无声":雨伴着风在夜间悄悄地下着,无声地滋润着春天万物。这个雨,它不光是知道什么时节来,还知道什么时候来——"夜"里,人们在休息、无须耕种,它便悄悄地来了。一个"潜"字,就点明了它来得轻微,没有惊动任何人。后面紧接着的"细无声"也是说明了春雨的无声无息,以最柔和的方式滋养着大地。

"野径云俱黑,江船火独明":田野小路上笼罩着黑云,只有江船上的灯火在独自闪烁。夜里,野外的小路和天上的乌云一样黑,江上也只能看清船上的那一点儿烛火,其他全都模糊于雨中,什么都看不到了。这两句诗除了给我们静谧的美感之外,还说明了乌云很厚,才能黑得让人看不清;雨一直在下,才能让天地模糊成一片。看着这不停歇的蒙蒙细雨,诗人感觉到它会将万物滋润个彻底,心里的喜悦更强烈了。

"晓看红湿处,花重锦官城":早晨看着那被雨水润湿的花丛,娇美红艳,整个锦官城变成了繁花似锦的世界。晓:天亮以后。红湿:带着水珠的红花。诗人选用了诗意的词来指代美感扑面而来。

他想,这雨连绵不断地下着,半夜里花草树木都得到了润养,一定会生长得很快。尤其是秋冬天不见踪影的鲜花们,这会儿应该都喝饱了水、含苞待放了吧?那天亮以后,娇艳的红花就会一片片地伸展开啦。被水珠压得沉甸甸的它们盛开在锦官城(今四川省成都市)里,那是多美的一幅景象啊!

【朗读秘籍】

1.情景:寒冬过去,春天已来。气候刚刚转暖,人们已经播下了春种的种子。这天夜里,期盼已久的春雨悄悄地到来了。它细细密密,无声地滋养着大地。放眼望去,外面一片漆黑,只看得到江面渔船里的点点烛光。看来,这蒙蒙细雨是要下一整夜了。明早天亮后,花儿一定会迎着小雨开放,带着晶莹剔透的水珠唤醒整座锦官城吧!

2. 感情：整首诗里都洋溢着诗人喜悦而美好的感情。联系到诗人的经历和国家当时的状况（安史之乱未平定），生活在战乱之下、艰难困苦的人们，是多么期盼着这一场春雨啊！这场温柔而富有生命力的雨，预示着万物的发芽，预示着农作物的生长，预示着可以填饱肚子，给人们带来无尽的希望。

3. 语气：总的语言节奏轻快、语气喜悦。

首联第一个字便是"好"，它需要强调出来。我们要把这个字发饱满、发高兴，但是声音不必太高。到"知"字的时候再把声音提高，带着肯定和赞扬的语气。"当春"一句，整体的音量和音高都弱于上一句。其中的"春"字和"生"字适当强调一下，不要让句子掉下去。

颔联的两句整体都是轻柔的，表现的是无声的细雨，所以总体的音量和音高都要减弱。但减弱不代表没有精神，更不代表缓慢沉着，而是一种轻快的柔和。其中"随风"的"风"字可平平地延长，读出雨随风飘的感觉。"潜入夜"轻轻细细地往下走。"润物"二字又饱满起来。"细无声"三字轻柔往上，可稍延长一点，好像在侧耳倾听雨声一样。

颈联看似在写黑暗的景物，但并不沉重。相反，是通过黑暗的景色来衬托云层之厚、春雨之绵长，这是诗人希望看到的景象，所以朗读的时候也是明快、美好的感觉。读"野径云俱黑"时音量可以减小，声音可以偏低，但是感情不能低沉。"江船火独明"则是用小小的、怕惊醒人的声音。

尾联是诗人的猜想，在他的想象中，这一场春雨一定可以浇开无数花朵，所以是充满希望的。情绪高了起来，我们朗读的时候音量就可以稍放大一些，读得偏热烈一点，把诗人内心的盼望和喜悦展现出来。"红湿""花重"是形容花朵娇艳欲滴的，需要带着美好的感觉强调出来哦。

杜甫《春夜喜雨》朗读爬山图如图 4-10 和图 4-11 所示。

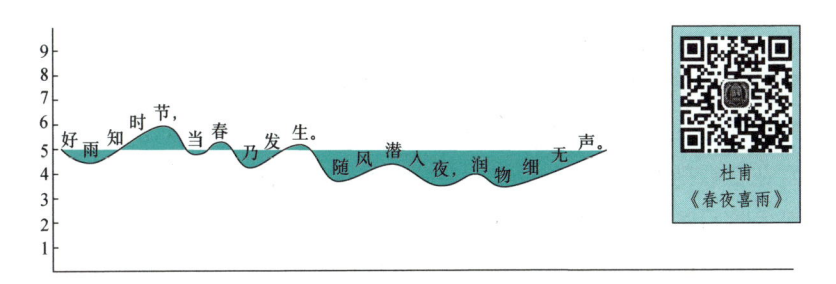

图4-10　杜甫《春夜喜雨》朗读爬山图1

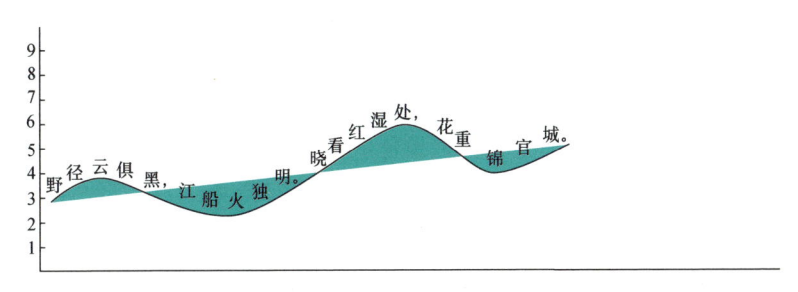

图4-11　杜甫《春夜喜雨》朗读爬山图2

4.2.2　《江畔独步寻花》：约不到朋友，就自己去吧！

春夜喜雨过后，花儿果然都开放了！诗人的心情那叫一个好哇！春雨滋养了农作物，大家这一年的收成就有了保障；春雨又浇开了花朵，让人无论身处何种境地，总能看到希望和美好。

于是，某一天，杜甫准备去赏花。他本想找人同游，可那位朋友却出远门去了。没有找到伴，便只好自己一个人去踏青。不过，诗人这一趟赏花可没白走，他一共写下了7首诗呢！

第一首写他被花烦得不行，要外出散心，但是朋友不在家。诗人真是被花烦到不行吗？你们可别信这字面意思啊，这只是一种表现手法。也许是原本就有不少愁心事，想要去看花消遣排解一下。就好像某一天，你在家待得很无聊，很想出去玩，恰好又听到楼下小朋友们的嬉闹声，就跟爸爸妈妈说，"哎呀，他们太吵啦，我没法安心学习了，我想下去走走散散心。"这种感觉是不是很类似？

第二首写江的两岸各色花枝盛开，让白头人迷醉。第三首写花的热闹，诗里说有这花色相伴，就让美酒把年华送走吧！第四首写城中之花和江边之花的相互映衬，诗人问道，可有谁来喊我一同饮酒赏花赏歌舞呢？第五首写来到黄师塔前看花，感慨无人欣赏的美景。第六首写黄四娘家的鲜花盛景，那烂漫的春光把人与自然合二为一。第七首写花的易落及对花的珍惜。整组诗都围绕着"花"展开，既有美感又有故事性。我们来看其中的第五首。

江畔独步寻花

[唐] 杜甫（712—770）

黄师塔前江水东，
春光懒困倚微风。
桃花一簇开无主，
可爱深红爱浅红。

此时的诗人已经看了前面各色的花，有了各种不同的体验。现在，他来到黄师塔前，发现了一株独自悄然绽放的桃花。

"黄师塔前江水东"：黄师塔前的江水一路向东流去。黄师塔：葬和尚的塔。此时，诗人来到江水的东岸、黄师塔的前面。通常，寺庙、佛塔所在的地方景色都不错，清幽宁静。所以诗人在这里停了下来，一边赏花，一边休息。

"春光懒困倚微风"：沐浴着和煦春风，使人困倦。春天里我们是很容易犯困的，诗人也是如此。吹拂着暖暖的春风，欣赏着眼前的景色，诗人迷醉了。此时此刻，他只想懒懒地倚着春风小憩。风怎么能倚靠呢？诗人只是借这个"倚"字，把自己享受春光的美妙心情表达出来，寓情于景。

"桃花一簇开无主"：一簇没有主人的桃花，自由盛开。不知是何人何时将这桃花栽于黄师塔前，它的主人还会来看它吗？或者说，主人已经葬于塔内了？其中也许夹杂着诗人对这美丽桃花无人欣赏的感慨，像自己的境遇一样。

"可爱深红爱浅红"：深红浅红都那么好看，我到底爱哪一种好呢？诗人的这一问，让人觉得他好可爱！他专注于眼前这花、这景，内心的欣赏与喜悦都在这两个"爱"字中体现出来了。

这情景交融的写法，既让我们看到他眼中的美景，也让我们体会到了他用赏花排解忧愁的心情。

【朗读秘籍】

1. 情景：暖意融融的春色，高耸的黄师塔，往东流去的江水，这是大景。一簇野外的桃花独自绽放着，花色深浅相映，朵朵娇美，这是小景。塔和花是静止的，水和风是流动的。诗人构建的这幅"风景图"里，景物有大有小、有静有动，且，既有过往的历史痕迹，又有新生命的欣欣向荣之感。

2. 感情：赏花自然是一件消遣乐事。但是诗篇开头第一句的"黄师塔前"又奠定了几分悲怆感慨之情。看看这古朴的黄师塔，多少过往岁月掩埋其中。诗人想想自己颠沛流离的大半生，也曾经满怀理想，可如今已经垂垂老矣。但塔前一簇无主的桃花兀自盛开，又是那样娇美可人，给人以新的希望和慰藉。

3. 语气：诗人安静赏花，整体语气较为舒适、缓和。

第一句描写古景，塔一直在这里，水一直向东流。"黄师塔前"平缓起步，语气中带着感慨，声音稍低沉，语速较慢。"江水东"是有动态的，声音像顺着流水一样稍微上扬一点点，但不必拖长。

第二句，当诗人看着向东而去的江水时，恰好有微风拂面，温柔而舒适，直接让人感受到了春日的美好。朗读这句的时候，声音低而不沉，是安静闲适下的感觉。"倚微风"带着懒懒的、享受的感觉，将声音轻轻往上扬。

第三句转为写花，"桃花"二字要突出，这是主角出现的高光时刻。"开无主"随着诗人的感慨，语速慢慢降下去，声音也慢慢往下落，带着些许思索的感觉。

第四句是对花的欣赏，两个"爱"字，第一个读得活泼些，这也是诗人难得的活泼时刻。第二个稍慢，一是为了体现诗人对花的欣赏，二是诗句的结尾需要慢处理。"深红""浅红"两个词在声音处理

上，则可一高一低，显出高低错落之美。

杜甫《江畔独步寻花》朗读爬山图如图4-12所示。

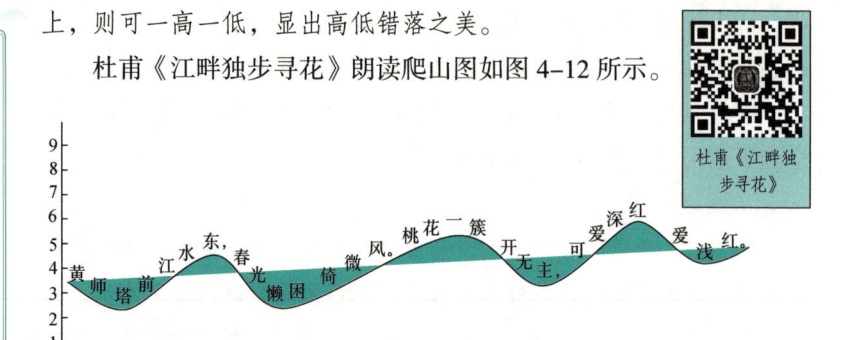

图4-12 杜甫《江畔独步寻花》朗读爬山图

4.2.3 《闻官军收河南河北》：老人也疯狂

前有春夜喜雨，后有春日赏花。到了763年年初，杜甫一直盼望的"春天"终于来了。

这时候的杜甫并没有住在成都的草堂里。因为在这前一年，镇守四川的严武被调回京，吐蕃便趁此开始进攻蜀地。又逢战乱，失去庇护的杜甫去到了梓州（今四川省三台县）漂泊着。这天，他正在伏案整理诗稿书籍，忽然有人来传消息说，大唐军队收回了河南河北的几个州，叛军最后的首领史朝义也自缢了，这意味着，安史之乱结束了！

杜甫该有多兴奋？

战乱之下，寄居蜀地的他虽有茅屋遮身，但多数时候还是生活得非常艰难的。杜甫有一首《茅屋为秋风所破歌》，说凛冽的秋风把屋顶刮翻了，晚上下雨，屋里四处漏水，本就又冷又硬的旧被子被淋湿后，更没法盖了。孩子小，妻子累，自己的身体也很差，全家都活得很艰难。可伟人之所以伟大，绝不是因为他能吃苦，或者能把自己的苦描述出来，而是他的痛苦是深深扎根进社会和历史的土壤之中的，是社会和时代的代表。在描写完自己凄凉的境况后，诗中接着说起了国家正在经历的安史之乱。

在这样的时代背景下，当杜甫自己和全家半夜淋雨、忍饥挨饿的时候，他想的不是自己如何可怜，而是国家正在遭受的灾难，是更多的无家可归的人。他在诗中写道："安得广厦千万间，大庇天下寒士俱欢颜！风雨不动安如山。呜呼！何时眼前突兀见此屋，吾庐独破受冻死亦足！"

这意思是，如何能得到千万间大房子，庇佑全天下贫寒的读书人，好让他们在风雨中也安稳如山、开颜欢笑？什么时候能见到这样的房子，即使我的茅屋被吹烂、我自己被冻死，那也心甘情愿！

这就是杜甫的家国情怀。多年来，他的内心始终牵挂着北方的家乡和整个国家的恢复，一直深感忧虑。而现在，这一切终于结束了！朝廷收复了失地，百姓可以回家了！听到这消息的杜甫是什么反应？

闻官军收河南河北

[唐] 杜甫（712—770）

剑外忽传收蓟北，初闻涕泪满衣裳。
却看妻子愁何在，漫卷诗书喜欲狂。
白日放歌须纵酒，青春作伴好还乡。
即从巴峡穿巫峡，便下襄阳向洛阳。

一个哭天、哭地、哭国家、哭百姓的老人，一个写下无数沉痛诗句的诗人，此时此刻，听到收复失地的时候不禁喜极而泣。此情此景，令人无比动容。

"剑外忽传收蓟北，初闻涕泪满衣裳"：剑门外忽然传来收复蓟北的消息，刚刚听到此事的"我"分外欢喜，泪洒衣衫。剑外：剑门关以南，这里指四川。蓟北：河北，泛指唐代的幽州、蓟州一带，是安史之乱叛军的根据地。

捷报听得突然，惊喜也来得猛烈。多年的愿望一朝实现，想到战乱即将结束，那种狂喜的激动和多年悲苦生活的感受，复杂的情感交织在一起，真的会让人泪流满面甚至号啕大哭。

"却看妻子愁何在，漫卷诗书喜欲狂"：回头看妻子和孩子哪还

有一点的忧伤,胡乱地卷起诗书欣喜若狂。却看:回头看。漫卷:胡乱地卷起。

诗人悲喜交集之际,自然想到这些年一起经受苦难的妻子、儿女,所以立即回头看向自己的家人,发现他们的脸上也已不再有愁容。此时再也无心看书了,胡乱地把书卷起来和家人一同分享喜悦。

"白日放歌须纵酒,青春作伴好还乡":白日里放声高歌痛饮美酒,趁着明媚春光与妻儿一同返回家乡。白日:也有说诗中原本是写的"白首",人到老年的意思。青春:指明媚的春天景色。

在阳光灿烂的日子里听闻喜讯,心也灿烂起来了,一定要大口喝酒、大声歌唱好好庆祝一番!趁此大好春光,赶紧返回阔别已久的家乡去!

"即从巴峡穿巫峡,便下襄阳向洛阳":心想着要快快动身启程,从巴峡穿过巫峡,再经过襄阳直奔洛阳。

这两句诗一连用了4个地名。明明还没有动身,心却已经踏上那早已规划无数遍的回家之路了。"穿""下""向"3个动词也用得非常精准,既是对不同地势、河道穿行的描述,也完美贴合了诗人的心境——那叫一个欣喜若狂、归心似箭哪!

其实我们读过历史就知道,唐朝那个时候仍是内忧外患不断,藩镇割据、奸臣当道,它再也不复从前的盛景了。但杜甫写下这首诗的时候,是惊喜异常、充满希望的。他在等待,他在期待,他的国家能修复这满目疮痍,天下的百姓能逐渐过上安稳、祥和的日子。

【朗读秘籍】

1.情景: 初听到战胜的消息,"我"愣了。有瞬间的狂喜,有如释重负的放心,还有无数记忆同时浮现在眼前的感慨。多年来见到的战争残酷、亲人离散、百姓痛苦……大悲大喜同时涌上心头,禁不住泪流满面。回过头望向妻儿,想分享这大好消息,发现他们早已笑容满面,与我一起欢喜着。罢了,罢了,我早已无心读书,随意地卷起书卷,任凭狂喜的情绪在心头奔涌。这大好的日子里,就应该放声歌唱、纵情喝酒啊!庆祝完之后,我们正好可以趁着这好天气回到家乡去！这一路从巴峡穿过到巫峡，顺流而下至襄阳，再改陆路到洛阳，这些地方的走法早已在"我"心中演练无数遍了，真想快快踏上归程啊！

2. 感情：这首诗的感情十分浓烈而狂喜。从初闻捷报时的惊喜到回忆往事的悲痛，从望向妻儿的同欢喜到漫卷诗书的肆意感，从喝酒唱歌的狂欢到归心似箭的兴奋，诗人内心情感充沛而真挚，感人至深。

3. 语气：诗中情绪转换大，语气的变化也比较复杂。

首联的起势就很猛。一条忽然到来的捷报，仿佛闪电一般划破沉重的战争阴霾，直达诗人心底的期盼。朗读时节奏紧张，突出意外和惊喜感，"剑外忽传收蓟北"呈上山趋势，注意每个字都不要拖音和延长，"忽"字作强调处理。接下来是诗人的反应，他悲喜交加、哭湿了衣裳。这句朗读时节奏放慢、声音放低，带着回忆往事的痛心与感动，气息往里收，轻轻地念完。

颔联有一个转折的动作和意思。自己哭得泪流满面，自然会想起这些年一同受苦的妻儿，便回过头去。当诗人看到妻儿已愁云不再，有和自己一样的欢欣，这时的情感和语气又由悲转喜，朗读节奏明快。到了后一句"漫卷诗书喜欲狂"时情感释放得更强烈，此时语速放慢、音量逐步加大、往上走。

颈联延续着巨大的欢喜，这是杜甫笔下难得的狂欢释放。"白日放歌须纵酒"，我们在朗读的时候也要把自己的情感释放开来，把这种想要欢唱庆祝的狂喜心情表现出来。朗读的节奏是偏快的，但注意，不要过度嘶喊哦！"青春作伴好还乡"这一句可以略低一点，不必句句都那么高。"好还乡"3个字的处理可以根据自己对诗句的感受来表达，你可以是一气呵成的豪迈喜气，也可以是想起家乡的深情思念之感。朗读是对文字的二次创作，可以在不偏离意思的情况下，有自己的不同感受。

尾联是诗人的畅想，他仿佛瞬间就已出发在归家途中，连用4个地名，工整对仗。作者想，这是他在脑中已经构思过无数回的情形了吧。朗读时，"即从巴峡穿巫峡"，带着急切的归家之情，声音往上

走,"便下襄阳向洛阳",我们的声音也顺水而下,沿着归家的路往前送,此时,语气和眼神都送往远处的家乡,这是诗人的夙愿啊!

杜甫《闻官军收河南河北》朗读爬山图如图4-13和图4-14所示。

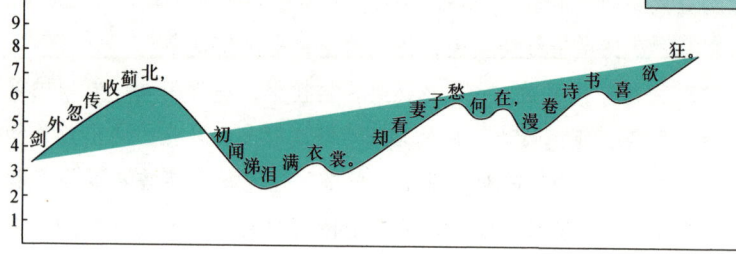

图4-13　杜甫《闻官军收河南河北》朗读爬山图1

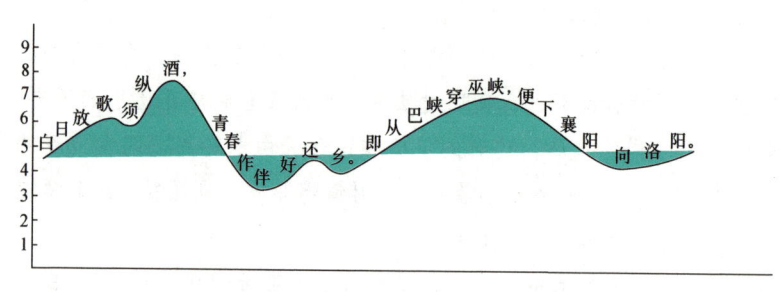

图4-14　杜甫《闻官军收河南河北》朗读爬山图2

4.2.4　《绝句》:不想起名字,你们看内容吧!

最近杜甫心情不错。安史之乱被平定,他"漫卷诗书喜欲狂"。次年,好友严武再度回蜀镇守,打退了吐蕃的进攻。杜甫一家也得以从避难处回到成都的草堂里。

此时虽然历经动乱,但是一切都似乎在朝着好的方向发展,春日里更是显出一派欣欣向荣的景象,杜甫不由得心情大好,挥笔写下《绝句》。当然,历经无数磨难,即使在境况好转之时,诗人也没有完全放下自己的担心。他仍忧心着天下的局势,牵挂的是老百姓有没有一安身立命之所。在这组诗里，杜甫先是写了草堂的景色以及自己对生活的简朴需求。接着在第二首写了居住环境的水势之大，暗暗担心成都局势和生活不稳，毕竟当时吐蕃还没有完全被打退。第三首写早春的景象以及战后逐渐恢复正常的生活。第四首写药圃的景色和种药事宜，应和了第一首里的淡泊，但又担心土隙太大、药草生长不好，这也暗含了对战争损耗太大、百姓生活不稳的忧心。

我们来看组诗中的第三首。

绝句

[唐] 杜甫（712—770）

两个黄鹂鸣翠柳，

一行白鹭上青天。

窗含西岭千秋雪，

门泊东吴万里船。

这是四首组诗中最轻松的一首了。它像是一幅早春美景图，可以说是一句一景、一句一画。

"两个黄鹂鸣翠柳"：长出新绿的柳枝上有一对黄鹂在歌唱。两个黄鹂便是一对，成双成对，有吉祥美好的寓意。当生活安定下来，连鸟儿都不孤单了。青青的柳条绿，悦耳的黄鹂啼，这有声有色的画面令人心情愉悦，也很容易让人联想到未来有声有色的生活，真是充满希望啊！

"一行白鹭上青天"：湛蓝的晴空下，一行白色的鹭鸟正在天空飞翔。通过诗人的描述，我们能感受到这一天的天气很好，碧空如洗、万里无云。蓝蓝的天和白白的鸟，这一组色彩非常清新淡雅，让人一看就心情愉悦。一个"上"字更是包含了振翅向上的积极意义。

"窗含西岭千秋雪"：从窗内往外看，远处西山雪岭的景色像是嵌了在窗户里。一个"含"字，就像是窗户把远处的雪山包含在了窗框内，从而形成一幅挂在墙上的雪景图。诗人真是善于发现生活中的各种美感呀！由于四川西部的雪山海拔非常高，山上气温很低，冰雪可以经久不化，像是沉积了上千年一样，所以说是"千秋雪"。"一秋"就是代表"一年"。

不知诗人是不是也觉得远处那厚厚的千秋雪，就像是久经战乱的国家一样，有许多积弊需要清除、有许多寒意亟（亟，读jí，急迫的意思）待驱散呢？

"门泊东吴万里船"：门外停泊的船只来往于万里之遥的东吴和成都之间。万里之外的船，不仅仅是说它走得远，更是说水路的畅通。战乱时期，交通受阻，想要去到远方会遇到各种艰难险阻。现在，战事已了，水路陆路交通都恢复了，不知道自己的报国之志能不能也一路畅通呢？

诗人用了"东吴"这个词，倒不一定真的代表那些船只是来自东吴的。这个词，一是指代远方，二是三国时期的东吴孙权是一个非常惜才的君主，这也寄托了诗人对朝廷的希望。

【朗读秘籍】

1. 情景：早春时节，杨柳刚刚抽出新枝，就有鸟儿停留在上面歌唱了。蓝天上，一行白鹭鸟正奋力向上，展翅高飞。早春的湿气映衬着窗外的白雪，好一幅雪山美景图啊！只是不知那厚厚的冰雪要何时才能融化？门外停泊着的船要走万里路到达东吴，不知能否带我去到能实现理想之地？

2. 感情：虽然有一些忧虑和致仕又落空的担心，但这首诗总体的感情还是喜悦、畅快的。

3. 语气：总体以"喜"的感情为主，充满希望。

第一句描写的是近景图，声音无须送远，是看着眼前之景来说的。"两个黄鹂"语速较快，声音明亮，可以表现得活泼些。"鸣翠柳"三字不必接太紧，有节奏地逐个念出。"柳"字虽然需要往下落一点，但是发音要饱满、完整。

第二句是远景，我们要用声音把天空的高远感表现出来。句子开头的"一行白鹭"不要起得太高，否则后面没有上去的余地了，只需放慢语速，字与字之间稍微拉开一点，与前一句的"两个黄鹂"形成快慢、高低的对比即可。"上青天"这三字需要往上扬起，我们要用感情和气息带动着声音往上走，表现出白鹭展翅高飞的气势。

第三句从窗内远望，用上山语势。"窗含西岭"是在近处，语速和音调适中，但有一个小幅度往上爬的趋势。到了"千秋雪"再把目光和感情送往远处的雪山，声音继续往上走，"雪"字略延长。

第四句我们用下山的语势，"门泊东吴"也是语速适中，音调稍低，有一个逐渐向下的下山趋势。"万里船"3个字需要拉开，尤其是"万"字需要拉长，以体现路途之远。强调"万"字的时候可以用虚声来处理，当其他的字都是实声，那么用了虚声的这个字便是突出的了。

杜甫《绝句》朗读爬山图如图4-15所示。

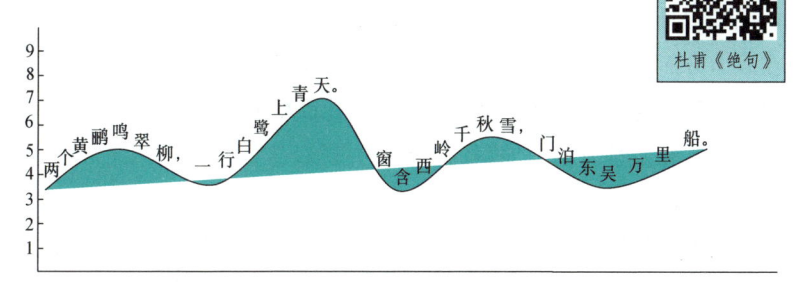

图4-15 杜甫《绝句》朗读爬山图

4.2.5 《绝句》：还是不想起名字，反正我有家族传承

这一年的早春，杜甫看到冰雪初融的天地、看到已经恢复的交通、看到飞上青天的白鹭，心情大好，挥笔写下了前面所说的《绝句四首》。到了暮春时节，杜甫又因这灿烂春光写下了《绝句二首》。不过，前面的是七言绝句，现在我们将要看到的是五言绝句。

"绝句"不是诗歌内容，而是一种诗歌体裁的名称。我们在前面介绍过的王昌龄就是一位写七言绝句的高手。而杜甫，我们也知道他是一位"全才"，古体、近体、七绝七律、五绝五律都很厉害。而且他还说过"诗是吾家事"，说写诗本来就是他们家自己的事情。哇，这口气听起来是不是很大？跟我们印象当中那个常年辛苦、悲伤的老人形象很不符？而且，杜甫的性格也不是"狂人"型的呀，那他为什么会说这样的话呢?

我们曾介绍过,杜家世代出仕为官,积累了十几代的家学传统。杜甫是晋朝名将杜预的第十三代孙。当然,杜家继续往上追溯,能查到汉朝去(就是汉乐府采诗官的那个时候,是不是有一种很久远的感觉?),我们就不追那么久了。

从杜预说起,一是因为,他是有记载的杜甫的直系祖先;二是因为,在中国历史上,只有两位同时进入文庙和武庙的人被后人供奉,一位是诸葛亮,另一位便是杜预。而且诸葛亮是明朝后才被列进去的(也许是受了诞生于明朝的著作《三国演义》的影响),杜预,则是明朝以前,唯一一位同享文庙和武庙的人!他到底有多厉害呢?在武力方面,杜预是晋朝灭吴的主力统帅。记得前面讲的三国吧?那段三足鼎立的历史从某种程度而言就是杜预结束的——谁让人家打仗厉害呢?在文学方面,他写的《春秋左氏经传集解》,至今都有重要的学术价值。

杜家世代读书致世,这一路传承下来,各种各样的刺史、太守、县令当了不少。传到第十一代的时候,杜家有一个人做官做到了武则天身边。不过,官位有多高不重要,重要的是他的诗歌成就——他是中国五言律诗的奠基人!而这位正是杜甫的爷爷,杜审言。因此杜甫不仅说过"诗是吾家事",还说过"吾祖诗冠古",这可一点也不吹牛啊!

虽然杜甫并没有见过自己的爷爷,但这并不妨碍他把爷爷的文学"基因"给继承了下来。

绝句

[唐] 杜甫(712—770)

迟日江山丽,

春风花草香。

泥融飞燕子,

沙暖睡鸳鸯。

这首五言绝句光是读一读,就能让人感受到清新明快的心情。它就像是一幅春日美景图，诗人用文字带给我们身临其境的享受。

"迟日江山丽"：在春天和煦阳光的照射下，江山是如此美丽。诗经《七月》里有一句"春日迟迟"，春天的白昼比冬天要长很多，日落也更晚。后人便经常用"迟日"来代表春天。

这一句从大处着墨，描述了春光下的灿烂景色，让人倍感温暖舒适。

"春风花草香"：春风送来了花草的香气。这也是一处大景，写的是春天里空气和嗅觉的感受。诗人通过"风"这一流动的事物，把绽放的鲜花、新绿的小草的味道都带给了我们。读这句诗，我们仿佛都能闻到那混着泥土清香的花草气味，沁人心脾。

"泥融飞燕子"：燕子们衔着春泥飞来飞去。泥融：松软湿润的泥土。冬天的时候，许多地方都结冰了，早春时节开始化冰，到了暮春时节，雪水早已融进泥土中，它松松软软、湿湿润润，无论是耕种还是筑巢都非常合适。

这一句诗人从具体的场景入手，用燕子筑巢这一春天最具代表性的行为来勾画出春天的美好。因为燕子是秋去春归的，只有春回大地了，它们才会从南方飞回来筑巢。燕子的忙碌使这幅春景图更加生机勃勃。

"沙暖睡鸳鸯"：被太阳照射得暖洋洋的沙洲上，成双成对的鸳鸯静静地在那里睡着。这静止的画面让人感觉多么惬意呀！春日暖阳，躺卧休憩，是再舒服不过的事了。看到这儿，你是不是也想去沐浴春天和煦的阳光、睡个懒洋洋的午觉？

【朗读秘籍】

1. **情景**：和煦的春光之下，微风拂过，带来一阵阵新生花草的香气。燕子来来回回忙着衔泥筑窝，一对对鸳鸯安静地窝在温暖的沙洲上休息。

2. **感情**：这是杜甫难得的惬意而闲适的诗歌。

3. **语气**：整首诗语气轻松，充满赞美与享受之情。

第一句"迟日"带着闲适的语气缓缓开头，引领大家慢慢进入一

幅美妙的春光图画。"江山丽"三字也不用太重,用适中的音量、较慢的语速来表现灿烂的春日景色,是上山的语势。

第二句"春风"一词带着被温柔春风拂面的清爽感来读。"香"字可用虚声,这个尾字可以稍稍延长,就仿佛我们在轻闻着香气似的。

第三句"泥融"两字既有松软的舒适感,又带着雪消冰化的畅快感。语气是很放松的。"飞"字稍稍突出强调,看到燕子飞来,可以带一点欣喜感。

第四句"沙暖"稍沉一点,像是被太阳晒得懒洋洋的,不想多说话一样,最后带着甜甜的美梦睡去。

杜甫《绝句》朗读爬山图如图4-16所示。

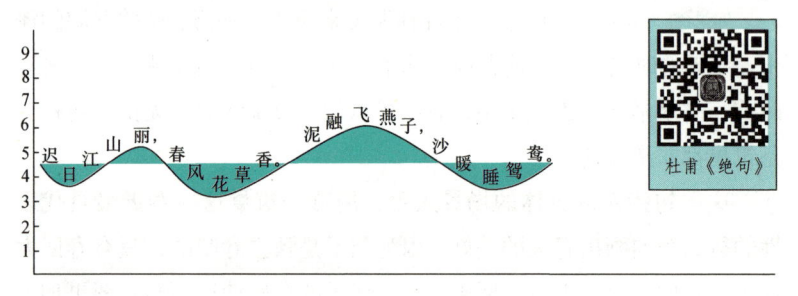

图4-16 杜甫《绝句》朗读爬山图

到目前为止,我们一共读到了诗圣杜甫的5首诗,其中4首都是他客居成都的草堂里写的。这段时间他的生活虽然清苦,但相对稳定,因此还有些闲情逸致去观雨、赏花。当战乱基本平息后,他带着家人离开四川,一路辗转流离想要回到家乡,却在途中逝世于客船之上,令人十分心酸及心痛。杜甫一生创作了3000多首诗,由于战乱遗散,只留下1400余首,他前期创作的大部分诗稿都没有了。在我们所能看到的一首首诗中,他记录下了唐朝由盛转衰的重大历史节点,反映了当时动荡的社会现实、艰苦的百姓生活及黑暗的官场政治。可以说,杜甫的去世,标志着盛唐诗歌的结束。接下来,我们要进入中晚唐时期的唐诗故事了。

第 5 章 来围观中唐诗人的朋友圈

5.1　原来世界那么小

看完了诗仙李白、诗圣杜甫的故事，我们也要跟繁华的大唐盛世说再见啦。接下来我们将看到的，是国力一落千丈的中晚唐时期。

在讲中晚唐之前，我们把时间线往回拉一点点，来到李白的晚年。757年，永王李璘兵败。本在隐居的李白当时被李璘请去当幕僚，虽然那些军政大事李白并没有沾边，只是写了几首诗而已，但还是受到牵连入狱，且"世人皆欲杀"。《新唐书》记载说"子仪请解官以赎"，说大将郭子仪愿用官职换李白性命。李白的诗中也提到，当时宋若思、崔涣及妻子宗夫人都在极力营救自己。这些努力使得李白免于一死，被判流放夜郎。后来又遇天下大赦，李白不用流放了，写下了"轻舟已过万重山"的诗句后，被朋友送去了武昌郡。

一路上，李白看到昔日的壮丽山河变得满目疮痍，内心沉闷不已。可到了武昌郡，竟意外地发现这里很不错，看起来并没有战后的骚乱和破败，内心感到惊奇。正好武昌的百姓听说李白来了，便纷纷去找他，请求这位大诗人给当地的县令韩仲卿撰写"去思诵碑"。这是唐代褒奖官员的一种方式，由百姓发起、文人代笔，对即将任满的官员表达赞美和不舍之情。

俗话说，吃一堑长一智，这回，李白慎重起来了。他走访了当地的许多百姓，确切地了解到，韩仲卿确实是一位很有作为又清廉正直的父母官，便提笔写下了一篇《武昌宰韩君去思诵碑》。李白在文章里不仅称赞了韩仲卿的才干与贡献，还赞扬了韩氏一家的门风。

为什么要提起这一段往事呢？因为在这十年之后，碑文主角韩仲卿生下了他的第四个孩子，起名韩愈。这可是一位能雄霸唐朝中期文人朋友圈的中心人物!

看到这里,不得不让人感叹:原来世界这么小啊!李白居然给韩愈的父亲写过文章呢!

所以,我们顺着历史的脉络、循着时代的进程、根据大事件的发展来学古诗,看诗人们的生平,会让我们对诗人、对诗作本身有更全面的了解,同时这些真实的故事也会帮助我们理解历史、明白许多做人做事的道理。

好,接下来,让我们顺着韩愈这个大 IP,走入中唐诗人的朋友圈吧!

当然,提前说一句,这个"朋友圈"并不代表里面全是好朋友,有的可能仅仅只是"认识"而已。就好像我们现在使用的微信朋友圈功能,在那里面给你点赞的,也许你也不一定很熟悉呢!

5.1.1 《早春呈水部张十八员外》:出来看看吧,不骗你!

韩愈(768—824),字退之,河南河阳(今河南省孟州市)人,唐朝中期官员、文学家、思想家、哲学家、政治家、教育家,世称"韩昌黎""昌黎先生"。

前面提到,韩愈的父亲韩仲卿在做官时很受百姓爱戴。可惜的是,韩愈才3岁的时候,他的父亲和母亲便相继过世了,年幼的韩愈由哥嫂抚养长大。10岁时,哥哥也去世了,只剩寡嫂一人辛苦维持着家庭生计。因此韩愈自小就非常懂事、勤奋好学,从不需督促。虽然韩愈只有一首诗入选了我们的《小学生必背古诗词》,但这位大文豪是我们理解古代诗歌和文学绝对不能少的重量级人物。原因有很多,作者总结为"三高"。

一是文学成就高。韩愈为"唐宋八大家"[①]之首,提倡"古文运动"。他最擅长的不是写诗,而是写散文。韩愈的散文气势雄浑、说理透彻、逻辑性强。咱们来欣赏一下他在文章里留下的千古名句:

---

① 唐宋八大家,又称"唐宋散文八大家",是唐代和宋代八位散文家的合称,分别为唐代韩愈、柳宗元和宋代欧阳修、苏洵、苏轼、苏辙、王安石、曾巩八位。

"世有伯乐，然后有千里马。千里马常有，而伯乐不常有。"
"书山有路勤为径，学海无涯苦作舟。"
"师者，所以传道受业解惑也。"
"闻道有先后，术业有专攻。"
"业精于勤，荒于嬉。"
"耳濡目染，不学以能。"
……

怎么样？是不是很眼熟？读起来也很顺口吧？这些可都是出自韩愈的散文当中呢！

二是帮助他人的热情高。 孟郊、李贺、贾岛、张籍等文人都得到过韩愈的不少帮助和鼓励。要知道，文人们大多清高，一些直言敢谏的文人又往往时运不济、命途多舛。所以，朋友的一封安慰的书信、几句推荐的话语或者物质上的一点点资助都非常难能可贵。而这些，韩愈都做到了。

三是敢直怼皇帝，勇气高。 韩愈考了三次科举，都没中，第四次才终于榜上有名。后来去参加吏部的考试，又是三次不中！直到他换了条路，去藩镇做节度使的幕僚，这才勉强慢慢打开了仕途之路。后来他得到机会回到长安当了"四门博士"，相当于是在全国最厉害的学校里当老师。再后来，他又去做了监察御史，负责上书谏言。仕途之路这么坎坷，他却依然该怼就怼，当看到旱灾严重，韩愈立马上书，把瞒报灾情的人批了个遍，因此得罪了一大帮人。最后被人陷害、遭贬去了当时很偏僻的连州阳山（今广东省清远市阳山县）。没想到他去了后把阳山建设得有声有色，以至于当地许多老百姓都给自己孩子起名叫"韩"，表示对他的尊重和感激。从这一点上来看，韩愈果然很有他爹韩仲卿的样子啊！

被贬的韩愈一直等到新皇唐宪宗即位，才被调回到京城，做起了皇帝的秘书。这时候，文人韩愈竟然帮助朝廷成功镇压了一次藩镇造反，让人看到了他文武双全的实力！于是韩愈被升为刑部侍郎。可是已经不当监察御史的他却依然改不了自己的直谏本色，差点因此被杀头！

事件起因是唐宪宗要举全国之力迎佛骨。这是个非常盛大的活动,需要许多人力、物力的支持。可那个时候的唐朝,前有安史之乱,后有藩镇割据,国家穷啊!韩愈看此状况便去劝谏皇帝不要搞这个活动,他说"汉前无佛国运久,汉后信佛命不长",说汉代以前没有佛教,国运很长;自从佛教传入中国后,信它的朝代都不久远。这可把皇帝气坏了,喊着要把韩愈处以极刑!幸好有很多人为韩愈求情,好歹替他保住了性命,却难逃被贬的命运——这回被贬去了更偏僻的潮州。由此也写出了著名的诗句"一封朝奏九重天,夕贬潮州路八千",他还在诗里嘱咐侄儿为自己准备后事。直到唐宪宗去世,他的儿子唐穆宗上位,才重新把韩愈召了回来。由于再次参与平叛有功,韩愈又被升为吏部侍郎。在这期间,他写下了两首可爱的小诗,我们来看其中一首。

早春呈水部张十八员外

[唐] 韩愈(768—824)

天街小雨润如酥,

草色遥看近却无。

最是一年春好处,

绝胜烟柳满皇都。

这时候的韩愈已经 56 岁了。早春时分,他想要喊好朋友张籍一块儿出门踏青,写下了这首清丽的小诗。经历了那么多的起起伏伏,韩愈还能在接近花甲之年颇有兴味地观察一场春雨、赏味一抹春色,这心态,不愧是有着"三高"特点的高人啊!

"天街小雨润如酥":看一看京城的街上,那小雨正淅淅沥沥地下着,滋养着大地,润得像酥油一样。由此让人感受到春天的雨是十分温柔的,它不像夏天的雨那样狂暴,也不像秋冬的雨么寒冷萧瑟,它是带来希望的、温润的雨。

"草色遥看近却无":远远看过去似乎有一些新草长出来了,可是走近一瞧,却非常稀疏,好像没有什么绿色一样。诗人写的这感觉像是一幅水墨画,远远看着有朦朦胧胧的意向,仔细一看,却又分辨不清了。通过这想象,有没有觉得这诗的美感更加迷人了?

"最是一年春好处":这是一年中最好、最美的季节。诗人对早春

的喜爱在这一句里表露无遗。有多喜欢呢？他说：

"**绝胜烟柳满皇都**"：比起暮春时节满城飞舞的柳条和柳絮，我更喜欢这早春的景色。"绝胜"二字那是相当肯定啊！

这其实也很可能是诗人的一种心理状态。因为严寒刚去，春寒还在，大家都急切地盼望温暖的春天快点到来。而一场春雨带来了发芽的信号，蓦然望去，那隐隐约约的绿色让人欣喜不已。而到了晚春时节，满城都是绿色，也就不足为奇了。

这就好像生活在南方如广东、海南的同学，一年四季都能见到绿树成荫、鲜花盛开，大家并不觉得这是件稀罕事儿。而北方的孩子在冬天已经看了几个月枯萎的树枝和灰黄的景色，忽然看到它们抽出新芽，那是多么惊喜呀！

【朗读秘籍】

1. **情景**：春天的小雨柔柔地下着，抬眼一望，远处仿佛有一片绿色，可走近一看，原来只是新抽出了一点点绿芽，离成片的绿色还远着呢！不过，现在才是一年当中最好的时候啊！因为这一点点绿，稀罕！

2. **感情**：诗人面对春雨和新芽，心中带着欣赏之情，有着喜悦之感。

3. **语气**：总体是轻松愉悦、赞美的语气。

第一句中的"小雨"一词，气息细一些，声音也往里收一点，读出小雨的可爱来。"润如酥"则是春雨温润的体现，我们用温柔和喜爱的语气来读，节奏放慢。

第二句"遥看"一词声音和气息往远处送，拉远、拉长一点，读出"遥看"的感觉。"近却无"则是走近了看，我们的声音也要落在近处，并且，最后的"无"字要弯曲往上带一下，有一种"咦，走近看怎么没有了呢？"的感觉。

第三句"最是一年"这4个字，气息饱满而外放、面部放松、音调提高、音量加大、节奏加快，带着赞美的语气念出来。"春好处"这3个字，声音的感觉稍往里收一点，音量小一点，节奏慢一点。

第四句"绝胜"是肯定的、自信的语气，出字干脆利落，在这里稍停顿一下，再接着念"烟柳满皇都"，这5个字要控制着气息，带点不太重视的、淡淡的语气。

韩愈《早春呈水部张十八员外》朗读爬山图如图5-1所示。

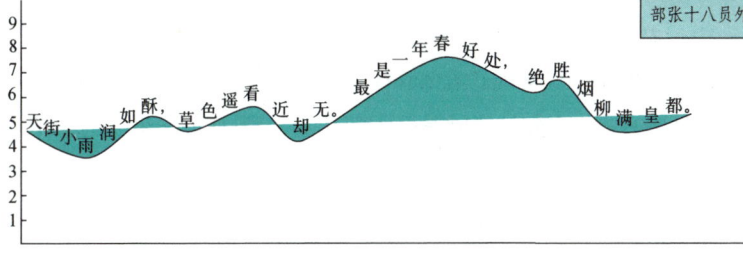

图5-1 韩愈《早春呈水部张十八员外》朗读爬山图

5.1.2 《游子吟》：母爱排行榜第一诗

"慈母手中线，游子身上衣"，这是我们耳熟能详的歌颂母爱的诗句。它的作者孟郊就是一位与母亲感情非常深厚的诗人。

孟郊（751—814），字东野，浙江湖州武康人（一说是河南洛阳人，孟郊的先祖世居洛阳，少年时也曾隐居于河南嵩山），唐代诗人。

孟郊与我们前文介绍的韩愈是忘年交，甚至可以说他是韩愈朋友圈里最知心的一位。孟郊比韩愈大17岁，可常常被安慰、被鼓励、被帮助的那个人，是孟郊。作者想，这与两人的性格以及孟郊坎坷的经历都是分不开的吧！

孟郊10岁丧父，这让原本就不富裕的家庭生活更加艰难。遭此打击，孟郊的性格逐渐变得内向和孤僻。他的母亲不仅独自操持家里的大小事情，还一直都鼓励着孟郊认真读书、求取功名。

792年，41岁的孟郊进京参加进士考试，遇到了24岁的韩愈。第二年放榜，韩愈考中，孟郊落榜。但韩愈非常欣赏甚至是崇拜孟郊的才华，不但写信安慰他，还对他的诗大加赞赏，使得孟郊诗名大振。第二年孟郊又去应试，还是没有成功。他来到韩愈家中讲自己的理想，韩愈便默默听着他的"苦吟"。这个"苦"不完全是指心里的苦，

也指孟郊作诗时为求一字一音而细细斟酌、苦苦思索的状态。

连续两次参加科举考试,都名落孙山。回到家乡的孟郊灰心丧气,但母亲对他一直都是殷殷期盼、默默等待。她一次次为儿子打点行装、鼓励他不要放弃。在母亲、朋友的支持和鼓励下,终于在46岁这一年,孟郊考中了进士。

多年的期盼得以实现,孟郊心怀巨大的喜悦,写下了《登科后》这首诗,其中有一组名句"春风得意马蹄疾,一日看尽长安花",形容人逢喜事精神爽的状态,传播度很广。还由此诞生了"春风得意"和"走马观花"这两个成语。当然,流传至今,它们的意思已经发生了变化。现在,"春风得意"带上了一些贬义和讽刺,形容人太过扬扬自得;而"走马观花"也是用来形容学习和观察时不够细致,只是粗略地走个过场而已。

话说回来。虽然孟郊考中了进士,可他却足足等了5年才被授予官职,而且是一个微不足道的县尉。韩愈只能在信中鼓励他先安守住工作,多创作诗歌以排忧解闷。

孟郊去赴任了。辛勤奔波这么多年,他终于可以把母亲接来身边照顾了。归乡的路上,他想起这些年每每出门时,母亲都会为自己赶制衣裳的情景,写下了这首《游子吟》。

游子吟

[唐]孟郊(751—814)

慈母手中线,游子身上衣。
临行密密缝,意恐迟迟归。
谁言寸草心,报得三春晖。

这首诗用非常朴素的语言让我们感受到了诗人对母亲的感情。孩子要出远门了,母亲为他缝制衣服。衣服上那密密麻麻的针脚里,灌注的都是母亲的爱。望着母亲飞针走线的动作,孩子的眼里、心里,都是对母亲的尊敬与感激。

"慈母手中线,游子身上衣":母亲用手中的针线,为即将远行的孩子缝制衣服。诗人先由人到物(从母亲到孩子的衣服),又由物到人(从手中的线到孩子的身上),通过"线"和"衣"这两样极其常见的物品，把母子俩紧紧联系在一起。

"临行密密缝，意恐迟迟归"：出发前，看着那衣服上细细密密的针脚，知道那都是母亲的担心。怕孩子归家得晚，日子久了衣服会被穿破，母亲便仔仔细细地缝得非常紧实。没有一句嘱托的话语，仅仅通过母亲的动作和心理活动描写，就把她对孩子的深情展现了出来。诗人用文字描绘出一幅"慈母缝衣图"，平实自然的画面，看起来亲切又感人。这不仅向我们展现了母亲对孩子的爱，也让我们感觉到了诗人对母亲的爱与心疼。

"谁言寸草心，报得三春晖"：谁敢说子女像小草一样的孝心，能报答得了像春日阳光那样浩大的恩情呢？三春：以前的农历里称正月为孟春、二月为季春、三月为仲春，合在一起便称三春。晖：春日的阳光。我们曾在汉乐府的《长歌行》里也讲过春日的光辉"阳春布德泽"。春天的阳光非常和煦，仿佛散发着幸福、温暖的爱。孟郊在这里用春光来形容母爱，足见他对母亲的深情。

千百年来，我们常用这首诗来表达对母亲的爱。这些朴素平实的诗句总是能牵动无数母亲和孩子的心。如果有个"母爱诗歌排行榜"，它一定能拿到榜首！

这首诗写于孟郊接母亲去赴任的途中。那他们一家从此过上幸福快乐的生活了吗？并没有。上任后的孟郊工作很不顺利。他是县尉，日常负责的是征兵和收税。这个时候的唐朝已经不再强盛。经过多年的战乱，百姓生活十分困苦，许多家庭妻离子散、家破人亡，哪里有多少青壮年男子可入伍？加之天灾人祸，百姓也经常无力承担税赋。而孟郊在征兵和收税时，常常会遇到穷苦百姓的反抗，他根本不忍驱使衙役去抓捕苦难的百姓。这项工作对"以天下苍生为己任"的文人们来说，痛苦异常。前有杜甫宁愿饿肚子，也坚决不去做县尉；后有高适勉强应对的同时又随时准备辞官而去。孟郊呢？他的应对方法是消极怠工，以至于后来连这个小官职也丢了。

【朗读秘籍】

1.情景：临别前的晚上，母亲还在烛火前赶制"我"的衣服。她

怕我出门时间太长，衣服得不到及时的缝补，便把手中的这件缝得十分结实。看着母亲专注的神情、那一针一线的动作，还有衣服上细细密密的针脚，我的内心充满了心疼和感动。

2. **感情**：诗人在这首诗里表达了对母亲的深厚感情，充满了尊重和感恩。

3. **语气**：整首诗都是充满爱的语气。

开头两句，"慈母"二字徐徐送出，声音和气息都是放松而深长的，这是爱意的表达方式，我们可以用低沉而柔的感觉来读。"游子"是相对于"慈母"的，声音更低一些，"线"和"衣"是两个紧密相连的事物，这两个字需要突出表达。

中间两句的"密密缝"和"迟迟归"，表达了母亲对孩子的担忧和不舍，所以我们在朗读的时候要把"密密"和"迟迟"深情地表达出来，气息延长、声音稍作强调，中间不要断开。

后两句，当孩子想到母亲付出的一切，他感到自己难以报答。因此这是感情的抒发与释放，我们的语气要强烈一些。"谁言寸草心"这句声音外放，"谁言"二字节奏加快、语气加强。"报得三春晖"感情悠远，仿佛是在思念远方的母亲，声音稍往内收，但是语势是呈上山状的。

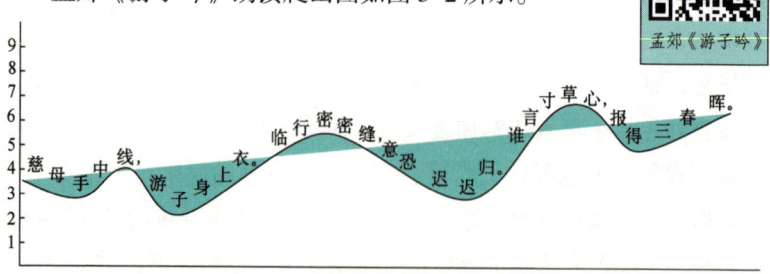

孟郊《游子吟》朗读爬山图如图5-2所示。

图5-2 孟郊《游子吟》朗读爬山图

5.1.3 《滁州西涧》：浪子回头金不换

孟郊一生悲苦，好在他结识了不少朋友。比如一直鼓励他、支持他的韩愈。孟郊死后,韩愈大哭,并且立马送钱去他家里安排后事。同时,韩愈还在自己的家里为孟郊设了灵堂,接受朋友们的吊唁,并为孟郊写下墓志铭。这深厚的情谊让人感动。

除了韩愈,孟郊还有个朋友叫韦应物,他们相识的时间要更早一些。788年,韦应物出任苏州刺史。在苏州的时候,为了送别诗人顾况,韦应物举办了一场"郡斋宴文人"的活动,轰动一时。孟郊也参与了这场文人集会,他们还在一起谈论诗歌、相互唱和。

顺带提一句,当时还有一位诗坛后生去了现场,可他并不敢进去,只是远远地观望,默默地在心底崇拜着前辈韦应物。这位后生便是后来中唐诗坛的领袖人物——白居易。

好了,说回韦应物。

韦应物(约737—792),字义博,京兆杜陵(今陕西省西安市)人,唐朝官员、诗人。

韦应物的前半生可以说是一个标准的纨绔子弟。他出生于显赫一时的大家族,从小不爱读书,就喜欢舞刀弄枪。十几岁的时候就由家族推举去给皇帝唐玄宗做侍卫。那可是御前带刀侍卫啊!天天跟在皇帝身边,风光得不得了!所以年少轻狂的韦应物十分嚣张。多年以后,他在回忆的诗中说,自己当年做了许多荒唐事情,酒肆闹事、窝藏罪犯、欺负他人等,为此后悔不已。可年轻时的他却并不觉得这些行为很丢脸。

直到那件影响整个大唐天下的"安史之乱"发生。我们都知道,那时候,连皇帝都从长安城里逃走了,他们这些侍卫自然也就失去了依靠。而且韦家还被叛军洗劫一空,什么都没有了。一下子,韦应物便从金灿灿的皇宫里跌落到街头避难,这个打击和落差十分之大了。

也正是由于这惨痛的跌落,韦应物变了。他不再是昔日那副乖张的少年武士模样,而是变成一位开始懂得百姓生活、体会他人艰难、一心向学的有志青年了。

后来,大乱被平定,韦应物的家族虽然已经衰落,但他还是有

第5章 来围观中唐诗人的朋友圈

资格进入太学读书的。他便牢牢地抓住了这次机会,潜心向学,从"一字都不识"的武夫成长为一名读书懂史、心怀仁爱的儒者,开始了几十年的当官生涯。

可韦应物的仕途很不顺利。虽然他从小就生活在官场的环境之中,但他性格耿直,常常直言犯上,得罪了不少人。加上他为官清廉,来来回回的,不是被贬,就是被调去十几个不同的地方做小官,穷得叮当响。一次,外地的任期满了之后,他连回京的路费都凑不齐,只能寄居在苏州的寺庙里。

韦应物从小生活富足,年少时横行长安酒肆,18岁流落街头,二十几岁才开始读书、写诗。30岁开始当官后,也过得十分清贫。但也由于这段经历,他得以看尽人世的繁华与沧桑,更愿意追求真实的平凡与淡然。

滁州西涧

[唐] 韦应物(约737—792)

独怜幽草涧边生,
上有黄鹂深树鸣。
春潮带雨晚来急,
野渡无人舟自横。

写这首诗的时候,韦应物已经40多岁了。此时的他,早已对官场失去信心。社会动荡、仕途不顺,加上深爱的妻子亡故,韦应物不再如年轻时那样直言敢谏,而是越发地向往田园隐士的生活。

"独怜幽草涧边生":唯独喜欢在幽谷里生长的野草。作者想,这句诗也许有一句暗含的前提,"世上那么多花红柳绿,我却独爱这涧边野草"。"独怜"一词蕴含的感情很是动人。山涧幽谷很是清冷,无人来顾,这小小的野草更是无人欣赏。可它们甘于寂寞、不喧闹附势的姿态正符合诗人的心境,此时,他仿佛与这一片自然之景有了情感上的共鸣。

"上有黄鹂深树鸣":林子深处有黄鹂鸟的叫声远远传来。黄鹂代表着春天、象征着美好,它婉转的声音让人一听便十分愉悦。现在我们也会把好听的声音形容为小黄鹂。

诗人在上一句里写幽谷之草，是静态。这一句写黄鹂啼叫，是动态。这两句动静结合、视觉与听觉效果兼具，雅致之情跃然纸上。

"春潮带雨晚来急"：傍晚时分，上涨的春潮带着春雨一块儿到来。一个"带"字，把春潮和春雨紧紧联系在一起，加上一个"急"字，让突来的雨和上涨的水都充满了动态的美感。

"野渡无人舟自横"：野外无人的渡口旁漂着一条小船。本就没什么人会来，加上此时在下雨，就更显孤清了。但诗人身处这样的环境中，并不觉得孤单难过，因为他用了一个"自"字来形容小船独自停泊在渡口的样子，"舟自横"，给人感觉是它很自在、舒适、随意地横卧在水面上，一点也不着急、一点也不害怕。

读完整首诗，给人一种独自散步赏景、很是惬意的感觉。有学者分析说这诗里蕴含了作者的政治隐喻。也许他是有怀才不遇的忧叹，像那青绿的小草长在深谷里，无人欣赏。但作者感觉这首清丽的小诗更像是诗人对自己安贫乐道的生活状态的描述。790年，韦应物在任期满后没有接到朝廷的通知，又没有路费回京，只能寄居在苏州的一间寺庙里，静静地过完了他的余生。

【朗读秘籍】

1. 情景：暮春时节，幽谷边的野草长得非常茂盛，那青绿的色彩让人十分喜爱。远处的深林里传来一阵阵黄鹂的叫声，婉转动人、十分悦耳。这样舒适的美景之中，突然下起了雨，它们滴滴答答地落在已经涨起潮水的河流中。河边的野渡口旁，有一只小船自在地漂浮在水面上。幽谷、小草、树林、黄鹂、春雨、春潮、渡口、小船，这些景物在一起组成一幅动静皆宜、有声有色的自然美景图。

2. 感情：韦应物在成年以后才开始读书、学诗，因此他除了勤奋努力之外，还夹杂了许多个人的感情和选择倾向在里面。因为四五岁刚启蒙的小孩子是不会选择的，大人给什么就背什么。而20岁的韦应物在学诗、作诗的过程中，非常喜欢晋朝的陶渊明这位中国田园诗的开山鼻祖，所以，韦应物的山水田园诗里多少带了陶渊明清淡自处的影子。

3. 语气：感情上清淡自处，我们朗读时的语气便是闲适淡然的。

第一句带着怜爱的感情，用低低的声音带出"独怜"二字，接下来的"幽草"二字也是需要带着怜爱的语气、柔柔地突出强调一下，"涧边生"呈下山趋势，整体语速较慢。

第二句声音和气息要随着树上的黄鹂往高处、远处走一点，把深林和树上的感觉表现出来，再渐渐下落。音量不用太大，虽然有鸟鸣，但我们在朗读的时候仍要契合全诗清淡的主调。

第三句需要加快语速，因为这场雨是突然来的，我们在朗读的时候要表现出雨势骤降的情景，所以我们的气息是有点急促的，声音也稍稍加重，有一种推进的感觉。最后的"急"字需要适当强调一下，整句呈上山趋势。

第四句写的是雨中的野渡口。春雨和涨潮水都是有声音的，而船静静地停靠于渡口边上，是没有声音的，两相对比之下，显得那渡口、那船只更加寂静。此时我们的气息要慢下来，声音放松，用自己最自然的嗓音状态来念最后的一句。这里面的"自"字，我们可以带着一种享受的、自在的感觉来读，体现出它并不为春雨所恼、更不为"无人"所恼的悠游之感。

韦应物《滁州西涧》朗读爬山图如图 5-3 所示。

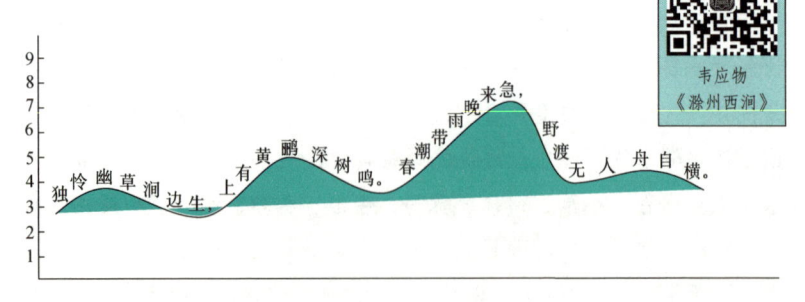

图5-3　韦应物《滁州西涧》朗读爬山图

5.1.4　《渔歌子》：钓鱼不用鱼饵？

孟郊和韦应物都仕途不顺、过得穷困潦倒。好在他们有不少朋友，大家可以谈诗论道、相互鼓励。比如他们就有一个共同的朋友——陆羽。不过，陆羽可不是以诗闻名的，他是我国历史上最有名的"茶"专家。也许大家从一首流行歌曲里听到过这个名字："陆羽泡的茶，听说名和利都不拿。"

是的，陆羽被称为"茶圣"，著有《茶经》一部，这是世界上第一部专门讲茶的书。孟郊和韦应物都能在陆羽那里抛开烦心俗事，单纯地享受清新雅致的幽静感。

在这之前，还有一位叫张志和的隐居诗人，他也很喜欢与陆羽交往。

张志和（732—774），字子同，初名龟龄，号玄真子，祖籍婺州金华（今浙江省金华市）人，唐代诗人。

他出生于盛唐，隐居于中唐。据说张志和3岁就能读书，6岁便能做文章，7岁时便因才思敏捷而被唐玄宗赏识，赐他"优养翰林院"，让他在翰林院这样充满书卷气的地方饱读诗书、好好长大。因唐朝皇帝姓李，他们自认为是老子（名李耳，道家学派创始人）的后代，所以尊老子为圣祖，尊崇道教，那时候全国上下都有求仙问道的传统。之前我们也提过，李白就经常去寻访隐居的道士，还曾拉着杜甫一起寻找神仙呢！

因为唐朝有这股风气，张志和16岁时就因其在道术方面的一技之长而被唐肃宗李亨封官——这也为他日后的选择埋下了伏笔。青年时期的他，遇到了一场大动乱，你一定知道了，就是我们说了无数次的"安史之乱"。幸运的是，张志和没有像王维一样被抓去被迫当官，也没有像杜甫一样独自艰难逃命，而是随着皇帝一起撤走，并在平乱的过程中给新帝唐肃宗李亨帮了不少忙，所以他得到了非常丰厚的奖赏与封赐。

但是张志和本人心直口快，不趋炎附势，经常锄奸灭盗，不怕得罪人，所以遭不少大臣忌恨。后来因为拼命上书劝谏皇帝不要答应回纥的过分条件，连皇帝都得罪了，遭到贬官。加上他的父母、妻子相继病逝，张志和感到生命无常，不愿再在官海里浮沉，于是便辞去官职、隐居去了。

第5章 来围观中唐诗人的朋友圈

后来皇帝感慨他的才华和贡献,加之想笼络人心,便恕张志和无罪,希望他能出山致仕,但张志和不愿意。即便如此,皇帝还是给他的母亲赐了封号,又另外送去两千四百两白银及两名婢女,希望他过得好一点。所以张志和的隐居生活,抛开精神层面的痛苦(毕竟亲人都不在了),光从物质上来说,那是真闲适。闲适到什么程度呢?我们来看这首词。

渔歌子

[唐] 张志和(732—774)

西塞山前白鹭飞,

桃花流水鳜鱼肥。

青箬笠,绿蓑衣,

斜风细雨不须归。

这是我们本书出现的第一首词。"渔歌子"是词牌名。词牌,就是词的曲调名称,里面有固定的格式和声律。我们可以简单理解为它是歌曲的名字,大家可以根据曲调,填进不同的歌词。但是所写的词要符合曲子本身所要求的字数和韵律,只有在很特殊的情况下才能更改。不过流传至今,我们已经不清楚那些词是怎么唱的了,包括古诗也是。如今大家能懂的,都只剩诗词的文字了。

"西塞山前白鹭飞":白鹭在西塞山前自由地飞翔。西塞山:位于现在的浙江省湖州市,是当年张志和隐居的地方。描写山前有白鹭飞过,这是用白鹭自由的飞翔来衬托江上渔者的自由。这画面一出来就让人感觉很闲适了。杜甫的诗里也有"一行白鹭上青天",用高飞的白鹭鸟带给人天高海阔之感。

"桃花流水鳜鱼肥":桃花盛开的时节,江水上涨,水里的鳜鱼也正是肥嫩的时候呢!这描写的是三月里的春汛。春天的时候,冰河解冻,春雨也刷刷地下,河水自然就上涨啦!

"青箬笠,绿蓑衣":头戴青色的箬笠,身披绿色的蓑衣。箬(ruò)笠:用竹叶编成的顶上尖尖的帽子,可以防水。蓑(suō)衣:用草或者棕条编成的厚实外披,可以挡雨。箬笠和蓑衣就是古代的雨帽和雨衣了。这说明当时是在下雨。可是下着雨为什么还要在外面呢?

"斜风细雨不须归":冒着斜风细雨,怡然自得地垂钓,用不着回家。感觉张志和的内心想法是:微微的春风,细细的春雨,我独自在江面上垂钓,无人打扰,无事烦心,此刻,天与地都是自己的。怎么能因为一点小雨就回去呢?我钓的就是这份心情、这种意境啊!

"烟波钓徒"是张志和归隐后的自号。他钓鱼从来不用饵。这可不是模仿用直钩的姜太公钓鱼——愿者上钩,而是他想要的只是垂钓时的感觉而已。虽然张志和生于盛唐,但是他在青年时期就遇到战乱,二十几岁就被贬官,加之亲人们过早地相继离世,境遇也很坎坷。从小学道的他早早地生出了归隐之心。而他也是在隐居之后,才认识隐士陆羽,也终于能让作者通过陆羽,把他和孟郊、韦应物排在一起,放进韩愈的"朋友圈"里……

【朗读秘籍】

1.**情景**:"我"独乘一叶扁舟于江面垂钓。抬头望,西塞山前有白鹭鸟在自由地飞过;低头时,便能看到桃花相映下的河水与水里肥美的鳜鱼。虽然下着蒙蒙细雨,但伴随着这细腻的微风,闻着雨中清新的空气,此时此刻是如此美好。披着雨衣的"我"哪里需要回去避雨呢?"我"愿在这江上独享这一刻的天人合一。

2.**感情**:有享受隐居生活的惬意情趣,也有对自己高洁品质的自豪和不愿理会俗事的淡然态度。

3.**语气**:总体的语气是轻松愉悦的。

第一句讲山前景象,声音位置稍高一点,"西塞山前"显示景象的位置也在高处。但不要一味地高喊或者用尖细的高音,这就破坏诗中的闲适之感了。整句略呈上山趋势。

第二句讲江中景象,相对于上一句,景物的位置发生了变化,声音位置也要有相应的变化。比如这里的"桃花流水"就需要相对地把声音位置放低一点。

第三句讲当时的穿着,他是喜欢这身打扮的,所以用清脆的声音把它念清楚即可,慢一点,不要读太快了。

第四句是作者心里对于环境的感受,他其实是很享受这斜风细雨的,所以我们朗读的时候也是带着喜爱和享受的感觉,轻轻地道出自己的内心感受。这句是整首词里节奏最慢的,有一种悠然自得的美感蕴含其中。

张志和《渔歌子》朗读爬山图如图5-4所示。

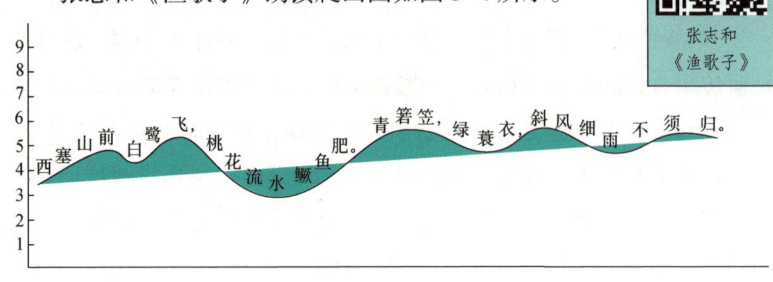

图5-4　张志和《渔歌子》朗读爬山图

5.1.5　《马诗》:好马也需伯乐识

接下来这一位,可就真的跟韩愈关系很密切了——那就是被俗称为"诗鬼"的李贺。

李贺(790—816),字长吉。河南府福昌县昌谷乡(今河南省宜阳县)人,祖籍陇西郡,唐代诗人。

李贺的出身很不一般,他的祖上是唐朝开国皇帝李渊的叔叔,那可是真正的皇亲国戚呀!只不过到了他这一代,两百年过去了,皇室血脉、祖上的传承已经被稀释得几乎没有了,只剩下一个空空的名号。而且这名号还得自己经常提起,不然别人也不知道。李贺自幼跟随父亲四处辗转,生活艰苦,饱尝人间辛酸。但他非常勤奋好学,据说作诗作到他母亲直呼"你是要把心都呕出来吗?"这就是成语"呕心沥血"前半截的来源(后半截来自韩愈的"沥血以书辞")。

只不过这么努力又天资聪颖的人,一生却短暂又坎坷,在追寻梦想和前途的路上,被老天关掉了一扇又一扇的门。

相传在李贺8岁时,韩愈看到他写的诗就已经感到不可思议了。为了看这孩子的真才实学,韩愈特地去到了李贺家里,现场出题作诗。结果李贺都完成得很好，令韩愈赞叹不已。不过据作者翻查的一些资料，这事儿也很有可能是发生在李贺18岁的时候。

18岁那年，李贺把自己的诗作《雁门太守行》投稿给了当时的文坛大师韩愈，韩愈一读，惊为天人，对这位年轻人大加肯定。可是，在李贺踌躇满志地要去参加科举考试的时候，父亲病逝了。按照当时的规矩，他要回家守丧3年。

"砰"！李贺奔前程的大门第一次被关。

等到3年之期过去，韩愈赶紧写信给李贺（韩愈去信非常及时，以至于有人说韩愈是在数着日子等李贺，他真是求贤若渴呀！），让他马上参加考试。李贺也争气，一下就顺利通过了河南府试。但当他去长安参加进士考试时，被流言所中伤。有嫉妒李贺才能的人说，李贺的父亲叫李晋肃，和"进士"的"进"同音，李贺参加进士考试就是对父亲的大不孝！这个流言可把韩愈气坏了。他爱才心切地等了李贺3年，就希望他赶紧通过考试走上仕途。怎么能因此而被阻断前途呢？于是，非常善于写文章的韩愈，立马写了一篇文章反驳说："如果父亲的名字里有'仁'字，那孩子就不要做人了吗？"尽管有这位文坛大佬替李贺争辩，但依旧拼不过流言与俗规。最终，李贺还是失去了参加科举考试的资格，还是永久性的。

"砰"！李贺奔前程的大门第二次被关。

当时，李贺失望至极，写下"长安有男儿，二十心已朽"的诗句，仿佛一夜之间就被那些小人气得沧桑老去了。

后来因为韩愈的帮助及那一点点的祖荫余晖，李贺通过了另一门考试，当了3年的九品小官"奉礼郎"。而他管的礼节是：葬礼。跟殡葬行业打了3年的交道，也许这就是他爱写鬼神题材的原因之一吧！毕竟，他的工作就是他的素材库，方便啊！

跟死亡打了几年交道后，李贺又去到军队里写文书，希望能新建一番事业。可谁知那支队伍打仗不行，敌不过藩镇的军力，败了，直接就地解散了！

"砰"！李贺奔前程的大门第三次被关。

从军队返回家中，李贺积郁成疾，27岁便病逝了。

讲了这么久李贺的故事，这位诗人都写过什么诗呢？来，咱们来念念，听听耳熟不耳熟。

"雄鸡一声天下白"

"天若有情天亦老"

"昆山玉碎凤凰叫"

"二十三丝动紫皇"

"女娲炼石补天处，石破天惊逗秋雨"

"男儿何不带吴钩，收取关山五十州"

"天荒地老无人识"

"黑云压城城欲摧"

……

写下这么多流传千古的名句，可作者却一生坎坷、穷困潦倒、胸中郁结、英年早逝，你说可不可惜？

马诗

[唐]李贺（790—816）

大漠沙如雪，

燕山月似钩。

何当金络脑，

快走踏清秋。

这是李贺所写的一组怀才不遇的诗，一共23首，这是其中的第五首。

"大漠沙如雪"：大漠上的沙子如雪一般。这是非常富于边疆特色的画面。我们在前面讲边塞诗的时候介绍过很多。可为什么沙子会像雪一样呢？我们来看下一句：

"燕山月似钩"：燕山上的月亮像一把弯钩。正因为有月光，所以把沙面照得像雪一样泛着银光。这句诗的字面意思很简单，背后却含有深意。唐朝中后期，藩镇割据势力强大，它们拥兵自重，相互之间时常有摩擦和小规模战争，根本不听朝廷的话，非常猖狂。"燕山"指的就是幽州荆门一带，那里是藩镇割据时间最久、藩镇势力为祸最多的地带。而"钩"在这里指形状像钩一样的弯刀，是武器。这句写明了诗人想要削藩平叛的愿望。

"何当金络脑"：什么时候能给我的马戴上金络头？金络头可以说是马的豪华装备了。能佩戴上这样的行头，说明这马非常受重视。这也反映了诗人希望自己受到重用的心理。

"快走踏清秋"：骑上快马，飞奔在秋天的原野上。也就是跨上战马、驰骋疆场的意思。清爽的秋天，正是草黄马肥的时候。能在疆场"快走"，也正好说明了马的矫健。

李贺是属马的，他以"马"为名，写了23首诗来抒发自己怀才不遇、想要建功立业的抱负之心。

世人称李贺为"鬼才"，把他与李白并称："太白仙才，长吉鬼才。"（"太白"是李白的字，"长吉"是李贺的字）他和屈原、李白都被列为中国浪漫主义诗歌的代表。据传这位诗鬼长得十分瘦弱，手指如爪，指甲还很长，外在形象就很奇特。加上他平生郁郁不得志，写诗时遣词用字十分用心，而且很喜欢把神鬼的意象融入自己的诗中，显得非常诡妙艳丽，他人根本模仿不来。因此，"诗鬼"之名，便是李贺的代称，在诗坛独树一帜。

【朗读秘籍】

1. 情景：月光照耀下的沙漠，白得像雪，就如沙场一样冷寂。连那轮熟悉的弯月，都像是战士拼杀的武器。什么时候我也能跨马迎敌、驰骋于疆场呢？

2. 感情：前两句诗是肃杀的感觉，后两句是自己想要一展宏图的愿望。整首诗都透露出诗人"思战"、想被重用的感情。

3. 语气：前两句和后两句的语气很不相同。

第一句是描述整体冷寂的氛围，因此语气比较冷，气息控制得比较紧。"大漠"一词，要读出大漠的宽广，也要有坚硬的感觉，体现诗人的坚强意志。"沙如雪"虽是比喻，但不是我们通常认为的美美的"雪"，而是充满着肃杀的冷意。所以在这里我们的口腔并不能放松，要保持比较紧的控制，声音往下砸。

第二句"燕山"指代远处，声音稍抬高、送远一点。"月似钩"同样也不是指美丽温柔的月亮，而是像武器一样的"冷月"，所以这3个字的朗读趋势向下，并且带着向内的冷冷的气息。

第三句"何当"既是发问，也是感慨，这里的语气就不必那么冷硬了，气息控制也不再紧张，放松下来，发出像叹气一样的感慨。"金络脑"3个字代表的是向往，要在语音中强调。

第四句"快走"用比较快的语言节奏带出来，仿佛自己早已心急地骑上了马。"踏清秋"是伴随着飞奔、驰骋的快感来说的，是含着向往和希望的，语势向上。

李贺《马诗》朗读爬山图如图 5-5 所示。

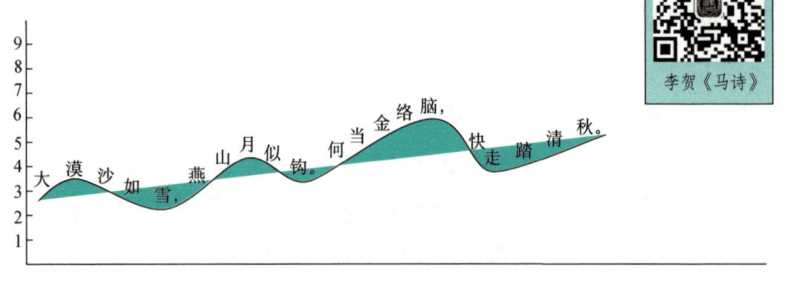

图5-5　李贺《马诗》朗读爬山图

5.2　患难与共的至交好友

5.2.1　《江雪》：下雪了还去钓鱼？

韩愈在刚入仕的时候，结交过两位好朋友，柳宗元和刘禹锡。这三位，先是同年进士及第，后来又同在御史台为官，常在一起谈天论地、讨论文章到深夜，私交甚笃，像"铁三角"一样。柳宗元还和韩愈并列"唐宋八大家"、一起提倡"古文运动"。他们反对六朝以来讲究排偶、辞藻、音律的骈文，推崇秦汉时期质朴的散文。

为什么要反对骈文呢？因为骈文虽有高水平的佳作，可大部分人都达不到那个水平，导致大家为了对偶、凑声律，为了强调形式美，而去强行押韵、凑意向，搞得骈文十分僵化，这就像我们在前面提到的南北朝宫廷诗一样，徒有其表，内里空虚。

韩愈非常反对这种文风，提出要以散行单句为主，不要拘泥于格式，要反映现实生活。柳宗元非常赞同韩愈的观点，还写了《黔之驴》等散文回应。也由此出了"黔驴技穷"这个成语。

但后来经历了官场的起起伏伏后，大家走上了不同的路。

柳宗元深感官场黑暗，跟刘禹锡一起加入王叔文、王伾的改革集团，在唐顺宗的支持下，他们于805年掀起了一场轰轰烈烈的改革，史称"永贞革新"。

韩愈不主张改革，也不喜欢"二王"，又因为仗义执言捅破了旱灾实情，遭陷害被贬去了连州阳山县。此时，柳宗元和刘禹锡正在专心搞革新。

于是，"铁三角"就剩柳宗元和刘禹锡这两个"铁哥们"啦。咱们先来看看柳宗元的故事吧！

柳宗元（773—819），字子厚，汉族，河东郡（今山西省运城市）人，唐代文学家、哲学家、散文家和思想家。

柳宗元出生于河东柳氏，这是个大家族。但先祖因事被贬，家道逐渐中落。柳宗元从小跟着父亲辗转各地任职，对民间的疾苦比较了解。由于曾经的辉煌，所以家族里也一直想要重振门楣，对柳宗元寄予了厚望。可柳宗元等人的"永贞革新"失败了，他被贬去永州（今湖南省永州市）当司马。司马官职低微，柳宗元更是相当于被管制和监视着。这十余年间他只能借着游览山水排遣胸中的愤郁，写下了著名的《永州八记》以及大量的诗歌散文。

江雪

[唐] 柳宗元（773—819）

千山鸟飞绝，

万径人踪灭。

孤舟蓑笠翁,

独钓寒江雪。

读这首诗的第一感觉,就是"冷"。

"千山鸟飞绝":群山里的鸟都没了踪影。诗里的"绝"字代表了一个孤寒的氛围,比起李白的"众鸟高飞尽",柳宗元的这句诗给人感觉内心的孤独感更甚。仿佛是,那些鸟儿飞走了就再也不回来了,也不会有新的鸟儿来了,都"绝"了踪迹。

"万径人踪灭":所有的路上都没有人行走的痕迹。这里的"灭"字与上一句中的"绝"字异曲同工,都给人一种绝对的幽寂、沉静之感。

"孤舟蓑笠翁":江面只有一艘小船,有一个身披蓑衣的老翁。诗的前两句,一个"千山",一个"万径",这两个词把景物写得无比广大。而在这茫茫天地之中,在这广阔寂寥的氛围下,出现了一艘小船,小船上竟有一位披着蓑衣的老翁。这不由得让人一下子就把注意力转移到这小小的焦点之上了。

"独钓寒江雪":冒着风雪,在寒冷的江面上独自垂钓。全诗的末尾终于出现了一个"雪"字,而且是"寒江雪",这点睛之笔可真是太妙了!要知道,江面是存不住雪的,落下去也会马上化掉,可是在诗人的描述下,就好像是有厚厚的雪覆盖在江面上一样,让人感觉到天之寒、雪之大、冰之厚。

读到这里我们才知道,原来,那千山万径都是被冰雪所覆盖;原来天地全变成了白色;原来,整个世界里,唯一的"生机"来自那独自垂钓的渔翁。诗人用前三句的笔墨描写环境,都是为了衬托这最后一句的意境。天地冷寂、白雪皑皑、老翁孤傲。在这个画面中,老翁的行为、思想都仿佛摆脱了世俗,自成一格。这,也是柳宗元内心的孤寂世界吧。

【朗读秘籍】

1. 情景: 寒冷的冬季,天地之间的一切都被大雪覆盖了。水天不分,天地间一片苍茫。整个画面一尘不染、万籁无声。平静的江面上,一叶小舟,一位老翁,在大雪纷飞中独自垂钓。诗人所营造的意境是如此纯洁而寂静。

2. 感情： 这个渔翁形象是诗人内心的映照。他因积极主张革新而被贬至此，断了前途，也失去了一展拳脚的机会。诗人抑郁难舒，只能靠着游览山水暂时做一些缓解。柳宗元在这首诗里描写了一个超然物外的天地，也在告诉人们，他愿做这样的孤勇者，不与黑暗现实同流合污，他会守着内心的理想屹立于这天地之间。

3. 语气： 整首诗都透着悲凉与冷寂。

第一句以"千山"开头，词语之间拓开一些，保持悠长的气息，展现出"千山"的感觉，但不要读得过于短促，像是只有一两座山似的。"鸟飞绝"语势向上，读的时候，有一种"带人入画"的引导感，但声音无须太高，整个语气比较冷寂。

第二句里，不单是天上的鸟儿飞没了影，就连地上的人都没有了踪迹，除了冷寂之外，悲凉感开始浮现出来。因为，人，是需要同伴的。而诗人的笔下一个人都没有，可见其内心的孤独与悲凉。因此语言呈下山趋势，气息下沉、声音缓慢往下降。

第三句，在这寂静的画面里，突然出现了一个人，此时语言节奏加快，呈上山语势，引起大家的好奇。"蓑笠翁"声音稍稍加重强调一下。

第四句的"独钓"二字也需要作出强调，比前一句的声音更重一些，音调也拖长一点，这是对老翁动作的刻画。"寒江雪"则是对老翁行为的刻画。我们在朗读时也需要用语言去细细描摹，语速放慢，发音饱满，韵味悠长。

柳宗元《江雪》朗读爬山图如图 5-6 所示。

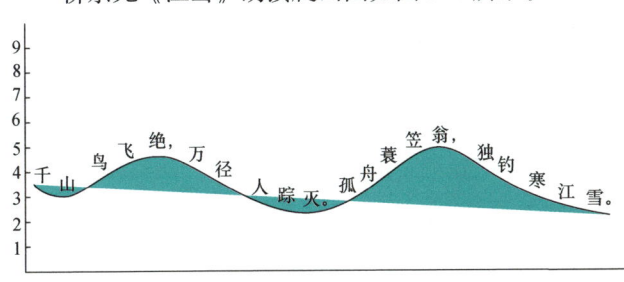

图5-6　柳宗元《江雪》朗读爬山图

5.2.2 《竹枝词》：清新少女风

5.2.1节里提到，革新失败，"铁哥们"刘禹锡和柳宗元一同被贬去很偏远的地方任司马。司马是很小的官职，没有权力、俸禄微薄。一般来说，司马的日子都是很清苦的。柳宗元难以排解内心的郁结，虽然常看山写水，但他并没有真正地从山水之中得到解脱，内心一直十分痛苦。他给朋友写信说，感觉自己像被关在囚室里，虽偶尔能晒晒太阳，但终究被困于方寸之地。

到底什么改革让他们受到如此惩罚呢？

唐初，为了防止边境被外族进犯，朝廷设立了一些防守的边疆军镇，有军队驻扎，也叫藩镇。他们的头儿称为"节度使"。唐玄宗的时候扩充了藩镇，节度使的权力也就随之变大。安禄山就兼任了三个地方的节度使，势力非常之大。后来他拉着史思明造反，爆发了"安史之乱"。那时候朝廷自己都顾不过来，各个地方的人只能自力更生。于是本就有军队势力的藩镇纷纷"站"了起来。后来，虽然安史之乱被镇压，但又窜出来许多不听话的藩镇势力。真是一个叛军摁下去，数个叛军在冒头啊！

皇帝很没安全感。可是朝中的大臣们不仅不想办法解决问题，还总一天到晚地说皇帝这不对那不好的，搞得皇帝很郁闷。于是，深感孤独的皇帝便把目光投向了身边的宦官。起码，他们看着对自己很忠心的呀！渐渐地，宦官们的权力就越来越大，到后来甚至开始掌握军权、把持朝政了。

而柳宗元和刘禹锡跟着王叔文搞的"永贞革新"，就是要收回在藩镇和宦官手里的兵权，打击他们的势力，恢复大唐的繁荣。听起来很美好，实施起来却很困难。尤其是那些宦官，不但想尽办法阻止革新，甚至把支持革新的皇帝唐顺宗都给换掉了！

震惊吗？权力滔天的宦官们让当时身体很差的唐顺宗"强制退休"，扶持新皇帝唐宪宗登基。新帝一上来，便处死了带头革新的王叔文，还把跟着他一起搞改革的8位主力官员全部贬去了偏远地区任司马，史称"八司马事件"。这场革新仅仅维持了100多天就被迫结束了。

刘禹锡（772—842），字梦得，河南洛阳人。唐代文学家、哲学家，有"诗豪"之称。805年年底，永贞革新失败后，刘禹锡从京官被贬为朗州司马，前途几乎是没有了。幸好刘禹锡的性格很通透，他对于历史变幻、盛衰得失有自己的一套达观的看法，并没有因此而悲观绝望。用我们现在的话来说就是，他很想得开。所以尽管生活艰难，刘禹锡的精神状态和身体状态都还不错。

竹枝词

[唐] 刘禹锡（772—842）

杨柳青青江水平，
闻郎江上唱歌声。
东边日出西边雨，
道是无晴却有晴。

这是一首写于822年的诗，此时，刘禹锡已经被贬17年了。在17年贫苦不得志的生活中，他还能听民歌、改歌词，创作出这样一首充满少女心思的诗歌，不得不说，刘禹锡这心态，值得我们敬佩！

《竹枝词》是乐府的曲调名，原本是流传于四川、重庆一带的民歌，形式上是七绝，就是一首诗为4句，每句7个字。刘禹锡很喜欢这个调子，先后写下了《竹枝词九首》《竹枝词二首》。

"杨柳青青江水平"：岸边绿色的柳条轻轻垂下，江水平静无波。诗中说柳条倒映在水面上，这美丽的画面是一种起兴的手法，它看似与后面的内容无关，但它能"触物起情"。在这首诗里便是由柳条引发了相思。

"闻郎江上唱歌声"：忽然从江中舟上传来男孩唱歌的声音。我们从这句可以判断出，这首诗是从一个少女的视角来写的。春日暖暖，这少女来到江边欣赏美景，看着柳条倒映水中，心中正在思念呢，忽然传来的歌声吸引住了少女的心。

"东边日出西边雨"：东边太阳出来了，西边却还下着雨。这句既是描写江边的天气，也是描写少女的内心。她听着那男孩的歌声，心里也是一阵紧张，一会儿觉得他对自己有意，一会儿又觉得没有，那叫一个忐忑啊！

"道是无晴却有晴"：你说它不是晴天吧，它又是晴天。这是一句"双关"，表面上说的是东边日出，是晴天；西边下雨，不是晴天。但这里的"有晴""无晴"也是在说"有情"与"无情"，这少女一直在猜那个男孩对自己是否有情。最后，她感受到了，是"有情"，因为这句的重点就是"有"，不是"无"。

【朗读秘籍】

1. **情景**：春日的江边，杨柳依依。一位少女在岸边赏景思人，忽然听到了男孩从江面上飘来的歌声。这天气呀，一边出太阳，一边下着小雨，到底会不会是个晴天呢？他到底对我有意还是无意呢？

2. **感情**：诗里是少女既活泼又害羞的婉转心思，读来让人觉得轻松可爱。

3. **语气**：整体的语气是轻松愉悦的，还带着一点纠结和猜测的忐忑心情。

第一句是描述春日美景，带着欣赏的眼光和语气来读。"杨柳青青"很美，诗中的少女很美，读诗人的心情也很美。心情好，声音自然就会高一些、明亮一些。在读这一句的时候还要注意，我们需要有比较长的气息来支撑，不要在中间就断了或者掉下去了。

第二句"闻郎"的"郎"是重点，需要稍稍强调一下，注意，只是稍稍强调，把"郎"字的音发饱满一点就可以了，不要刻意重读，少女会害羞的哦！"唱歌声"这几个字往上走，像爬山一样，显示少女在认真聆听，心也跟着歌声飘了过去。

第三句"东""西""日出""雨"这些是对比词，我们可以通过声音的高低、快慢、强弱的对比来读，同时带上一点猜测和忐忑的心情。

第四句的"无晴""有晴"也是对比词,但此时少女心中已经有了答案,是喜悦的语气。所以"无晴"一词往上走,表示还在猜测中,"有晴"一词往下走,以表示肯定。

刘禹锡《竹枝词》朗读爬山图如图5-7所示。

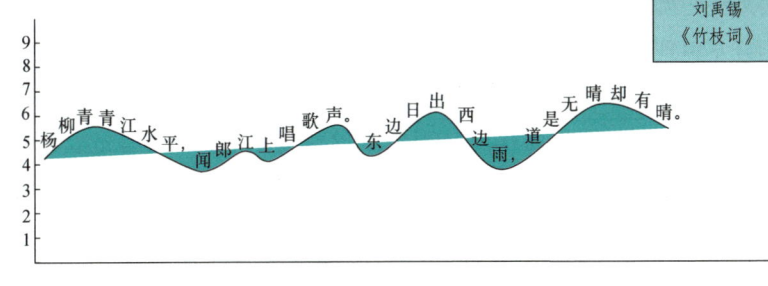

图5-7 刘禹锡《竹枝词》朗读爬山图

5.2.3 《浪淘沙》(其一):黄河里能淘出金子来

其实"八司马"曾被皇帝召回京过(但那时有几位已经去世了)。当时大家都以为朝廷会重新起用他们,没想到,刘禹锡写了一首非常"刺头"的诗,这下可好,让好不容易回京的难兄难弟们被贬得更远了!

这首诗叫《玄都观桃花》,其中两句是"玄都观里桃千树,尽是刘郎去后栽"。意思是,你们争相去凑热闹看的桃花景色,那都是我走了之后才有的。大家读了这诗,都觉得刘禹锡是在借此影射朝廷里不干实事的新贵们。这一下子,惹怒了不少人。本来仇视他们的人就多,这下子更是抓住了把柄。于是刚刚被召回京的司马们又一次集体倒了霉。柳宗元被贬去了广西柳州,他在那里积郁成疾,4年后就病逝了。当然,在任期间,他还是为百姓做了很多事的,当地的百姓都很敬重他,把他叫作"柳柳州"。

这样看,柳宗元的第二次被贬跟刘禹锡的诗有很大关系。他们会因此闹矛盾吗?

当然不会。甚至柳宗元还觉得刘禹锡被贬到播州太惨了,请求用自己的柳州跟他换!

他们关系这么好？

是的。

793年，柳宗元和刘禹锡同时考中进士，两人的友谊之树萌芽。后来，他们一同入朝为官、一同搞改革、一同承受失败、一同被贬、再贬……柳宗元去世后，刘禹锡号啕大哭，悲痛不已。随后立即着手为好友料理后事，含泪给韩愈写信，请他为柳宗元撰写墓志铭。

也许你会问，为啥刘禹锡自己不写？因为他也是一起被贬的"罪臣"，当时身份不太好。所以墓志铭这么重要的事情，还是交给与革新没有牵连且名气足够大、文采足够好的韩愈来写更合适。韩愈不负重托，写下了一篇经典的《柳子厚墓志铭》（柳宗元字"子厚"），成为我们后人研究柳宗元的珍贵史料。多年后，宋代的大文学家苏轼重新将这篇墓志铭书写并刻于石碑之上，成为经典的"三绝碑"，即韩愈撰文、苏轼书法、颂柳宗元的事迹。这可是我们文学史上的一枚宝藏啊！促成此事的刘禹锡不知是否能有一丝安慰呢？

后来，刘禹锡还肩负起了好友生前的责任，把柳宗元的儿子抚养长大，培养他考中了进士，又耗费多年心血整理出了柳宗元的书稿，编纂成《柳河东集》，这才让柳宗元的绝世文章得以流传。

话说，"唐宋八大家文豪集团"不打算给刘禹锡颁一个荣誉称号么？

也许集团发言人会说：我们8个人才共享一个名号，而刘禹锡自己就有一个独特的"诗豪"名号了，这不是更好吗？

是的，刘禹锡人称"诗豪"，可上一首《竹枝词》里不大能看出来他的豪气。别着急，咱们来看这一首：

浪淘沙（其一）

[唐] 刘禹锡（772—842）

九曲黄河万里沙，
浪淘风簸自天涯。
如今直上银河去，
同到牵牛织女家。

怎么样？够豪气么？有"诗豪"的感觉了吗？

"九曲黄河万里沙"：九曲黄河流经黄土高原，带着无数的泥沙向东而流。九曲：古时相传黄河有九道弯，其实也是指黄河流经的九个省区，每个省区都有一个黄河渡口。万里沙：诗人特意在诗句里提到黄沙，是因为这里写的是淘金劳动。一个"九"，一个"万"，都是极数啊！开篇的大气牢牢奠定了全诗的基调。

"浪淘风簸自天涯"：淘金者放眼望去，河水波涛滚滚，仿佛是从天涯而来，望不到尽头。簸（bǒ）：掀翻，上下簸动，这里是形容浪涛汹涌。古时，皇帝会派许多淘金者下到黄河里淘沙。他们要经受风吹日晒雨淋，长年累月地泡在水中，非常辛苦。黄河之长，有流不尽的水。沙粒众多，有淘不完的沙。辛苦劳作的淘金者也只能望望远方，希望能得到一丝慰藉。

"如今直上银河去"：不如我们干脆沿着这黄河直接到银河上去吧！顺着黄河上天，多豪迈的语气！前面描写的黄河有多么宏伟，这一句诗人的内心就有多磅礴。

"同到牵牛织女家"：一起到牛郎和织女的家里去看看。诗人大概是想说，同样是生活在河边，听说牛郎织女所在的天河是恬静而优美的，而日日在黄河里淘金的底层人民却生活得非常艰难。他们也向往美好的生活，愿意为了那美好，而迎着巨浪、逆流而上。

读完这首诗，联系上诗人的经历，会不会别有一番感受？刘禹锡本在京为官，因为参与革新而被贬，在偏远地区做微末小官。但他并不把自己的苦难当回事，依然心怀壮志，以豪气面对生活。并且，无论官大官小，无论自己处境如何，刘禹锡都非常关心百姓的疾苦。这些也都在他的诗作里反映了出来。

【朗读秘籍】

1. **情景**：淘金者站在黄河中，看着弯弯曲曲的黄河仿佛源自天的那头，携着万里泥沙奔流而来。不如，就顺着这河水，去天的那头看一看？

2. **感情**：刘禹锡常在诗里借景物抒情言志，这首诗也不例外。淘

金人的辛苦，犹如他参与革新时的大量工作；风卷巨浪、泥沙横行，犹如他遇到的艰难险阻、边远放逐。淘金者愿意为了美好的生活逆流而上的奋斗之心，犹如诗人面对恶浪来袭仍不改初衷、坚持要为苍生造福的决心。

3.语气： 整体的语气是大气豪迈的。

第一句是描写黄河的壮观，要表现出这种大气感，我们得用饱满的气息、有力度的声音和深厚的感情念出来。这一句整体的语速放慢，"九曲"的"曲"字发完整，把它声调里自带的弯曲读出来，这样能更显黄河弯曲的美感。"万里沙"3个字之间要拓开，方能显出气势。

第二句一开头的"浪"字，要有力地给出，显出黄河的波涛汹涌。"风簸"二字往上延长，就好像顺着狂风巨浪看到了它们来自天涯的那条长路，所以最后的"自天涯"三字呈上山趋势。

第三句"如今"一词做停顿，这个词需要念得干脆、坚决，表示自己的决心。"直上银河去"，顺着黄河去银河，这是个很明显的上山类语势，我们的声音、情感、眼神都要顺着黄河往上，去到哪里呢？紧接着来第四句：

"同到,牵牛织女家"。在"同到"二字后面加了个逗号，是为了提醒大家，虽然第四句需要紧接着第三句念出来，但是在"同到"这里要掷地有声地做一个停顿，然后较轻、较缓地念出那虚无缥缈的"牵牛织女家"。

刘禹锡《浪淘沙》（其一）朗读爬山图如图5-8所示。

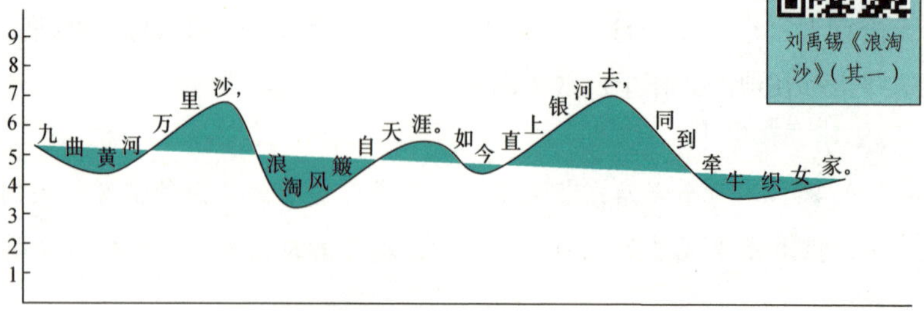

图5-8 刘禹锡《浪淘沙》（其一）朗读爬山图

5.2.4 《浪淘沙》（其七）：震撼的钱塘江潮

刘禹锡的《浪淘沙》一共有九首，但这九首诗不是一口气写下来的。里面涉及许多不同的地点和不同的景象，有的可能是诗人亲眼所见，有的可能是根据回忆描述的。比如我们上一篇里看到是巴蜀之地的淘金者，这一首则是写的位于江南的钱塘江。

钱塘江是浙江省的最大河流，向东流入东海。它的入海口便是钱塘江大潮这一自然奇观的发生地。当江水奔腾到东海口时，由于地势的改变，那形状像一个喇叭，前宽后窄。这样的地形，让大海的每一次涌动都能形成潮水翻滚的景象。加上沿海一带常会刮起东南风，与潮水入海的方向基本上是一致的，便把潮水掀得更大了。农历八月中旬的时候，太阳、月亮和地球之间的引力会达到最大值，天体引力能引起巨大的潮汐变形。各种天时地利的因素加在一起，让钱塘江入海口在每年的农历八月十五日到八月十八日左右，都能迎来雄奇壮丽的大潮景象，也因此形成了观潮风俗。到如今，"钱塘江大潮"已经成为天下闻名的奇景，每年都有很多游客前往观景（图 5-9）。

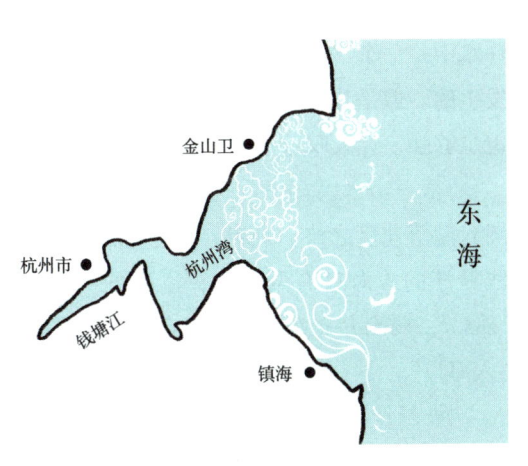

图5-9 钱塘江大潮位置示意图

《浪淘沙》组诗中的第七首就是写钱塘江大潮的。我们来看看诗豪笔下的潮水是什么样的。

浪淘沙（其七）

[唐] 刘禹锡（772—842）

八月涛声吼地来，

头高数丈触山回。

须臾却入海门去，

卷起沙堆似雪堆。

"八月涛声吼地来"：八月的涛声惊天动地吼叫而来。农历八月是钱塘江潮涌最大的时候，每每此时，潮声滚滚而来，仿佛是夹着无数怒吼声，整个地面都为之震动。这场景是何等壮观！诗人由远及近地描述了潮来时的感受：先听到似猛兽怒吼的声音，接着感觉到地面的震动，再看到浪涌，由听觉、触觉到视觉，这样的描写顺序，让人的心理感受更加真实和震撼。

"头高数丈触山回"：数丈高的浪头冲向岸边的山石，又被撞了回来。丈：古代的丈量单位，一丈相当于3米多。"数丈"不是具体的量词，只是形容浪很高。潮水一波接一波，冲在最前面的潮头掀起数十米高，冲击力十足。巨浪咆哮着撞到山上，又马上被山体弹回，落往水中。一个"触"字，说明了只"一碰"就落回了，涨潮是一瞬间发生的。但是几十米高的浪，即使是一瞬间，那声音也足够大、气势也足够强，让人叹服于大自然的力量。

"须臾却入海门去"：片刻之间潮水便退去，汇入了大海。可见潮起潮落速度之快。须臾：一会儿。海门：据《海宁县志》记载，在钱塘江的入海口有两座山，南边的叫"龛（kān）"，北边的叫"赭（zhě）"，两山并立站在江海汇合之处，是为海门，也就是大家常说的"入海口"。

"卷起沙堆似雪堆"：潮水所卷起的沙堆像是雪一样洁白发亮。当潮水退去以后，一切仿佛都归于平静。但是留下的沙堆还在告诉人们潮水刚才的汹涌澎湃。雪堆，既是指在阳光照射下沙子的雪白，也是指沙堆形态大小。什么样的力量，能把水中的沙子堆得像雪山一样？

正是那刚刚退去的潮水啊!

最后这一句看似没有在写潮水,却让人对潮水的气势有了更深的感触。就好像是诗人在观潮之后,那滔天巨浪留在心中的震撼,久久都未曾散去。

【朗读秘籍】

1.情景:一阵低沉的怒吼声从远处传来,脚下的大地开始震动。还没等反应过来,便看到像楼房一样高的巨浪席卷而来,直直扑向前面的山石,又立马反弹回去、汇入大海。当一切归于平静后,只留下雪堆似的沙子作为刚刚那场惊涛骇浪的见证。

2.感情:观潮的震撼体验及磅礴的气势贯穿诗中。诗人在此时会不会想,自己当初革新的志向也像这大潮一样轰轰烈烈?即便后来失败,也留下了闪亮的印记。他始终坚信彼时的唐朝需要革除旧弊,即使受到重重阻挠,也要坚持正确的道路。不放弃冲击,才能终归大海。

3.语气:整首诗都是大气磅礴的语气,但是细节处略有不同。

第一句是由远及近的描写,起声要低一点,仿佛我们的声音也是从地上积蓄着力量发出的。"八月涛声"语速放慢,声音较低,铺垫出"山雨欲来"的感觉。"吼地来"的"吼"字一定要着重强调,但不是大声强调,而是把"吼"字的整个发音动程表现出来,有一个由低到高、嘴型由张到闭的过程,这样更能体现出"吼"的感觉。

如果说第一句是描写脚下的感觉,我们是在低头感受,那么第二句就是抬头感受了——仰望那掀起数丈高的潮水。此时我们的眼睛是在向上望,那么声音也是跟着在较高的位置的,为了用语言体现出浪之高、之大,我们的声音也要拉出气势,饱满有力地念"头高数丈"。接下来是写浪潮来势之汹、退下之快,所以我们的语言节奏也要加快,跟第一句形成鲜明的对比。

第三句"须臾"一词代表时间非常短暂,所以我们的语言不能给它拖后腿,这两个字的发音也要迅速一点。但是它的后面可稍作停顿

及延长,给人一种好奇之感,不知道巨浪退下后发生了什么。接着再较缓慢地念"却入海门去",此时,你的目光、你的深思都跟着那潮水流向了大海,声音也必定是往远处送去的。

第四句回到了眼前之景,所以,我们又要把目光、思绪和声音都拉回来,音量适中,语气相对来说比较平静一些。其中的"沙""雪"是对比词,要念清楚。

刘禹锡《浪淘沙》(其七)朗读爬山图如图5-10所示。

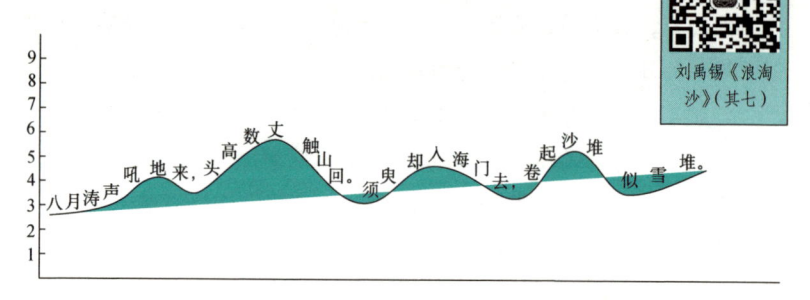

图5-10 刘禹锡《浪淘沙》(其七)朗读爬山图

5.2.5 《望洞庭》:你见过这么大的盘子吗

前面几首诗中,我们看到了刘禹锡豁达、通透、豪气的一面。这与他从小的成长经历也有关系。他的先祖是汉武帝刘彻的哥哥,中山靖王刘胜。这位刘胜很有名,但他的出名可不是因为政绩突出或者是曾经建功立业,而是他墓穴中的豪华陪葬品。比如,被誉为"中华第一灯"的长信宫灯、王后的化妆用具铜朱雀衔环杯以及汉代规格最高的丧葬殓服——金缕玉衣等,都出自刘胜的墓中。大家应该见过古代将士们穿的铠甲吧?金缕玉衣感觉和那有点类似。普通铠甲是用皮革和铁皮等较坚硬的物质缝在一起,减少受伤风险。金缕玉衣则是把一块块的玉,用金线缝成衣服,套住整个人,汉代人相信这样可以保持身体不朽。这可比埃及的木乃伊费钱多了——人家用纱布包,咱们用金和玉!

这样显赫的地位,让子孙后代们享受了大量来自先祖的余荫。后代们自己也争气，一直保持着书香门第的传统，在历朝历代都是官宦世家、生活富足。到了刘禹锡这一代，已经过去800多年了。这期间经历了强盛的西汉、分裂的东汉、混乱的魏晋南北朝时期、短暂统一的隋朝，以及举世闻名的唐朝。权力有更迭，地位有起落，但是他们的书香从未间断。

刘禹锡从小饱读诗书，十几岁便已精通诸子百家的思想和文学，21岁就中了进士，真可谓年少有为！但是后来因为参与革新，被贬至偏远之地长达23年。人生能有几个23年？但刘禹锡并没有一蹶不振。在那长长的贬谪期里，他不知要被贬多久，也不知未来会如何，但是他依旧做好自己本分的差事，依旧埋头学问，依旧欣赏山水，写下了一篇篇经典之作。

824年，也就是刘禹锡被贬第二十年的时候，他从夔州（今重庆市奉节县）被调往和州（今安徽省和县）任刺史。途经洞庭湖时，写下了一首《望洞庭》。

望洞庭

[唐] 刘禹锡（772—842）

湖光秋月两相和，
潭面无风镜未磨。
遥望洞庭山水翠，
白银盘里一青螺。

"湖光秋月两相和"：秋天的夜晚，月光洒在洞庭湖的湖面上，交相辉映。一个"和"字，把湖水和月光完美地融在了一起。这水天一色的景象，不同于大海的广袤，不同于江河的悠远，而是独属于湖水的宁静，让人沉浸其中。

"潭面无风镜未磨"：没有风的湖面，像是待打磨的镜子一般。无风的秋夜，平静的湖边，盈盈的月光，这一切显得那样空灵而缥缈，像是把人融入了一个画境之中，带着静谧的美感，尽情体会它的美好。

"遥望洞庭山水翠"：远远望着洞庭湖的山青水绿。诗人的视线从水天相接处转到旁边的青山之上。在月光的辉映下，山显得更加青

翠，水显得更加澄澈，这湖光山色浑然一体，视觉上的美感早已传到了心间。

"白银盘里一青螺"：就好像是洁白的银盘里，托着一枚大青螺。诗人把整个洞庭湖面比作一个白银盘，把湖边君山的倒影比作一颗青螺，想象格外奇妙。如此形容，色彩干净，画面大气，却又自然淡泊，仿佛身处仙境、翩然世外。也是，能用得起这么大个银盘的，可不就是仙人么？

【朗读秘籍】

1. **情景**：秋夜月色下的洞庭湖，无风无波，暗暗的天色使得它像一面还未打磨的铜镜，静静地倒映着月光和青山。远远看去，湖水上面泛着一层洁白的月光，真像是一个银盘里托着一枚青螺啊！

2. **感情**：静谧而美好。诗人是带着欣赏与享受的心情写下的这首《望洞庭》，我们读的时候也要把诗人的这种感受表达出来。

3. **语气**：整体是柔和的语气。

第一句的"湖光""秋月"两个并列的词稍慢一点、读清楚，让大家听明白是哪两种景物，帮助听众构建美的画面。其中"湖光"在下、"秋月"在上，我们在声音的处理上一个稍低、一个稍高，但语气都是柔和的。"两相和"3个字用下山语势，是柔柔的语气。

第二句"潭面无风"比上一句的声音要更小、更柔一些，其中"无"字需要稍强调一下，"风"字可稍微拖长一点，让人把注意力都集中到接下来的内容中去。"镜未磨"是下山语势，放慢语速，让人感受到诗人的比喻，也能帮助营造一种月夜朦胧的美感。

第三句的"遥望"二字往上拖长一点，读出"远远看去"的感觉，但不要太过夸张，声音往远处送一点点就可以了。"山水翠"三字可以多些喜悦感，音量稍稍加大，语言节奏较快、不拖沓。

第四句的比喻十分新奇，"白银""青螺"一定要读清楚，让听众能完全感受到诗中的画面。但是"读清楚"不是要一味地放慢语速。这一句如果语速太慢就失去新奇比喻的妙处了。我们可以在这两个词上稍提高音量，语气欢快而喜悦。"盘里"二字低下去，与"白银"形成对比。"一青螺"带着欢喜的感觉一字一顿，有一种带人来欣赏奇特美景的兴奋感。

刘禹锡《望洞庭》朗读爬山图如图5-11所示。

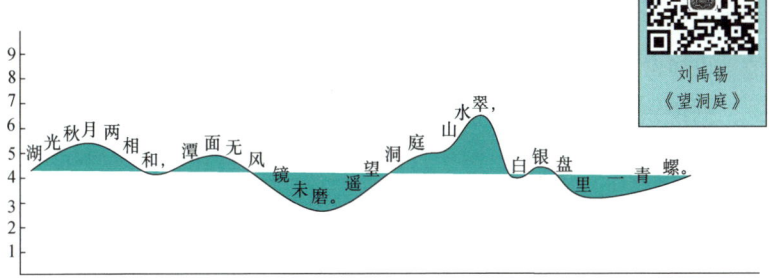

图5-11 刘禹锡《望洞庭》朗读爬山图

刘禹锡从洞庭湖离开后，去到安徽和州上任。和州知县故意刁难他，几次让他搬迁，房子越搬越偏、越搬越小，最后剩一间只能容下一床、一桌、一椅的小屋。刘禹锡便在这里写下流传千古的高洁之作《陋室铭》，其中"山不在高，有仙则名。水不在深，有龙则灵。""谈笑有鸿儒，往来无白丁。"等都成为人们争相传诵的名言。

有着这样的心境，刘禹锡活得很是通透。但他的"通透"并不是为了避祸或者认怂，而是一种精神上的超脱。还记得他因《玄都观桃花》而被贬吗？ 14年后，他又被召回京城。在这14年间，皇帝都换了四任了，可刘禹锡仍不改脾气，又写下了一首《再游玄都观》。前一首说"玄都观里桃千树，尽是刘郎去后栽"，时隔14年，他又写下"种桃道士归何处？前度刘郎今又来"，意思是，我刘禹锡又回来了，可当年那些排挤我的人去哪儿了？你们也不过如此嘛！

前后被贬30多年，还敢这么说，刘禹锡果然是不改"刺头"本色啊！好在他的晚年比较顺遂，常与白居易作诗唱和，活到了71岁，留下不少佳话。

5.2.6 《寻隐者不遇》：隐世高人住哪里

你听说过"推敲"这个词吗？它是反复考虑、琢磨的意思。这个

词的来源就和诗人贾岛有关。

贾岛（779—843），字阆（làng）仙，唐朝河北道幽州范阳（今河北省涿州市）人，唐代诗人。贾岛从小家境贫寒，十几岁的时候连饭都吃不饱了，只好出家去了寺庙当和尚，法号"无本"。作为僧人的他，也时常写诗、学习。

据说，贾岛19岁的时候云游到了长安。有一天他骑着毛驴在街上走，也不看路，完全沉醉于自己对诗句的修改当中。一不小心，冲撞了京兆尹的车队。"京兆尹"，我们可以理解为今天首都的市长。这个大官不但没有怪罪他，还问他为何这样。贾岛就说，自己在作诗，有一句不知该改成"僧推月下门"还是"僧敲月下门"，自己就一直用手推来、敲去。京兆尹听他这样说，就停下来跟他一起分析斟酌，还建议说，"敲"字更好，拜访友人还是要有礼貌，并且你一"敲"，就有了声响，在夜深人静的时候有了动静，这诗读起来也更响亮。贾岛接受了这个建议。这就是"推敲"的由来。

给贾岛提建议的这位京兆尹不是别人，正是当时颇有地位的大文学家韩愈。贾岛对韩愈执弟子礼，但他似乎更喜欢韩愈好友、诗人孟郊的作诗风格，把孟郊也视为自己的老师。贾岛和孟郊一样，写诗十分严谨，每次都要反复吟咏、苦心推敲，所以他们都得了一个"苦吟诗人"的称号。加上他们都是一生清贫、日子过得很苦，常在诗里表达怀才不遇的苦闷，所以后世的文学家苏轼把他们俩并称为"郊寒岛瘦"。

看，韩愈和孟郊合称"韩孟诗派"，孟郊又与贾岛同创"苦吟诗派"（不是他们主观意识创的，是后人的归类）。所以，大家绕来绕去，也都在韩愈的"朋友圈"里啊！

韩愈看贾岛那么有才，建议他还俗去参加科举考试。可惜的是，贾岛考了许多次，都没有考中。韩愈曾接济过贾岛一段时间，可后来，韩愈自己也被贬去了偏远的潮州，无能为力了。贾岛呢，也越来越不爱与人交际，常独来独往。在一次参加科考时，因为写诗讽刺权贵，被永久地取消了参考资格。

贾岛追求仕途屡屡受挫，但往往正是由于生活上的"苦"，成就了文学史上的"甜"。他的诗独树一帜，对晚唐诗人乃至宋朝的诗人影响都很大。

寻隐者不遇

[唐] 贾岛（779—843）

松下问童子，

言师采药去。

只在此山中，

云深不知处。

这首诗像是"问句"与"答句"，但可不是简单的问与答哦。

诗题中的"隐者"指的是隐居在山林中的人，一般是指有才华却不愿做官的贤者。

诗的意思很好懂，大约是以下这样的对话：

贾岛：请问你师父在哪里呀？

童子：我师父采药去啦！

贾岛：去哪里采药啦？

童子：就在这座山里。

贾岛：你知道在山的哪处吗？

童子：不知道。山太大了，云雾缭绕，不知道他在什么地方。

根据诗的意思，应该是有这三问三答的。但是诗人把自己后面的话都省略掉了，只留下了第一个问题："松下问童子"。谁在问童子？当然是诗人自己啦。他省去了主语，更在后面省去了自己的几个问题，只写了童子的回答。这样的布局，也显示出了贾岛的"推敲"功力。这首诗中，他的"推敲"不仅仅局限于某一字或者某一词了，而是推敲了全篇的布局。

诗人如果把全部的问答都写上来，会显得比较烦琐。我们看到，他在诗中省去了后两个问题，但通过童子的回答，我们又能完全猜到诗人都问了些什么，可谓非常巧妙的安排了。在这首短诗中，我们不仅明白发生了什么事，还看到了隐者的生活。他带着小弟子隐居在

山中，沿山采药，不理世俗，多么惬意啊！

【朗读秘籍】

1.**情景**：大山深处是这样的闲适与清爽。诗人走了许久的山路，来到隐者的住处前，本想拜访一下这位高人，却被他的弟子告知师父采药去了。环顾身处的这座大山，白云悠悠，树木茂盛，真不知去哪里寻找高人啊！

2.**感情**：这首诗里有遗憾，也有向往。诗人对所寻访的这位隐士是很尊敬且仰慕的。他不单问了小童子如何才能找到他师父，还用了特别的意向来赞美这位隐士：苍翠的松树在古诗中常用来赞扬人的风骨；茫茫的白云则常用来赞扬人的品性高洁。

3.**语气**：遗憾惆怅又带着希望和向往的语气。

第一句"松下"虽然指的是松树下，但是我们的起点可以稍高些，强调出诗人所描述的高山深林的意向。"问童子"再慢慢落下，显出跟小孩问话的亲切感。

第二句"言师"二字后可以稍停一下再揭晓答案："采药去"。这个答案可一定要非常清晰地念出来哦！

第三句运用上山类语势，"此山中"语速放慢、稍稍延长，显出山之大、之深。

第四句的"云深"二字后延长，像是在缥缈的山中寻找，然后念出"不知处"，声音拉长、减弱，好像你也随着这声音看向了云雾缭绕的深山之中，想寻找那位隐居的高洁之士。

贾岛《寻隐者不遇》朗读爬山图如图5-12所示。

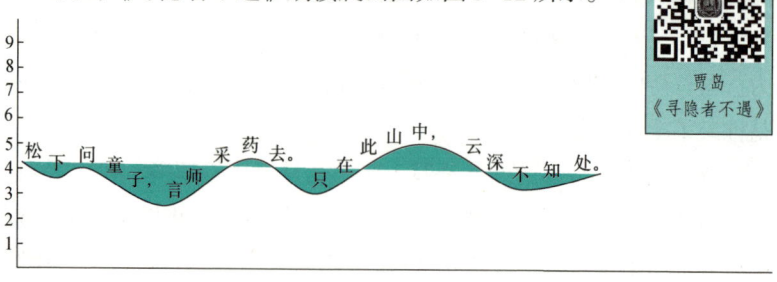

图5-12 贾岛《寻隐者不遇》朗读爬山图

新时代·教育新方法

趣解小学必背古诗词

看历史，学朗读，懂古诗

【下册】

青池 著

清华大学出版社
北京

内容简介

本书精选了 112 首小学语文教学大纲中的古诗词，按照历史的发展脉络，以诗人的生平故事为主线，将历史、文学与典故结合在一起，通过讲述诗人背后的故事和时代的发展变化，让读者更好地理解古诗词。这些关于背景的理解，也正是现代朗读学对于作品演绎的基本备稿要求。本书的一大特色是为每首诗都绘制了独一无二的"朗读爬山图"，它们是简单明了的朗读方法示意图，让读者能非常容易且直观地读出诗词的韵味。

作者希望通过这些方法，带领学生和家长们一起走进一个充满诗意的世界，让读者们真正地"读"懂古诗词。

本书封面贴有清华大学出版社防伪标签，无标签者不得销售。

版权所有，侵权必究。举报：010-62782989，beiqinquan@tup.tsinghua.edu.cn。

图书在版编目（CIP）数据

趣解小学必背古诗词：看历史，学朗读，懂古诗 / 青池著.
北京：清华大学出版社，2024.8. -- (新时代·教育新方法).
ISBN 978-7-302-67102-2

Ⅰ.G624.203

中国国家版本馆 CIP 数据核字第 2024PP0680 号

责任编辑：刘　洋
封面设计：徐　超
版式设计：张　姿
责任校对：王荣静
责任印制：杨　艳

出版发行：清华大学出版社
　　　网　　址：https://www.tup.com.cn，https://www.wqxuetang.com
　　　地　　址：北京清华大学学研大厦 A 座　　邮　编：100084
　　　社 总 机：010-83470000　　　　　　　　　邮　购：010-62786544
　　　投稿与读者服务：010-62776969，c-service@tup.tsinghua.edu.cn
　　　质 量 反 馈：010-62772015，zhiliang@tup.tsinghua.edu.cn
印 装 者：大厂回族自治县彩虹印刷有限公司
经　　销：全国新华书店
开　　本：148mm×210mm　　印　张：13.625　　字　数：361 千字
版　　次：2024 年 10 月第 1 版　　　　　　　　印　次：2024 年 10 月第 1 次印刷
定　　价：89.00 元（全两册）

产品编号：104264-01

主创团队

青池：主持人、作家、朗诵家。毕业于西南大学新闻传媒学院播音主持专业，原广东人民广播电台节目主持人。曾执教于深圳市龙岗区文化馆、马耳他中国文化中心，多次获演讲比赛、广播节目评比一等奖，现从事对外汉语教学和中华古诗词朗读研究相关工作。多年来致力于青少年语言艺术教育及对外汉语教学，获"第八届全国青少儿语言艺术盛典总决赛卓越指导教师"称号，执导、参演的少儿绘本剧、舞台剧、情景朗诵等广受欢迎。

天鸽子：本书图画作者，自由插画师，深圳大学硕士研究生，深圳市插画协会会员。

禹珵：本书视频汉服与妆发提供者，中华传统服饰爱好者。

王品皓：视频拍摄支持。

深圳市听也文化录音工作室：音频录制支持。

朗读示范

（按姓氏拼音排序）

成人： 陈海滨、米群、卫英华、张磊、张震（以上为深圳市龙岗区朗诵协会会员）

学生： 陈诗颖、代诗彤、黄启腾、黄圣轩、黄思源、巨云帆、刘宥贤、刘远航、王品皓、卫家齐、杨芮、叶芷研、叶籽彧、尹梓萱、张云深、赵廷远、郑楚涵（以上为深圳市龙岗区全民朗读大赛历届优秀选手）

前言

读古诗有什么好玩的

为什么是古诗词

我们从小就背诗。尽管不知道为什么要背,也不一定知道它的意思,但小小的我们都知道,只要能背上几首古诗,就一定能得到夸奖。

古诗词到底有着什么魔力,让年幼的孩子一读便能朗朗上口?让严厉的大人一听到孩子念诗就喜上眉梢?为什么这些诗词能传承几千年而魅力不减?

古诗词,是我们中华民族的文化瑰宝,它用最精练的语言,表达着最深刻的思想、最真挚的感情。心情好时,"春风得意马蹄疾";心情不好时,"才下眉头,却上心头";兴奋时,"漫卷诗书喜欲狂";烦恼时,"剪不断,理还乱";想闯世界时,"长风破浪会有时,直挂云帆济沧海";想家时,"举头望明月,低头思故乡"……

古诗词里有中华文化延续千年的审美和意象,有数代文人前赴后继的赤子之心和襟怀抱负,有让我们至今都受益无穷的温暖和感动。诗中所展现的美好与高洁、所传达的理想与志向,都在源源不断地给予我们力量,成为中华民族共同的精神财富。

无论将来在成长过程中有什么样的欢喜、什么样的困难,出现怎样的人生际遇，我们都能在古诗词里找到共鸣，也能让心灵获得安慰与鼓励。读懂古诗词，可以让我们对于心中所萌发的各种与中华文化相关联的感受，既懂来处，也知去处。

为什么要朗读古诗词

古诗词虽好，如果只拿来看，而不将它读出来，那就太可惜了。古诗里的韵律、节奏都极富美感，体现在声音上，是悦耳，是动听，是易读，是入心。

曾国藩说，"非高声朗诵则不能得其雄伟之概，非密咏恬吟则不能探其深远之韵"；朱自清说，"在语文的教学上，在文艺的发展上，朗读都占着重要的位置"。

面对古诗词，绝不是在心中默读就能体会其中意境的。所谓"情动于中而形于言"，凝练的诗句中蕴含了作者的学识、阅历和想法。如果只是看文字，我们难能真切地体会到。而通过朗读，在一次次的情绪模仿和语气创作中，在对背景和诗意的不断了解中，我们会越来越接近作者的感情状态，会越来越深地感受到作者所思、所想，会越来越直接地接收到来自千年前那震撼人心的感发力量。

可是，虽然我们都背过诗，但都背得相当无聊和枯燥。很多人背诗就是囫囵吞枣、只求速度，才不管诗里到底写了什么内容、表达了什么样的情绪和感情，好像只要赶紧背完就了事了。这样的背诵和朗读，无法真正领会诗词的意境，也完全传达不出诗人的感情。这就好像是有一道营养美味的菜肴摆在我们面前，我们却只是随便闻一闻就倒掉了，简直是暴殄天物啊！

反过来，如果能通过朗读，让千年前的诗歌"复活"，赋予它们第二次生命，去感动和鼓励更多的人，这是多么美好而有意义的事情呀！

为什么说以前是"假"朗读

可能有同学会说，读就读呗，反正我们都读了这么多年了！它一点儿也不难，似乎也不好玩，而且好像也没有什么作用呀？

误会，误会。

你以前练习的可能只是个"假"朗读。

为什么这么说?

因为大部分人的朗读只是在机械地"念字"而已。

想一想,你一般会在什么时候朗读?除了去参加朗诵表演,大部分的朗读都是发生在背课文的时候吧?可问题也恰恰出现在这里。无论是赶速度的背诵,还是全班一起的齐读,几乎都是一样的语调、节奏和拖腔,毫无感情和变化,我们将它称为——念书腔。神奇的是,这念书腔可以无师自通、自发流传,且全国统一!无论是北方还是南方,无论你平时是说东北话还是讲广东话,只要一开口读课文,大家就变成了一模一样的腔调。如此神奇、统一、跨越大江南北的"念书腔"是如何形成的?恐怕少不了以下几点。

(1)求快。就是想早点背完书嘛!

(2)偷懒。懒得去理解文章,就随便乱读一气。

(3)随大流。就算知道了文章的意思,但不好意思跟别人读得不一样。

于是,大家的念书腔平平淡淡、高低一致、节拍匀称,没有情绪、没有起伏、没有变化,刻板而无趣。尤其是在朗读经典古诗词时,它原本的优美和韵律全都不见了,只剩下呆板的背诵,李白听了都想哭!

什么是"真"朗读

现在我们知道了原因,怎么办呢?其实想要"真"朗读,方法很简单,大家只要记住一句话就行——读出文字真正的情感。

不仅是文章诗词句,哪怕只是一个词、一个字,都是有感情、有情绪的。欢喜与悲伤、高兴与发怒、平静与激动……读出来都是不一样的。如果我们能把作品读出它应有的感情,就等于给了它第二次生命,从文字创作变成了声音的创作。这样的二次创作能更深地激发我们内心的情感,使我们从中收获到更丰富的生命体验。

如何做到呢?只要有以下三步就行。

（1）通过理解意思去想象诗中的情景。

（2）体会诗中的情感。

（3）用合适的语气念出来。

我们学习古诗词的时候，一定会去看它的意思。但单首诗的释义往往是孤立的。如果我们能在这里稍稍深入一点，去了解诗人为什么会这样写、它究竟好在哪里，联系每首诗背后的故事一起来看，就会对诗中情感有更全面的认识和感受，印象也会更加深刻。这，就是朗读技巧的基础：理解背景。

所以我们讲每一首诗的时候，都会先讲讲诗人的故事，这样你一下子就能理解了。看故事可比背书好玩多了吧？接着，我们根据故事来想象诗中描述的情景，体会出作者的感受。有了这些基础，我们再用合适的语气念出来就好啦！因此，在理解诗意的基础上，我们的朗读步骤分为三步（图0-1）。

想象情景 ⇩ 想象出诗中所描述的画面

体会感情 ⇩ 心中去体会诗人当时的心情和感受

朗读语气 ⇩ 选用合适的语气念出诗歌

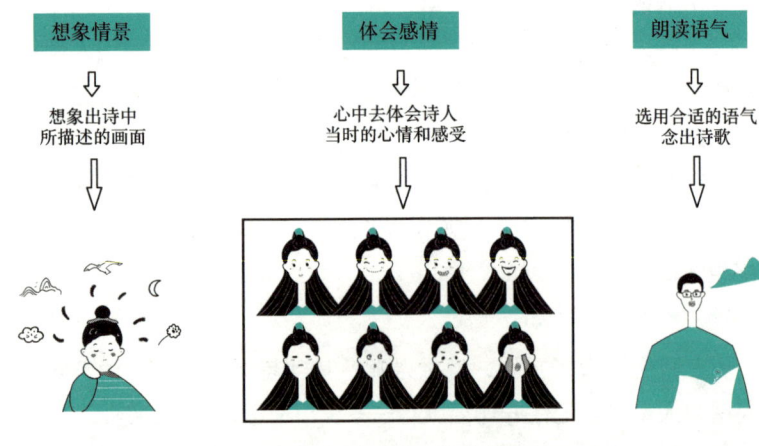

图0-1 古诗朗读步骤示意图

特别解释一下什么是语气。

"语气"，由两部分组成。"语"，指声音；"气"指气息。例如，同样的一句话，"你来啦"，高兴的时候说，我们会把气吸得很足，声音也会变得又高又亮，会大声喊出"你来啦！"，而难过的时候呢，我们的呼吸会变得又慢又沉，声音也会变得暗哑无光，会低声无力地说"你来啦"。这就是语气的妙用。我们在使用不同的语气时，自然会用上不同的语言节奏，会有许多高低快慢、轻重缓急的变化。所以，语气把握准了，朗读的效果大体也就出来了。但别忘了，"情景"和"感情"是把握合适语气的前提哦！

用我们最熟悉的一首诗来举个例子吧！

咏鹅

[唐] 骆宾王（约640—约684）

鹅鹅鹅，

曲项向天歌。

白毛浮绿水，

红掌拨清波。

来看一下我们的独家"朗读秘籍"会如何引导大家读出诗的内涵和韵味吧！

【朗读秘籍】

1. **情景**：一个六七岁的小朋友在池塘边看着白鹅戏水。只见那清清的水面上，一群白鹅悠闲地游着。它们伸着长长的脖子对着天空歌唱，它们划着红色的脚掌朝着清水拨弄，真是悠闲又有趣呀！

2. **感情**：活泼可爱。诗里满是孩童那自由自在的灵动之感。

3. **语气**：在这样一个充满童趣的场景中，朗读的语气是喜悦的、轻松的、欢快的，小朋友们还可以带上你们天然的可爱感来读哦！

第一句的第一个"鹅"字，要高起一点，表示孩子刚看到鹅的兴奋之情。后两个"鹅"字则要低一些，表示已经开始观察鹅了。回想一下，我们自己平时在观察事物的时候，说话声音是不是也会不自觉地放低、放慢呢？

第二句的"向天歌"三个字，需要我们的声音往上走，像爬山一样，把声音送往高处。因为鹅是朝着天空歌唱的，我们朗读的时候也要把它的这种姿态表现出来。

第三句的"白毛"二字，声音要往下落一点，因为诗人的视线已经从鹅的脖子移到了鹅毛上,我们的声音也要跟着视线一起往下走一点。

第四句的"红掌"要比前一句的"白毛"的声音更低一点,因为我们看鹅的视线还在继续往下,已经从白白的鹅毛到了红红的鹅掌上了。

当你带着喜悦的感情、用欢快的语气来念这首诗,你的心情和感受都会更贴近诗人作诗时的状态,天真又活泼。这样一来,你朗读这首诗的感觉可就和以往大不相同了!

怎么样?我们的"朗读秘籍"不难吧?

为了避免你们继续用"念书腔",作者还准备了"诗歌朗读爬山图"来给大家作为参考(图0-2)。在爬山图中,字在图中的位置越高,朗读的声音也就越高;字在图中的位置越低,声音也就越低;字与字之间的距离越远,朗读的节奏就越慢;字与字之间的距离越近,朗读的节奏也就越紧凑。

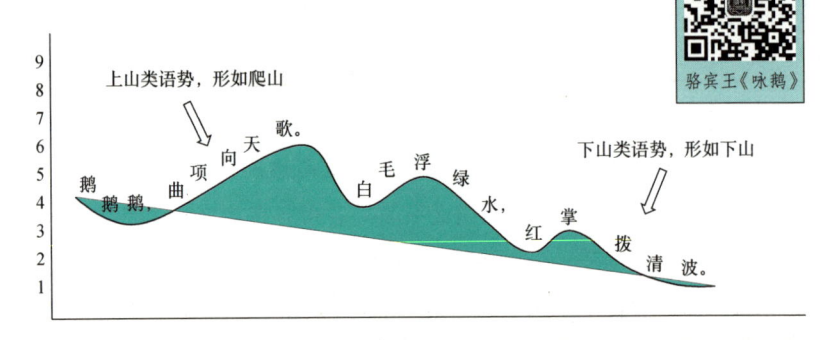

图0-2 骆宾王《咏鹅》朗读爬山图

如果某行诗句在图中是向上的趋势,就像爬山一样,那就是"上山类语势"(如图0-2中的"曲项向天歌"一句);如果诗句里的字都是向下走的,就像我们爬完山要往下走一样,那就是"下山类语势"(如图0-2中的"红掌拨清波"一句)。所以,我们只要根据图中的标示,就能读出不一样的诗歌啦!

通过这样的朗读方式来学诗歌,是不是简单又好玩?

当然，这是一种参考示意。朗读、朗诵、表演都没有标准答案。面对同一篇文章、同一首诗歌，每个人的理解和感受都会不同，用声音进行二次创作的时候也会不一样。所以，在整套书的朗读讲解中，你不必和作者标注得一模一样，这只是给初学者的简单示范。当你真正理解了文句，有了自己的独特感受，便可以用自己的方式来表达、来朗读。

在这套书中，我们将以小学生必背的古诗词为例，在历史的脉络中讲解诗人的生平故事，你可以一边看有趣的历史故事，一边理解古诗词的意思，再加上独门的朗读秘籍作为参考，那些看起来很难的内容一下子就会读啦！所以，只要通过"朗读"这一件事，就能提升文学素养、美学素养、语言能力和思维能力，真是一举多得呀！让我们一起开始古诗词朗读之旅吧！

为了让读者更加直观地理解朗读方法和"爬山图"的用法，作者特意录制并赠送部分教学视频作为示范，可扫码观看详细讲解——"青池读诗"精讲视频（共 21 节）。

21 节 "青池读诗" 精讲视频

目录

第 6 章　中唐诗歌的新乐府

6.1　老妇人也能听得懂的诗　　002
6.1.1　《赋得古原草送别》：又来送朋友了　　002
6.1.2　《大林寺桃花》：惊喜在别处　　005
6.1.3　《暮江吟》：一条江的两种颜色　　008
6.1.4　《池上》：看这小娃会躲藏不　　012
6.1.5　《忆江南》：真想来一场说走就走的旅行啊！　　015
6.1.6　《十五夜望月寄杜郎中》：谁家最相思　　019

6.2　千百年来，节约粮食都是大事　　021
6.2.1　《悯农》（其二）：每一粒都不能浪费　　021
6.2.2　《悯农》（其一）：丰收又有何用　　024

第 7 章　晚唐诗坛有新招

7.1　晚唐诗坛的两颗明珠：小李杜　　030
7.1.1　《清明》：出场率最高的节日诗　　030
7.1.2　《山行》：秋天不再悲伤　　033

7.1.3 《江南春》：那些寺庙都去哪儿了 036

7.1.4 《嫦娥》：是谁在后悔 039

7.2 用一首写景诗名留千古 042

7.2.1 《枫桥夜泊》：夜半真有钟声？ 042

7.2.2 《寒食》：不生火的一天 045

7.2.3 《乞巧》：女孩们的节日 049

7.3 诗人的隐士文化 051

7.3.1 《小儿垂钓》：嘘！ 051

7.3.2 《蜂》：不光刺你，还讽刺你 054

第 8 章 北宋听说诗被唐朝写完了？

8.1 超级大官写的诗词 058

8.1.1 《江上渔者》：一叶小舟承千斤 059

8.1.2 《元日》：这就是新年新气象 062

8.1.3 《泊船瓜洲》：我想回家 064

8.1.4 《书湖阴先生壁》：屋净心更净 067

8.1.5 《梅花》：我自孤寒我自傲 070

8.2 名动天下的宋代苏门 073

8.2.1 《六月二十七日望湖楼醉书》：这场突如其来的大雨啊 074

8.2.2 《饮湖上初晴后雨》：西湖被改名啦！ 078

8.2.3 《浣溪沙·游蕲水清泉寺》：面对逆境，咱不服老也不害怕！ 081

8.2.4 《题西林壁》：身在其中反而看不清啊！ 084

8.2.5 《惠崇春江晚景》：谁最早发现春天来了 088

8.2.6 《赠刘景文》：别放弃，还是好时候！ 091

8.3 横跨两朝的江西诗派 095

8.3.1 《清平乐·春归何处》：你知道春天去哪儿了吗 096

8.3.2 《三衢道中》：真是好天气呀 099

第 9 章 剩一半地盘儿的南宋，写诗不服输

9.1 心忧天下的爱国文人 104

9.1.1 《夏日绝句》：面对国难，女词人亦不畏生死 105

9.1.2 《西江月·夜行黄沙道中》：蛙叫声是什么意思 109

9.1.3 《清平乐·村居》：看看娃儿们都在干啥 112

9.1.4 《题临安邸》：你忘了国仇家恨？ 115

9.1.5 《秋夜将晓出篱门迎凉有感》：何时收复失地 119

9.1.6 《示儿》：祖国统一是人生大愿 123

9.2 咱们不讲道理，咱写诗 126

9.2.1 《四时田园杂兴》（其二十五）：18 岁就进寺庙，归隐是我的梦想 126

9.2.2 《四时田园杂兴》（其三十一）：我退休啦，大型纪录片走起！ 130

9.2.3 《小池》：我不写小池 132

9.2.4 《稚子弄冰》：你敢在冬天玩冰吗 135

9.2.5 《晓出净慈寺送林子方》：舍不得你，但我不说 138

9.2.6 《宿新市徐公店》：在乡村散散步很舒服 141

9.2.7 《春日》：愿思想如春风般吹拂大地 144

9.2.8 《观书有感二首》：我真没刻意跟你讲道理 147

9.3　隐居的诗人们可有真的岁月静好？　151

9.3.1　《乡村四月》：农忙时节也快乐　151

9.3.2　《游园不值》：主人到底小不小气呀　154

9.3.3　《夜书所见》：真怀念小时候啊！　157

9.3.4　《雪梅》：到底谁赢了　160

9.3.5　《村晚》：优哉游哉小牧童　163

9.3.6　《寒菊》：宁死也不降新朝　166

第10章　元、明、清：我们还在坚持写诗

10.1　功名利禄远离心间　172

10.1.1　《墨梅》：我的人生如梅花一样高洁　172

10.1.2　《石灰吟》：我什么都不怕　175

10.1.3　《画鸡》：我可不是随便叫的　178

10.2　随皇帝出巡的诗人　181

10.2.1　《舟夜书所见》：带你看江上夜景　181

10.2.2　《长相思·山一程》：跟皇帝出去好玩吗　185

10.3　吟诗作画别有风味　188

10.3.1　《竹石》：像竹子一样不低头！　188

10.3.2　《所见》：捕蝉得这么干　191

10.3.3　《己亥杂诗》（其一二五）：老天啊，我劝你广招天下人才　193

10.3.4　《村居》：你放学后都干吗呢　196

参考文献　199

后记　201

第6章 中唐诗歌的新乐府

6.1 老妇人也能听得懂的诗

6.1.1 《赋得古原草送别》：又来送朋友了

前面介绍了韩愈"朋友圈"里的不少诗人，现在又有一位重量级的人物要出场啦！

白居易（772—846），字乐天，号香山居士，又号醉吟先生，唐代现实主义诗人，唐代三大诗人之一。祖籍山西太原，生于河南新郑。

虽然身处韩愈的"朋友圈"，但是他们之间的关系挺微妙的。白居易跟韩愈同朝为官 20 多年，算是老相识了，但是彼此之间似乎不怎么来往。后期虽有几首诗相互提到过对方，但语气都很有意思。不是白居易在诗里说韩愈疏远自己，就是韩愈写诗说我主动约你踏青你又不来。白居易又接着写诗回应说，下雨天我不想出门，在自己家看花挺好的。

这语气，怎么看怎么像是两个老小孩在拌嘴，太好玩了。没想到这两位写下那么多或气势磅礴，或忧国忧民的文学作品，还有这么天真可爱的一面。两位大文豪都是自幼读书便十分刻苦，他们的努力也没有白费，青年时期便开始崭露头角。比如白居易，在十几岁时，就写下了的这首脍炙人口的诗。

赋得古原草送别

［唐］白居易（772—846）

离离原上草，一岁一枯荣。

野火烧不尽，春风吹又生。

远芳侵古道，晴翠接荒城。

又送王孙去，萋萋满别情。

总有一些古诗，你念出上一句，几乎所有人都能接出下一句。《赋得古原草送别》的前两联就是这样。

"赋得"我们可以理解为"命题诗"，是古代考试、学习、聚会作诗时的一种方式。

"离离原上草，一岁一枯荣"：茫茫大草原上长满了青草，这些草从枯萎到繁盛，再从繁盛到枯萎，年年岁岁重复着它的生命周期。首联的这两句写出了野草的生命力和特点。叠字"离离"的运用很形象地写出了草的茂盛，后句先"枯"后"荣"，这是由秋到春的重生，而不是由春到秋的衰败。两个"一"字又让诗句有了咏叹的感觉，营造出了生生不已的希望之感。

"野火烧不尽，春风吹又生"：草原上的野火无法把它们烧尽，只要春风一来，它们就又焕发出了新的生命。颔联是承接首联而来的，前面写了"枯荣"，这里就将枯荣具体化了。秋天干燥，易起野火，哪怕枯草沾火就着，被烧得精光，但它的根系仍在。第二年春风一来，小草们又会从土里钻出来，铺满整片草原。这一联里的"烧不尽"与"吹又生"，既相对立、又相联系，有天然的工整性，也有深刻的哲理性，还朗朗上口，怪不得能流传千年呢！

"远芳侵古道，晴翠接荒城"：远处的青草已经长到古道上，阳光下，绿色的草地将荒废的城郭连在了一起。远芳：青草的香气。这是从嗅觉上来说古草原上弥漫着青草香。晴翠：阳光下青草的颜色。这是从视觉上来说草原的茂盛。而且，一个"侵"占古道，一个"接"上荒城，又进一步写出了野草的顽强。古道、荒城与诗题中的古原相呼应，虽然这些景物已经很"老"了，但是野草依然生机勃勃。

"又送王孙去，萋萋满别情"：我又来送别朋友了，这芳草萋萋，满是我心中的离别之情啊！在前几联的诗句里，诗人铺垫了古老的荒凉景色和新生的茵茵绿草，已经是给人一种生命往复不息的力量感了。可偏偏是在此时要去送别朋友，在春回大地之际又增添了惆怅

之情。"王孙"指远行的朋友，和王维的"王孙自可留"一样，出自《楚辞·招隐士》，不过白居易引用的应该是"王孙游兮不归，春草生兮萋萋"这一句。《楚辞》里是睹草思人，白居易则是用连绵不尽的萋萋之草来表达溢满心间的离别愁绪。

据说白居易十几岁初入长安的时候，带着这首诗去拜见当时很有名望的诗人顾况（记得么？顾况就是前面说韦应物组织集会送别的那位诗人，当时白居易就在远处羡慕地看着他们吟诗作对呢！），希望得到他的指点。顾况一看"白居易"这名字，便开玩笑地说："长安的米很贵的，想要居住下来可不容易啊！"

但当顾况认真读诗的时候，便被白居易的才华所惊艳了，他认真地说道："你能写出这样好的诗句，要留在长安又有什么难的呢！"

从此，顾况记住了这个年轻人，并时常夸奖他。白居易渐渐在京城的诗圈里出了名。

【朗读秘籍】

1. 情景：古原上的草，每年都是枯了又长。即便秋天被野火烧成了灰烬，来年在春雨的滋润下，又能重新发芽生长。四处都弥漫着青草的香气，远处的古道和荒城，都有野草的身影。它们在阳光的照射下，越发青翠动人。可是，我要在这里送别朋友了，这满心的不舍就如这萋萋芳草一样广袤无边啊！

2. 感情：有赞扬野草的生命力之感，也有对朋友的惜别之情。

3. 语气：虽有惜别之意，但整体还是需要用坚实的语气来表达小草的坚韧。

首联"离离"二字拓开一点，显示出草原的宽广和茂盛。"原上草"的"草"字，把字音发完整，这个发音的动程正好与我们打量这一片草原的动程一致，读出诗的动态美。"一岁一枯荣"注意两个"一"的节奏，不要拖沓，读出它咏叹、节律的感觉。

颔联"野火烧不尽"一句采用先上后下的语势，并且这句读完后可以做一个停顿，再转换语气，用带着希望的、欢快的语气读"春风吹又生"，这感觉就仿佛我们看着火势蔓延、熄灭，又看着新草萌芽而出。

颈联"远芳"二字送远、拉长一点点，把草香弥漫的感觉读出来。"侵"和"接"这两个动词要突出强调一下，把野草的韧劲表现出来。总的来说，颈联的第一句是上山语势，第二句是下山语势，慢慢落下的"荒城"二字要能衔接住尾联的离别之意。

尾联的"又"字加重，这是诗人叹息的心情，表示又一次的离别。"王孙"是一个代称，不必强调。"去"可拉长一点，仿佛是看着朋友远去的背影一样。最后一句，诗人以绵绵不尽的草原表达自己绵绵不尽的情意，我们带着这种不舍的感觉，轻轻、慢慢、略拉长地结束全诗。

白居易《赋得古原草送别》朗读爬山图如图6-1和图6-2所示。

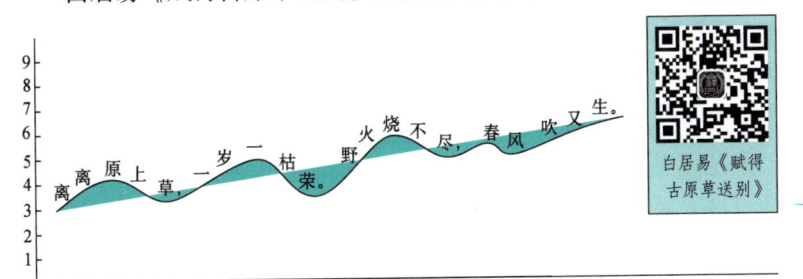

图6-1 白居易《赋得古原草送别》朗读爬山图1

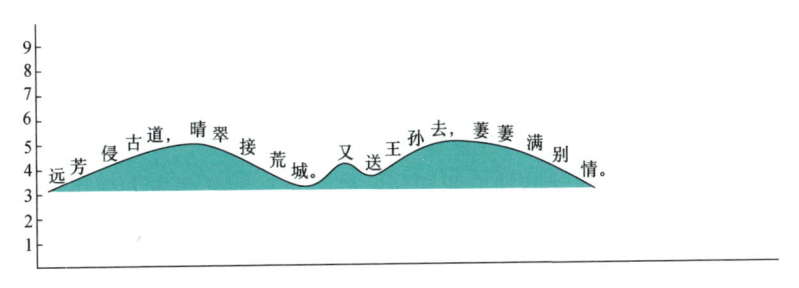

图6-2 白居易《赋得古原草送别》朗读爬山图2

6.1.2 《大林寺桃花》：惊喜在别处

白居易年少出名，勤奋刻苦，因此仕途也比较顺利，一路晋升。

任左拾遗时，他经常尽职尽责地上言谏议。大家记不记得杜甫也做过左拾遗？左拾遗是言官，专门提意见的。当时变成言官的杜甫每天都上书皇帝，几个月后皇帝不胜其烦，把他远远地打发了。

白居易当左拾遗的时候也差不多，他常直谏言事，也写了大量反映社会现实的诗歌。此时的他浑身充满干劲，很希望大唐能重回盛唐的繁华。虽然白居易上书的火力没有杜甫那么猛，但也常惹得皇帝不高兴。不过当时的宰相李绛劝皇帝说，这是白居易的一片忠心，还劝皇帝广开言路。可白居易虽没有被皇帝怪罪，但还是让一些权臣感到不满。

白居易从808年开始任左拾遗3年。后来由于母亲去世而归家。我们前面在讲李贺的时候也说过，在古代，父母去世是要守孝3年的。3年后的814年，白居易回朝，但官职不是左拾遗了，而是改任太子左赞善大夫，相当于太子的老师之一。815年，宰相武元衡在上朝途中被刺杀，朝野震动。此时已经不是言官的白居易也立即上书请求严惩凶手，被人抓住把柄，说他越职言事，过界了，后来又诽谤他对母亲不孝，因此被贬为江州司马。

也许你听过"江州司马青衫湿"这句诗。这是白居易被贬的第二年，因听到一首琵琶曲而写下的一首长诗《琵琶行》中的诗句。《琵琶行》里有许多名句，如"千呼万唤始出来，犹抱琵琶半遮面""嘈嘈切切错杂弹，大珠小珠落玉盘""此时无声胜有声""同是天涯沦落人，相逢何必曾相识"等。白居易在诗中通过描写琵琶女的身世遭遇，来抒发自己无辜被贬、人才被埋没的愤懑之情。

当时白居易被贬的地方叫江州，就是现在的江西省九江市，那里有一座名山——庐山。庐山的风景名胜颇多，李白就曾在此写下过《望庐山瀑布》二首。被贬的第三年，白居易的情绪也舒缓了不少。这一年春夏之交，他跟很多友人同游庐山，写下了《大林寺桃花》。

大林寺桃花

[唐] 白居易（772—846）

人间四月芳菲尽，

山寺桃花始盛开。

长恨春归无觅处，

不知转入此中来。

身处逆境，看到这样令人惊喜的景色，诗人的心情也被这意外之美所感染。

"人间四月芳菲尽"：四月的百花都已经落尽了。人间：指我们平时生活的地方，这里也可以具体指代庐山脚下的村落。四月：农历的四月相当于公历的五六月份，已经是初夏了。芳菲：鲜花盛开的景色，也可泛指鲜花。初夏时节，花期都已经结束了。

"山寺桃花始盛开"：而山间寺庙里的桃花才刚刚盛开。这一句中的"始盛开"与上一句的"芳菲尽"是对比的。本以为已经没有鲜花可看了，没想到高山之中的花才开始绽放。这样的遥相呼应，显出了诗人当时惊喜的心情。而且，读到这一句，才忽然感受到上一句里的"人间"用得多么巧妙——人间无花，这里却有花，那么诗人所处之地仿佛就已经不是人间，而是如同仙境一般殊胜了。可见当时景色之怡人、诗人心情之舒畅。

"长恨春归无觅处，不知转入此中来"：我常为春光逝去无处寻觅而感到惋惜，却不知道它已经转到这里来了。看到深山里的桃花，诗人想到自己因为爱春、惜春，常常感到遗憾，没想到在这里见到了春天。而之前为春光逝去、无处赏景而感到惋惜的心情，全部都被冲散了。

【朗读秘籍】

1. **情景**：农历四月，花期都已过去。登山之前，山下的春意已经寻觅不到了。没想到来到这深山古刹之中，意外发现这里的桃花才刚刚盛开。原来我一直寻觅的春光就在这儿啊！

2. **感情**：诗人由一开始的叹息之情，转为惊喜、欣赏之情。

3. **语气**：整体以欢喜的语气为主。

第一句用稍有叹息的感觉点出时节"人间四月"，表示春天已过完了。随后用下山语势缓缓念出"芳菲尽"，惋惜着花儿也没了，有

些惆怅。

第二句转为惊喜,人在惊喜的时候说话,气息比较满,声音比较高,外放得也比较多,加上从心里溢出来的高兴,朗读时的言语中就会透着惊喜感。因此我们要能比较自然地从上一句的惆怅转为这一句的欣喜。有一个明显的转变可以帮助到我们:上一句是下山语势,这一句"山寺桃花始盛开"是上山语势。

第三句是诗人回想起自己这段时间以为春天已经过去的遗憾之情,他说这话的时候,已经知道结果了,已经看到眼前的桃花了,所以我们在朗读的时候,不必刻意处理成非常低沉缓慢的调子,而是可以用略带自嘲的语气,带着类似"前面那些天都白担心了"的心态,用稍慢一点的语言节奏来念"长恨春归无觅处",其中的"无觅处"需要强调一下。

第四句则是带着庆幸和欢喜的心情:原来春天跑到这里来了呀!此时,我们的语言节奏加快些,轻巧、愉快地念"不知转入此中来"。

白居易《大林寺桃花》朗读爬山图如图6-3所示。

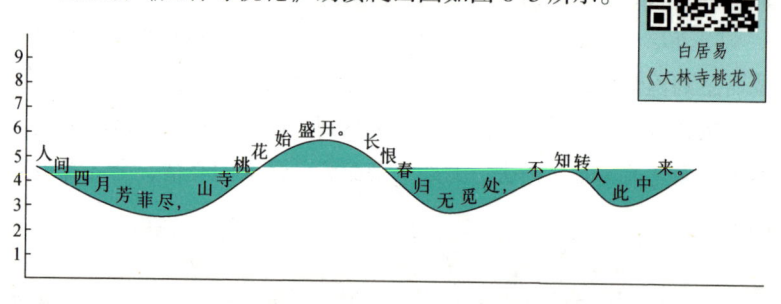

图6-3 白居易《大林寺桃花》朗读爬山图

6.1.3 《暮江吟》:一条江的两种颜色

身边不少朋友都有这样一个印象,因一句"江州司马青衫湿",便以为白居易被贬官且一直被贬,像我们前面提到的许多诗人一样,一生坎坷不得志。但故事在乐天(白居易,字乐天)身上,有了转变。

年轻时的白居易，充满了报国热情，他有着兼济天下的抱负，满心希望国家能再次强大起来。做左拾遗的时候他就经常上书提意见，还写了大量的讽喻诗，揭露社会现实。可他觉得这还不够，又和朋友们一起发动了一场革新——别误会，不是刘禹锡和柳宗元的那种政治上的革新，而是诗歌上的革新——史称"新乐府运动"。

简单来说，就是要继承《诗经》《汉乐府》的现实主义精神，以新的诗题，写目前的社会现实。

我们在第1章里介绍过，《诗经》《汉乐府》里的许多作品都是在诗歌里"说事"，白居易也认为诗歌不是随便写的，也要"说事"。他提出的"文章合为时而著，歌诗合为事而作"，说文章要为时事而写，诗歌要为现实而作，这成了新乐府运动的口号。许多文人都加入了这场运动，元稹、王建、张籍、李绅等和白居易一起创作了大量诗歌，如《卖炭翁》《田家词》《野老歌》《水夫谣》等，这些诗歌反映了人民的苦难、揭露了封建统治者的剥削，具有强烈的现实意义。

你知道吗？这些诗歌的创作，正是从唐朝现实主义诗人的巅峰——杜甫那里继承而来的。原本在盛唐不怎么有名的杜甫，经过中唐这一批诗人的争相推荐，瞬间就成了备受推崇的诗人。杜甫的诗歌也是从那时起被广泛传诵和模仿的。许多诗人不惧权贵威胁，写了下大量反映民生疾苦的诗歌文章，在中国诗歌史上留下了光辉灿烂的一页。

然而，好景不长。白居易在一些权贵的打击报复下，被贬为江州司马，新乐府运动受挫。而且，当时统治阶级的腐败也使得这项运动无法再继续下去。

被贬后的白居易，深感官场黑暗、无力改变，逐渐远离政治中心。即使后来被召回长安，他仍请命去地方任官。于是，822年7月，白居易被任命为杭州刺史，10月到任。在这期间，他创作了一首写景名篇《暮江吟》。

暮江吟

[唐] 白居易（772—846）

一道残阳铺水中，
半江瑟瑟半江红。
可怜九月初三夜，
露似真珠月似弓。

读完这首诗，能让人体会到一种静谧的美感。

"一道残阳铺水中"：夕阳倒映在江面上，波光粼粼。残阳：指快落山的太阳的光，也指晚霞。傍晚时分，夕阳的余晖洒在江面上。随着太阳渐渐西沉，这余晖的光芒也渐渐西去。当太阳几乎落到地平线上的时候，它的光仿佛是贴着地面而来，沿江铺开，非常柔和。

"半江瑟瑟半江红"：江面呈现出一半红一半绿的景象。这是因为太阳已经落得非常低了，它的光芒已无法覆盖整个江面。能照到光的江面，被染成了红色。没有光的江面，则呈现出一片碧绿之色。"瑟瑟"原本是指碧色珍宝，在这里指碧绿的颜色。江面半绿半红，这是一天当中少有的景象。诗人捕捉到了它的特别，也被这波光粼粼的光影水流所吸引、所沉醉。

"可怜九月初三夜"：最惹人怜爱的是这九月初三的夜晚。可怜：可爱的意思。农历的九月初三相当于我们现在的公历 11 月左右，已经是深秋了。这句诗，诗人不仅是在感慨深秋的夜晚是多么可爱，也是在悄悄告诉我们，已经到晚上啦！这就非常自然地把时间从傍晚过渡到了晚上。

"露似真珠月似弓"：露水像一颗颗的珍珠，月亮像一把弯弯的弓。小学生都学过月相的变化，我们知道月相跟农历日期有着密切的关系。比如，农历十五、十六是满月，这个时候的月亮是圆的；而农历初一是新月，我们几乎看不到月亮的光；到了初三或初四，称为"峨眉月"，就是一弯小小的月牙儿。这首诗里描述的就是一轮"峨眉月"，诗人把它比作"弓"，特别形象。

不知道诗人在江边站了多久。他的这首诗里，从傍晚到凌晨的景色都有。"残阳铺水"是傍晚日落时分；"月似弓"则是晚上月亮初升的时候；而当露水能凝结成珍珠的形状时，已经是深夜、接近凌晨了。

【朗读秘籍】

1. **情景**：太阳落山了，只剩一点余晖洒在江面上，被照到的江面被染成了红色，没被照到的则在红色的映衬下，更显深绿了。晚上，月亮渐渐升了上来，让这秋天的夜色显得这么美好和可爱。夜再深一点的时候，露水也开始凝成一个个浑圆的小水珠，仿佛是无数珍珠在月色下闪着光芒。

2. **感情**：我们能从诗中感受到诗人内心的静谧。那时的他已经不愿再卷入朝廷的斗争之中，自愿请求离开长安、去往地方当官。他远离党争，卸下了不少包袱，心情也放松了下来。

3. **语气**：整体的语气是愉悦舒缓的。

第一句"一道残阳"是上山语势，不过是非常缓地上升，往上爬的幅度很小，语速是较慢的。"铺"字需要把字音拓开，读出夕阳铺洒江面的画面感。"铺水中"3个字渐往下落。

第二句"半江瑟瑟"语言节奏加快，到了第二个"瑟"字时，尾音可以拉长一点，以表现它的色彩感。读到"半江红"时语言节奏放缓，其中的"红"字与前面的"瑟"对应，也是可以拉长一点。但与"瑟"字不同的是，我们读"红"字的时候把字音发完整，并往上延一点，把红色的光影充足地表现出来。

第三句的音量收小一点，语言节奏加快一点点，从低处起，逐渐往上升，形成上山语势。最后的"夜"字稍拖长一点，起到过渡的作用。

第四句整体的语速都是非常慢的。第一个"露"字轻柔吐出，体现出对它的珍惜和喜爱，到后面"似珍珠"几个字时，声音逐渐增强。"月似弓"的"月"字同样是充满温柔爱意的，声音轻柔地送出来，仿佛顺着月弓一样的形状逐渐往下走。

白居易《暮江吟》朗读爬山图如图6-4所示。

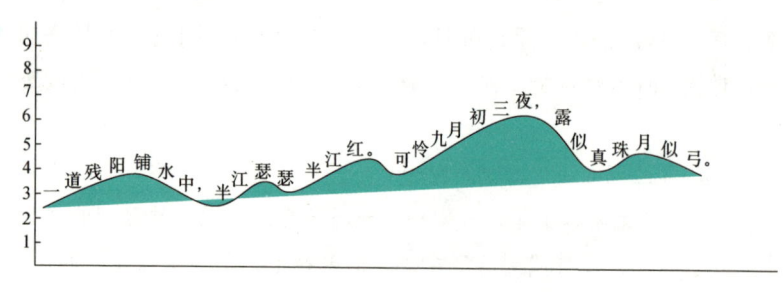

图6-4 白居易《暮江吟》朗读爬山图

6.1.4 《池上》：看这小娃会躲藏不

传说白居易写诗追求"老妪能解"。这里的"老妪"指的是不识字的老奶奶。宋代流传的一本书《冷斋夜话》里说，白居易经常在写完诗后，念给老奶奶听，如果她能听懂，就录入，如果老奶奶听不懂，白居易就会修改到她能懂为止。他还说，如果写出来的诗大家都听不懂，那还有什么意思呢？

这个故事的真实性我们现在不得而知，毕竟那本书不是正史，故事性比较强。但是故事里讲的意思其实跟白居易倡导的新乐府运动很有关系——都是希望诗歌能真正地回到民间，为民所用。新乐府是相对于古乐府起的新名字。周朝、汉朝都有"采诗"制度，许多诗歌都是从民间采集而来。那些诗歌的创作者本来就是老百姓，甚至很大一部分就是由不识字的劳动人民口头唱诵而来。因此，采诗官从民间带回来的诗歌，语言通俗易懂，内容贴近生活，从侧面记录下不少社会现实。白居易等人所倡导的新乐府运动，就希望能模仿古制，恢复采诗制度，也希望诗歌能咏写时事，继承汉乐府的现实主义精神。

之所以大家会一直流传说白居易写诗要求"老妪能解"，一是来自那本书里的介绍；二是白居易的许多诗的确用词简单、意思一听就懂。于是，有的人说他的诗不够"精致"、不够"讲究"。但是请仔细想想，我们读来觉得很简单的诗，真的能很随意地就写出来吗？像是"一岁一枯荣""春风吹又生""人间四月芳菲尽"，这些诗句都很好懂，但不是人人都能写成的呀！有时候，往往简单的诗句，反而更需要作者有深厚的功底，这样才能把他所要表达的复杂心情用简练的语句写出来。比如接下来我们要看到的一组诗，也是非常简单，无须注释，大家看字面意思就能看懂了。

池上（其一）

[唐]白居易（772—846）

山僧对棋坐，
局上竹阴清。
映竹无人见，
时闻下子声。

池上（其二）

[唐]白居易（772—846）

小娃撑小艇，
偷采白莲回。
不解藏踪迹，
浮萍一道开。

看起来是简单的小诗、简单的句子，却留给人无穷的余韵。这组诗作于835年。那时候，党争越发激烈，白居易远远地躲去了洛阳任闲职。说句题外话，后期的白居易一直秉承着"独善其身"的理念，对于那些提拔、重用和拉拢都不怎么搭理，好在他的官职和俸禄（工资）都还不错，晚年生活还是比较幸福的。这对读到"江州司马青衫湿"时心疼不已的读者来说，也算是一种安慰了吧！

写下《池上》的时候，白居易已经64岁了。某天他外出游玩，先是遇到了僧人对坐下棋，闲适空灵；后来又看到小孩子偷采白莲，欢快灵动。也许是这些场景勾起了他心中想颐养天年的愿望，便提笔写下了这两首天真有趣的诗歌。其实小学阶段要求大家背诵的只有第二首。之所以把两首都放进来，是因为这样能更方便、更完整地理解诗人写诗时的心境。

第一首诗写的是山中有两位僧人在对弈，竹子的树荫遮盖着棋盘，也遮盖着僧人的身影。从竹林外看过去，见不到人，只能听到偶尔落下棋子的声音。

这意境营造得非常美妙。深山里的和尚，给人的感觉就是与世无争的。他们静静地在深林里下棋，没有交谈声，也没有嘈杂声，所以连落下棋子那样微弱的声音都能传到竹林之外来，让人感觉清幽无比。

第二首诗说的是一个小孩子撑着一艘小小的船，去偷偷采了白莲。但是他还不懂得怎么掩藏自己的踪迹，小船走过的时候，把水面上的浮萍划开了一道道水痕。

两首诗，一静一动，相映成趣。如果说第一首是一位老者享受安详生活的心情，那么第二首则是看到孩童玩耍时，那种来自长辈的欢喜、疼爱之情。小孩子自己偷跑出去玩，却完全没有想到或者不懂得要掩藏一下自己的踪迹。而正是这种"没想到"和"不懂得"，更显孩童的稚气，也让诗人体会到了久违的天真，这才留下一首如此亲切活泼的小诗。

不过，咱们可一定要注意安全，不能自己下水游玩哦！

【朗读秘籍】

1. **情景：** 夏天的池塘里，一个活泼又顽皮的小孩子自己撑船在池塘玩。他一定是玩得很开心，完全忘了自己是偷偷来的，就让那小船冲开水面上的浮萍，留下一道道水波。

2. **感情：** 诗人此时虽然已经年逾花甲，但是看到孩童天真的样子，他也跟着活泼起来，心情十分愉悦。

3. **语气：** 整首诗都是愉快活泼的，我们可以试着用一种看到小朋友在"偷玩"的语气来念。当然，作者知道正在看书的你也是小朋友，那么你可以想象是看到了一个两三岁的小弟弟或小妹妹，拿着爸爸妈妈的衣服在穿着玩，是不是很有趣？就用这样的语气来念这首诗哦！

第一句语言节奏稍慢一点，但不要拖沓，把两个"小"字用一种活泼的语调念出来，显出小孩子的可爱感。

第二句"偷采"两个字要轻轻地说，声音太大的话可就没有偷偷去玩的感觉啦！这句是下山趋势，引导大家去想象，采回白莲后是什么样呢？

第三句"不解藏踪迹"，咱们要用上好玩的、忍俊不禁的语气来念，"不"字稍强调一下，"藏踪迹"3个字往上走，形成一个小小的上山语势。

第四句语言节奏放缓，"浮萍"稍强调一下，念"一道开"的时候，让我们的声音随着那被划开的水流一起荡漾开去，慢慢走远。

白居易《池上》（其二）朗读爬山图如图6-5所示。

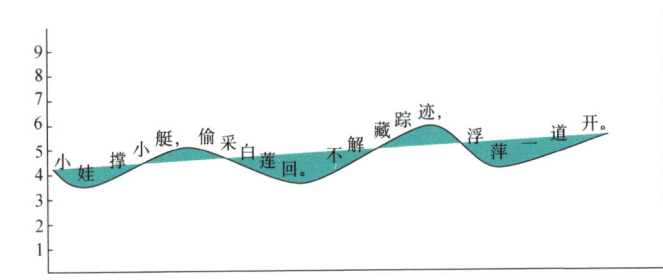

图6-5 白居易《池上》（其二）朗读爬山图

6.1.5 《忆江南》：真想来一场说走就走的旅行啊！

白居易曾在杭州和苏州任职几年，在那期间，为当地百姓做了不少好事。

当时，杭州的水质受海水的影响，又咸又涩。一开始有一位叫李泌的官员打了6口井，引西湖的水到井里，供人饮用。但后来，当作"水管"用的毛竹渐渐腐败，引水管道也就被塞住了，百姓又没了清甜的淡水。白居易来杭州知道这个情况后，亲自主持疏通古井，并换了一套引水的竹笕（引水用的长竹管），从此，杭州百姓又能喝上西湖水了。他又发现西湖淤塞、农田干旱，便从钱塘开始修堤，把西湖一分为二，平时用来蓄水，遇到干旱时便用来灌田，还刻了《钱塘湖石记》供后人知晓,这对杭州治理湖水很有帮助。

有一年作者去杭州游玩,在西湖边上,当地导游告诉作者,西湖著名的白堤也叫"白公堤",当地人都愿意说这就是白居易当年修建的。但其实,现存的这条堤,在白居易来杭州之前就已经存在了。而当年由白居易修建的、保护了万顷良田的真正的"白公堤",则早已消失不见了。但当地老百姓还是愿意将错就错,就把现存的堤叫作"白公堤",以表达对白居易的尊敬和喜爱。

白居易也确实不负杭州百姓对他的爱。三年后,即使离任,他仍心系杭州。他拿出自己的工资给杭州留下了一笔数目不小的"公务基金",以供后来的官员们处理紧急事务时使用,事后补回原数即可。这笔"基金"一直在杭州运转,直到唐末受战争影响,登记使用的文书被烧,才不了了之。

白居易为杭州做出如此政绩,还在诗歌里大大"宣传"了杭州和西湖的美景,对杭州爱得深沉呀!他离任的时候,百姓都非常不舍,自发为他送行,白居易也感动得写诗回赠给百姓。

多年后,在洛阳处于半退休状态的白居易,还会时常想起杭州。他写下了《忆江南》三首,生动地描绘出了江南的大好景色。

忆江南

[唐]白居易(772—846)

其一

江南好,风景旧曾谙。
日出江花红胜火,春来江水绿如蓝。能不忆江南?

其二

江南忆,最忆是杭州。
山寺月中寻桂子,郡亭枕上看潮头。何日更重游?

其三

江南忆,其次忆吴宫。
吴酒一杯春竹叶,吴娃双舞醉芙蓉。早晚复相逢?

这3首属于"组词",和诗歌的体裁不同。忆江南:唐教坊曲名。

诗人于题下自注说："此曲亦名'谢秋娘'，每首五句。"这个曲子到了晚唐、五代时期成为词牌名。这里所指的江南主要是长江下游的江浙一带。第一首是总起，第二首写杭州，第三首写苏州。小学生要求背诵的是第一首，后面两首了解一下，有一个完整的概念即可。

"江南好，风景旧曾谙"：江南是多么美好啊，美丽的风景我早已熟悉。谙（ān）：熟悉。不愧是"老妪能解"的作品呀！开头第一句就这么浅显易懂、直抒胸臆，让我们直截了当地感受到了作者对于江南的喜爱。这里的江南，指的就是他曾生活过的杭州、苏州一带。通过前面的故事背景介绍，我们知道白居易在江南生活了许多年，自然是对那里非常熟悉了。

"日出江花红胜火，春来江水绿如蓝。能不忆江南？"：当太阳照在江面上，便把江边的花映射得比火还要红。春天来的时候，碧绿的江水比那蓝草还要绿，怎么能不叫人怀念江南呢？"绿如蓝"的"蓝"是指蓝草，这种植物虽然名字叫"蓝"，但它的叶子其实是非常美的绿色。不过它可以提取出靛蓝的染料，我国古代的许多织物和民间工艺品上都有靛蓝美丽的身影。

作者从江水开始写江南。春天的江南，江面波光粼粼，火红的鲜花与深绿的江水相互映衬，一片生机勃勃的景象。白居易写此诗时身在洛阳，北方的春天与江南完全不同，他也因此怀念起了不同的春天景色。

接下来，第二首写他最想念的杭州，自己曾在山中寺庙寻找秋天桂花树落下的桂子，曾在钱塘湖畔看大潮奔涌，什么时候能再去杭州呢？

第三首，"吴宫""吴酒""吴娃"都是指的苏州。因为苏州古时是吴国所在地。注意到没有？对唐朝的人来说，1000年前的春秋战国时期也属于是"古代"了。诗人回忆起苏州的美酒和美妙的歌舞，一切都那么迷人，不知什么时候能再重逢呢？

整组词字数不多，却分了不少层次，逐步向大家介绍江南的美好。我们读完之后，也感受到了作者对于江南的深情怀念。不知道白

第 6 章 中唐诗歌的新乐府

017

居易晚年写下这回忆江南的词时,心里是否想着:江南那么美,真想来一场说走就走的旅行啊!

【朗读秘籍】

1. **情景**:北方的春天来得晚。白居易坐在依旧春寒料峭的北方,怀念起江南春日的美好。那暖和的太阳一出来,便映红了江岸的鲜花,光影流动,把江水也衬得更绿了。那样春光荡漾、花红柳绿的江南,怎么不叫人怀念呢?

2. **感情**:整首词都是充满回忆和喜爱的感情。

3. **语气**:要表达回忆和爱的感情,整体上需要气息舒缓、声音柔和,但每一句各有不同。

第一句中的"江南好",是作者深切的感慨。在开口之前一定要蓄够气,否则不足以表达出作者的感情。尤其是"好"字,我们一定要发饱满。"风景旧曾谙",语言节奏放慢,带着回忆美好往事的感觉拉长一点。

第二句"日出江花"低起,代表初升上来的太阳,随后的"红胜火"是一种欣欣向荣的赞扬的情绪,朗读时要往上走。后面一句"春来江水",是从太阳处落到了江面上,朗读趋势往下,到了"绿如蓝"再往上走,这是悠悠回忆的思绪延展。

最后的"能不忆江南"是个充满回忆和爱的反问句,语势大体往上走,我们既温柔又肯定地念出,以增加诗人的这种美好的怀念之情。

白居易《忆江南》(其一)朗读爬山图如图6-6所示。

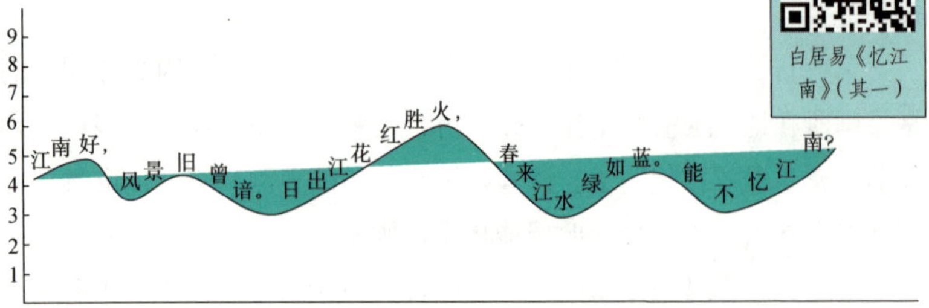

图6-6 白居易《忆江南》(其一)朗读爬山图

6.1.6 《十五夜望月寄杜郎中》：谁家最相思

之所以把王建的这首诗跟白居易的诗放在一起，是因为他们的"新乐府运动"。

王建（765—830），字仲初，许州颍川（今河南省许昌市）人。他早年家境贫穷，经常吃不饱、穿不暖，很小就离家开始闯荡。后来跟张籍相识，两人一起从师求学，开始写乐府诗。张籍曾写下"湘东行人长叹息，十年离家归未得""万里无人收白骨，家家城下招魂葬"等反映社会现实的作品，充满了对百姓的同情。

王建因为一生贫困，长期接触底层的社会现实，所以写了大量反映人民疾苦的乐府诗。他的诗里有农夫、水夫、蚕农、织妇等各种劳动者的悲惨生活，还有权贵的豪横、藩镇的霸道、战争的残酷等，诗的题材很广泛，思想也很深刻。

由于张籍和王建两人关系比较密切，又都在诗歌中对社会现实予以揭露和尖锐的讽刺，世人便将他们并称为"张王"，将他们写的诗称为"张王乐府"。

其实王建的"朋友圈"也很广，他跟白居易、韩愈、刘禹锡、杨巨源等诗人都有往来。只不过他自己仕途不顺，早年颠沛流离，到晚年才得以供职。在颠沛流离的路上，更显"每逢佳节倍思亲"。

十五夜望月寄杜郎中
[唐] 王建（765—830）

中庭地白树栖鸦，

冷露无声湿桂花。

今夜月明人尽望，

不知秋思落谁家。

"望月思乡"是我们常用的一个诗歌意象。游子在外，望月的时候总是带着乡愁。而长期漂泊在外的王建更是如此。

"中庭地白树栖鸦"：庭院里的地是白色的，树上栖息着乌鸦。从标题我们得知这是十五月圆之夜。月光下的地面，很容易让人联想起

李白的"床前明月光，疑是地上霜"。洁白的地面，没有什么影子，给人感觉是空旷、素净的。树上的乌鸦，在夜晚是看不清的，所以应该是听到了几声鸦叫。而在夜空里的这几声鸦叫，更显清冷。

"冷露无声湿桂花"：露水无声地打湿了桂花。金秋桂花香，这是秋日里的特有景象。也不知诗人是站了多久，当他感觉到凉意时，发现桂花早已被露水浸湿。"无声"二字，既说明了露水的轻盈，也写出了桂花的浸润，还进一步显示了夜里的寂静。

当然，这里的桂花也许不是实物，而是诗人凝望着月亮，想起了传说中月宫里的桂花树。他感到，在这样的季节里，月亮上的桂花也沾上露水了吧？无论这桂花是天上的或是身边的，都显出了悠远的神思。

"今夜月明人尽望"：今晚明月当空，世人尽在仰望。这一句，诗人的思绪从自己身上荡开来，想到了所有人。不仅仅是在外的游子思念家乡亲人，身处家乡的人们，又何尝不思念还未归家的游子呢？他推己及人，从一己之思变成了天下人之思，意境阔大，心怀辽远。

"不知秋思落谁家"：不知道这秋日的思念落到了谁家？

其实诗人很清楚自己思念的是谁。这一问，把自己的相思表现得十分含蓄，更加耐人寻味。一个"落"字，立即让思念生动了起来，仿佛自己的思绪随着月光一同落在了最挂念的那个人身边。

【朗读秘籍】

1. 情景：秋天的露水是带着冷气的，秋天开的桂花是香气袭人的。素白的地面、栖息的乌鸦都显得周遭这样冷清。哪怕是友人相聚，也缓解不了对远方之人的深深挂念。

2. 感情：孤单悠远的思念之情。

3. 语气：整体是轻柔、深情的语气。

第一句声音随着视线缓缓地往上走。从地面到树木、从树枝到栖息的乌鸦，我们用眼睛静静地观察着这幅画面，声音仿佛也在描摹着这幅画面。"中庭地白"平缓地铺开，"树栖鸦"声音顺着目光往上走。

第二句是大环境里的一处细节描写，语气随着仔细看过去的动作而变得轻柔起来，声音比上一句更轻、更柔，朗读的节奏趋势是先下后上。

第三句的意境突然宕开,从自己观察桂花树过渡到了天下人都在赏月,所以我们的语气要随之拉开,形成一个上山类语势。不过要注意,虽然意境拓大了,但声音不可过大、过重,因为身处的环境是安静的。我们如果能在对声音的控制中体现出诗人对思念的难以抑制,会更加动人。

第四句的思绪又从大处落回到自身。一句轻轻的疑问,带出的是无尽的思念。让声音随着感情轻轻往上走,仿佛也飘去了那思念之处,整句呈上山趋势,在思念与轻问中结束。

王建《十五夜望月寄杜郎中》朗读爬山图如图6-7所示。

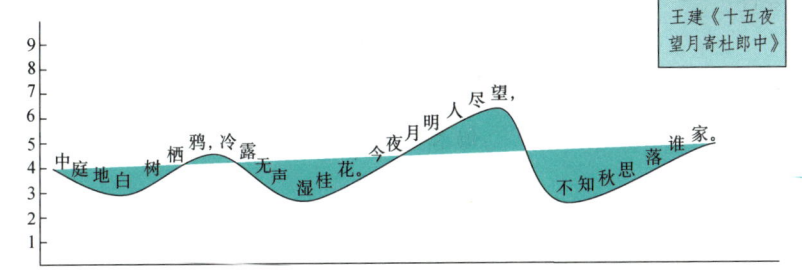

图6-7　王建《十五夜望月寄杜郎中》朗读爬山图

6.2　千百年来,节约粮食都是大事

6.2.1　《悯农》(其二):每一粒都不能浪费

我们从小就知道要节约粮食。自古以来,粮食都是关系到国计民生的大事。没有现代科学技术的古农业社会,粮食的收成很大程度上

都得靠老天——风调雨顺便是丰年，粮食长得好、收成好，人们的生活自然也就会好起来。但如果遇到洪涝、旱灾，土地里没有收成，人们就会挨饿。可能你会问，为什么不存粮呢？因为古代粮食的产量很低，在没有天灾人祸的情况下，农民辛辛苦苦一整年收获的粮食，除了纳税或者交地租，基本上也就只够一家人糊口的了。如果能剩点余粮去卖钱，给家里添置点东西，或者给孩子做身新衣裳，那都是非常值得高兴的事情了。所以人们总是盼望着"年年有余"，但却很难实现。好在国家一般都会有存粮，当遇到灾荒年份，国家便会开仓赈粮、救济灾民。不过，也时常会遇到贪官克扣赈灾粮食，导致大量灾民饿死的情况。

中华农耕文明源远流长，人们深深明白辛勤劳动、节约粮食的重要性。

悯农（其二）

[唐] 李绅（772—846）

锄禾日当午，

汗滴禾下土。

谁知盘中餐，

粒粒皆辛苦。

这首诗既通俗易懂，又很容易触碰到我们心底的柔软和感动，在中国流传了上千年依然备受重视，可以说是一首老幼妇孺皆会的诗。

这首诗的作者叫李绅，是"新乐府运动"的主要参与者和推动者之一。

李绅（772—846），字公垂，祖籍是亳州谯县（今安徽省亳州市），幼年丧父，后随母亲迁居无锡（今江苏省无锡市）。唐代宰相、诗人。

李绅的家族曾经很辉煌，他的曾祖父做过宰相，被封赵国公，显赫一时。虽然因为征讨吐蕃吃了败仗被贬职，但到李绅父亲这一辈时，家中还是有不少人仍在朝廷任职。李绅的父亲就做过很多地方的县令，只是，他在李绅6岁的时候就去世了。好在家族"诗礼传家"

的传统没有丢，李绅自幼就非常努力，母亲也一直在学识方面对他有所教导。据记载，798年左右，李绅参加完考试，在返乡途中受朋友之邀而作诗。当时，李绅看着太阳下辛苦锄地的农民，心中颇为感慨，随口吟出了这首诗。

"锄禾日当午，汗滴禾下土"：农民在正午烈日的暴晒下辛苦锄地，汗水不断地滴进种禾苗的土里。为了赶时节及时播种、除草、收割，农民几乎是没有停歇的，哪怕中午太阳再大，也得跟时间赛跑，把该干的农活儿及时干完，否则就会影响到农作物的生长和最终的收成。

"谁知盘中餐，粒粒皆辛苦"：又有多少人能想到，我们盘里的饭食，一粒一粒都是农民辛辛苦苦种出来的呢？这里的"知"，更多的是指"想到""想起来"。因为大家其实都知道粮食是怎么来的，只不过日日相见，已经习以为常，便会忽略它的珍贵和难得。所以诗人才会说，有谁在每顿饭的时候，都能想起食物的得来有多么不容易呢？

后两句是诗人发出的感慨。他用了最朴实的语言，却让人一读就能感同身受，从而倍加珍惜粮食。这句子能起到这么强的感发作用，是因为在诗的前半段里有了铺垫。诗人细致而具体地描述了农民劳作的形象，这才使得后两句的感慨落到了实处、不显空泛。也使得整首诗以极其朴素的语言，感动着一代又一代的人。

【朗读秘籍】

1. 情景：中午烈日炎炎，在太阳底下一站就会汗流浃背。但是农民没有片刻休息，依然要在田间锄草。他们被晒得黝黑，汗水一串串地滴进土地里。看看我们碗中的饭食，每一粒都来之不易啊！

2. 感情：诗中饱含着对农民辛勤劳动的赞扬及同情，还有对世人的诚恳劝诫——珍惜粮食。

3. 语气：整体用比较深情的语气，声音稍沉，语气放缓。

第一句"锄禾"两字从低处发声，声音要有力度、气息要有控制，读出农民弯腰锄草的辛苦感。"日当午"像一座山峰一样，第一个

字在山脚，第二个字在山顶，第三个字又落在了山脚（参考朗读示意图）。这样的起伏是为了表示抬头看天上的太阳，它很晒，不是春日里的舒适暖阳，而是烈日炎炎的酷热和暴晒，所以声音要实一些、低一些，口腔控制得紧一点。

第二句的声音位置也比较低，整句呈下山趋势，一个字比一个字低，仿佛我们的目光、声音和力气都同那汗水一起，滴进了土里。

第三句是一个深情的、同情的发问，我们在朗读时可以把句子抻开，"谁知"二字用轻叹的语气。"盘中餐"三字需要强调出来，但不是所有的强调都要重读，我们可以拉开每个字的距离，读慢一点，不需要太大的声音也能起到强调的作用。

第四句"粒粒"二字要慢读，带着重视、珍惜每一粒粮食的感情来读。"皆"字延长，表示全部的、所有的、无一例外的，都是辛苦得来的。作者用了这么多同义词来作说明，也是为了强调这个"皆"字的重要性。

李绅《悯农》（其二）朗读爬山图如图 6-8 所示。

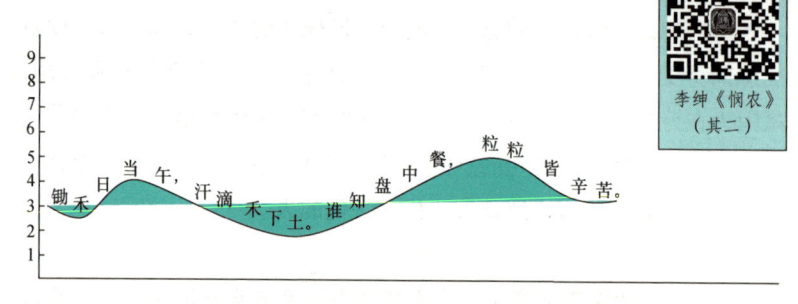

图 6-8　李绅《悯农》（其二）朗读爬山图

6.2.2　《悯农》（其一）：丰收又有何用

也许你会奇怪，怎么前面先讲组诗中的第二首，现在再倒回来讲第一首呢？

首先，是因为第二首的"锄禾日当午"对我们而言实在是太耳熟能详了，先讲它，能马上带大家进入熟悉的情景中去。其次，是因为诗人当时是先吟出那第二首《悯农》，后来才补上第一首的。

所以我们依照对诗歌的熟悉程度和作者的创作思路，把两首诗的顺序交换了一下。来看看这首《悯农》里都写了什么？

悯农（其一）

[唐]李绅（772—846）

春种一粒粟，

秋收万颗子。

四海无闲田，

农夫犹饿死。

《悯农》其一、其二从内容上和感情上，都是紧密相连的。

"春种一粒粟，秋收万颗子"：在春天里播下的一粒种子，到了秋天就能收获无数粮食。粟：泛指谷类，在诗里是种子的意思。

这两句正好能跟上一首诗的内容对应上。正是经过农民那么辛苦的劳作，在春天及时播种，夏天勤除草、养护，到了秋天才能收获丰盛的粮食。

"四海无闲田，农夫犹饿死"：普天之下没有一块田地被荒废，能种的地都给种上了，但是仍然有辛苦的农夫被饿死。四海：指全国。

这两句诗读了让人心惊。第一句的意思，给人感觉，虽然辛苦，但也是个红红火火、大丰收的年份呀！更何况全部的土地都给利用起来了，那收上来的粮食数量应该很可观才对。没想到诗人在最后来了一句大反转：农夫犹饿死！

有那么多粮食，却还是有种地的农民被饿死，这是什么原因？赋税太多？地租太重？物价太高？如此光景，还有辛勤耕种的农夫被饿死，那这粮食都是为谁而种？丰收又有何用？这些诗人都没有明说，但一句"农夫犹饿死"足以体现他的愤慨之情。李绅从最初对农民辛苦的同情，上升到了对朝廷政策的质疑，读了之后，让人颇为震撼。

早年的李绅，也是一个有理想、有抱负、同情农民、为民发声的

有志青年。他和白居易、元稹等人一起推动新乐府运动的时候,非常关注社会现实,写了大量讽刺时事的诗歌。但是到了后期,随着官越当越大,介入党争越来越深,他的思想观念也发生了巨大的变化。据历史记载,李绅在仕途上飞黄腾达以后,生活渐渐奢靡起来。更糟糕的是,有记载说他乱用官威欺压他人,甚至草菅人命,闹出了"吴湘冤案"。李绅死后,这些真相被人查了出来,皇帝一怒之下剥夺了李绅的所有封号,还勒令他的子孙不得入仕为官。曾经显赫一时的大家族,在李绅手上重振威风后,又被他自己亲手画上了句号。

我们现代有句话叫"不忘初心,方得始终"。如果李绅能一直记得少年时那个同情农民、为百姓发声的自己,也许,结局会不一样吧。

【朗读秘籍】

1. **情景**:春天的种子渐渐萌芽、长大,到了秋天,结为沉甸甸的果实。放眼四海,所有的农田都被开垦耕种了,可是好收成却没有带来好消息,还是有不少农夫被饿死。

2. **感情**:这首诗的感情是沉重及愤慨的。但是前三句愤慨的感觉是压着的,直到最后一句才爆发出来。

3. **语气**:整体语气是同情的,最后一句带有悲痛的色彩。

第一句里的"春"和"一",对应着第二句里的"秋"和"万",我们在朗读的时候注意把这几个对比的字稍作强调。从字面上看,这两句是代表着付出和收获,但因为这首诗的整体底色是同情农民的苦,因此我们不能用欢快、激昂的语调来展现收获,而是把声音稍稍沉下去,用比较缓慢的语速来读。

第三句"四海无闲田",音量放大,气息增强,这既是为了显示天下之大、农民之勤劳,也是表现出诗人内心的另一层意思:这么多田,怎么还会有人饿死呢?这句话虽然此时没有念出来,但是它已经在诗人的脑海之中,也在我们的脑海之中,其中隐藏着愤慨、压抑着情绪,因此可以用比较强烈的语气和声音来读。

第四句是令人心痛的反转:"农夫犹饿死"。这句诗,沉重、悲痛,充满了诗人的同情。我们在朗读的时候,"农夫"二字可以紧接上一句，然后做一次大胆的停顿，接着用低沉、缓慢、悲痛的声音读"犹饿死"，这3个字，音量逐渐减弱，最后一个字发完音之后，气息和感情不要马上收回来，继续保留一会儿，让这句悲愤的感慨多留一会儿，引人深思。

李绅《悯农》（其一）朗读爬山图如图6-9所示。

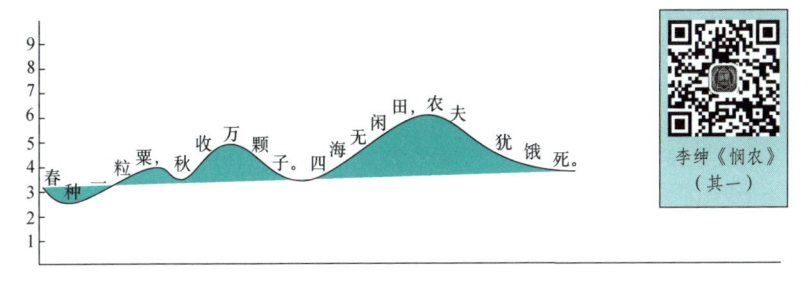

图6-9　李绅《悯农》（其一）朗读爬山图

第 7 章 晚唐诗坛有新招

7.1　晚唐诗坛的两颗明珠：小李杜

7.1.1　《清明》：出场率最高的节日诗

唐朝中晚期，各势力集团相互争夺资源，宦官专权、藩镇割据，又频繁换皇帝（二十来年换了5个皇帝），朝政已经很混乱了。结果又来一出"牛李党争"，两派之间相互斗了几十年，让官场更加黑暗的同时，也大大消耗了大唐的气血。

简单来说，"牛李党争"就是以李德裕为代表、出身显赫的世家大族集团，和以牛僧孺为代表、出身比较低微、靠科举入仕的庶族集团，这两拨人形成的两个政治团体。他们相互争斗、水火不容，拖了不少人下水。好几位中唐时期的诗人，或多或少都受了党争的影响。

韩愈，在两党相争初现端倪时就被排挤过。

白居易，跟牛僧孺有师生关系，但是他的好朋友元稹、李绅又都是李党的人，所以白居易基本是持中立态度，到后来因为厌恶党争又无力改变现状，干脆远离朝廷、独善其身。不过有许多文学家认为白居易是不那么明显的"牛党"成员。

李绅，"李党"骨干成员，攻击了不少"牛党"的官员，"吴湘冤案"据猜测也是党争行为，这导致李绅死后被削爵夺号。

杜牧，因与牛僧孺有私交，所以被"李党"排斥遭贬。

李商隐，跟两边的关系都很深，也是受两党相争伤害最深的人。

杜牧和李商隐作为晚唐时期最杰出的诗人，被后人合称为"小李杜"，我们先来欣赏杜牧的作品。

杜牧（803—852），字牧之，号樊川居士，京兆万年（今陕西省西安市）人，唐朝文学家。

清明

[唐] 杜牧（803—852）

清明时节雨纷纷，
路上行人欲断魂。
借问酒家何处有？
牧童遥指杏花村。

每到清明节，这首诗都会在我们的耳边或者脑海中响起。其实关于这首诗是不是杜牧所作，还有一些争议。因为杜牧晚年曾一把火烧了自己全部的诗作，幸好他的外甥平时喜欢抄录他的诗，这才保留了一部分下来。所以，《清明》的作者究竟是谁，我们还无法确定。但是现在，让我们暂且放下那些争议，来欣赏这首"节日限定版"古诗吧！

"清明时节雨纷纷"：清明节的时候，总是会飘起纷纷细雨。诗人写的是江南的清明，那里的春季多烟雨，所以会有这样的景象。作者自己长期生活在南方，几乎在每个清明节或者在它前后的一两天里，都会下雨。而北方就不一定了。杜牧是西安人，属于北方，但是他特别喜欢江南，在江南一带生活了很长时间。尽管与家乡不同，但江南的风景、气候，他也是熟悉的。

"路上行人欲断魂"：路上的行人都是失魂落魄的样子。断魂：这里指伤心的情绪。清明的时候，也许是因为思念故去的亲人，也许是因为这漫天飘雨的天气，也许是因为被淋湿的衣裳，总之，诗人独自行走在雨中，内心凄迷，气氛伤感，看到的行人也都是情绪非常低落的。

"借问酒家何处有"：找人打听这附近哪里有酒家。这首诗的前面两句，一句说天气，阴雨连绵；一句说心情，低落忧愁。怎么办呢？要避雨、要烘干衣物，还想要喝杯小酒浇浇愁，那便自然而然地就过渡到了找寻酒家这件事情上。一声"借问"，就知道诗人是从外地来的，那种孤寂感便更强烈了。

"牧童遥指杏花村"：牧童指着远处的杏花村。这是对上一句的回

答。"遥指"并不一定是真的十分遥远，在诗中，诗人应该是顺着牧童手指的方向，能大概看清远方。杏花村，也许是一个村名，也许是一个酒家名，也许只是说在杏花的深处有村落，村落里有酒家。虽然我们现在不清楚究竟指的是什么，但是能确定的是，那边的确是有一间酒家，在等着这位羁旅的客人。由于这首诗，后来有很多人都把酒家给取名叫"杏花村"了。

诗人写到这里就结束了，没有告诉我们是否找到了酒家、是否缓解了忧愁，这就是诗歌艺术的"言有尽而意无穷"吧！

【朗读秘籍】

1. 情景： 江南的春天，烟雨蒙蒙。尤其清明这几天的雨，仿佛都自带忧愁。"我"独自在异乡的路上冒雨前行，触景伤怀，内心感到悲伤。现在能去哪儿呢？看到路边的牧童，便走上前去询问哪里有酒家。牧童远远地指了一下杏花村，"我"顺着他指的方向望过去，那里被杏花环绕着，是个好去处啊！

2. 感情： 整体的感情比较伤感，只有在最后一句的时候，是带着一些欣喜和希望的，因为终于找到能避雨、暖身、吃饭喝酒的地方了。

3. 语气： 伤感的语气需要用轻缓的声音来表现。

第一句从低处起，"清明"二字需要稍作强调，"时节"二字可以稍往上拉一点，其中的"节"字可稍稍延长，以引出下文。这4个字整体用声是较轻的。"雨纷纷"声音可以稍微暗一点点，渲染烟雨迷蒙、略悲伤的气氛。

第二句，为了表现后面"欲断魂"的低落，前面的"路上行人"四字需要先往上走，这也是一种欲抑先扬的手法。同时，这4个字的语言节奏也要加快一点，展现雨中人行色匆匆的感觉。注意，节奏快，不仅仅是加了语速，声音也可以增强一些，这样可以跟后面的内容形成一个对比："欲断魂"3个字是比较悲的，气息下沉、声音放低、语速缓慢。

第三句是在寻找一种情绪的出口，因为淋着雨，气氛悲伤，又冷又饿，很想找到一间酒家取暖温肚，因此整体是呈上山趋势。这里我们可以根据自己的理解有不同的处理方式，比如，可以是带点急迫的心情，把"何"字的语气读得比较着急，展现诗人很想尽快找个地方的着急之感，此时我们的声音可以提高、加强，整个语言节奏加快。也可以用一种悲伤低落的情绪，仿佛只想寻得一点点暖意而已，此时声音放低、放缓，慢慢地问出这句话。

第四句和前面几句不同，它是带来希望的，在整个比较低沉忧伤的基调中，加入了一股小小的欣喜和期盼之情。所以这一句不必继续低沉，改用比较放松的声音状态来表现。"牧童"，放牧的小孩子，面对他的时候，语气中可带上柔和、喜爱之情。从"遥指"开始声音往上走、往远处送一点，读出指向远处的感觉，而不是短短的发音、好像近在眼前一样。"杏花村"三字柔和地、带着希望和美好的感觉缓缓道出，表达出诗人的向往。

杜牧《清明》朗读爬山图如图 7-1 所示。

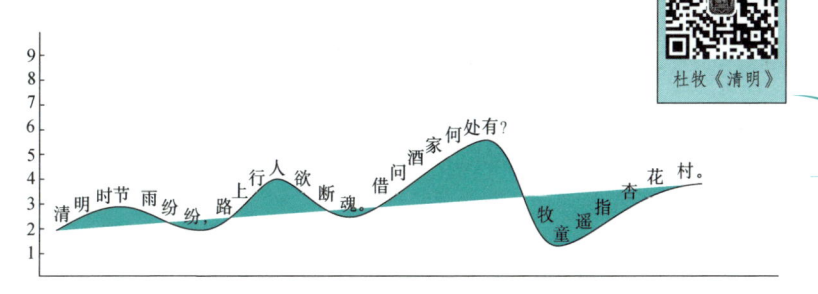

图7-1 杜牧《清明》朗读爬山图

7.1.2 《山行》：秋天不再悲伤

在晚唐那样一个动荡的时期，杜牧的前半生还是过得非常潇洒的。他出生于世家大族，爷爷杜佑曾位列宰相。唐朝的宰相很多，但杜佑可是不一般的宰相。皇帝对他礼遇有加，死后更是荣宠加身。因为在杜佑的一生里，还有比官职更重要的成就：他用 36 年的时间完成了《通典》二百卷的编写，创立了史书编纂的新体裁，开创了中国史学史的先河。有这么一位"史学家"爷爷，杜牧的历史、文学从小就学得很好，写下了许多诸如"一骑红尘妃子笑，无人知是荔枝来""商女不知亡国恨，隔江犹唱后庭花""东风不与周郎便，铜雀春深锁二乔""江东子弟多才俊，卷土重来未可知"等咏史怀古诗，首首经典，中学必背。在杜牧的推动下，许多诗人也把个人感情和说理结合在一起，运用对比的手法，表达对历史事件的看法和感慨，让"咏史怀古诗"得到了新的发展。不过，他也写下过一些其他风格的诗作。

山行

[唐]杜牧（803—852）

远上寒山石径斜，

白云生处有人家。

停车坐爱枫林晚，

霜叶红于二月花。

从屈原开始，古诗中多悲秋。但杜牧的这首诗则是在萧瑟的秋日里选出了一幅火红的美景，给人一种豪爽、向上的精神力量。

"远上寒山石径斜"：深秋时节，沿着弯弯曲曲的石头小路上山而行。"远"字代表山高路长。"寒山"，代表季节，联系后面的诗句可以得知这是深秋，而不是冬季。

"白云生处有人家"：在白云升腾的地方隐隐约约有几户人家。这个"生"是一种视觉效果，山势高，人从山下望上去，白云便藏在了山峰之后。远远看去，云从山峰升腾而出，有几户人家里也升起了袅袅炊烟。这里的"人家"也正好对应了上一句里的"石径"，按照诗人的视线望过去，那石径小路也正是从几户人家的门口蜿蜒而出的，充满了生活气息。

"停车坐爱枫林晚"：停下马车是因为喜欢这傍晚的枫叶。坐：指因为。原来诗人正在赶路，却因为在夕阳西下时看到了枫林的美景，从而停车上山，尽情欣赏。一个"晚"字告诉我们，诗人在此停留了不短的时间，那白云都已经变成晚霞了。究竟是什么吸引了诗人，让他流连忘返呢？

"霜叶红于二月花"：被秋霜染过的枫叶，比二月里的鲜花还要红艳。这便是诗人舍不得离去的原因啊！诗的前三句都是铺垫，将石径、白云、青山、人家等景物淡淡描绘，给人一种山中岁月静好的感觉。但在最后一句，诗人又展现出一幅浓墨重彩的画面给我们：傍晚，夕阳西下，余晖斜照，层林尽染，如此火红、热烈的枫叶就像生机勃勃的生命力一样，从深秋的寒霜里透出来，给人向上的力量。

【朗读秘籍】

1. 情景： 深秋时节，从山下沿着石头小径一路往上走，目光顺着小路往上看，那白云升腾的地方隐约有着几户人家。停下马车来到这里，正是因为喜欢这一大片火红的枫叶啊！

2. 感情： 整首诗都充满了喜爱之情。

3. 语气： 整体是赞美、喜爱的语气。

第一句开篇便展现了高远的山景，"远上"二字撑开，声音往高、往远处送，但注意不要起得过高，否则后面难以往上送。"寒山"不用读太紧，诗人在这里不是真的为了表示山里很冷，只是点明季节而已，用虚声可帮助描绘这幅景象，而不模糊重点。

第二句"白云生处"是顺着石径往远看，但节奏是呈下山的趋势，是从云端往下看，"生处"二字有远望和猜测的感觉，在云雾缭绕间，虽不那么确定，却心怀美好，可适当延长。接下来看到"有人家"是一种惊喜，语言呈上山趋势。

第三句讲自己的动作，因为太喜欢这枫叶了，所以停下了车。这一连串的行为都是出于欢喜，语速加快，声音明亮。其中的"枫林"二字需要突出强调，因为这是诗人下车的原因。最后的"晚"字发饱满、顺势延长。

第四句"霜叶"是诗人赞美、喜爱的重点，需要强调。"红于"的"红"字是浓烈感情的抒发，需要读饱满、延长，自然地带上微笑和欣赏的表情。"二月花"轻轻延长。

杜牧《山行》朗读爬山图如图7-2所示。

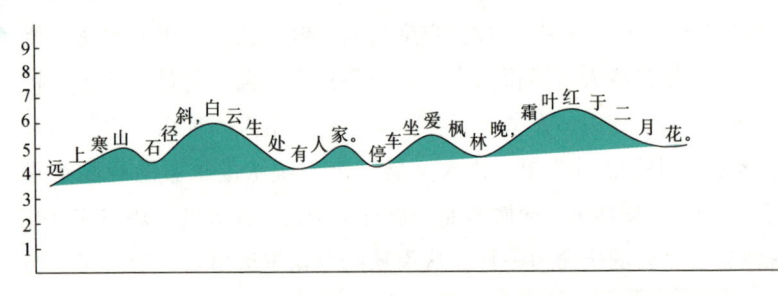

图7-2 杜牧《山行》朗读爬山图

7.1.3 《江南春》：那些寺庙都去哪儿了

还记得前面我们说韩愈因为反对皇帝唐宪宗迎佛骨而差点被杀头的事情么？那个时候的唐朝，内忧外患，几乎没有太平过。到了唐宪宗时期，他曾一度励精图治，使唐朝短暂统一和中兴过。但后来，这位皇帝却开始追求长生不老。他不但服用各种金丹，还在819年，迎佛骨至长安。皇帝的狂热也引起了天下人的狂热，当时，上自王公大臣、下至黎民百姓，纷纷前往膜拜、大施钱财，有的甚至为此倾家荡产。可一年后，唐宪宗就死于宦官之手。接下来的几位皇帝也十分推崇礼佛，全国僧尼的数量不断上升，寺院经济发展迅速，使本就羸弱的国家负担更重。

杜牧就成长于这样的大环境中。7.1.2节介绍过，他的"咏史怀古诗"非常有名，我们来看其中的一首。

江南春

[唐] 杜牧（803—852）

千里莺啼绿映红，

水村山郭酒旗风。

南朝四百八十寺，

多少楼台烟雨中。

这首诗给我们描绘出了非常广阔的、极具江南特色的画面，同时又通过对历史的回顾而引人深思。

"千里莺啼绿映红"：江南的春天，处处莺啼，片片花香，红绿相间，绵延千里。诗篇的一开头便是"千里"之景，仿佛带着读者于高空快速掠过了整个江南的春色，目之所及，花红柳绿，耳之所至，黄鹂欢唱。放在我们现代社会，就好像是在用无人机航拍，把一切美景尽收眼底。

"水村山郭酒旗风"：依山傍水而建的村子里，酒旗招展、迎风飘扬。这一句落在具体的景物上，水边的村庄、村旁的山郭、招摇的酒肆，这些都是典型的江南景象，处处有水，繁华热闹。

"南朝四百八十寺，多少楼台烟雨中"：遥想起南朝建立的那么多寺庙，现在还有多少留在这迷蒙细雨之中？

我们曾介绍过混乱的南北朝时期。南边的我们称为"南朝"，100多年里换了宋齐梁陈四个朝代，天下动乱，诗坛荒芜，百姓的生活也很苦。后来，南朝梁代出了个梁武帝，早期也是励精图治的，在他的统治下，南方初步安定，经济也开始复苏，国家日益强盛起来。眼看这日子就要越来越好了，这位皇帝却开始沉迷出家，在全国大建寺庙。本来建一些宗教场所，给百姓一个寄托，是好事。但据记载，当时仅仅在都城建康（今江苏省南京市）就有"佛寺五百余所，僧尼十余万，资产丰厚"。你能想象我们现如今的一个城市里有500多间寺庙是什么景象吗？可它真真实实地发生在我们的历史之中。那会儿南梁本来也没多大个地盘，国家也还在恢复阶段，尚需一段时日休养生息，这么大规模地修建寺庙，直接让前面几十年累积的国力开始下滑。后来，梁武帝又四次出家，导致朝政不稳、国库渐空（大臣们要花巨资赎他还俗）。梁武帝笃信以宽容治天下，赦免了许多罪犯，还接回叛臣，结果自己后来反被叛臣抓住、给活活饿死了。

杜牧看着烟雨江南，不禁想起了南朝在江南建的无数寺庙。300年过去了，历经战乱和朝代更迭，它们中的大多数都已经消散在历史的尘埃中了。

【朗读秘籍】

1. 情景：春回大地，江南水乡满是花红柳绿，到处都可以听见黄

莺鸟清脆的叫声。在大山掩映下的村庄前，酒旗随风飘动，流水潺潺向前。在这烟雨江南的景色之中，不由让人想起曾屹立在这里的无数寺庙楼台。那些建于南朝时的古寺，到如今，还剩下多少呢？

2. 感情：诗的前两句是清新自然、欣赏美景的感情。后两句是怀古叹息的感情。

3. 语气：

第一句"千里莺啼"，要展现出江南广阔的美景。朗读的时候起调不用高，但要有一点力度来体现"千里"的大气感。我们需要用饱满的气息来支撑千里之遥。"莺啼"二字往上走，好像在侧耳倾听鸟叫一样。"绿映红"三字发饱满，把每个字的声调都发完整，把江南花红柳绿的热闹体现出来。

第二句整体较平，声音比上一句低，我们要把几个描写环境的词念清楚，"水村山郭"的"郭"字稍延长，表示连绵起伏的山。"酒旗风"的"风"是动态描写，春风吹拂着酒家的招牌旗子，所以这个"风"字不能弱下去，要适当地强调一下、延长一点。

第三句的忆古之思声音稍低，"南朝"缓慢起头，接下来的几个字一口气念出来，用上山的趋势往上走。"寺"是最高点，拖长一点，注意，这个"拖长"是需要我们用气息撑住，而不是拖音。

第四句整体声音也是较低的，而且一开始的音量也要缩小，代表着深深的思索。我们用轻而低沉的声音念出"多少楼台"，然后略提高声音，像走一座山峰一样慢慢念出"烟雨中"。

杜牧《江南春》朗读爬山图如图7-3所示。

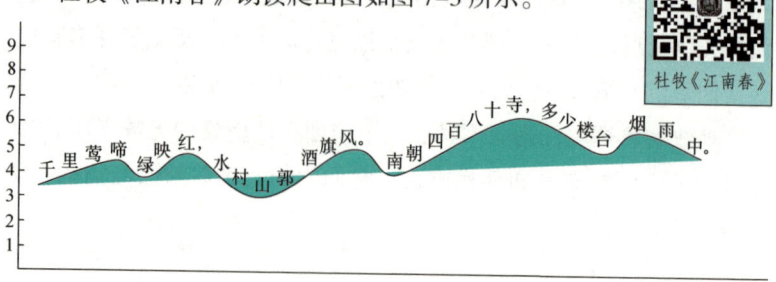

图7-3　杜牧《江南春》朗读爬山图

7.1.4 《嫦娥》：是谁在后悔

看完了杜牧的咏史怀古诗，我们来看和他齐名的李商隐的诗。

李商隐（约813—约858），字义山，号玉谿生，怀州河内（今河南省沁阳市）人，晚唐诗人。

童年时期，李商隐的父亲在江南做县令，给了孩子不错的教育，使得他"五岁诵经书，七岁弄笔砚"。但在李商隐9岁那年，命运忽然来了个大转折——父亲病逝，家道中落。作为家中长子，李商隐要负责带父亲回到老家河南。放到我们现在，也就是让一个小学三四年级的孩子，跟着简陋的板车、扶着棺木、打着魂幡，一路颠簸地跨越几个省去埋葬父亲。其中的艰辛可想而知。

孤儿寡母生活无以为继，靠着家中积蓄苦撑了3年守孝之期后，李商隐便开始给人抄书、春米以糊口。而那时的他也不过12岁而已。生活艰苦至此，李商隐更加努力地学习，他明白这是自己唯一的出路。才16岁，李商隐的文章便得到了节度使令狐楚的赏识。这是李商隐命运的又一个重大转折点。令狐楚把李商隐招至幕下，并教导他写骈文，还让儿子令狐绹跟李商隐交游、做朋友。

那时候，唐朝的科举录取不全是看考试文章的，考生的名气、权贵的举荐都占了很重要的因素。尤其是到了晚唐时期，政治混乱，科举时常被"内定"。在这种情况下，李商隐考了几次都没考中，后来还是在令狐绹的帮助下，终于中了进士。本以为他应该从此顺利走上仕途了吧？可万万没想到，有些情况，你以为是开始，却已经是巅峰。

李商隐中进士的第二年，恩师令狐楚过世。而他写的讽刺时事的诗又被权贵看到，直接被选拔官员的考试除名。失去了靠山，又被堵了出路，李商隐那叫一个难啊。这时，一个叫王茂元的官员相中了李商隐的才华，还选他做了女婿。本来以为这是件好事，可是，这恰恰是更大的矛盾所在。

还记得"牛李党争"吗？李商隐的恩师令狐楚是"牛党"的人，可他的岳父王茂源是"李党"的人。这样一来，牛党，尤其是令狐绹便对

李商隐有所不满,渐渐疏远他了。而"李党"也不怎么待见他(毕竟他被"牛党"提拔过)。过了几年,岳父去世了,李商隐更是夹在两党中间,左右都不行。

于是,这么一个有才华、有正义感且有奇特瑰丽想象的诗人,在党争之中,在宦官藩镇倾权之下,于黑暗的政治洪流里,只能在地方幕府中靠写公文谋生。一生都郁郁不得志的李商隐,只能把这些苦闷寄托在诗歌当中,却又不能明说。于个人而言,一边是恩师,一边是岳父;于大势而言,宦官和藩镇的势力一度高过了皇权,很多东西也没办法写出来。所以李商隐的诗,漂亮、奇特,却很难懂。他藏了很深的隐喻在诗中。直到现在,关于他的一些诗歌意向,我们都很难弄清楚。也因此大家说他开启了唐诗中的"朦胧诗派"。即便如此,我们还是能从他的诗里看出,他对唐末的乱象的担忧、对百姓遭遇的痛心以及对上层的修仙、荒淫生活的讽刺。

嫦娥

[唐]李商隐(约813—约858)

云母屏风烛影深,
长河渐落晓星沉。
嫦娥应悔偷灵药,
碧海青天夜夜心。

这是一首用词很美的诗。它讲了什么呢?

"云母屏风烛影深":在云母屏风前,烛光的影子已经很暗淡了。云母:一种晶体透明的矿物,常用来做装饰。烛影深:指烛光很暗,代表夜已经很深了。屏风的冷光、蜡烛的残影,都营造了一个孤清冷寂的氛围。

"长河渐落晓星沉":银河渐渐落去,晨星也隐没了。长河:银河。什么时候会渐渐看不到星空里的银河呢?枯坐一夜,一直看着外面,直到天色渐渐转亮。

传说牛郎和织女被分开住在银河的两岸,他们每晚只能隔着银河遥望。可天亮了,连看都看不见了。星星沉了,诗人的心仿佛也沉下去了。

"嫦娥应悔偷灵药"：嫦娥应该会后悔当年偷吃了长生不老药吧？这是一句猜测之语，引用了一个民间神话故事。传说嫦娥原是后羿的妻子，因为偷吃了长生不老药而飞升成神仙，住到了月亮上。前面既说能看到星河渐落，那也一定看得到天空中的那轮孤月。在广寒宫里的嫦娥，不正和云母屏风前的自己处境相似吗？都是那么的孤单、冷清。这感觉如此难受，想必嫦娥也后悔了吧？

"碧海青天夜夜心"：每晚只能对着空空的大海和天空，煎熬着寂寞的心。为什么在前一句诗里会猜测嫦娥后悔偷了灵药呢？因为当了神仙后，除了长生不老，就只剩下这日复一日的孤寂，无人诉说，无人陪伴。

诗人没有说这位在屏风前独坐一夜又一夜的人是谁。有人猜是修仙的女道士，有人猜是相思的恋人，有人猜是要在淤泥中保持清高的诗人自己……我们不知道诗人说的究竟是谁，但是我们能从诗人的文字里、从诗人营造的氛围里，直观地感受到那深深的寂寞与冷清。

【朗读秘籍】

1. **情景**：名贵的云母屏风前，渐渐暗下的烛光下，坐着一个孤单的身影。看着星星和月亮一点点地消失于天际，看着天色渐渐转明，不禁想到，那天上的嫦娥是不是后悔偷了灵药呢？即使飞到了月亮上，她也只能夜夜对着这空寂的天空和大海啊！

2. **感情**：诗里体现出的感情是比较冷清和寂寞的。

3. **语气**：总体是清冷平淡的语气。

第一句里所展现的环境是很安静的，面对一个深夜里孤坐到天明的人，我们朗读的时候，音量小一点，语速慢一点，气息也要偏弱一些、柔一些。其中"烛影深"3个字要渐弱下去，读出那种长夜漫漫的感觉。

第二句描述的是天上的景象，眼睛往上看，"长河"两字，我们的气息要往上送一点，但是声音不用加强，太高太大的声音会破坏这首诗的整体氛围。后面的5个字就是下山语势了，我们的气息和目光也要随着落下的星星一起下沉一点，有一个动态美。

第三句是一个猜测，此时诗人的思绪飘远了，我们读的时候也让声音飘远一点，气息外放多一些，但是音量还是要控制住。"悔"字

可以用拉长声音的方式稍稍强调一下,"偷灵药"三字就不能拉长了,否则会显拖沓,不过"偷"字要稍强调一下,可以用加强一点点音量的方式来强调。

第四句读"碧海青天"的时候,我们的气息要外放多一些,节奏放缓一些,展现出广阔感,但正是这样的广阔无垠,更显独自一人的寂寞了。所以最后的"夜夜心"带着叹气的感觉逐渐落下去。

李商隐《嫦娥》朗读爬山图如图7-4所示。

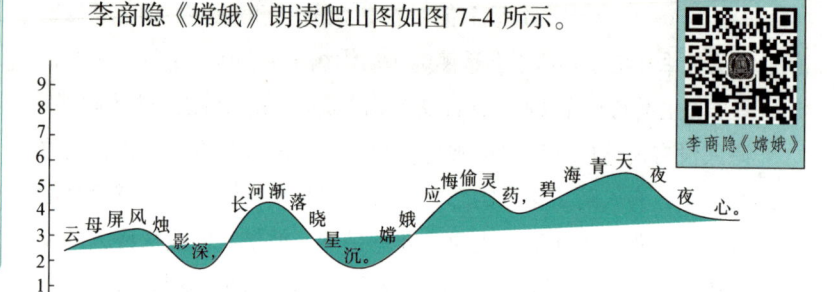

图7-4 李商隐《嫦娥》朗读爬山图

7.2 用一首写景诗名留千古

7.2.1 《枫桥夜泊》:夜半真有钟声?

诗海浩瀚。几千年来,各种风格的诗人,都在用自己的才华、努力,不断丰富着诗坛文库。有的诗人笔耕不辍,留下几千首诗作,如白居易,存诗3000多首,还有后面会讲到的陆游,存诗9000多首;有的诗人才情满溢,随口一吟便是"惊天地、泣鬼神",所以他边写边丢也毫不在乎,如李白;有的诗人作品很多,却由于战乱等原因遗失了不少,如杜甫……而这一小节里,我们讲的这些诗人,他们留下的诗作并不多,本人的经历也难以在史料中查询,几乎都是只靠着一首诗在中华诗坛留下自己的姓名，供我们后世儿女代代相传。《枫桥夜泊》的作者张继便是其中的代表之一。

张继，字懿孙，生卒年不详。汉族，湖北襄州（今湖北省襄阳市）人，唐代诗人。在《唐才子传》中可知他于天宝十二年（753年）考取了进士。两年后爆发"安史之乱"，许多文人都跑去了相对比较安稳的江南避难，张继也在其中。既是逃难，生活肯定是困顿且颠沛流离的。到了深秋，天气也变得寒冷。某个夜晚，他夜宿舟中。漂泊的船、漂泊的心，在不安稳的世事和不安稳的睡眠中，诞生了这首诗。

枫桥夜泊
[唐] 张继（生卒年不详）

月落乌啼霜满天，

江枫渔火对愁眠。

姑苏城外寒山寺，

夜半钟声到客船。

诗的意境很美，写诗的人却充满了愁思。诗题中的"枫桥"位于现今江苏省苏州市虎丘区。

"月落乌啼霜满天"：月亮落下、乌鸦啼叫、寒霜满天，这三个意向给人的感觉就是寒冷、孤寂。

"月落"，那就是后半夜了。这个时候的诗人还没睡着，或者说，还没进入熟睡状态，可见是歇得很不安稳的。"乌啼"，据传自古以来就被人们视为是不吉祥的预兆，听到它的声音，人的心情都会变得担忧起来。"霜满天"，秋霜已结，天气变冷。其实，天上是不会结霜的，诗人这样写，是一种感觉，一种气温降低、周身寒冷的感觉。诗人笔中那满天的霜，让人直观地感受到了冷。

"江枫渔火对愁眠"：江边的枫树和船上的渔火伴着忧愁而眠。枫树和灯火，怎么会感到忧愁呢？自然是因为人心怀愁绪，他眼中看到的事物，便也带上了忧思。诗人用拟人的手法，通过景物道出了自己的内心感受。原本，点点灯火是能给人带来温暖和慰藉的，可在这里，却和岸边的枫树隔江相望、对着发愁，仿佛同时发出了一声叹息。

"姑苏城外寒山寺，夜半钟声到客船"：苏州城外，那寒山寺里夜半时分的敲钟声，传到了客船上来。姑苏：苏州的别称。

寒山寺始建于南朝梁代，那个时候，梁武帝光是在南京就建了500多所寺庙。而离南京不远的苏州，也兴建了不少佛教场所。这里一开始叫"妙利普明塔院"，唐朝高僧寒山在塔院的基础上建起了庙宇，这里便称为"寒山寺"了。

诗人流落江南，居无定所，途中也仅能在船上过夜，漂浮无根。万籁俱寂之时，人的听觉也会更加敏感。那远远传来的钟声，更显深夜里的孤寂了。

关于这首诗还有个小故事。宋朝的大文学家欧阳修在读到《枫桥夜泊》时，说"作诗不能罔顾事实，半夜三更不可能打钟的"。后来，宋朝一个叫作彭乘的进士也去了姑苏，在寺庙里借宿时，半夜里也听到了钟声。彭乘便去询问僧人，僧人说，他们有"分夜钟"和"无常钟"，半夜里听到钟声并不奇怪。

所以说，我们在欣赏、分析诗歌的时候，也不能完全依靠已有的常识，要结合诗人写诗的时代、背景、地域特色来理解哦！

【朗读秘籍】

1. 情景： 夜半时分，"我"搭乘的客船停泊在枫桥边。夜卧于客舱内，"我"一直无法安睡。后半夜，月亮也不再高悬于空，渐渐落下。树上的乌鸦不知因何突然啼叫了几声，更让人难以入眠。如今国家遭难，自己流落他乡，连眼前的枫树和渔火都一起在发愁。远处寺庙里的撞钟声传到了客舱里，又是一个不眠夜呀！

2. 感情： 月、乌、霜、枫、火、城、寺、钟和不眠人，九种意向出现在一首短诗中，很容易就变得死板堆砌。而诗人张继却把它们安排得极为巧妙，让这些意象共同组成了一幅充满美感却又饱含愁绪的意境图。所以，这感情里既有羁旅之思，又有秋景之妙。

3. 语气： 整体的语气是带着淡淡忧愁的。

第一句中的三个意向，我们要用语言逐个展现出来，所以停顿节奏是：月落/乌啼/霜满天。整句话随着景物的动程而起伏。目光也跟着景物在走,用我们的眼神和声音带着大家去感受景物的分布。情绪比较低落,声音也是比较低沉的。

第二句同样出现了两个意向,所以停顿节奏是:江枫/渔火/对愁眠。这一句的情绪和声音状态是连着上一句的,依然是平静中带着忧愁,声音偏低,朗读节奏呈一个先上后下的趋势。

第三句大体上呈上山趋势。这一句的声音的高低以及音量大小,都是全诗中的高峰,但只需要比前两句稍高就行,不用一味地放大声音、拔高音调,毕竟诗的意境还是在半夜里,我们要控制好自己的音量。读这一句时,让思绪带着声音飘远,飘到城外的山上、飘到山间的寺庙里去。这一句中间可以不必停顿。

第四句要把思绪和声音都拉回来,回到船舱里、回到诗人眼前。从向外观察景物,到向内与自己对话。整句是下山语势,带着漂泊的愁绪,语速缓慢、声音低沉。

张继《枫桥夜泊》朗读爬山图如图 7-5 所示。

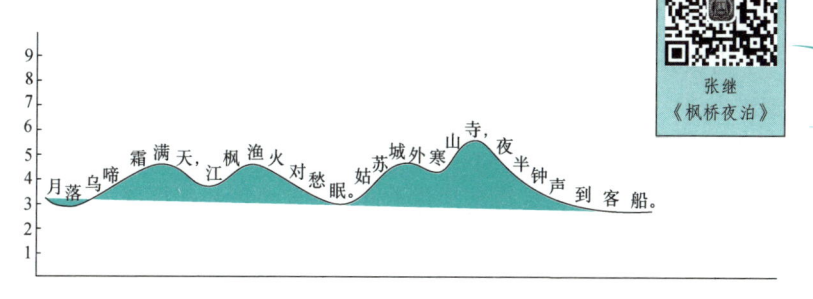

图7-5 张继《枫桥夜泊》朗读爬山图

7.2.2 《寒食》:不生火的一天

自古以来,清明节就是我们中华民族非常重视的一个节日。杜牧的《清明》让大家感受到了我们对于已逝之人的哀思。而在古代,有一个节日跟清明连在一起,而且比清明更受重视,那就是"寒食节"。关于寒食节的来历,有着一个令人心痛的故事。

据史籍记载,春秋时期,晋国的公子(晋献公的儿子)重耳因王位斗争，被迫流亡在外十几年。这期间他经常遭受白眼、忍饥挨饿。一个叫介子推的大臣始终追随着他，不离不弃。有一天，重耳饿得快晕过去了，介子推便去山里找食物，过了一阵子，竟然端来了一碗野菜肉汤。后来重耳才知道，那是介子推割下了自己腿上的肉才做成的肉汤。重耳深受感动，说以后定会报答。果然，重耳后来回国即位，成为我国历史上著名的春秋五霸之一的晋文公。但介子推却不愿接受功名利禄，与母亲归隐绵山，成了一名不食君禄的隐士。

　　故事讲到这里，也只是让人感到一点可惜而已。一个这么忠心的大臣，流浪在外十几年，吃尽苦头，终于迎来了好日子，为什么不继续辅佐君王呢？可令人扼腕叹息的往事，它的发展也往往出人意料。晋文公十分想让介子推出山做官，便去他隐居的地方寻找他。可绵山太大、太深了，他们根本无法找到人。着急的晋文公听信了小人的馊主意，竟下令放火烧山！他们认为介子推必然会被大火逼出来。可三天三夜过去了，根本没有介子推的影子。最后，大家才发现介子推和母亲一起被烧死在了柳树旁……

　　晋文公很是后悔和心痛。他为介子推修祠立庙，还下令在介子推遇难当天，全国不能生火，只能吃瓜果、面饼等冷食，以寄哀思。这就是"寒食节"的由来。第二年，晋文公去绵山祭奠介子推，看到那棵柳树死而复活，他觉得这是介子推的转化，便封那棵树为"清明柳"，这也是我们沿袭千年的在清明节折柳、戴柳的由来。经过多年的演变，目前，我们的寒食节是4月4日，在清明节的前一天。不过，现在重视这个节日的人已经不多了，也几乎没有人会在这一天只吃"寒食"了。

寒食

[唐] 韩翃（生卒年不详）

　　春城无处不飞花，
　　寒食东风御柳斜。
　　日暮汉宫传蜡烛，
　　轻烟散入五侯家。

韩翃，生卒年不详。我们只知他于天宝十三年（754年）考中进士，而后于"安史之乱"中流落青州，在部队里写文书。多年以后他回到长安，但一直没有得到重用。直到晚年的时候，才因为这首《寒食》，被皇帝点名任用，从此平步青云，官至中书舍人（负责整理奏章、起草诏书等，离权力中心很近）。

"春城无处不飞花"：春天的长安城里处处柳絮飞舞、落花满地。这里的"春城"可不是我们现在说的昆明，是暮春时节的长安城。"飞花"也并不是真的花瓣，而是柳絮。一个"飞"字很传神，读着它，就仿佛看到了春风把柳絮吹得漫天飞舞，再加上"无处"两个字用得非常大气，直接着眼全城，没有哪一个地方没有春风柳絮的吹拂。"无""不"，双重否定带来更强烈的肯定，让人沉浸于暮春的景色当中。

"寒食东风御柳斜"：寒食节的东风吹拂着皇宫中的柳树。

寒食和御柳，都与介子推的故事有关。这一天，人们不生火，只吃已经提前准备好的食物。东风微微吹着，柳树也轻轻飘动了起来。这里的"御柳"，有的说是指当时长安城皇宫里的柳树，有的说是指当年晋文公封的那棵"清明柳"。除非是考试要答卷，大家得按照语文老师给的标准答案去填写，否则我们在读诗歌的时候，不要过于纠结它具体是指什么。很多时候，诗歌传达的就是一种意向。我们脑中有春风吹拂杨柳这样清新美好的画面就可以了。

"日暮汉宫传蜡烛，轻烟散入五侯家"：傍晚的时候，皇宫里开始燃烧蜡烛赏赐下去，点蜡烛的袅袅青烟飘散到了王公贵族的家里。

民间不能点火，但是皇宫里却可以，而且皇帝把火赐给了亲近的王公大臣们。关于这两句诗，有两种说法。

一种说法是，根据唐代制度，到清明这天，皇帝会宣旨取榆柳之火赏赐给亲近的大臣们，以示皇恩。它标志着寒食节的结束，也能借此给臣子们提个醒，让大家向介子推学习，勤政为民。这里的"五侯"借用的是汉成帝将皇后的五个兄弟都封了候的历史，来指代皇帝的亲近之臣。这种说法倾向于这首诗仅仅只是描述了寒食节时的景色和传统。

另一种说法是，这两句诗带有讽刺的含义。首先，寒食节是为了

纪念忠诚且不受禄的介子推，可皇宫里却带头点起了火（诗里点明的是寒食节而不是清明节，意义完全不同）。其次，"汉宫"和"五侯"借用的是东汉的汉桓帝以及他册封五位宦官为侯的历史，来影射当时唐朝的宦官专权。表达了诗人对国家的担忧。

读完这首古诗，你的感受是什么？更同意哪种说法呢？

【朗读秘籍】

1.情景：暮春时节的长安城，柳絮漫天飞舞。青青的柳树也随着春风摇曳起来。日暮时分，皇宫里开始忙碌起来了，大家有条不紊地点火、传火，将它们分别送往大臣家中。

2.感情：自古以来便有"诗言志"的传统，所以作者更倾向于第二种说法，那么这首诗的感情便分为两种，前两句，是赞美长安的美，后两句是讽刺。但由于后面的讽刺，对于前两句的美也是暗含忧虑的。诗人似乎在想着，这么美的长安城，不会再遭受一次大动乱吧？

3.语气：赞美是真心的，忧虑是深层的，讽刺是暗含的。所以这首诗的语气把握起来不容易，大家要细细体会哦。

第一句为了体现大气，我们可以把"无处"两字抻开。"春城"平起，"无处"则抻开、拉长，心中想着整个长安城的景色，语言上把它表现出来。"不飞花"不要拖长音。

第二句"寒食"二字要突出，这是重点。突出并不一定要读得很重，我们把它读慢一点，或者读得比其他词语轻一点，它也能突出出来。"寒食东风"4个字呈下山趋势。

第三句"日暮"指日落，我们也读出日落的感觉，声音低起，到了"传蜡烛"时语速放缓，朗读趋势向上，同时带着思考的感觉。例如，为什么寒食节里宫里可以点火？此时，可以将"蜡烛"二字稍作强调。

第四句"轻烟散入"是下山语势，同时注意声音也放轻、放慢一点，好像我们的声音是跟着那烛烟走的，缥缥纱纱。"五侯家"声音还是轻，语气要冷一些，带出讽刺的感觉。

韩翃《寒食》朗读爬山图如图7-6所示。

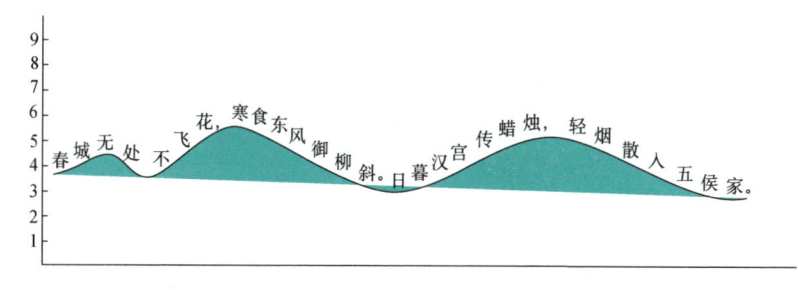

图7-6 韩翃《寒食》朗读爬山图

7.2.3 《乞巧》：女孩们的节日

"牛郎织女"是我国四大民间传说之一。故事里说，织女是天帝的孙女，她的双手很灵巧，擅长织布，常常在天边织彩霞。一次她和其他仙女下凡游玩，结识了放牛的牛郎。她发现牛郎是一位勤劳善良的男子，便跟他结婚，生下一对儿女，过上了男耕女织的生活。天帝和王母知道后非常生气，他们认为，仙女怎么能和一个凡人结婚呢？便把织女捉走了。牛郎知道后，带着孩子一起去追赶自己的妻子，眼看就要追上了，王母却施了法术，在他们中间划出一条天河，这就是银河的由来。从此牛郎织女只能隔在银河的两岸，无法过河相见。好心的喜鹊看到这情景，赶紧都飞了上去，给他们搭起了一座桥，好让牛郎织女通过这座桥见面。后来天帝便允许他们每年七月初七的时候走上喜鹊桥相聚一次，这便是"七夕节"的由来了。

古代，女孩们都要学"女红"，简单的就是一些针线活儿，裁布做衣、缝补衣服等，复杂的还有描画刺绣、纺纱织布等。传说中的织女就很擅长这些，所以七夕节也叫"乞巧节"，女孩们会在这一天许愿，祈求自己像织女一样心灵手巧，还会对着月亮穿针，如果能一下子穿过，叫"得巧"，那就是祈愿成功，值得女孩子们高兴很久呢！

这个习俗在唐朝和宋朝的时候尤为盛行，我们来读一首有关乞巧节的唐诗吧！

乞巧

[唐]林杰（831—847）

七夕今宵看碧霄，
牵牛织女渡河桥。
家家乞巧望秋月，
穿尽红丝几万条。

这首诗的作者林杰（831—847），字智周，福建人，唐代诗人。

据说林杰是个天才儿童，6岁的时候就能作诗，下笔成章，还会书法棋艺。可惜的是，他还不到17岁就去世了。关于他的记载很少，《全唐诗》里只收录了他两首诗。另一首叫《王仙坛》，说有人羽化登仙而去，空留下祭坛，不知何时会回来。林杰的两首诗都是关于神话传说的，这也跟唐末盛行拜佛求仙的大环境有关吧！

"七夕今宵看碧霄，牵牛织女渡河桥"：七夕的晚上望着碧蓝的天空，就好像看到了牛郎织女正在鹊桥上相会。诗人写诗的当晚便是七夕，这天的天气应该很好，夜晚天空也透着碧色，月亮和星星都很明亮。人们望着星空，想象着牛郎织女的故事，整个情境描绘得非常美好。

"家家乞巧望秋月，穿尽红丝几万条"：家家户户都在赏月、乞巧，穿过的红丝线都有几万条了。这两句关于乞巧的描述，让人感觉到当晚的热闹与喜悦。家家户户围在一起赏月，女孩们纷纷对着月亮穿丝线，"几万条"这样一个概称代表着大家都成功"得巧"了，多么令人高兴啊！

【朗读秘籍】

1. **情景**：农历七月初七这天，家家户户都出来赏月。那弯弯的月牙是那么温柔，代表着牛郎和织女的两颗星星也仿佛越走越近。少女们纷纷拿起针线，祈求着自己能像织女一样心灵手巧。

2. **感情**：诗里充满少男少女天真喜悦的感情。

3. **语气**：诗人写这首诗的时候是个小少年，整个语气都是天真活泼的。

第一句的"七夕"稍突出，点名节日。"今宵"则往下走，好给后面的内容腾出空间来。"看碧霄"是七夕当晚的赏星习俗，我们朗读的时候逐字往上走,眼神顺着语言也往上走。

第二句"牵牛""织女"分布在天河的两端,是并列的词语,朗读时两词之间不要接太紧,稍顿一下。"渡河桥"是他们要相会了,这是很幸福的事情,语气轻柔,带着笑意。

第三句"乞巧"需要突出,读得稍缓一点,告诉大家这是什么节日。"望秋月"同样也是逐字往上走,眼神顺着语言也往上走,望向天空。

第四句里突出"红丝",它代表着少女们的心愿。最后"几万条"语速放慢,缓缓结束,但不必刻意压低声音。

林杰《乞巧》朗读爬山图如图 7-7 所示。

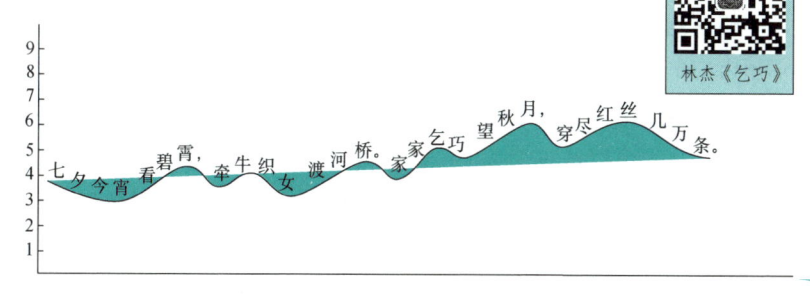

图 7-7　林杰《乞巧》朗读爬山图

7.3　诗人的隐士文化

7.3.1　《小儿垂钓》:嘘!

你们听说过"隐士"吗?每每在书中读到"隐士"的时候,都会觉得那一定是个"高人",一定很有本事。确实,隐士大多都富有才学,却由于种种原因,不愿意去当官,也不愿与官家打交道。他们大多生活在深山里或者田野间,自给自足、自得其乐地过日子。

中国的隐士文化源远流长,历朝历代都有。传说中最早的隐士叫许由,他拒绝了尧帝的传位,安心隐居生活。魏晋时期,"竹林七贤"和中国田园诗派的创始人陶渊明,也都是我们熟知的隐士。

但并不是所有的隐士都隐于山间,他们有的还会隐于市、隐于朝,仍在百姓中生活、在朝中当官,但是会非常注重自己心灵和精神的修行。盛唐时期的王维就是一种半官半隐的状态。他没有避世,但常独自在辋川别墅里修行打坐、参佛悟道。

既为隐士,无论他们"隐"在哪里,都是对现实有着不满、内心想要寻求超脱的。他们大多都有着高洁的品质、淡然的心境,在精神世界里自得其乐。今天我们将要认识的这位诗人胡令能,也是一位隐士。

胡令能(785—826),河南郑州人,唐代诗人,隐居圃田(河南省郑州市中牟县)。

史籍典故里关于胡令能的记载很少。《唐诗纪事》中出现过寥寥几笔,说他从小家境贫寒,学了一门修补锅碗瓢盆的手艺,人称"胡钉铰"。还说他突然会作诗是因为得到了神仙的帮助。传说归传说,我们猜想,胡令能是读过书的,但后来由于生计所迫去做了工匠。这样的生活体验让他写出了一些语言通俗易懂而又颇具生活情趣的小诗。隐居后,胡令能因自己的才华受到大家的尊敬,不时有人带着茶酒前去拜访他。不过,他终身未出仕,一直隐居于圃田。

小儿垂钓

[唐] 胡令能(785—826)

蓬头稚子学垂纶,
侧坐莓苔草映身。
路人借问遥招手,
怕得鱼惊不应人。

如果你当时也在,看到这幅场景会不会忍不住发笑?一个有点邋遢的可爱小孩儿正在认真地学钓鱼呢!遇到想要问路的大人,他在摆手的同时,说不定表情还又急又凶,生怕来人惊跑了他的鱼儿呢!

"蓬头稚子学垂纶":一个头发乱蓬蓬的小孩子在学钓鱼。"蓬头"既是孩子的外貌,也反映了他的性格——大约是比较活泼好动,才会玩成一头乱发。想想我们自己小时候是不是也这样？跟小伙伴疯玩一阵子后，辫子松了，头发也乱了，像不像诗中说的"蓬头稚子"？

"侧坐莓苔草映身"：他侧身坐在青苔上，旁边的绿草掩映着身子。你见过青苔吗？可千万别去踩，它非常湿滑，作者小时候就在青苔上摔过跤，衣服上蹭的印子再也洗不掉了。可是诗里的这个小朋友，他根本不管青苔凉不凉、脏不脏，只因为这块地方不好走、没人来，所以他觉得这里的鱼儿会更多。由此可见这孩子对钓鱼的执着啊！

"路人借问遥招手"：有人向他问路，他老远就摇着小手拒绝了。如果说上一句诗是用"坐在青苔上"侧面描写这孩子对钓鱼的认真，这句诗就是正面描写他的紧张与在意了。

"怕得鱼惊不应人"：因为怕惊吓跑了鱼儿，所以不敢出声应答。这句诗既解释了孩子"遥招手"的原因，又把他小心翼翼钓鱼的样子描绘了出来，活灵活现。

【朗读秘籍】

1. 情景：好一幅充满童趣的画面呀！一个头发蓬乱的小孩子坐在草丛中，只见他凝神屏气地等着鱼儿上钩。这时候遇到有人问路，他连忙朝那人摆手，意思是，你可千万别过来，别把我的鱼儿吓跑了！

2. 感情：诗里充满天真和童趣，感情基调是活泼喜悦的。

3. 语气：整体是带着轻松好玩的语气。

第一句的"学"是本诗的诗眼。正因为他刚刚开始学钓鱼，小心翼翼的，才不敢答路人的话，因此朗读的时候"学"字需要稍微强调一下。"垂纶"就是钓鱼，朗读的时候"垂纶"二字往上走，以引出下文，带着一种"他学钓鱼学得怎么样"的好奇。

第二句的"侧坐"二字，朗读时声音稍高，这是指小孩子随意坐下、着急钓鱼的样子，与前面顽皮又初学的形象相吻合。"莓苔"读得稍缓一些，"草映身"三字稍往上走，把他身处的环境展示出来。

第三句"路人借问"这4个字朗读时呈上山趋势，并稍停一下，引起好奇：诗人向小孩问路后，发生了什么呢？"遥招手"，远远地就摆起了小手。这孩子不仅不想答话，还颇有一种"你千万别过来"的

意思。读了这句诗，我们能想象到他既认真又着急的小模样，太可爱了！在朗读的时候，"遥招手"三字可以带点儿演绎的成分，把小孩当时的反应充分地体现出来。

第四句，"怕得"二字快速念出，"鱼惊"是这句诗的最高峰，在此处可以停顿一下。最后，"不应人"三字缓缓落下、结束，带着一种悄悄的感觉。

胡令能《小儿垂钓》朗读爬山图如图7-8所示。

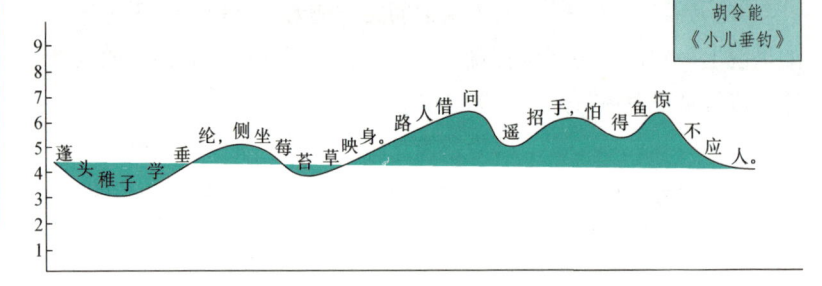

图7-8　胡令能《小儿垂钓》朗读爬山图

7.3.2 《蜂》：不光刺你，还讽刺你

前文说的胡令能是一位神秘的隐士。而这一小节里要讲的诗人也隐居了一段时间，甚至把自己的名字都改为"隐"。

罗隐（833—909），原名罗横，字昭谏，杭州新城（今浙江省杭州市富阳区新登镇）人，唐代文学家、诗人、辞赋家。他从20多岁开始赴京考进士，一趟又一趟，20年间考了十几次都没考上，史称"十上不第"。他逐渐心灰意冷，改名为"隐"。加之那时的唐朝已至末年，大厦将倾，爆发黄巢起义后，长江以北被起义军占领，罗隐便和朋友们隐居在了池州九华山。

总是怀才不遇的罗隐很擅长写讽刺文。他一直生活在底层百姓中间，深懂百姓的苦难，加上对朝廷的不满、对自己屡试不中的境遇的不忿，种种因素叠加，直接就把讽刺技能给拉满了。罗隐写了一本小品集叫《谗书》，文章反对宦官乱政和藩镇割据，同时也对朝廷的软弱和昏庸表达了强烈的不满。书中，罗隐嬉笑怒骂、愤懑不平、痛批现实，用自己的才华狠狠地扇了黑暗官僚一耳光。据说这本书一时间风靡了整个文人圈，大家争相传阅，细细品读那些他们自己平时敢怒不敢言的社会现状。鲁迅先生说，"唐末诗风衰落，而小品放了光辉，罗隐的《谗书》几乎全是抗争和愤激之谈……正是一塌糊涂的泥塘里的光彩和锋芒"。我们来看看这位"战斗性"十足的"讽刺专家"写的诗是什么样的？

蜂

[唐]罗隐（833—909）

不论平地与山尖，
无限风光尽被占。
采得百花成蜜后，
为谁辛苦为谁甜。

这是罗隐考了7年进士都没考上的时候写的诗。心情低落的他在看到田间劳作的百姓时，想到了那些不作为却能不劳而获的官员，讽刺的战斗力爆发了。

"**不论平地与山尖，无限风光尽被占**"：无论在平地上还是山峰上，漫山遍野的蜜蜂占尽了山间美景。"不论""无限""尽"，这几个极致的词仿佛在说蜜蜂无处不在，什么好地方都有它们。而实际上呢？勤劳的蜜蜂指代的是普通老百姓，他们一年到头辛勤劳作，到处都是他们干活儿的身影。既然这么辛苦，是不是能收获很多呢？

"**采得百花成蜜后，为谁辛苦为谁甜**"：当蜜蜂采尽百花终于酿成了蜂蜜后，到底是谁在享受它的甜？它们又是在为谁辛苦呢？

结合上一句，我们知道这里还是借蜜蜂在说百姓。老百姓一年到头勤勤恳恳，劳动所获颇丰，却要被官员拿走绝大多数成果，自己根本剩不下多少。这不由得让人想起李绅的诗句"四海无闲田，农夫犹饿死"。唐朝末年，政治黑暗、社会动荡，官员对百姓的层层剥削十分严重。所以作者发出了"为谁辛苦为谁甜"的讽刺与感慨。

【朗读秘籍】

1.情景：无论山上山下，都能见到无数蜜蜂在忙碌着。看起来它

们穿梭在山花烂漫间，占尽了风光与美好。但其实，蜜蜂们忙忙碌碌采得的花蜜、辛辛苦苦酿成的蜂蜜，最后又是谁的？

2. **感情**：这是一首讽刺诗，感情基调是批评与讽刺的。

3. **语气**：前两句乍一看似乎是在赞美蜜蜂的勤劳与大自然的美好。但读完全诗我们会知道，作者是在"先扬后抑"，在为后面的议论和讽刺做准备。所以朗读的时候我们就要把握好整体的感情基调。如果不顾后面内容，只管前面的夸赞，那么读诗时前后的语气衔接会很奇怪。因为赞美和讽刺是完全不同的用气发声方式：

赞美的语气：口腔放松、气息饱满、面带微笑、声音积极。

讽刺的语气：口腔收窄、气息收紧、眼神犀利、声音较冷。

所以我们在朗读前两句时，就要开始用讽刺的语气了。"不论"二字往下砸，而不是赞美时的上扬。"平地与山尖"这几个字口腔收紧一点，不用张大嘴巴读。"无限风光"可稍往上走，到了"尽被占"再往下，尤其是"尽"字需稍稍强调一下，以显示数量之多、范围之广。

第三句语速可稍快一点，呈上山语势。读完"成蜜后"三字可稍作停顿，以引出下一句。

第四句是转折句，也是全诗的核心之问，所以一定要把握好我们的语气，带着讽刺的质问。第一个"谁"需要强调一下，显示出劳动成果根本不属于自己的愤怒，第二个"谁"稍弱一点，重点放到"甜"字上，用这个劳动成果来呼应前面三句的辛苦，缓缓结束，发人深思。

罗隐《蜂》朗读爬山图如图7-9所示。

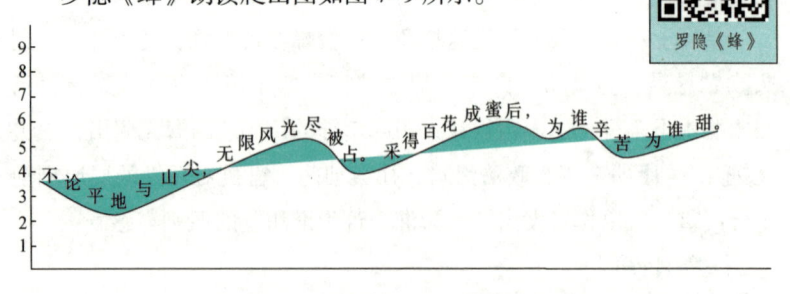

图7-9 罗隐《蜂》朗读爬山图

第 8 章
北宋听说诗被唐朝写完了?

8.1　超级大官写的诗词

在小学的诗词部分里，唐朝要落幕了。

我们从唐太宗时期的诗人虞世南、李峤和"初唐四杰"开始了解唐诗，到盛唐时期的百花齐放，好诗多得令人目不暇接。我们读了气势雄浑的边塞诗，也感受了清新自然的田园诗。我们看到了诗仙、诗圣、诗佛、诗夫子的人生故事，也膜拜了他们妙笔生花的无数名句。一场浩劫，把大唐的气势拖到了底部，我们进入了中晚唐时期。党争之下，新乐府运动和经历坎坷的诗人们带我们看到了无奈又现实的世界。藩镇势力越来越大，宦官专权越来越严重，诗人们写诗也变得忧虑和隐晦。

晚唐时期，谁当皇帝都是宦官说了算（唐朝的最后七任皇帝都是由宦官指定的），更别提不送礼就无法上榜的科举考试了。

有一个叫黄巢的科举考生落榜了。他没有送礼，感到世道不公，写下了一首诗《不第后赋菊》："待到秋来九月八，我花开后百花杀。冲天香阵透长安，满城尽带黄金甲。"诗中透露出一股直冲云霄的杀气。果然，他在后来发动了农民起义，带兵攻进长安城，唐朝就此亡了。

这之后，经历了十分动乱复杂的五代十国时期。简单来说，就是中原地区在短短53年的时间里经历了5个朝代，周边（主要是南方）又围绕着10个不同的小国家。这些政权，长的十几年，短的只有几年。其中有个叫冯道的大臣，历经四姓十帝，你就说夸不夸张吧！

终于，960年，五代中最后一个朝代后汉的禁军统领赵匡胤，发动了"陈桥兵变"，从此黄袍加身成了皇帝，逐渐统一了南北的部分政权，结束了五代十国混乱的局面。

一个充满文化活力、有着丰富文化涵养的宋朝开始了。

8.1.1 《江上渔者》：一叶小舟承千斤

第一位要出场的重量级人物是范仲淹。"不以物喜，不以己悲""先天下之忧而忧，后天下之乐而乐"等名句便出自他手。他不但文采了得，还很懂经济呢！我们现如今特别流行的"以旅游拉动经济"的方法，范仲淹早在宋朝时期就已经实践过啦！

那是他到杭州任知府的第二年，当地爆发了大饥荒。通常在这种情况下，如果官府能开仓赈粮便是对百姓的极大照顾了，然而范仲淹考虑的远不只这一点。粮仓有限，只能解一时燃眉之急，等粮食不够的时候，还是会有不少百姓被饿死。得从根本上解决粮食和钱的问题，才能使百姓免受灾祸。范仲淹没有干等着朝廷拨款，而是开始积极自救——他大力开发新的旅游景点、发展服务业，吸引游客前来，创造了大量就业机会，让百姓有个谋生之处。另外，他还提高了收取的粮价，这样，许多外地的粮食便会流入杭州。等粮食储备充足了，粮价又会自然回落。这样一番操作下来，灾情最严重的杭州反而是百姓生活最稳定、抗灾救灾最有成效的地方。范仲淹通过自己的智慧和劳心劳力的操持，不但保住了一方百姓，还引得其他地方纷纷效仿，大大改善了受灾百姓的困苦生活。真是一位了不起的官员呀！

范仲淹（989—1052），字希文，世称范文正公。祖籍陕西邠州，后移居至苏州吴县（今江苏省苏州市）。北宋时期杰出的政治家、文学家。他做学问、做教育、做将军与做官员都是一把好手，真可谓是文武双全，完美实践了"修身、齐家、治国、平天下"的理想。

做学问，他从小寒窗苦读，以冷水洗脸醒神、以稀粥充饥果腹，终得学识大涨、考中进士，写出无数名篇名句。

做教育，在讲学期间，他用自己的薪资资助学生，自己的几个儿子却只能轮换着穿唯一一件能出门的衣裳。当官后在苏州得到一块土地，不自己建宅子，而是兴建了苏州府学，1000年来源源不断

地为祖国培养着人才，直到现在还在使用（现苏州中学）。范仲淹终其一生都在各地兴办书院，诸多百姓受益。经他鼓励与提拔的不少学子都成长为名士，如孙复、张载等，都是北宋著名的教育家和理学家。

做将军，他训练军队、培养名将，稳住了西北边疆，让屡战屡败的宋朝军队终于有实力硬气起来，迫使西夏停止入侵。当时还流传着一句话："范公在，不敢犯。"

做官员，他敢于直谏，哪怕得罪权贵、哪怕被一再贬官，也依然秉持着正心与正义。他事事替百姓着想，把忧国忧民的情怀用到了实处，真正做到了为官一任、造福一方。

江上渔者

[北宋] 范仲淹（989—1052）

江上往来人，

但爱鲈鱼美。

君看一叶舟，

出没风波里。

这首诗的意思很好懂，没有生僻的字眼，没有华丽的辞藻，没有斧凿的痕迹。诗人只是用简单的话语描绘出一幅看似平常的打鱼、买鱼的画面，却能让人在短短的句子中体会到劳动人民的勤劳与艰辛。

"江上往来人，但爱鲈鱼美"：人们在岸边来来往往，热闹非凡，都是为了这新鲜美味的鲈鱼。江上：江岸。但，"单"的意思，说大家单单只是因为喜欢鲈鱼的味道而来买鱼的。

"君看一叶舟，出没风波里"：你看那一条小小的渔船，在波浪起伏的江面上时隐时现。君：你。多数人都只关注眼前的鲈鱼新不新鲜，却没什么人注意到渔者的危险与辛劳。于是，诗人便把我们的视线从岸边的买鱼处引导到了江面的打鱼处。"风波"二字无比简洁，却道尽了打鱼的艰难。在诗人笔下，那渔船很轻，像一片小叶子一样在宽广的大江里起起伏伏。那渔船又很重，因为它承载着全家的生活重担，还充满了诗人对渔者的同情与担心。

【朗读秘籍】

1. 情景：近处，岸边熙熙攘攘的人们正在挑选刚刚打上来的鲜美鲈鱼。远处，江面并不平静，一叶小舟随着风浪起起伏伏，渔民为了生计辛勤劳动。

2. 感情：整首诗充满了对劳动者的同情。

3. 语气：整体语言节奏较慢。

第一句是一个情景描述，平缓开口即可。但因要引出下一句，看看为什么会有这么多人来到江边，所以不要收太快，好承接下一句诗。

第二句是告诉我们原因，因此"但爱"二字可往下走，到了"鲈鱼"这一吸引人们的主体事物再稍作强调。"美"字又需收回来，不能往高往远走，因为这是对岸边热闹的场景和原因描述的结束。朗读时每一句都需要分析它上下文的意思和语境，这样才能做好衔接，使用更合适的感情和语气来处理。

第三句是一个转折，诗人把人们的视线引向远方，我们的声音也可以有一种逐渐送远的感觉，呈上山语势。"一叶舟"在诗里是一个小小的、可可怜怜的意向，我们可以带着心疼的语气来读。

第四句是诗人深深的同情与担心，虽然舟在远处，但声音不必再拉远，因为这是展示我们内心的情感与想法。朗读时放缓语速、放低声音，深情地表达出与诗人一样的担忧，我们用声音描述的画面就鲜活感人了。

范仲淹《江上渔者》朗读爬山图如图8-1所示。

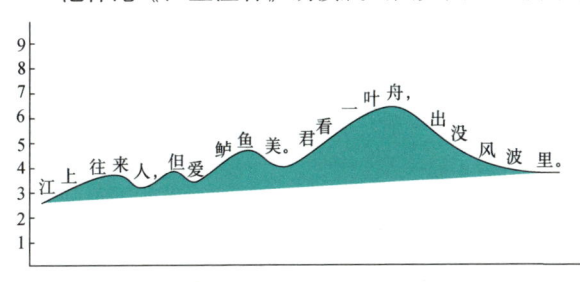

图8-1　范仲淹《江上渔者》朗读爬山图

8.1.2 《元日》：这就是新年新气象

文武全才的范仲淹永远都在操心着国家社稷与百姓生活。当时的北宋政局已经开始出现诸多弊端。比如，官员超级多，原本一个人能做好的事情，却要分给三四个人、设三四个官职，最终谁都不好好做，效率极其低下。又比如，士兵超级多，超百万的数量，可又不专业，战斗力很差。对内，镇压不了农民暴动；对外，打不退西夏的进犯。而国家财政的大量开支都要拿去供养这些官员和兵士，加上后期又要向辽和西夏送"岁币"，看似富裕的宋朝财政状况堪忧。范仲淹迫切希望能改变这样的现状，便向皇帝提出了十项改革的主张。宋仁宗采纳了其中的大部分建议并开始实施，史称"庆历变法"。但由于革新触动了大官僚的利益，不到一年，变法便在阻挠中失败，几位主要官员也都被排挤出了朝廷的中心。但范仲淹也算是埋下了星星之火。25年后，另一位大臣王安石站了出来，这一把改革的大火终成燎原之势。

王安石（1021—1086），字介甫，号半山。抚州临川（今江西省抚州市）人，少年时期随父迁至江宁（今江苏省南京市）。北宋时期的政治家、文学家、思想家、改革家。

王安石的变法与范仲淹的并不相同。范仲淹主要是针对北宋冗官冗兵冗费、官员腐败而出策改革；王安石则主要是想发展经济、练兵强兵。两者相同的地方在于都想改变宋朝积贫积弱的现状，使国家强大起来。

但王安石的改革一开始并没有得到重视。他曾写下"万言书"给宋仁宗，希望能开始改革，可是没有得到采纳。直到10年后的1067年，宋神宗继位，王安石才终于开始受到器重。次年，他上书宋神宗主张变法，得到皇帝的支持后，于1069年开始主持变法。这一年的春节，看着家家户户忙着除旧迎新，联想到即将开始的变法，也许王安石会想着：这才叫"新年新气象"啊！

元日

[北宋] 王安石（1021—1086）

爆竹声中一岁除，

春风送暖入屠苏。

千门万户曈曈日,

总把新桃换旧符。

这是我们过年时最"红"的一首诗了,多年来它一直在春节古诗转发排行榜上稳居第一。无论我们平时遇到多少坎坷曲折和不如意,到了新年,总是期盼着会有新的变化,来年会变得更好。

"爆竹声中一岁除":在燃烧爆竹的炸裂声里,旧的一年过去了。古时人们会在过年时燃烧竹子,让它发出爆裂的声响以驱邪,后来就演变成鞭炮了。

"春风送暖入屠苏":和暖的春风送来了新的一年,人们开怀畅饮着屠苏酒。关于"屠苏",有两种解释。一种是用屠苏草酿的酒,人们相信在春节喝屠苏酒可以驱邪长寿。另一种是在房屋上画屠苏草作为装饰。

"千门万户曈曈日":初升的太阳照耀着千家万户。曈曈:日出时光亮而温暖的样子。大家想象一下,旭日初升,它用自己的光芒跟每家每户打招呼,这是多么充满朝气与希望的景象啊!

"总把新桃换旧符":都把旧的桃符取下来换上了新的。桃符:古代的一种风俗。本身桃木就有辟邪一说,人们再在桃木板上画上神荼(tú)、郁垒(lěi)两位神灵的名字,挂在门旁,那驱邪避祸的效果简直翻倍啊。用新的桃符换下了旧的,像不像诗人想要用新的改革措施替换掉旧的弊端?

【朗读秘籍】

1. 情景:春节这天,明媚的朝阳洒满了大地。到处都是热热闹闹的爆竹声,人们正忙着把旧的桃符拆下、换上新的,喜气洋洋地迎接春节。

2. 感情:我们常说"新年新气象",人人都盼望着在热热闹闹的春节里开启新的、更加美好的一年。王安石的这首诗也正是寄托了这样的愿望。那时候,变法革新刚刚开始,他正准备展开拳脚大干一番,期盼着让整个国家的面貌焕然一新。诗歌里便也体现了他充满希望的奋斗之心。

3. 语气:整体是欢欣鼓舞的语气。

第一句就要把热闹的景象营造出来，"爆竹声中"四字高起，音量较大，口腔放松、表情喜悦。"一岁除"可以低下来，表示对送走旧年的温情。

第二句的"春风送暖"4个字逐渐往上走，声音也变得柔和，像是被春风迎面吹拂的感觉。"入屠苏"带着美好、享受的感觉来读，这迎春的屠苏酒充满了美好的寄寓呀！

第三句整体都要大气一点，"千门万户"是多么庞大的数字，"曈曈日"是多么壮丽的景象，我们朗读时要气息饱满，字与字之间适当拓长一点，展现出万里江山蒸蒸日上的景象。

第四句的"新"和"旧"是对比，我们朗读时要稍稍突出一下。此外，在"总把新桃"后稍停顿一下，声音可以适当拉长一点点（可不是要拖音啊），明明大家都知道后面的内容，但还是要给听众一种疑问感：把新桃怎么了？再接着喜悦地给出答案：换旧符！

许多经典的诗歌、文章，我们都已经耳熟能详了，但当我们用声音、用朗读进行二次创作时，却要像第一次见到这些文字一样，每次都要注意把文字里原本的感觉表现出来，可不要像提前已经知道答案一样，那就没有惊喜啦。

王安石《元日》朗读爬山图如图8-2所示。

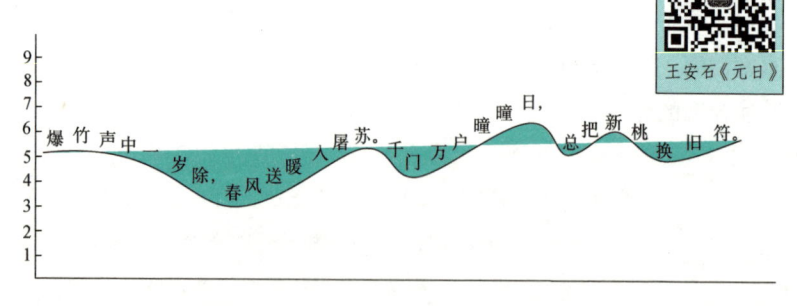

图8-2 王安石《元日》朗读爬山图

8.1.3 《泊船瓜洲》：我想回家

纵观历史，没有哪次变法是顺利的，尤其当新法执行得不好时。

不知道你有没有听说过一个成语叫"青黄不接"？意思是新一年的庄稼还没有成熟，旧一年的陈粮又已经吃完的时候。这个成语最早的出处来自北宋欧阳修写的《言青苗第二札子》："犹是青黄不相接之时。"欧阳修与范仲淹、王安石是同一时代的官员、文人，名列"唐宋八大家"。他年轻时曾跟随范仲淹一起变法，失败后也不改其志。但是对于王安石的变法，欧阳修发现了一些弊端，所以后期也不配合了，其原因和状况很是复杂。

比如王安石的"青苗法"，当百姓在青黄不接时，常常需要向地主大户借钱或者借粮，而对方则会向百姓收取较高的利息。"青苗法"便规定，在这个时候，以比较低的利息，把官方的粮食借给百姓，等秋收以后，再连本带利地收回来。这样做，既减轻了农民的负担，打破了地主大户垄断的局面，又增加了国家财政收入。

但具体执行的时候就不是那么回事了。比如一些地方官员为了完成任务，强行让人借贷。又或者他们擅自提高借贷利息，搞得粮食比变法之前更贵了。这样一来，许多百姓被迫借贷，甚至破产，他们无米下锅，只能沦为乞丐和流民。民间怨声载道，非改革派的官员和贵族们更是抓住这些问题无限放大，这让原本坚定支持变法的宋神宗也开始动摇了。又加上其他新法在执行过程中也出现了一些官员欺下瞒上、压榨百姓的行为，于是，1074年，主持变法5年后的王安石被罢相、回到了第二故乡江宁（今江苏省南京市）任职。

泊船瓜洲

[北宋] 王安石（1021—1086）

京口瓜洲一水间，

钟山只隔数重山。

春风又绿江南岸，

明月何时照我还。

据说这首诗写于王安石被罢相的第二年。当时他被宋神宗召回启用，在去往京城的路上，他回望家乡，有感而发。

"京口瓜洲一水间"：京口和瓜洲之间只隔着一条河。这里告诉我

们两地距离之短、行船速度之快。京口位于现在的江苏省镇江市,瓜洲位于现在的江苏省扬州市,从题目"泊船瓜洲"我们得知,诗人是在行船至瓜洲时停下来暂时歇脚休息。

"钟山只隔数重山":钟山也就在几座山的后面。钟山位于现在的江苏省南京市,少年时王安石便随父亲定居于此,这便也成了他心中的家乡所在。隔着几重山,诗人定是看不到钟山的,却还一直回望着,这是多么的舍不得呀!

"春风又绿江南岸":温暖的春风又吹绿了江南的景色。写这首诗时,诗人从"到""过""入""满"……十几个字中反复斟酌,最终选择了"绿"。大概是诗人觉得其他的字眼只写出了春风的动态,无法更好地展现春天的生机吧!在王安石的心里,这春风带来的何止是江南的绿啊,更是他再次拜相继续推行新政的助力啊!

"明月何时照我还":皎洁的明月什么时候能照着我回到家乡啊!是了,诗人前面在回望家乡,现在更是直接问出了何时能回到家乡,这是思念,也是期盼。他想推行新政,想看到国家的面貌有一个翻天覆地的变化,但也知官场黑暗、阻力颇多。王安石都已经被罢过一次了,大概会颇觉心累,希望在理想实现之后,能早日回到家乡吟诗赋闲吧!

【朗读秘籍】

1. 情景:乘船从京口到瓜洲,因为只隔了一条河,很快就到了。"我"在瓜洲暂时歇脚休息时,回望家乡的钟山,与自己也只隔了几座山而已,还不算太远。看到被春风吹拂的江南新绿,感到一切似乎有了希望,但是,"我"心中牵挂的依然是自己的故乡,不知这轮明月什么时候能照着自己一路回家呢?

2. 感情:主要是对家乡的不舍之情,但其间又夹杂着对未来的期盼。

3. 语气:整体语气里充满了眷恋与不舍。

第一句的"京口""瓜洲"是并列关系,朗读的时候用中等音量平起就行,但在声音方向的处理上可以一左一右(可用手势辅助表达),显示出两地的不同。"一水间"轻轻地念,甚至可以拖个一秒、半秒的，表达出诗人回望来时路的不舍。

第二句的"钟山"相对前一句的两个地名来说，声音可稍高一些，这是诗人的思念所在。"数重山"三字慢一点，这是诗人思绪的飘远。

第三句声音和感情方面的处理都是全诗的最高处，呈上山趋势。它包含了诗人对未来的希望、对国家的期盼。朗读时建议此句中间不停顿，带着赞美的感情和语气，用较高的声音来处理这个句子，末尾处可稍稍拉长。

第四句的感情从前面的希望又转为了不舍，所以在语气的处理上稍微内收一点，用比较低沉的声音、较慢的语速，含着浓浓的眷恋来朗读这一句。"明月何时"低起，"照我还"的问句以缓慢上扬结束。

王安石《泊船瓜洲》朗读爬山图如图 8-3 所示。

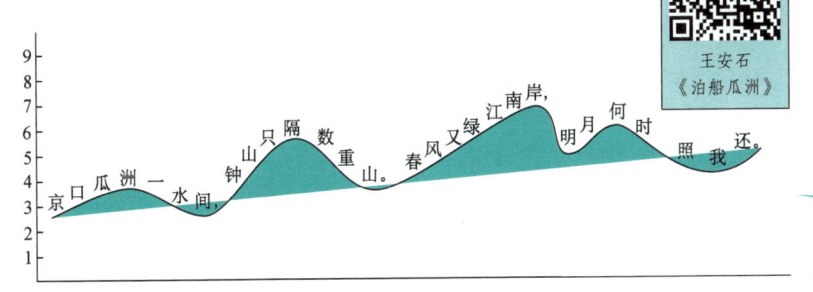

图8-3 王安石《泊船瓜洲》朗读爬山图

8.1.4 《书湖阴先生壁》：屋净心更净

再次当上宰相的王安石，能东山再起、又一次风生水起地搞变法吗？不能，反而前路变得更艰难了。在这之前，起码皇帝是支持他、信任他的，别人再怎么反对他、诋毁他，有皇帝做后盾，王安石依然可以大刀阔斧地改革。然而现在，宋神宗已经对王安石起了疑心、对变法有了忧虑。要知道，在宋神宗还是太子之时，就久仰王安石大名，即位之后很快就召见了王安石。一个是 20 岁的年轻皇帝，踌躇满志，希望大有一番作为；一个是忧国忧民、急于改变国家贫弱现状的大臣。两人经过一番长谈后，君臣之间都有相见恨晚之感。于是宋神宗大力支持王安石变法，让变法的初期颇见成效，国库充盈了不少。

可是现在，一切都变了。宋神宗不再听取王安石的建议，在权力方面也给了他更多掣肘，让他处处受限、施展不开拳脚。王安石甚至曾在无奈之下跟友人说，要是皇帝能听从我一半的建议也好啊！

在如此艰难的环境中支撑一年之后，王安石的儿子病逝了。悲痛的他连连遭受打击，心灰意冷，遂辞去宰相职务，回到江宁，至死都再未去过都城汴京。

曾经吟咏着"明月何时照我还"的诗人，终于回到了少时成长的故乡。他在江宁城外找了一块地，在那里建屋造渠，取名"半山园"，自号"半山老人"。过着半退隐生活的他，在那里结交了不少既有个性又有才华的朋友，湖阴先生就是其中的一位。

书湖阴先生壁

[北宋] 王安石（1021—1086）

茅檐长扫净无苔，

花木成畦手自栽。

一水护田将绿绕，

两山排闼送青来。

诗题"书湖阴先生壁"的意思，是写在湖阴先生家墙壁上的诗。湖阴先生，本名叫杨德逢，是一名隐士，他是王安石晚年居住在江宁紫金山时的邻居。王安石非常喜欢这位邻居，曾在诗中把湖阴先生比作是陶渊明，赞美他颇有古隐士之风。现今保存下来的王安石诗作中，有10首以上都是跟杨德逢有关的。

"茅檐长扫净无苔"：茅舍庭院由于经常打扫，所以干干净净没有一丝青苔。他们身处南京，江南水汽大、湿气重，山里特别容易长青苔。诗人的"无苔"二字表明了此处虽是茅草屋，但主人非常爱干净，时常打扫整理。

"花木成畦手自栽"：花木一垄一垄的长得非常规整，都是主人亲手栽下的。畦：修整过的一块块土地。"成畦"就是指田地都成行成垄，整整齐齐。这既说明了花草种类繁多，需要分类栽种，也从侧面说明了主人的勤劳与品位。

"一水护田将绿绕"：庭院外面的一条小河环绕着绿色的田地。这里的描写非常妙，把景物拟人化了。说那小河是"护"着这块农田、环绕着它，这多像是一位母亲用手环抱着自己的孩子呀！诗人对这山水田园的喜爱跃然纸上。

"两山排闼送青来"：两座山峰排列矗立，送来碧青的翠色。排闼：推开门。诗人说是这两座山推开山门，把满山的青翠送到了主人跟前。这热情主动的姿态、这扑面而来的山景，真是好情调、好景致呀！

【朗读秘籍】

1. 情景：来到湖阴先生家，这深山里的茅舍十分干净整洁，花木也被打理得井井有条。屋外的农田被一条小河轻轻环绕着，屋前的两座山更是推开山门送上了伸手可及的绿色。

2. 感情：既有徜徉于山水之间的舒适，更有对朋友高洁品性、美好情趣的赞美。

3. 语气：整体是欣赏、赞美、愉悦的语气。

第一句是近处的描写，语气柔和、音量较小、节奏平稳。带着一种欣赏的感觉轻轻念出"茅檐长扫"，语速可缓慢一点，仿佛是在细细打量一般。"净无苔"三字稍往下落，这是在观察之后肯定的语气。

第二句让声音随着视线一起稍往远一点点，"花木成畦"4个字呈一个小山头一样的趋势，这是在欣赏屋主人的"作品"，气息稍稍送远。"手自栽"带着赞叹的语气来念，音量可稍微加大一点点。

第三句的声音相较之前的又远了一点，因为看的是农田的整体，不是近处的或小范围的景物，在声音的体现上也需要相对大气一点，整句先往上走，"绿"字是最高点，到"绕"字的时候再回落一点点即可。

第四句又比前一句更大气，这是山势的高大与开阔，我们在朗

读时气息饱满，音量和情绪都放得更大一些，但不能一味地往上去，只要能比前面的句子强一点点就可以，毕竟整首诗闲适的情绪较多，而不是气势恢宏的感情。朗读时在"两山排闼"处可做一个停顿，"送青来"三字继续往上走，把诗人的欣赏与赞美之情体现出来。

王安石《书湖阴先生壁》朗读爬山图如图 8-4 所示。

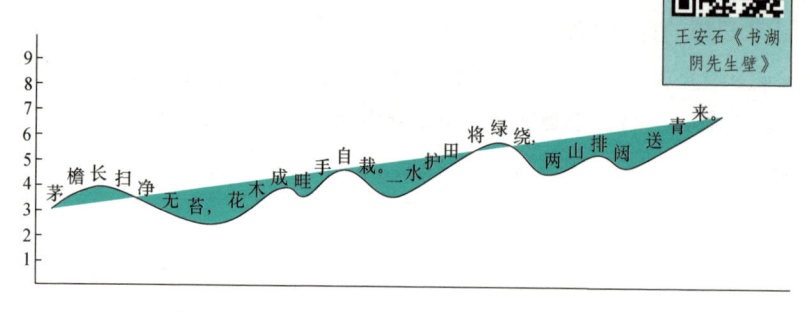

图8-4　王安石《书湖阴先生壁》朗读爬山图

8.1.5　《梅花》：我自孤寒我自傲

据说王安石第二次罢相后回到江宁，一路上听到了不少百姓对变法的抱怨，也看到了新法被人利用拿去敛财的后果，心中十分郁结。他是有着一个富国强兵的梦想的，在他的设想中，一项又一项的新法颁下，理应得到彻底的贯彻落实，国家和穷苦百姓都能从中受益。但实际情况则要复杂得多，也难得多。

王安石的变法持续了十几年，整个过程中，他不仅被政敌轮番攻击，连昔日的好友甚至自己的学生都在反对他、阻挠他。而王安石一路都非常执拗，不听劝告也绝不动摇。他这好的坏的都不听的性子，跟反对变法的领军人物司马光倒是很像。两人原本是关系还不错的同僚，却因变法这件事吵了十几年。司马光连写了3封信给王安石，说他的变法过于激进，劝他不要太自负，王安石则回了信一一反驳。两人经过数次激烈的辩论，谁也说服不了谁。于是，当变法轰轰烈烈地展开之时，司马光便自请离京去编书创作。他在洛阳隐居了

15 年，完成了史学巨著《资治通鉴》。而在变法的后期，王安石也心灰意冷地回到了江宁。两位老同事，再没了往来。

因执着于变法，王安石失去了很多。但他似乎只要看到自己的政治主张得到实现、自己的新法能让国家强大，他也就不在乎个人得失了。这首《梅花》便是写于他晚年回到江宁、远离政治中心之时。

梅花

[北宋] 王安石（1021—1086）

墙角数枝梅，
凌寒独自开。
遥知不是雪，
为有暗香来。

短短 20 字，把梅的坚强与高洁、勇敢与孤傲展现得淋漓尽致。

"**墙角数枝梅**"：墙角里有几枝梅花。一开始就给人感觉这梅花位置偏僻、数量稀少，仿佛是诗人自己的处境：尽管环境恶劣、无人支持，也会坚持自己的信念与主张。

"**凌寒独自开**"：冒着严寒独自盛开了。原本花开花落是自然现象，但是诗人在这里赋予了它主观意愿：是梅花自己不惧严寒、不怕孤独，要盛开在这角落里。这是梅花的品质，也是诗人的人品——坚强不屈、无惧他人眼光与评价、坚持自我。

"**遥知不是雪**"：远远地就知道了这不是雪花而是梅花。这是怎么知道的呢？

"**为有暗香来**"：是因为有隐隐的梅花香气传了过来。我们把第三、四句诗连在一起就知道，诗人这是用了倒置的手法：其实是先闻到了梅花的幽香，才知道那远远的白色小点并不是雪花。这既突出了梅花的雪白，又强调了它的暗香袭人。让读诗的人沉浸在梅花高洁美妙的世界当中，久久回味。

【朗读秘籍】

1. **情景**：寒冷的冬天，百花凋谢。只在偏僻的墙角里有几枝梅花倔强地盛开着。远远看过去就知道那是梅花而不是雪花，因为有一阵

一阵的暗香幽幽传入了鼻尖。

2. 感情： 有一种孤傲坚守、不屈服的品质蕴藏在诗中。

3. 语气： 整体语气偏冷，节奏上有明显的高低起伏，但情绪整体变化不大。

第一句低起，语速慢，"墙角"二字虽然声音低，但我们仍要发饱满，这是梅花所处的境地，与诗人当时的处境一样偏僻、孤单，所以朗读时也要带上这种低、慢但并不可怜的感觉。声音里需要有力量，但这种力量是蕴藏着的，而不是爆发的。"数枝梅"三字可稍往上走，状态不要放松。

第二句整体是上山趋势。开头的"凌寒"是梅花开放的天气，极冷，我们读的时候口腔收紧，似乎也感受到了那种冷意。"独自开"口腔放松，这是对梅花开放的欣赏之情。

第三句在朗读的处理上可以稍平一点，呈下山趋势。"遥"字稍拖长，体现出"远"的感觉，最后一个"雪"字也是可以稍微拖长一点，以引出下一句。

第四句的"为（wèi）有"二字可以高起，体现对梅的赞美与喜爱，"暗香来"三字缓缓结束，给人以香气袅袅萦绕不绝的余味。

王安石《梅花》朗读爬山图如图8-5所示。

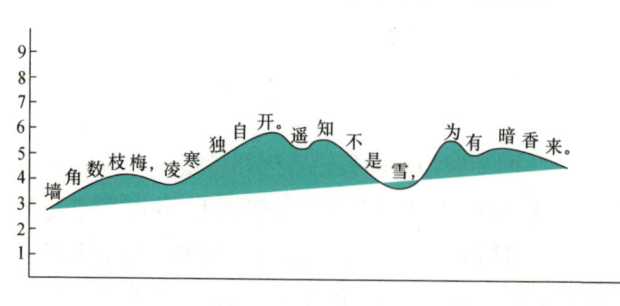

图8-5 王安石《梅花》朗读爬山图

王安石的故事就讲到这里了。对于他来说，尽管自己最后的10年都是过着远离中央朝政、半隐居的生活，但只要新法仍在执行，他就觉得一切都值得、一切都有希望。但是，变法这事儿，成也皇权、败也皇权。1085年，力推变法的宋神宗去世了。继位的宋哲宗年纪很小，便由祖母高太后当政。这位高太后是非常反对新法的，以前就经常跟宋神宗讲王安石的新法害人，当权之后，更是立马把反对新法最激烈的司马光召回京当宰相。司马光回京后调整了中央的官员，以"以母改子"为由，雷厉风行地废除新法，包括一些连旧党都认可的新法，也被一一废除。

退居一隅的王安石默默地看着这一切。直到最后连免役法也被废除，才伤心不已地哀叹道："就连免役法也要废除吗？我跟先帝反反复复探讨了两年，不断优化，才颁布推行的，方方面面都已经考虑周全了啊！此法一废，天下还有真正的好政策吗？"

至此，王安石的政治理想全部破灭，而他的生命也走到了尽头。1086年，王安石在悲愤中逝世，同年，司马光也因病离世。他们已经远去，可由变法引起的纷纷扰扰却未曾停止。

8.2　名动天下的宋代苏门

曾经有不少官员因为反对变法而被调离中央、外放贬职，苏轼就是其中一个。

苏轼（1037—1101），字子瞻（zhān），号东坡居士，世称苏东坡、苏仙。眉州眉山（今四川省眉山市）人，北宋文学家、书法家、画家。他和父亲苏洵、弟弟苏辙一起并称"三苏"，均名列"唐宋八大家"，这是妥妥的文学界"明星家庭"啊！在文学上有如此成就的父子仨，只有引领建安文学并推动中国古代文学发展进程的曹操父子仨能与之相提并论吧。

《三字经》里有这样一句："苏老泉，二十七，始发愤，读书籍。"这里的苏老泉便是苏轼的父亲苏洵。他以前不爱读书，考试屡屡失败后，到了27岁才开始发愤读书，为此茶饭不思、努力异常。后来不但自己学富五车，还把两个孩子苏轼、苏辙培养得非常好。据说苏轼在老年的时候做梦还梦到父亲检查自己背书，被吓醒了，可见小时候父亲对于他读书的管教有多么严厉。除了严厉的父亲，母亲程夫人也十分知书达理，父亲外出忙碌的时候，就由母亲代为督促学习。

这样的家教让苏家两兄弟年纪轻轻便满腹才华。1056年，苏洵带着20岁的苏轼和18岁的苏辙进京。第二年，兄弟俩均考中了进士。在那个"五十少进士"的时代，这两颗新星在熠熠闪光。

8.2.1 《六月二十七日望湖楼醉书》：这场突如其来的大雨啊

关于苏轼考试还有这样一个流传甚广的故事。1057年，宋朝照常举行了科考。而这一次的考试，被人称为"千年科考第一榜"，为什么呢？当时苏洵带着苏轼、苏辙去考试，曾巩为同届考生，欧阳修是主考官，王安石也在京城为官。"唐宋八大家"的6个都齐聚在了京城（没来的两位，韩愈和柳宗元，他们是唐朝人，实在是来不了啊！），这次考试，非比寻常啊！

当时，主考官欧阳修在阅卷时看到一篇文章，十分欣赏、赞叹不已。在他看来，这篇精妙的文章绝对是当之无愧的第一名。可他转念一想，自己的学生曾巩也参加了这次考试，也没见其他什么很有才名的人来考，那这篇文章的作者一定是曾巩没错了。我若是把他评为第一，那世人岂不说我偏袒自己的学生？罢了，罢了，委屈自己人一下，就当个第二名吧！

没想到，最后试卷解封时才发现，这份试卷的作者名叫苏轼。

欧阳修傻眼了。在这之后，他看了不少苏轼的文章，越看越入迷，感叹道："天才，天才，三十年之后，肯定就没人再知道我了，如此英才，老夫当避路，放他出一头地也。"

这就是成语"出人头地"的来源。他们相识相知之后，苏轼也一直对欧阳修以"恩师"相待。虽然科举考试成绩很好，但由于母亲程夫人病逝，兄弟俩回家守孝3年，因此没有做官。3年期满，欧阳修推荐苏轼、苏辙参加制科考试，苏轼被皇帝宋仁宗评为"入三等"。而苏辙在文章里大骂皇帝的情况下，也得了"入四等"。宋仁宗还十分惊喜地说，自己这是为子孙后代物色到了两个宰相啊！

也许你会想，一个"三等""四等"有什么好单独拿出来说的？那是因为，宋朝的制科考试难度比科举考试大多了，它相当于宋朝的"奥林匹克竞赛"。到最后一关，都是皇帝亲自出题、亲自阅卷。制科考试总共分五等，第一等和第二等都是虚设，并不真正录取，也就是说，从来没有人得过第一等、第二等。第三等，通常也不录取人，空着。两宋历史300多年，入了第四等的还不到40人。这些人绝大多数都当了宰相，就问你含金量高不高？而苏轼的这个"入三等"，更是宋朝开国100多年来的第一人（之前只有一个叫吴育的人得过"次三等"）。就问你厉不厉害？

这么厉害的人，应该就此平步青云、一展抱负了吧？

并没有。

制科考试后，苏轼被授予官职在外任官4年，回京后父亲苏洵过世了，于是兄弟俩又回家守孝3年。3年期过，本该大展拳脚了吧？可他们却遇到了一件大事：王安石变法。当时朝廷里基本分为两个阵营，支持变法的称为"新党"，不支持变法的称为"旧党"。苏轼认为变法太过激进，不利于百姓，便总是上书反对，但一点用都没有，还被王安石等新党大臣排挤得厉害，于是苏轼自请调离京城，去了杭州任通判。

被降职调离京城，心情应该很差吧？我们来看一首诗。

六月二十七日望湖楼醉书

[北宋] 苏轼（1037—1101）

黑云翻墨未遮山，

白雨跳珠乱入船。

卷地风来忽吹散，

望湖楼下水如天。

这组诗写于1072年夏，诗人刚被贬谪至杭州任通判不久。五首

组诗从湖景写到楼景，从天空写到水面，从西湖的动植物写到欢快的采莲女，既有对美景的观察与感悟，也有对自身境遇的感叹与期望。我们选取的这一首写的是西湖的雨后美景。

"黑云翻墨未遮山"：翻滚的黑云像是被打翻的墨汁一样弥漫在天空中，但又没有完全遮住远山。这句诗给人的感觉是乌云来得很快，像是被人倒了墨汁在天上。也正是因为它来得快，所以还没来得及遮住全部的天空，对比之下，露出的一角山峦倒是有了清丽明亮的感觉。

"白雨跳珠乱入船"：大雨落下的白色雨珠像是一颗颗珍珠飞溅到船里。诗人的想象十分活泼。通常，夏日的白天，天色明亮，突来的乌云也只是一部分，此时忽然落下来的雨在光亮的映射下是白色的，雨势又急又猛，大颗大颗的雨砸到船上，诗人说这像是无数的珍珠在蹦蹦跳跳，可爱极了。

"卷地风来忽吹散"：一阵狂风卷地而来，把乌云和大雨都吹散了。这雨真是来得快去得也快呀，怪不得我们有句俗话说，"六月的雨，娃娃的脸，说变就变"。上一刻还天气晴朗，下一刻就暴雨骤至，这一刻，又雨过天晴了。

"望湖楼下水如天"：从望湖楼看出去，水面映着蓝天，清新明亮。诗人大约是躲雨躲去了西湖边的望湖楼，从楼中看湖天景色，又与刚才有所不同。这一切发生得太快，看着眼前的一片明媚景色，不禁让人想问：刚刚真的下过雨吗？

诗中，有山、有水、有船，有风、有雨、有天，诗人写得有动有静、有声有色。用"白雨"和"黑云"做颜色的对比，用"未遮山"和"乱入船"形成动静的对比，用"水如天"和"卷地风"描绘天地景色，情思妙绝！虽然是被贬外放，但诗人仍然能享受大自然的美好，仍然能写出这么美的诗句，可见其心性之豁达通透。

【朗读秘籍】

1. **情景**：正在游船呢，天空突然像被人倒入了一盆墨汁，霎时间天就黑了，紧接着，豆大的雨珠噼里啪啦地打在船上，像珍珠一样乱蹦。赶紧下船跑去望湖楼躲雨，却发现随着一阵狂风吹来，云开雨散，天空与水面都一片清朗，日光又洒满了整个湖面。

2. 感情： 诗人在这组诗中的第一首里主要描绘的是景物与天气变化。虽略有酒意，却十分清醒，尽情感受着大自然的这场"即兴表演"。

3. 语气： 整体上带着欣赏的语气，节奏上快慢变化较为丰富。

第一句低起，声音虽沉但情绪并不低落，只是要营造出一种风雨欲来的情境，所以"黑云翻墨"只是压低声音、放缓语速，但是语气并不低落。"未遮山"是乌云之外的一片亮丽天空，所以这3个字呈上山趋势，其中的"未"字需强调一下。

第二句比第一句的动感强很多，念"白雨跳珠"的声音是活泼的、有上有下的，语速较快、气息较浅。"乱入船"这3个字像爬了个小山一样，让我们的声音随着视线一起，由半空中的雨滴，落到船板上的雨珠上来。注意最后一个"船"字可平平地拖一下，不要直落下去，因为诗人的观察还没有结束呢！接下来又是什么呢？

第三句"卷地风来"是如此大气的场景，声音处理又与上一句非常不同。语速需要放慢，气息下沉，但语势是上扬的，把这铺天盖地的狂风势头用我们的声音和情感展现出来。"忽吹散"这三字气息可放松一些，语势依然上扬，"忽"字稍作突出，最后的"散"字不要收得太快。

第四句，视线从空中的风到了楼下的水，声音也随之回落，带着一种不忍打破水面平静的欣赏之情来念。"望湖楼下"语势渐渐往下，"水如天"缓慢上扬结束，带给人无尽的悠然之感。

苏轼《六月二十七日望湖楼醉书》朗读爬山图如图8-6所示。

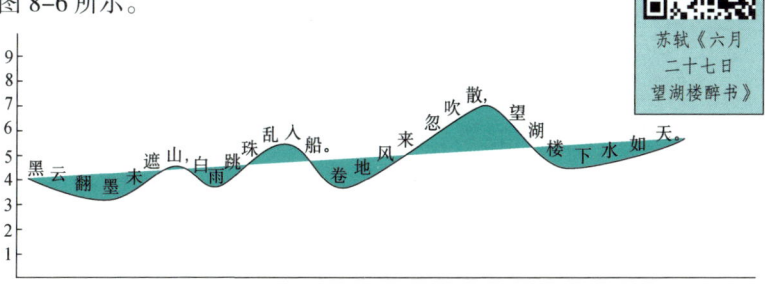

图8-6 苏轼《六月二十七日望湖楼醉书》朗读爬山图

8.2.2 《饮湖上初晴后雨》：西湖被改名啦！

别人被贬官，唉声叹气、郁闷不已。苏轼被贬官，照样能把日子过得有声有色、意趣盎然，也时刻把百姓放在心上。

还记得我们在前面讲白居易的故事时，说他用竹笕引水、让杭州的老百姓能用上干净的淡水的事迹吗？到了苏轼这里，两百年过去了。不知这漫长岁月中有没有过别的更换。总之，苏轼到杭州的时候，旧的竹子管道已经用不了了。他走访百姓，询问疾苦，许多人都告诉他饮水的困难。于是苏轼和他的上司——同样因为反对变法而被贬杭州的陈襄（他俩一个相当于市长，一个相当于副市长）一起，修复了唐朝留下的6口古井，将竹子管道换成了陶瓦管道，又让杭州的百姓能喝上西湖的淡水了。第二年杭州大旱，幸而有这6口井，让老百姓有足够的饮用水可用。作为通判的苏轼在照顾百姓生活方面很是下了一番功夫，他跑遍了杭州的各个属县，在田间地头，在百姓身边，防涝、抗旱、修水利、赈灾民……

苏轼在杭州的生活很充实。闲暇时间，他漫游名山古寺、和高僧对谈；深入民间生活、教儿童写字。也许在杭州的3年是他自入仕以来难得的美好时光了吧，毕竟，谁能抵挡西湖的魅力呢？

饮湖上初晴后雨（其二）

[北宋] 苏轼（1037—1101）

水光潋滟晴方好，

山色空蒙雨亦奇。

欲把西湖比西子，

淡妆浓抹总相宜。

我们若结合组诗中的第一首一起来看，能把诗意理解得更好。

饮湖上初晴后雨（其一）

[北宋] 苏轼（1037—1101）

朝曦迎客艳重冈，

晚雨留人入醉乡。

此意自佳君不会，

一杯当属水仙王。

诗人在第一首里说道，早上去迎接客人，看到晨曦渐渐地染红了群山。傍晚游览西湖时下起了雨，客人不胜酒力渐入醉乡。可惜醉酒的朋友没有领略到西湖的晴雨美景，这景色还得是和守护西湖的神仙水仙王一同喝酒鉴赏才行啊！

正因为诗人觉得朋友没有真正欣赏到西湖的美，才有了第二首诗对西湖的介绍。

"水光潋滟晴方好"：在晴日的阳光下，西湖水波荡漾、波光闪闪，美丽极了。从第一首的内容我们得知，苏轼陪朋友在西湖游玩了一整天。早上的阳光明媚艳丽，洒在湖面上光彩熠熠，这是西湖的晴日之美。

"山色空蒙雨亦奇"：在下雨的时候，西湖的群山朦朦胧胧、若有似无，奇妙极了。飘雨的时候，整个湖面连着周围的群山全都笼罩在一片迷迷茫茫的水雾之中，这是西湖的雨天之美。

"欲把西湖比西子"：如果把这美丽的西湖比作绝代佳人西施的话。西子：西施，中国古代四大美女之首，春秋时期越国人，家住在浣纱溪村（今浙江省诸暨市），离杭州很近。诗人把西湖比作西子，也许是她们都那么美丽，也许是她们家乡相近，也许是都带一个"西"字，总之，二者像是天作之合一般，都是美丽的化身。从此，人们也会把西湖称为"西子湖"了。

"淡妆浓抹总相宜"：无论浓妆还是淡妆都是十分合适的。西湖的美景看不够，无论是灿烂阳光照射下金光闪闪的湖水，还是烟雨笼罩时湿意的湖光山色，都是那么的宜人。

【朗读秘籍】

1. 情景：早上与友人来到西湖，天上阳光明媚，水面波光粼粼，好不惬意。到了傍晚下起了雨，湖面与山色都笼罩在了雨幕里，别有一番奇妙体验。无论是晴天还是雨天，西湖都是那么的迷人。就如那美人西施一样，无论是清丽的淡妆还是隆重的浓妆，都是那么的美

丽动人。

2. 感情：对西湖美景的欣赏赞美之情。

3. 语气：用赞美的语气时，我们口腔放松、气息饱满。

朗读第一句时情绪可以比较外放，展现出灿烂阳光普照万物时处处充满生机与活力的感觉。"水光潋滟"四字的音量大一些，声音位置也可以高一些、往上走。"晴方好"三字带着笑意和肯定的语气逐个下落。在这里强调"笑意"不是刻意要让大家笑起来，我们只要带着这种心理感受就可以了，别把"肯定"的下落语气读成失落的哟！

第二句的声音就得小一点，情绪也往里收一收，多些控制的感觉。因为前一句是明媚阳光的灿烂感，而这一句是在细细感受雨雾缭绕的奇特。所以"山色空蒙"是一个先下后上的朗读趋势，我们要用比较轻的音量来读，爬山图上的声音位置也比上一句低。"雨亦奇"三字中，"雨"字稍作强调，到了"奇"字还可以稍延长一点，仿佛是这雨景还没看够呢！

第三句的"欲把"二字可以高起，这是从前两句的景色描述转到了对西湖的赞美。所以"欲把西湖"4个字是呈下山趋势的，到了"比西子"再往上走。注意"比西子"三字要慢一点，每个字音都发完整。

第四句"淡妆浓抹"四字可以读得缓一点，带着美好的感觉即可。"总相宜"三字轻轻地往上走，带着回味的余韵。

苏轼《饮湖上初晴后雨》（其二）朗读爬山图如图8-7所示。

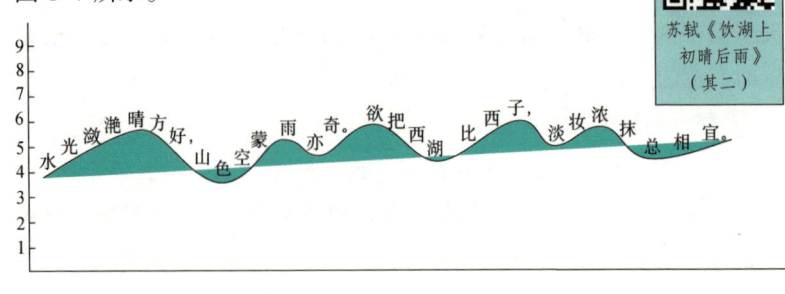

图8-7　苏轼《饮湖上初晴后雨》（其二）朗读爬山图

8.2.3 《浣溪沙·游蕲水清泉寺》：面对逆境，咱不服老也不害怕！

如果有一个"西湖诗句排行榜"，我们前面看到的苏轼这两首诗，大约能霸榜1000年且一直霸榜下去吧！他对西湖的描写被人誉为"前无古人、后无来者"，他的诗文一写出来就是"顶流"作品。

然而，当苏轼开始对写词感兴趣的时候，那就更不得了了，中国的文学史上出大事了。

为什么这么说呢？

古代文坛一直以来都有"诗庄词媚"的说法。说"诗"是能抒发志向、寄托抱负的，而"词"只是拿来写写情感、填填曲，供消遣娱乐用的。尤其是自晚唐以来的"花间词"更是被冠以"艳科"之名，在文人眼中，它就像是南北朝时期的宫廷诗一样仅有外表华丽而已。虽然经过温庭筠、李煜、柳永等人的努力，"词"一度广泛流行，但依旧成不了文学主流体裁。

而在苏轼看来，诗与词的起源是一样的，所有诗里写的内容均可以在词中体现。他像写诗一样地去作词，把自己的襟怀、抱负、感叹，以及对历史兴衰的评论、对人生哲理的思考……统统写进了词里。于是，词的边界被拓宽了，词的意义被丰富了，词的地位被大大提升了。于是，我们读到了"明月几时有，把酒问青天"，读到了"大江东去，浪淘尽，千古风流人物"，读到了"寂寞沙洲冷"，读到了"诗酒趁年华"。于是，我们看到了后来有无数的文人加入了写词的队伍，秦观、周邦彦、辛弃疾、李清照……词，在苏轼手上，正式被搬上台面，成为文学主流之一，他还开创了豪放词派，使宋词展现了全新的面貌。

浣溪沙·游蕲水清泉寺

[北宋] 苏轼（1037—1101）

游蕲水清泉寺，寺临兰溪，溪水西流。

山下兰芽短浸溪，

松间沙路净无泥，

潇潇暮雨子规啼。

谁道人生无再少？

门前流水尚能西！

休将白发唱黄鸡。

苏轼在这首词里一改以往文人感叹时光流逝的悲伤，发出了令人振奋的感发和议论。这正是他"无事不可写，无意不可入词"的生动体现。

"游蕲水清泉寺，寺临兰溪，溪水西流"：游玩蕲水的清泉寺，寺庙在兰溪的旁边，溪水向西流淌。蕲（qí）水：现在的湖北省浠水县。清泉寺就在县城外边。寺庙边上有一条小溪，溪水是朝着西方流去的。"溪水西流"是很特别的。我国地势西高东低，大海位于我国的东方，所以我们大多数的江河湖泊都是朝着东边流的。还记得汉乐府的《长歌行》吗？诗里说"百川东到海，何时复西归"，而在这首词里，苏轼便可直接回复他：就现在！我见过！

"山下兰芽短浸溪，松间沙路净无泥，潇潇暮雨子规啼"：山脚下刚生长出来的兰草幼芽短短小小的，浸泡在溪水中。松林间的沙路被雨水冲洗得一尘不染。傍晚时分，下起了小雨，杜鹃声声啼叫着。

我们常说"杜鹃哀啼"，它是悲鸣的象征。但从其他景物来看，这环境是既充满生机，又潇洒自然的，仿佛是远离了官场的浊气和世俗的尘嚣，在这淡雅之中寻得了一份安宁与美好。

"谁道人生无再少？门前流水尚能西！休将白发唱黄鸡"：谁说人生就不能再回到少年了？你看看，那门前的流水还能向西流淌呢！所以，不要在年老时感叹时光的流逝！

一句反问，是不服老、不服气的自强精神。一个回答，是借喻，更是不息的宣言。"黄鸡"指报晓的鸡，它报一次晓，便又过去了一天，所以古人常用黄鸡来比喻时光流逝。但苏轼是在劝说人们不要徒自伤悲年华的老去，我们仍可以对未来有向往和追求。这就是他的乐观和旷达。

【朗读秘籍】

1. 情景：游览完寺庙，我们来到了庙旁的一条小溪，溪水潺潺，竟是向西流去。溪水里有刚刚发芽的兰花，溪旁有松林，林间小路被雨水冲得干干净净。傍晚的潇潇雨幕里传来了杜鹃鸟的叫声，这景象既幽凉又清丽。怕什么年华老去呢？我们还有希望！

2. 感情： 词人大病初愈，在医者的陪同下游览山水，即使身处困境，但他仍有心情去观察大自然里的一切美好事物，探索人生哲理。所以这首词的感情稍显复杂，上阕中既有欣赏美景的愉悦之感，又略略带有回想自身境遇的哀伤之情，而下阕里则是振奋精神的鼓舞之意。

3. 语气： 随着内容的变化，语气逐渐强烈起来。

第一句平起，语速缓慢，语气平和，把浏览地点"蕲水清泉寺"交代清楚。"寺临兰溪"四字往上走，引导着听众的想象。"溪水西流"四字逐渐往下，但不低沉，是一种眼神和声音都跟随着溪水往远处流去的感觉，但不宜拖太长。

上阕是景物描写，我们可以用声音和眼神来表达景物的方位，从而把它读得错落有致、避免千篇一律。"山下兰芽短浸溪"，这是比较近的事物，朗读时，字与字之间的间隙不大，想象我们是在跟近处的人说话一样。"松间沙路净无泥"，这时候视线望向稍远处的松树林了，那么我们的声音也表现得稍远一点，气息远送，把声音也带远一点。"潇潇暮雨子规啼"这句就更远了，因为大家都没有看到杜鹃鸟，只是听到了啼叫而已。而这个声音是环绕在整个树林当中的，所以我们把字句拓长一点，用气息来铺满环境。

下阕一开始就是个反问句，语气要强烈一些，带着一股子不服输的劲儿问。"谁"字稍作强调，带出反问语气，"谁道人生"四字稍向下，到了"无再少"再往上走，这是一个颇有气势的问句。接着进一步说明自己的观点，这是充满奋进之心的语气，"门前流水"呈上山趋势，"尚能西"以肯定的语气结尾，呈下山趋势。最后一句是劝诫，也是鼓励，一开头的"休将"二字亦是需要强调的，带出强烈的语气。"休将白发"四字带着不惧年老的勇气，在朗读时往上走，"唱黄鸡"三字则是带着鄙视困难的心态，略往下走。

苏轼《浣溪沙·游蕲水清泉寺》朗读爬山图如图 8-8～图 8-10 所示。

图8-8　苏轼《浣溪沙·游蕲水清泉寺》朗读爬山图1

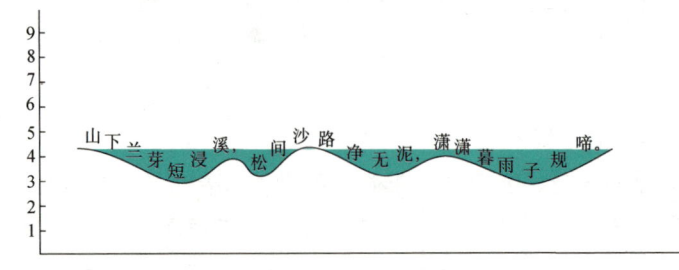

图8-9　苏轼《浣溪沙·游蕲水清泉寺》朗读爬山图2

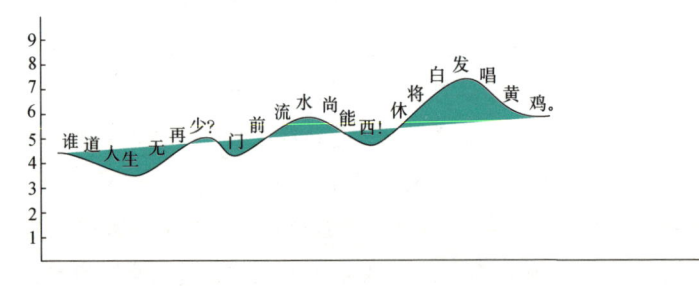

图8-10　苏轼《浣溪沙·游蕲水清泉寺》朗读爬山图3

8.2.4　《题西林壁》：身在其中反而看不清啊！

我们在上一首词里感受到了苏轼的旷达与自强不息的精神。他从小便是这样，无拘无束，活得潇洒肆意。父亲苏洵一度非常担心这性格会给他惹祸，专门提醒他不要锋芒毕露。相比之下，苏洵对小儿子苏辙则放心得多。苏辙虽然是弟弟，但性格沉稳内敛，反而更像个哥哥。兄弟俩从小感情就很好，每每我们提起历史上的兄弟情，苏轼、苏辙这两兄弟，一定榜上有名。他们相互唱和的诗作超过100首，几十年间无论何种际遇，兄弟俩的信件从没断过。每每在险境，他们牵挂的也都是对方的安危。

1079年，苏轼去湖州赴任。那时候的政局和变法初期大为不同了。欧阳修已去世多年，王安石也被罢相排挤，朝堂里已经不是变法初期的君子之争，而是凶险异常的政治倾轧。苏轼因反对变法而自请外任，从杭州到密州再到徐州，每一任都政绩斐然，在百姓中声望很高。这让政敌气红了眼，只能拼命地在苏轼的诗里挑毛病。终于，在苏轼离开徐州去往湖州任职时，被那帮奸佞小人找到了"把柄"。

新官上任要进谢表给皇帝，苏轼照例写了《湖州谢上表》，从而被人从中找到了"罪证"，说他愚弄朝廷、讥谤君主。同时，那帮人还怕别的官员出于同情而优待苏轼，特意"精心挑选"凶恶之人前往逮捕苏轼。

苏辙听到消息后立刻找人去报信，希望哥哥能早做准备。然而，谁也没想到，一位尚未定罪的、声名斐然的大文豪、父母官，就直接被人五花大绑地拉上大街、推搡着抓走了！

到了京城，苏轼被关进了御史台。那御史台周围遍种柏树，栖息了无数乌鸦，所以也称为"乌台"。而这，便是苏轼人生的重大转折点：乌台诗案。

对方想置苏轼于死地，对他进行了不眠不休的折磨和"逼供"。苏辙心急如焚，上书皇帝愿以自己的官职保哥哥的性命，后来还把苏轼写于牢中的绝命诗递给了皇帝，让皇帝深受感动。皇帝的祖母曹太后也提起了往事，聊到那次制科考试，说仁宗皇帝认为苏轼、苏辙是他为子孙寻得的两个宰相，还为此高兴不已。曹太后又补了一句说，因为写诗而坐牢，本朝从来没有过呀！与此同时，朝中也有许多正直的大臣冒险帮苏轼说话。就连已经罢相3年、曾是苏轼政敌的王安石都上书皇帝说，哪有圣世而杀士大夫的道理？于是，宋神宗最终

第8章 北宋听说诗被唐朝写完了？

赦免了苏轼,将他贬到了黄州,苏辙则被贬到了筠州。

刚刚逃出生天的苏轼和弟弟匆匆相聚便要分开。兄弟俩一个在长江西,一个在长江东,相距甚远,再见甚难。

1084年,宋神宗把苏轼从黄州调到离京城不远的汝州。此时苏轼和苏辙已经几年未见了。于是兄弟俩相约绕道庐山,在此相聚。

题西林壁

[北宋] 苏轼(1037—1101)

横看成岭侧成峰,
远近高低各不同。
不识庐山真面目,
只缘身在此山中。

此时的苏轼,已经在黄州历练了5年,从精神境界到文学境界,他都有了巨大的蜕变。也是在黄州的这段时间,苏轼有了一个新的名字——苏东坡。"东坡"二字,代表的不仅仅是重生,更是一种旷达超脱的人生态度。顺便说一下,苏轼离开黄州与苏辙相聚之后,还专门去江宁探望了已经罢相8年的王安石。这两位,虽然以前因为变法有过激烈的争论与对抗,但那都是出于公心、而非私利。当苏轼遭遇乌台诗案身陷囹圄,早已不问世事的王安石立即上书营救。苏轼在黄州的5年期间,王安石也常常问起"子瞻近日有何妙语"?(苏轼字"子瞻")二人在文学上是互相欣赏的。

"横看成岭侧成峰,远近高低各不同":从正面看庐山,山岭连绵起伏。从侧面看,整座山峰耸立。从远处、近处、高处、低处看庐山,它都呈现出各种不同的样子。

从不同的角度来看,就会呈现不同的样子。这像不像我们平时看待某事某物的状态?有时候只需换个角度,事情就会变得不同。前两句诗既是描述庐山千姿万态的奇景,也是开始为后面的说理进行了铺垫。

"不识庐山真面目,只缘身在此山中":之所以认不清庐山真正的面目,是因为"我"自身就处在庐山之中。

后两句诗即景说理，告诉我们，因为身处庐山之中，所以只能看到眼前的一丘一壑，而无法纵览全局。这只是局部形态，难免片面。看山如此，看待世间的万事万物亦如此。由于人们身处的位置不同、关系远近不同，自身学识、眼光和经验也不同，在看待同一个事件的时候，就会产生不同的看法。如果能跳出局部意识，摆脱主观成见，就能更加客观、全面地作出分析了。也许这就像支持变法与反对变法的两个派别一样，大家只是站的角度不同而已。

　　这是苏东坡的哲学，也是他新的人生感悟。兄弟俩这次在庐山的相聚时间并不长。他们年少时一起求学，曾相约以后不要贪恋高官厚禄，早日隐退，好一起"夜雨对床听萧瑟"。然而宦海沉浮，走上仕途后的两兄弟聚少离多，坎坎坷坷，只能一直把少时的约定藏在心里了。

【朗读秘籍】

1. 情景：游览庐山，正面、侧面、远看、近看都不一样，高高低低、起起伏伏，走一段路、换个角度，山形又有不同。最后走到远处观看整座山，才知道它全部的形状和走势。之前之所以没看清，是因为自己身处其中、无法窥得全貌呀！

2. 感情：前两句是欣赏庐山不同形态的美感，但又在赏景之中铺垫了说理的思想，所以是欣赏之情中又带有理性客观的成分。后两句则是通过奇思妙想来带出哲理的思考，是新奇、思索的感情。

3. 语气：看似全诗中没有强烈的感情，但是需要读出诗人对景物的观察与思考的语气。

　　第一句讲的是连绵的山脉，语气处理上要大气一些，字词之间荡开一些，但句子的走势是比较平的、语速是缓的，展现出一大片山脉的雄伟之感。在读"横看成岭"的时候，眼神和声音都可以跟着山势走。"侧成峰"语速可以比前几个字稍快一些，且略往上走。

　　第二句的"远近高低"，我们可以试试用自己的声音读出这四种不同方位和感觉来。远，声音和气息往远送；近，就在跟前，气息短促；高，声音往上；低，声音降下来。也许一开始会有点难，因为这

4个字是一个整体，离得近，要在短时间内用上四种声音方法不容易，所以我们可以先慢慢试，等感受到位了，再回归到常速当中来。"各不同"可以带着一点点悬念感往上走，引人思考，为什么会各不同呢？

第三句语速加快，大体上呈一个爬山坡的趋势，直接抛出结果，气息延长不掉。

第四句讲原因时，声音缓缓下降，读"只缘身在"几个字时气息含住，到了"此山中"才缓缓放开，往上走。

苏轼《题西林壁》朗读爬山图如图8-11所示。

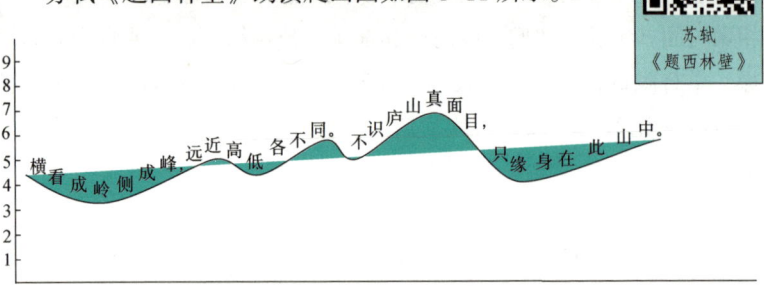

图8-11 苏轼《题西林壁》朗读爬山图

8.2.5 《惠崇春江晚景》：谁最早发现春天来了

苏轼在遭遇"乌台诗案"时，许多大臣替他说情。大家所陈述的理由中，都绕不开一条，那就是关于苏轼的才华，说他是奇才、大才、天才、全才。

他写诗，清新明理、豪气洒脱，奠定了宋诗的独特风格。

他写词，引经据典、慷慨豪迈，让词脱离了歌词的范畴，成为一种独立的文学体裁。

他写散文，条理清晰、想象丰富，写成了唐宋八大家之一。

他写书法，笔走游龙、字随情走，是"北宋四大家"[①]之首，他的《寒食帖》与王羲之的《兰亭序》、颜真卿的《祭侄稿》并称中国三大

[①] 北宋四大家：又称宋四家，是中国北宋时期四位书法家苏轼、黄庭坚、米芾和蔡襄的合称。

行书书法帖。

他为官，治水、抗灾、除害、兴学、重医，所到之处百姓无不称赞。在他离任之时，百姓依依不舍相送几十里。在他落难之时，百姓纷纷自发为之祈福，做"解厄道场"，希望他能平安归来。

他做饭，东坡肉、东坡鱼、东坡肘子、东坡豆腐，还有羊蝎子、烤生蚝……他还专门写文章来说一些菜的做法，让百姓的餐桌上多了几道既便宜又好吃的菜肴。真真儿是一位美食家呀！

他作画，怪怪奇奇，神工意匠，和文与可一起开创了"湖州竹派"，提出了"士人画"的理念。

前几年，苏东坡创作的一幅《木石图》在香港拍出了4.6亿港元的天价。东坡先生不但自己是一位出色的绘画大师，还提出了许多绘画方面的理论，比如，他说"诗画本一律，天工与清新""诗中有画，画中有诗"。他还认为艺术作品不仅要"形似"，更要"神似"。

能创作、能点评、能鉴赏、能提理论，可见苏东坡对绘画是十分专业的。那么，当他看到惠崇的《春江晚景图》后，会说些什么呢？

惠崇春江晚景

[北宋] 苏轼（1037—1101）

竹外桃花三两枝，

春江水暖鸭先知。

蒌蒿满地芦芽短，

正是河豚欲上时。

这是一首题画诗，早春时节的春江景色，既在画里，也在诗里。画的作者惠崇是北宋著名画家，同时也是一名僧人。他比苏轼大70多岁，两人并没有见过面，但这并不妨碍二人隔着时空进行"艺术合作"。

"竹外桃花三两枝"：竹林外有两三枝桃花初放。想必这画中的竹林并不茂密，因此才能透过它看到远处粉色的桃花。桃花只有三两枝，那这稀稀落落的花是初春刚绽放，还是晚春几乎已落尽呢？往下看就知道啦！

"春江水暖鸭先知"：在水中嬉戏的鸭子最先察觉到了春江水的回暖。从这句我们得知，诗中所指的是初春，因为寒意还没有完全褪去，只有天天在水中玩耍的鸭子才能最先感知到水在逐渐变暖。画作中应该只有水鸭嬉戏，诗人却发挥情思说它们感知到了春天的到来，一下子就把画面写活了，且有见微知著的生活哲理思想蕴含其中。

"蒌蒿满地芦芽短"：河滩上已经满是蒌蒿，芦苇也开始抽出了嫩芽。诗人是如何得知画中是初春，因而想象出鸭子最先感受出暖意的呢？正是画面中那已经长满地的蒌蒿和刚刚发出小小新芽的芦苇呀！诗人敏锐地观察到了这些细节，并将之描写得生机盎然。而且，这两种植物不仅仅与春色有关，还与一种动物密切相关，是什么呢？

"正是河豚欲上时"：河豚此时正要从大海里逆流而上，回游到江河中了。大约是因为蒌蒿与芦苇都是用来烹饪河豚的食材，而这个季节也正是河豚洄游的时候，所以诗人才有此联想吧！毕竟，东坡先生可是个美食专家呀！宋朝有人记载，浙江农历二月河豚大量上市，人们会竞相品尝美味。不过，河豚的卵巢和肝脏是有剧毒的，误吃中毒甚至丧命的现象时有发生，因此目前我们国家是禁止经营河豚的加工销售的。

惠崇的原画作《春江晚景图》并没能保存下来，非常可惜。幸好有这首诗，不仅还原了画作的神貌，更增添了生动的想象。所以说，这真的是诗情画意的结合，是诗人与画家隔着数十年时光"合作"的佳品呀！

【朗读秘籍】

1. **情景**：从竹林里看过去，远处有几枝新长出来的桃花，近处的江里有一些鸭子在戏水嬉戏，它们大概已经感觉到江水开始渐渐回暖了。江岸边长满了蒌蒿，芦苇也抽出了新芽，想必河豚此时也正在从大海往江河里奋力洄游吧！

2. **感情**：诗里是对于春天到来、万物复苏的期盼和欣赏之情，同时也有类似"一叶知秋"的哲理思索。

3. 语气：整体语气比较平静，但并不单调。

第一句的声音和视线都是由近及远的。"竹外"两字还在跟前，"桃花"二字则可以稍稍远送，显出顺着竹林远望的感觉。这4个字呈上山趋势，到了"三两枝"再往下落，以承接下一句。

第二句视线往下，来到了江面上，声音往下落一些，"春江水暖"呈下山趋势，到了"暖"字可稍稍上扬一点点，起一个强调作用，告诉大家天气已经暖起来了。"鸭先知"的重音放在"鸭"字上，这既是春的感知，又是这诗画当中的动态美。

第三句是描写大片大片的植物，所以气息饱满、语气铺开，用我们的声音展现出"蒌蒿满地"的感觉。"芦芽短"三字则不必拉长，在这里我们的声音可以放轻一点，语速相对之前稍快一点，显示出短短可爱的样子。

第四句是描述河豚逆流而上的样子。无论这是写实还是想象，我们都应该读出它们努力前行的感觉来，因此声音也比较实、比较有力，"正是河豚"四字呈下山趋势，"欲上时"三字逐个往上走，用声音演绎出奋力向上的感觉。

苏轼《惠崇春江晚景》朗读爬山图如图8-12所示。

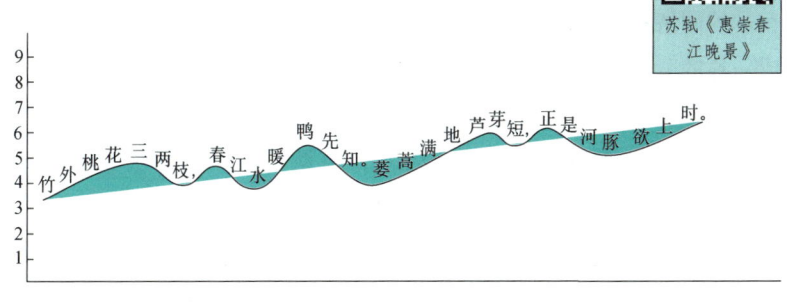

图8-12 苏轼《惠崇春江晚景》朗读爬山图

8.2.6 《赠刘景文》：别放弃，还是好时候！

苏东坡的一生，有数次大起大落，甚至面临绝境，但他从来都没有被打倒过。无论身处何种境地，他始终都有一颗乐观旷达、富有诗意的心，能在逆境中培养情趣，在俗务中寻找乐趣。他遭遇人生最大挫折"乌台诗案"时，身心被折磨100多天，出狱后从一方太守被贬为偏远黄州的团练副使，他也照样活出了生趣。那是一个大概相当于民兵团副团长的工作，不但没有任何权力，还要受当地官员监管，薪资也微薄到无法养家糊口。后来在朋友的帮助下，才得以开垦黄州东缓坡的一块荒地以过活。那块地，荒草丛生、瓦砾遍地，耕种起来十分困难。而他，竟让这片荒地成为了千年来中国文学上的一个独特意向，也让"东坡居士"由此诞生。

在黄州的5年，他从一开始的不适应到后来吟诗作画、交友写文，把艰苦的日子过成了诗，在贫穷闭塞中翻着花样儿地洗涤身心。他的心情从"寂寞沙洲冷"变成了"休将白发唱黄鸡"，他的状态也从"幽人无事不出门"变成了"何妨吟啸且徐行"。在这期间，他更是写出了《前赤壁赋》《后赤壁赋》这样富有哲理的经典古文和《念奴娇·赤壁怀古》这样的千古绝唱。

逆境中的苏东坡说自己"上可以陪玉皇大帝，下可以陪卑田院乞儿"，苦难没有让他麻木和绝望，反而让他更加能体会到百姓的艰难，从而用尽自己的绵薄之力帮助他人。这种深切关怀不是来自一名官员的同情和俯视，而是来自一位耕种者、一位和三教九流的百姓打成一片的劳动者的感同身受。

所以，后来他得以离开黄州，官职步步往上升的时候，仍然是心怀悲悯、脚踏实地的。1089年，重新被启用的苏东坡第二次任职杭州。当了父母官的他，把饥荒、瘟疫和水利问题都处理得很好，救活了很多人。他疏浚西湖时主持修建的六条堤坝被人称为"苏堤"，堤上杨柳低垂，与西湖相依相偎，这就是后来成为杭州八景之一的"苏堤春晓"。在这期间，苏东坡认识了一个叫刘景文的人，他十分欣赏对方的才华，在他眼里，这是一位堪当国士的人才，可惜一直得不到重用。于是，他一边写文大力推荐刘景文，一边写诗鼓励朋友不要放弃。是啊，经历了那么多磨难的苏东坡,从未放弃过自己的人生,对他而言,任何境遇,都有好的时候啊!

赠刘景文

[北宋] 苏轼(1037—1101)

荷尽已无擎雨盖,
菊残犹有傲霜枝。
一年好景君须记,
正是橙黄橘绿时。

自古以来,咏荷咏菊的诗多不胜数。然而苏东坡却另辟蹊径,以荷败菊残来衬托橙黄橘绿的宝贵。当然,这样做的重点并不是写景,而是为了勉励自己的朋友。

"荷尽已无擎雨盖":荷花落尽,连那擎雨的盖子也没有了。诗人们咏荷,总少不了荷叶。前面我们学过的乐府诗《江南》中有一句"莲叶何田田",王昌龄的《采莲曲》里有"荷叶罗裙一色裁",还有杨万里的"接天莲叶无穷碧",李商隐的"此花此叶常相映""留得枯荷听雨声"……这些诗句都让我们感受到了荷叶对于荷花的衬托与增姿作用。而在本诗中,苏轼却说"已无擎雨盖",荷花已经凋残到连用来听雨的荷叶都没有了,都"尽"了,可见枯败景象。

"菊残犹有傲霜枝":只有那开败了的菊花花枝还在傲寒斗霜。秋天盛开的菊花,到了冬天也都落光、只剩下花枝了。此句虽然是写菊残,但是"傲霜枝"却表明与前句的感情不同,这是在讲菊枝的傲气和品洁。有了这样的铺垫,后两句的升华就更令人期待了。

"一年好景君须记":一年中最好的光景你一定要记住。都已经荷枯菊残了,诗人竟还说是"一年好景",并且特意嘱咐说你要记住,给人以意外之感。到底是什么样的好景呢?

"正是橙黄橘绿时":那正是橙子金黄、橘子青绿的初冬时节啊。在过完金秋的丰收时节后,本以为万物凋零了,但酸甜的橘橙一下子让冬天变得有滋有味了起来。这才是最好的时候啊!

这首诗何尝不是在比喻人生呢?在苏东坡的眼中,好友刘景文

实乃大才，但年近 60 仍不得重用。他对好友有惋惜、有理解，更多的，是希望他振作起来、不要放弃。诗题为"赠刘景文"，但全诗都没有提到刘景文本人如何如何。不过，读完全诗我们就明白了，菊的傲霜枝、橙橘结硕果，都是在比喻友人的品性高洁。无论多大年纪，无论何种境地，都是有希望的，这也是东坡先生豪放的人生态度的体现。

【朗读秘籍】

1.情景： 初冬时节，夏天热热闹闹的荷叶已经全部枯萎了，秋天盛开的菊花也只剩下了枝条还在寒风中挺立着。但你看，冬日里一片橙黄橘绿、果实累累。朋友，这才是一年当中最好的时候啊！

2.感情： 整首诗都是在勉励朋友。通过赞扬在寒冷萧瑟中仍保有傲然挺立的植物姿态，来比喻人的高尚品格和贞洁节操。

3.语气： 可以用"欲扬先抑"的语气来处理这首诗。

第一句语气要比较干脆利落，朗读时的停顿也与其他七言诗不同。首句在"荷尽"二字处做停顿，注意不要拖长音。读"已无擎雨盖"时气息稍冷一点，避免读出对于夏天的逝去、荷叶的衰败还有惋惜留恋之情的样子。

第二句同样在"菊残"处作停顿，"犹有傲霜枝"带着赞赏的语气，所以在低起后，改为向上的朗读趋势。但注意，这里的赞赏不要过满，我们还要给后面的褒扬留位置呢！

第三句提前告诉大家他要讲什么是"一年好景"了，所以朗读这句时不要停顿，就像你有个好消息要告诉朋友，忍不住要快点说的那种感觉。"君须记"三字可稍作强调，这是在提醒朋友注意呢：我要跟你说的这个事情你可记好了！

第四句可以在"正是"二字后做一个停顿。到这里诗人终于说出了自己的看法，所以这里赞扬的语气会更强烈一些，我们朗读时要气息饱满、面带微笑，用一副欣赏的、满意的神情来感叹"橙黄橘绿时"。

苏轼《赠刘景文》朗读爬山图如图 8-13 所示。

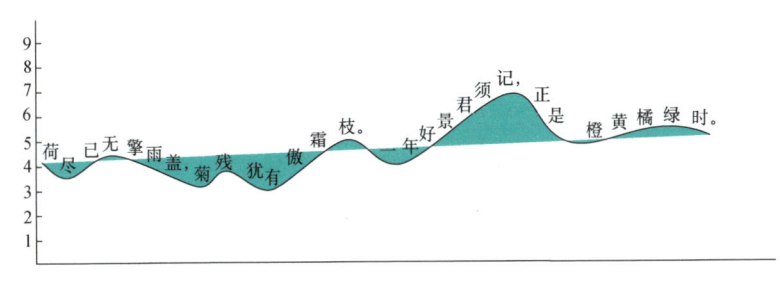

图8-13 苏轼《赠刘景文》朗读爬山图

这首诗写于1090年,这一年的前后,是苏东坡稍稍安稳的时光。但在高太后去世、新党重新掌权后,曾经反对变法的他,被贬至了更偏远的惠州,甚至年过60还被流放到海南的儋州。据说在宋朝,流放海南仅仅是比满门抄斩轻一等的处罚!"问汝平生功业,黄州惠州儋州",这都是他极其坎坷的经历,但是,他的乐观精神与旷达心境,在艰苦中闪现着光芒,伴随着他坎坷的一生。

在此,借用林语堂的话来为他的故事做个结尾吧:"苏东坡是一个无可救药的乐天派、一个伟大的人道主义者、一个百姓的朋友、一个大文豪、大书法家、创新的画家、造酒试验家、一个工程师、一个……巨儒政治家、一个皇帝的秘书、酒仙、厚道的法官、一位在政治上专唱反调的人。一个月夜徘徊者、一个诗人、一个小丑。但是这还不足以道出苏东坡的全部……苏东坡比中国其他的诗人更具有多面性天才的丰富感、变化感和幽默感,智能优异,心灵却像天真的小孩……"

8.3 横跨两朝的江西诗派

苏轼有许多迷弟,黄庭坚便是其中之一。

黄庭坚(1045—1105),字鲁直,自号山谷道人,洪州分宁(今江西省修水县）人。"苏门四学子"之一，"江西诗派"的开创者和引领者，北宋文学家、书法家。

黄庭坚很早就展现出了极高的才华，7岁时，就写出了"多少长安名利客，机关用尽不如君"这样的诗句。他22岁考中进士，年轻有为。只不过那时候苏轼的名声太响、风头太盛，在他的光芒下，很多人都显得不温不火。而黄庭坚并没有因此心生嫉妒或者不快，还一心仰慕苏轼，投赠诗文，期待能得到苏轼的指点。苏轼在收到诗文后很是欣赏黄庭坚，两人从此变为"笔友"，相互往来唱和诗歌，黄庭坚也自此开始自称"苏门文人"。乌台诗案时，许多人急于和苏轼撇清关系，黄庭坚却毫不避讳，一直替苏轼说话、高喊冤情，后被处以罚金，这也为他后面的仕途不顺埋下了伏笔。

1086年，苏轼重回朝堂中心，两位"笔友"终于见了面。黄庭坚以一块上好的石砚作为给老师的见面礼，正式拜入苏轼门下。其实两人的关系亦师亦友，晚年更是变成了能相互吐槽的好友。黄庭坚在写诗和书法方面，是当时唯一能和苏轼比肩的文人。后来更是由于重视诗歌的创作技巧而被后人尊为江西诗派的开山宗师。

"江西诗派"并不是一个特意成立的实体组织，而是大家由于观念相近而形成的一种诗歌创作风格。比如，作诗方法学习杜甫，强调"无一字无来处"，提倡引经据典、化用诗赋词语来写诗。黄庭坚提出了"夺胎换骨""点铁成金"的诗歌创作理论，倡导写诗要师承前人之意，借古人之言写己之新意，他也因此开创了"山谷体"的诗风。但到了后来，学习江西诗派的人，有的会因为过于追求典故反而使得内容空洞，这是后话了。

8.3.1 《清平乐·春归何处》：你知道春天去哪儿了吗

前面提到，黄庭坚"逆流而行"帮苏轼说话，此后更是一直站在苏轼这边，导致自己的仕途也是一路不顺。1194年，苏轼被贬广东惠州，黄庭坚则被贬去了四川黔州。1097年，苏轼被流放海南岛，黄庭坚后来又被贬到四川戎州。1101年，苏轼把自己的新作《寒食帖》寄给黄庭坚,而黄庭坚还没收到这幅作品,苏轼就已经病逝了。这对黄庭坚是一个悲痛的打击,让他对官场更加心灰意冷。

1103年,党争更加严重。奸相蔡京打击异己,将司马光、苏轼等一共309人的所谓"罪行"刻碑为记,称为元祐党人碑。碑上之人无论在世与否,都被驱逐出朝廷,黄庭坚也是被除名的其中一个。1104年,黄庭坚到达广西宜州贬所。1105年春天,黄庭坚在宜州写下一首词表达"惜春"的心情,同年五月,悄然病逝。

清平乐·春归何处

[北宋] 黄庭坚(1045—1105)

春归何处?寂寞无行路。

若有人知春去处,唤取归来同住。

春无踪迹谁知?除非问取黄鹂。

百啭无人能解,因风飞过蔷薇。

词里所表达出的四处寻春春不得的失落,正如词人在黑暗的政治环境中看不到希望一样。

"**春归何处?寂寞无行路。若有人知春去处,唤取归来同住**":春天回到哪里去了?四周一片寂静,我找不到它的脚印。要是有人知道春天去哪儿了,请叫它回来仍旧和我同住在一起啊!

词人在这里把春拟人化了。仿佛"春"是他的一位至交好友,这位好友不打招呼就离开了,词人四处寻找他。不知道他去了哪里,找不到他的任何痕迹,只好广而告之:如果你看到他,请一定帮我转达心意,我一直在等着他回来呀!

这是多么惋惜的心情呀!丝毫不责怪他为什么走了,而是满心只想着如何找到他。这样的语气把对春的不舍全然展现了出来。结合时局,大概词人更想找到的,是没有党祸的清明天下吧!

"**春无踪迹谁知?除非问取黄鹂。百啭无人能解,因风飞过蔷薇**":但,又有谁会知道春天离开的踪迹呢?除非去问一问黄鹂鸟。可那鸟儿迂回婉转地啼叫着,没人能够理解它的意思呀!看吧,它已经趁着风势,飞过了那片蔷薇。

黄鹂鸟代表着春天，可它却因一阵风就飞走了。顺着鸟儿看到了蔷薇花开，夏天真的要来了啊！词人只写到这里，只停留在鸟儿飞走的背影处，不知是不是不愿点明已经寻不到春、也寻不到光明的未来了？

【朗读秘籍】

1.情景： 春天在不知不觉中悄悄过去了，"我"却非常想要找到它、留下它。"我"四处看、到处问，可都找不到春天，越找越寂寞。当"我"看到"告春鸟"黄鹂的时候，又升起一丝希望：也许它知道春天在哪里？可是"我"哪里听得懂它的叫声啊！一阵风吹来，连黄鹂也飞走了……

2.感情： 词里充满了惋惜、不舍之情。词人是寂寞的，情绪也是低落的。

3.语气： 整体语气较为低沉，即使是在询问，也是明知没有结果的询问，所以整首词没有欢快的感觉。

上阕以问句开头，我们可以把它理解为词人在寻春很久都无果之后，无奈之下发出的一句叹问。因此在朗读的时候我们也可以带上这种叹气的感觉，起势低一点，带着忧伤的情绪。

"春"字吐出时，气息也往外叹，顺势把"春归何处"以一个低低的问句读完。"寂寞无行路"是到处都找不到踪迹，朗读这句时，声音低、气息弱。"若有人知春去处"是自寻无果后的请求，词人是带着希冀跟大家说的这句话，我们朗读时也要把这种感觉读出来。"唤取归来同住"这句我们可以带上郑重的语气，表明一旦春回来了，我一定会好好珍惜它的心迹。

下阕"春无踪迹谁知"又是一句叹气。这时候词人感觉已经打听不到春的消息了，朗读时稍向下沉一点，"谁知"二字随着问句往上走就可以。"除非问取黄鹂"实在没办法了，要不问问黄鹂鸟？词人把希望寄托在了鸟儿身上。这时候仿佛他又燃起了一丝希望，我们在朗读时也带上点儿希望的语气，气息和声音都往上走，但注意，语气和音量都是轻轻的，不要用兴奋的语气哦！

可是他哪里听得懂鸟儿的叫声呢？"百啭无人能解"，此时，词人也明白，自己寻春的希望破灭了，语气再次低落了下来，朗读时语速慢一点、声音低一点。"因风飞过蔷薇"一句，朗读时我们的眼神和声音也和词人一样，顺着黄鹂往远处走，最后一个词"蔷薇"读完时，声音结束了，但气息再延长一点，把对春的无尽思念和惋惜展现出来。

黄庭坚《清平乐·春归何处》朗读爬山图如图 8-14 和图 8-15 所示。

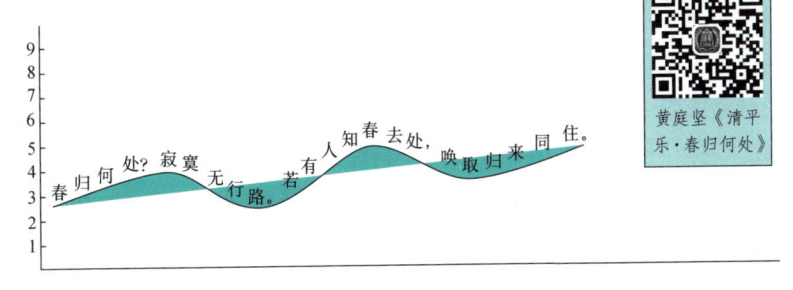

图8-14　黄庭坚《清平乐·春归何处》朗读爬山图1

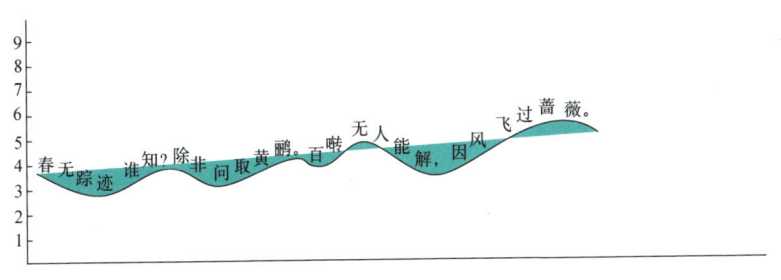

图8-15　黄庭坚《清平乐·春归何处》朗读爬山图2

8.3.2　《三衢道中》：真是好天气呀

江西诗派发展了好些年。它是中国文学史上第一个有正式名称的诗文派别，但它并不是谁刻意创立的，而是后人根据几位前辈的诗风而归纳的。黄庭坚逝世后的 6 年左右，吕本中作《江西诗社宗派图》，把以黄庭坚创作理论为中心而形成的诗歌流派取名为"江西诗派"。这一派的诗人在作诗时常袭用前人的诗意而略改其词，崇尚瘦硬风格，喜欢用冷僻的典故和字词，务求争新出奇，这样的做法让诗意不再浅显易懂，让人读诗和理解诗意变得颇为困难。

曾几一开始也是这样。

曾几（1084—1166），字吉甫、志甫，自号茶山居士，南宋诗人。

在初学诗的时候，他便以黄庭坚的诗为榜样，常将许多典故写在一起，再赋予其新的意义，这正是江西诗派的风格。但是曾几不完全是继承，他还有新的发展。曾几学诗，从一开始作"拗体七律"写出满是典故、出处和故事的诗句，读来让人感觉生涩难懂，到后来重神不重形，活用诗法而不是死守诗法，逐渐摆脱生硬感和堆积感，是对诗风的一次大转变。在他的影响下，江西诗派的很多诗人不再像以前一样"只从典籍中寻找灵感、只注意技巧法度而产生的'脱空'现象"了。所以后人把曾几归为江西诗派的代表诗人之一，他在宋代诗史上有着很特殊的地位。

曾几出身于书香世家，他的父亲以及3位哥哥都是进士，"一门四进士"十分少见，可见家学传统之盛。但是并没有史料记载曾几参加过科举考试的经历。据曾几的学生、我们熟悉的诗人陆游为他写的墓志铭可得知，曾几的长兄曾弼在执行公务时溺水而亡。这种"因公牺牲"是可以荫庇下一代的，但是曾弼没有子嗣，于是，曾几奉家母之命（此时他的父亲曾准也已过世）"恩补"于哥哥，大概也是这个原因，曾几也就没有去参加进士考试了。但按照曾几的学识和文采，如果去参加考试，成为曾家的第五位进士应该也不是难事。

三衢道中

[宋]曾几（1084—1166）

梅子黄时日日晴，
小溪泛尽却山行。
绿阴不减来时路，
添得黄鹂四五声。

这首诗清新可爱，已经没有斧凿的痕迹，仿佛是边玩边写的，把一次平平常常的出行写得意趣十足、清新美好。

"梅子黄时日日晴"：梅子成熟的时候，天天都是晴朗的好天气。有个词叫"梅雨时节"，说的就是梅子成熟的时候常常下雨。有诗说"黄梅时节家家雨"，所以诗人在黄梅时节出行，却日日都是晴天，真是心情大好呀！

"小溪泛尽却山行"：乘小船走到小溪的尽头，再步行上山。诗人仅用7个字就把自己从水路换山路的情形概括了出来。"泛尽"后又改成步行，给人一种意犹未尽的春游之感。

"绿阴不减来时路"：山里的绿阴与我来时的路上一样浓郁。原来诗人这是在返回途中呀！而且无论来去，遇到的都是晴天，春天的绿林和阳光让人兴味更浓，完全没有游玩结束时的疲惫感。

"添得黄鹂四五声"：深林丛中传来几声黄鹂清脆的叫声，更增添趣味。不仅兴味不减，又多了婉转的鸟鸣，更显幽静美好。

如果我们在生活中也能如诗人一般，眼里处处是景，心里愉悦非常，那多美啊！

【朗读秘籍】

1. **情景**：梅子成熟的季节，每天都是晴朗的好天气。我们在回家的途中，先是乘小船到了小溪的尽头，又走上了西边的林荫小路。林景与溪景都美不胜收，加上林间传来的黄鹂声，这一路真是太惬意了！

2. **感情**：在晴朗的春日里享受沿途美景的愉悦闲适感。

3. **语气**：整体是充满享受的、欣赏美景的语气。

第一句带着轻松愉快的感觉来讲述季节与天气，朗读时语调可以偏高一点，展示出看到美景的好心情。"梅子黄时"呈上山趋势，"日日晴"也不要掉下来。

第二句"小溪泛尽"处可以稍延长并停顿，然后接一个转折"却山行"，有带人进入另一片风景的新奇感。注意语气和表情都是愉悦的，可不要面无表情地来读哦，那就完全不能呈现出诗人的好心情啦。

第三句带着赞美和欣赏的语气一口气念完，呈上山语势。

第四句慢慢结束,因为听到了黄鹂的叫声,会去静静欣赏,以免惊扰了鸟儿,所以我们朗读时也带上这种感觉,把音量减小,但语调并不低沉。"添得黄鹂"的语势往下弯一下,再接着往上走,整句的语气仍然是愉悦美好的。

曾几《三衢道中》朗读爬山图如图8-16所示。

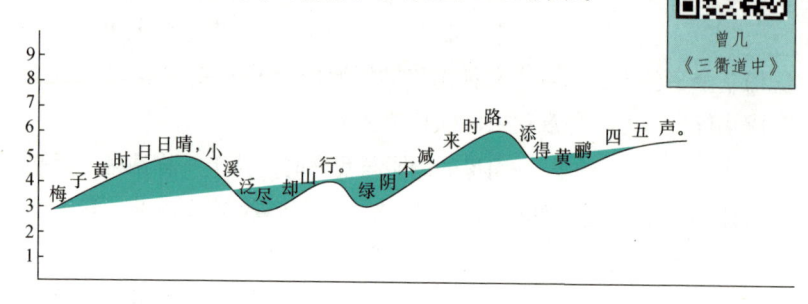

图8-16 曾几《三衢道中》朗读爬山图

第 9 章 剩一半地盘儿的南宋，写诗不服输

9.1 心忧天下的爱国文人

宋太祖赵匡胤当年以禁军统领的身份黄袍加身后又杯酒释兵权，巩固了自己的权力，但也因此深知武将的厉害。于是他定下国策，整个大宋朝都在对武将进行压制，频繁调动武将岗位，导致兵不认帅、帅不识兵这都是小儿科了。更让人无法理解的是，将军在外打仗，只能根据远在京城的皇帝画出的路线和战略走，不能自己根据实际情况做改变。听皇帝的，打了败仗也不罚你；如果擅自做决定更改了，即使仗打赢了也要处罚你。再加上宋朝为了管理流民和强盗，就把他们赶去军队里当兵领军饷。这些人骑射武艺一样都不会，而且还没有什么忠诚度，就是来混口饭吃而已。这导致北宋的军队虽然人数众多，但战斗力却很弱。几次仗下来，百万军队打不过人家20万人的，十几万军队打不过人家4万人的。加上宋朝那个时候经济又比较发达，这不就是俗称的有钱还弱小吗？不抢你抢谁！四周的邻居对宋朝早就从虎视眈眈变成了实际行动。辽、金、西夏，宋朝是一个都打不过，怎么办？给钱呗！宋朝统治者认为，每年的那点岁钱算不得什么，给就给了，花钱保平安。但这实际上是开了个很不好的口子，让对方觉得你人傻钱多。于是对方变本加厉地索要岁钱，这也让宋朝背上了沉重的经济负担。前面我们说到的范仲淹、王安石都因国家积贫积弱而想要通过变法进行改善，但是，最终都失败了。

本来军事力量就不强大，可宋朝统治者还都有一块"心病"，想要收回五代时期被辽国占去的"燕云十六州"。

大家还记得我们讲唐宋之交时，中间那分裂又混乱的五代十国吧？当时有个叫石敬瑭的人，他也想当皇帝，便去勾结契丹人（辽国），请对方来帮忙。他不但认辽国的皇帝耶律德光做爸爸，每年给30万布匹的岁贡，还把燕云十六州送给了辽国。可笑的是，石敬瑭死后没多久，辽国就把他建立的后晋给灭了。

可燕云十六州就这样一直流落在外。这十六州围绕着长城的内外，是易守难攻的险要之地。没有了它们，中原就少了一道重要的屏障。于是，这十六州从此就成了宋朝皇帝的心病。这导致当时的外交政策都围绕着它展开，包括与金国联盟攻打辽国，以收复燕云等地。结果，耗费大量人力、兵力、财力后，只收回几座空城不说，还引狼入室，被金国两次攻打。第一次被金兵进犯时，皇帝宋徽宗见情势危急，禅位于太子赵桓，即宋钦宗，但这也只是让最终的俘虏里多了一个皇帝而已。1127 年，宋朝都城汴梁被攻破，宋徽宗、宋钦宗两个皇帝以及几乎整个皇室、大量朝臣、工匠以及无数的金银财宝被掳走，史称"靖康之变"。

9.1.1 《夏日绝句》：面对国难，女词人亦不畏生死

北宋就这样亡了，皇室几乎全军覆没。康王赵构因不在都城而逃过一劫，他带着剩下的人马一路南逃，先是在南京应天府（今河南省商丘市）即位，建立南宋，后又辗转多地，最终定都临安（今浙江省杭州市）。

北方大部分的地区都被金国所占领，南宋的疆域范围仅限于秦岭 - 淮河以南的地区，相当于我们现在这只雄鸡地图腹部的位置。

地盘只剩下一半儿了，许多人也跑散了，但无论是国家还是地方，都还是需要管理的。大家看书看到这里，应该对古代"守孝 3 年"这个规定有印象了吧？我们提到过，李商隐、白居易、苏轼、苏辙等都因要为父亲或母亲守孝而未能参加考试或者为官。孔子认为人出生 3 年内不能自立，这也是父母养育孩子最辛苦的 3 年，此恩此情不可忘记，不可不回报，此为孝，故而君子从之。这是古代社会对儒家学子的一种礼仪上的限制，普通百姓则可以不遵守。

1128 年，新建立的南宋朝廷急需用人。如遇战乱，则国事为重，3 年孝期的规定还是可以打破的。当时朝廷便起用了正在江宁（今江

苏省南京市）为母守孝的赵明诚任江宁知府。赵明诚的妻子，便是有着"千古第一才女"之称的女词人李清照。

李清照（1084—1155），号易安居士，齐州章丘（今山东省济南市章丘区）人，宋代婉约派代表词人。

李清照的少女时代过得十分活泼有趣。父亲李格非师从苏轼学文章，为苏门"后四学士"之一，家学深厚。李清照16岁时写的《如梦令·昨夜雨疏风骤》轰动词坛，"知否，知否？应是绿肥红瘦"至今都是人们喜欢哼唱、念诵的句子。18岁嫁给情投意合的赵明诚后，夫妻俩过了二十几年琴瑟和鸣的日子。虽然其中掺杂了一些党争的影响和官场的起起落落，使得他们也有被迫分开的经历，但总体还算是不错。在此期间，赵明诚完成了《金石录》的撰写。平时夫妻俩日子过得简朴，收集的金石字画却是占满了十几间大屋子。

然而这一切随着金兵的入侵而完结。他们的家没了，收集的文物也流失于战乱之中。靖康之变两年后的1129年，也是赵明诚任江宁知州的第二年，城中爆发叛乱，可作为父母官的赵明诚直接就弃城逃跑了，完全不顾城中的百姓和妻子的安危。好在他的下属早有防备，叛乱最后被平息。但此时的李清照对丈夫失望不已，朝廷也将他革职。也许是实在无人可用，也许是宋朝一向重文轻武，吃败仗、搞投降搞习惯了，也不太在意逃跑之举，不久之后又派赵明诚去湖州任知州。夫妻俩带着所剩无几的藏品和各怀心事的沉重，踏上了边逃难、边赴任的路。途中经过乌江，悲凉失望的李清照触景生情，吟了一首诗。

夏日绝句

[南宋] 李清照（1084—1155）

生当作人杰，

死亦为鬼雄。

至今思项羽，

不肯过江东。

小时候读到这首诗的时候，完全没有把它和那个婉约清丽的女词人李清照联系在一起。在这首诗里，李清照表达得铿锵有力、掷地有声，通过历史故事讽刺了南宋小朝廷的君臣们不思收复失地、只愿苟且偷生的无耻行径。据说，吟诗时她的丈夫就在身后，听到这首诗的时候羞愧不已。

"生当作人杰，死亦为鬼雄"：活着就要当人中的俊杰，死了也要做鬼中的英雄。

这两句诗里分别有两个典故。"人杰"出自《史记·高祖本纪》，指的是汉朝的开国皇帝刘邦对于张良、萧何和韩信的评价。刘邦列举了他们各自的长处，说如果没有他们，自己这天下也打不下来，他们是"人杰"。"鬼雄"出自屈原《九歌·国殇》："身既死兮神以灵，魂魄毅兮为鬼雄。"这两句诗斩钉截铁地亮出了李清照的人生价值观：无论生死，都得是条汉子，为国捐躯，生死何惧！

"至今思项羽，不肯过江东"：直到现在人们都还怀念项羽，只因他不肯偷生回江东。这是在借古讽今。项羽是秦朝末年起义军的领袖之一，他在巨鹿之战以少胜多，大败秦军主力，由此诞生了"破釜沉舟"这个成语。但李清照在这里更加强调的是项羽之死。楚汉之争，项羽在垓下兵败于刘邦，退至乌江。本来，乌江亭长都备好了船给他，劝他先回江东，待日后再重整旗鼓。可项羽却说，他与江东八千子弟一同过江，如今只剩自己一人，他已无颜再回去面对江东父老，遂拔剑自刎。

李清照认为项羽有退路而不肯退，这是不肯苟且偷生的气节。反观自己身处的环境，皇室只会一路逃窜躲避，连做一方父母官的丈夫也在半夜里弃城而去，不敢做丝毫反抗。她对此是失望的、愤恨的。因此在乌江边有感而发，写下这慷慨深沉的诗作。

从屈原开始，爱国主义精神一直是文人们创作的主流内容。而李清照的这首诗放在时代大背景下、放在女性视野中，则更加难能可贵。外敌入侵，使得她国破家亡，从一个过着读书写文、收集金石字画的文人，变成一个时时逃难、丢失一生收藏的无家可归之人。她是愤恨的，但她依旧保持着自己的思考和悲悯；她关心着时局，为抗金志士的遭遇而扼腕不平，也对南宋小朝廷的逃跑表达着不满与轻蔑。

【朗读秘籍】

1. **情景：** 金兵占领了中原地区，大部分皇室都被俘虏，逃亡在外的皇子登基为帝却不思进取，只一味带着群臣继续南逃、躲避战争。自己的丈夫原本是南京的父母官，听说城里有叛军，半夜就逃走了，弃妻子与百姓于不顾。后来，虽然丈夫回来了，朝廷也没有怎么追究他逃跑的行为，还让他继续做官，但是"我"已经十分失望了。"我们"在去湖州赴任途中经过了乌江，想起昔日的西楚霸王项羽在此地的决绝，再看看如今满是怂包的情形，真是感慨万千、悲愤不已啊！

2. **感情：** 这首诗的感情慷慨激昂、悲愤嘲讽。

3. **语气：** 整体语气偏冷、偏硬。

头两句态度鲜明、掷地有声、震撼人心，我们要把诗人愤慨的态度准确表达出来。朗读时我们可以打破一般五言诗二三停顿的节奏规律，改为一四停顿，即"生/当作人杰，死/亦为鬼雄"。气息要控制好，不要放出太多，把气息像诗人的心情一样含在胸中，语气冷而坚定。

后两句是借历史故事嘲讽今人的行为，"至今思项羽"一句口腔可放松，仿佛是叹了一口气在怀念从前的英雄故事一般，眼神和语气在末尾都可稍稍拉长一点。下一句，"不肯"二字要坚决，语气又冷硬起来，后面的节奏是"过/江/东"，一字一停。最后这句诗是诗人在肯定项羽不贪生怕死的气概，为什么语气上要冷硬呢？这是因为她表面上是在讲项羽的故事，实际上是借此讽刺懦弱无能的朝廷，心中有对国仇家恨的愤怒，因此，语气处理上是冷硬的。

李清照《夏日绝句》朗读爬山图如图9-1所示。

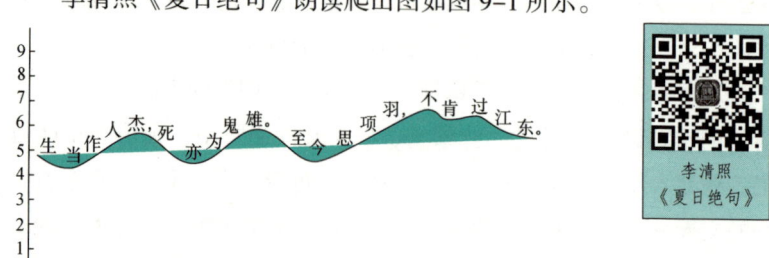

图9-1　李清照《夏日绝句》朗读爬山图

9.1.2 《西江月·夜行黄沙道中》：蛙叫声是什么意思

　　北宋灭亡后，大家都往南方逃，避免被金人奴役。但辛弃疾一家没走成。他的祖上自北宋初年就来到山东为官，百年传承下来，家族十分庞大。金兵打来时，家里人口众多，老的老、小的小，无法轻装南下，辛弃疾的爷爷辛赞只好选择了留下。在当地颇有盛名的他还被迫成了金国的官员。待辛弃疾出生时，北方地区已经被金人统治十多年了。爷爷辛赞忍辱负重在金朝为官，他一直在尽自己的力量为收复失地做准备。他常带着辛弃疾"登高望远，指画山河"，告诉自己的后代有机会一定要反抗金朝、夺回失地，以报仇雪耻。辛弃疾从小就钻研兵法、苦练武艺，在目睹着中原百姓于金人统治下的悲惨生活中长大。辛赞还两次让辛弃疾以应考为名，去往金朝的都城燕京考察地形，收集情报。1161 年，21 岁的辛弃疾终于等到了机会，他带领 2000 余人参与了一支声势浩大的起义军，正式走上了抗金战场。

　　但就在他们与南宋取得联系、接受宋高宗的接见和受封之后，起义军内部发生了叛乱。叛徒张安国谋害了起义军首领耿京并投降金朝。辛弃疾听闻后立即带领 50 人奇袭金营，于 5 万人中抓出了正在饮酒庆祝的张安国，摆脱追兵，交与南宋处置。

　　50 比 50000。这勇猛的行动震惊了南宋朝野。辛弃疾一战成名。

　　辛弃疾（1140—1207），字幼安，号稼轩，山东济南府历城县（今山东省济南市历城区）人。南宋官员、将领、文学家。

　　虽然辛弃疾回归了宋朝，还一度做到了封疆大吏，但却没能再次驰骋沙场。朝廷虽进行过一次"隆兴北伐"，但最后还是遭遇了失败。几乎整个南宋都是主和派当政，大家觉得偏安一隅过得挺好的。辛弃疾的北伐热情和倔强的性格使得他被众人排斥，加上他原本被金朝统治过，这"归正人"的身份也被人抓住做文章，政敌不断地找借口攻击他。终于，在 1181 年，辛弃疾被免去所有职务，闲居江西。

西江月·夜行黄沙道中

[南宋] 辛弃疾（1140—1207）

明月别枝惊鹊，清风半夜鸣蝉。

稻花香里说丰年，听取蛙声一片。

七八个星天外，两三点雨山前。

旧时茅店社林边，路转溪头忽见。

这是辛弃疾在经过江西上饶黄沙岭道时写的一首词。他的词风以豪放为主，文风恢宏苍茫，充满了爱国的豪壮。但同时，他所写的山水田园和百姓生活也非常丰富。

"明月别枝惊鹊，清风半夜鸣蝉"：明亮的月光从树枝间掠过，惊飞了枝头的喜鹊，半夜里的清风送来了远处的阵阵蝉鸣声。这两句看似在写"动"，比如惊飞的喜鹊、鸣叫的蝉儿，但实则通过这些动态更显出了夜的清幽。

"稻花香里说丰年，听取蛙声一片"：田里稻花飘香，蛙声阵阵，似乎在告诉人们今年是一个大丰收的年景。词人的视线从空中来到田野里，闻着随风飘来的稻花香，联想到了今年定能大丰收，就连地里此起彼伏的蛙叫声都是在争着报喜呢！以蛙声报喜，辛弃疾大约是第一人吧？真是匠心独特呀！

"七八个星天外，两三点雨山前"：天边几颗稀疏的星星忽明忽暗，点点细雨洒落在山前。这组对仗的句子把夜的轮廓描述得格外美。寥落的星空下，山前飘着细雨点点，无不显得这夜色更清幽恬静了。这小雨也许是突然下的，也许是离得很远，因为第一句的"明月"让我们感觉这不是一个阴雨天。

"旧时茅店社林边，路转溪头忽见"：那往日的小茅草屋还在土地庙的树林旁呢，只要在溪头处转个弯就能看到它了。茅店：屋顶盖着茅草的小客店。社林：土地庙旁的树林。也许是词人太沉醉于夜色与稻香之中了，就连已经靠近了自己曾熟悉的地方都没有察觉到。一个"忽见"仿佛有了与旧日老友见面的惊喜感，这心情美得呀！

【朗读秘籍】

1. **情景**：星夜寂寥，"我"赶路时来到了熟悉的黄沙道上。月亮渐渐升起，惊扰了趴在枝头的喜鹊。随着清风一起到来的，还有鸣蝉声和阵阵稻花香气。原来田地里热闹的蛙叫声是在争先恐后地讨论这丰收年景啊！星幕下的山前飘起了点点细雨，更显凉快。转个弯，突然就看到了以前熟悉的小店，原来"我"在赏景时不知不觉走了这么远呀！

2. **感情**：愉悦闲适，没有赶路的匆忙和劳累，反而沉醉于夜色之中，想象着丰收的喜悦与忽逢旧店的惊喜。

3. **语气**：整体是轻松愉悦的语气。

上阕前两句讲的夜空之景，朗读时的眼神和声音都在高处，但不是高亢，毕竟这是一个清幽的乡间夜晚，位置高，但是语气柔和。第一句"明月／别枝惊鹊"是抬头看到的景象，"明月"二字最高，然后落到枝头，后一句"清风／半夜鸣蝉"我们可以设定为是眼前感受到的，因此声音比上一句低一点。

上阕的后两句，"稻花香里说丰年"，视线来到了地面上，声音的位置又更低了一点，但节奏是明快的、语气仍是开心的，整句呈上山趋势。这一句中间不必停顿，尾音可稍拖长一点点。是谁在说丰年呢？"听取蛙声一片"，原来是青蛙呀！句子呈下山趋势，节奏稍缓、语气享受。词人一点儿也不觉得蛙声很吵，反而认为这预示着大丰收，内心很是喜悦。

下阕的前两句，视线又投向了远处。我们用气息把声音也往远处送，相比较而言，"七八个星天外"这句声音更远一点，位置也高一些，我们仿佛和作者一起看到了远处的星空。"两三点雨山前"的声音位置则近一些、低一点。这两句的节奏相对上阕来说，会舒缓一些。

下阕的后两句，语气稍稍有点意外，节奏又快了起来。"旧时茅店社林边"呈上山趋势，尾音稍拉一点，让人去想：它在哪儿呢？"路转溪头／忽见"。原来一拐过溪头就看到了啊！最后这句是下山趋势，表示肯定，已经发现了、找到了。但"忽见"得往上走，它的节奏与前面稍稍隔开，这样就能读出它的惊喜感啦！

辛弃疾《西江月·夜行黄沙道中》朗读爬山图如图 9-2 和图 9-3 所示。

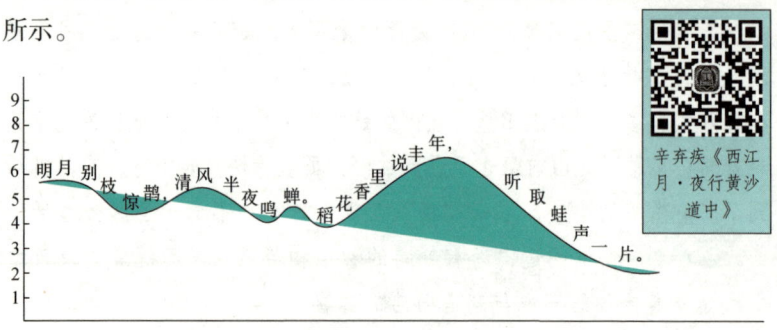

图9-2　辛弃疾《西江月·夜行黄沙道中》朗读爬山图1

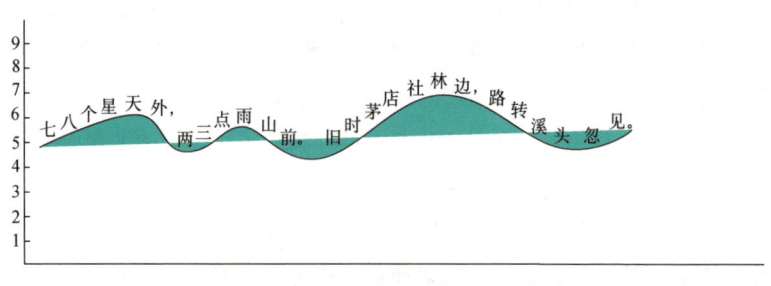

图9-3　辛弃疾《西江月·夜行黄沙道中》朗读爬山图2

9.1.3　《清平乐·村居》：看看娃儿们都在干啥

说来你也许不信。宋朝那么缺将领，一堆的主和派文官天天想着投降、给钱、避祸，好不容易来了个辛弃疾这样怀着雄心壮志的军事人才，却被压着不用，只把他派往地方当个父母官。壮志难酬的辛弃疾只能把自己的一腔热忱不断地写进词里。

"醉里挑灯看剑，梦回吹角连营……沙场秋点兵。"这是回忆自己当年带领抗金部队的豪壮气概。

"想当年，金戈铁马，气吞万里如虎。"这是对奋战沙场、英勇护国的憧憬。

"天下英雄谁敌手？曹刘。生子当如孙仲谋。"这是渴望如英雄般配上金戈铁马，为国效力。

"正壮士、悲歌未彻。"这是壮志难酬的义愤。

"西北望长安,可怜无数山。"这是抒发对国家兴亡的感慨。

"了却君王天下事,赢得生前身后名。"这是希望能看到大功告成的那一天。

"凭谁问,廉颇老矣,尚能饭否?"这是英雄迟暮的悲怆。

"男儿到死心如铁,看试手,补天裂。"这是至死都不改的心中志向……

理想是丰满的,现实是骨感的。辛弃疾一生被调任各地方四十余次,可就是不让他领兵打仗。可以说,辛弃疾不是被调任,就是在被调任的路上。这样频繁的调动,又做着与领兵打仗毫无关联的工作,辛弃疾只能带着一腔热血慢慢地老去了。

年老后的他,在乡村待了很长时间,于闲居的日子里亲近大自然,写出了许多清新自然的田园诗词。

清平乐·村居

[南宋] 辛弃疾（1140—1207）

茅檐低小,溪上青青草。

醉里吴音相媚好,白发谁家翁媪?

大儿锄豆溪东,中儿正织鸡笼。

最喜小儿亡赖,溪头卧剥莲蓬。

这仿佛是一幅生动的农村生活图。乡村里的房舍、溪流、老人的生活、孩童的勤劳与调皮……读完这首词,真希望每个老百姓都能享受到这份闲适啊!

"茅檐低小,溪上青青草":草屋的茅檐又低又小,溪边长满了碧绿的小草。词人一句话就把清秀的环境展现在了我们眼前:矮小的茅屋、清澈的小溪、碧绿的野草。这画面能让人瞬间进入美好的山水田园生活之中。

"醉里吴音相媚好,白发谁家翁媪":含有醉意的吴地方言,听起来温柔又美好,那满头白发的老人是谁家的呀?翁媪(ǎo):老翁、老妇。感情很好的老爷爷和老奶奶闲坐在一旁喝点小酒聊着天,这清

闲有趣的晚年生活真让人羡慕啊！

"**大儿锄豆溪东，中儿正织鸡笼**"：大儿子在溪东边的豆田锄草，二儿子正忙于编织鸡笼。这里用白描的手法直接写了孩子正在干力所能及的农活儿。老人们能清闲下来，正是由于孩子们长大了，能帮忙干活啦！

"**最喜小儿亡赖，溪头卧剥莲蓬**"：最令人喜爱的是那顽皮的小儿子，他正横卧在溪头草丛，剥着刚摘下的莲蓬。亡（wú）赖：调皮的。这里是爱称，没有贬义。就好像有时候我们家中的长辈也会说我们是个捣蛋鬼、调皮蛋一样，是一种亲昵的称呼。最后一句的"卧"字写出了小儿子那股不谙世事、天真顽皮的劲儿，太传神了！

【朗读秘籍】

1. **情景**：远远看去，有一间小小的茅草屋坐落在小溪旁，溪边的青草茂盛，正是春日农忙时节。也许是青壮力都下田劳动去了，只留下老人和小孩在溪边休憩、干一些相对简单的农活儿。大儿子在地里锄草，二儿子在编织鸡笼，调皮的小儿子正趴在草地里剥莲蓬呢！

2. **感情**：整体的感情是闲适美好的。给人感觉是在享受简单的农村生活。

3. **语气**：整体的语气轻松愉悦。

上阕第一句是整体环境描述，我们的声音可以跟着词人的视线走，带着一种远望的感觉，气息远远送出。"茅檐低小"呈下山趋势，仿佛是我们把屋子从上到下打量了一遍。"溪上青青草"则呈上山趋势，其中的"青青草"可以读得活泼一些，显示出旺盛的生命力。

上阕第二句先用温柔的语气描述两位老人喝酒聊天的情景，"醉里吴音"是温柔的，朗读的时候先往下走，到了"音"字再开始往上，好承接后面的内容。"相媚好"是老人家在聊天逗趣，朗读语气轻松愉快一些。到了"白发"二字可以稍作停顿，然后闲闲地问出"谁家翁媪"。问题的答案并不重要，作者和读者均是在欣赏这悠然自得的画面，所以我们朗读的语气是轻松的。

下阕第一句带着一种大人看孩子认真做事时的欣慰口吻来读，

语调是平缓的，语气是愉悦的，所以整体语气比较亲切。说到"小儿"这句的时候，很像前面讲的白居易的《池上》，说孩子不懂得如何掩藏自己的踪迹，大人看到后那种忍俊不禁的感觉。所以一开头的"最喜"可用欢快的语气强调一下，"小儿亡赖"可以带上点无奈的语气，就好像是当大人看到一个既调皮又可爱的孩子时，多半会轻微摇头，一副无奈的样子，但眼里是满含笑意的，似乎对这个孩子既疼爱又没办法。后半句"溪头"二字缓起，"卧剥"二字作强调、放慢，"莲蓬"二字带着笑意结束即可。

辛弃疾《清平乐·村居》朗读爬山图如图9-4和图9-5所示。

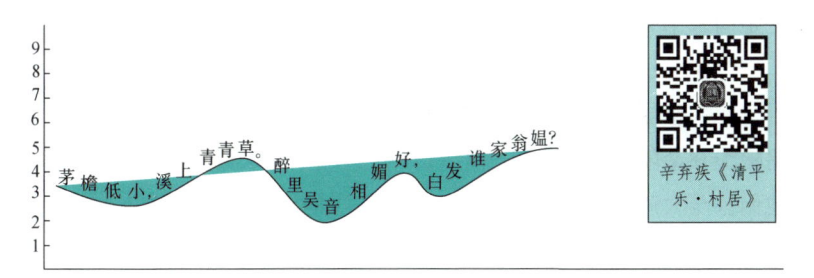

图9-4　辛弃疾《清平乐·村居》朗读爬山图1

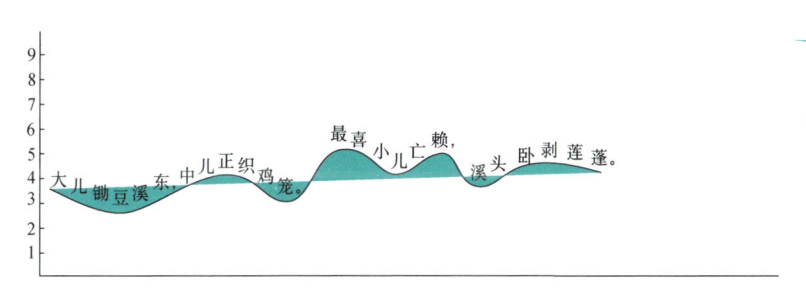

图9-5　辛弃疾《清平乐·村居》朗读爬山图2

9.1.4　《题临安邸》：你忘了国仇家恨？

1207年，辛弃疾带着满腔的遗憾和忧愤去世了。这位一生都在牵挂着收复失地、统一祖国的文武全才，临死前还喊着"杀贼！杀贼！"然而，朝廷听不到、皇帝看不到。偶有北伐的行动，或是没有准备、

或是用人不当，全以失败告终。于是，主和派们更是觉得不应打仗，只求苟且偷安。他们对外屈膝投降，对内残酷打击爱国志士。辛弃疾被罢官十余年，岳飞更是被迫害致死。

我们从小就听过岳飞的故事。他是抗金的名将，是南宋罕有的军事人才和战略家。1127年靖康之变后，25岁的岳飞就给"补充"上皇位的赵构上书讲北渡之策，却被革除军籍、逐出军营。但抗金意志十分坚定的岳飞又想办法在别处进了部队。之后的十余年，岳飞率部辗转多地，大大小小打了无数仗，击退金军的数次进攻，收复了建康（今江苏省南京市）等地，又平定流寇和反叛，收复襄阳六郡——这是南宋第一次收复大片土地。

可这一切，都抵不过一个想议和的皇帝和一个想害人的奸臣。他们宁愿向金国称臣，自认宋是金国的藩属国。秦桧更是代表南宋皇帝赵构跪在金朝使臣的脚下，于1139年达成了南宋与金的第一次和议。他们甚至大赦天下以庆祝此事，对于岳飞的上书完全不理会。

没想到第二年，金国就撕毁了合约，又开打了。

1140年，岳飞挥师北伐，听闻这个消息的百姓奔走相告，各地的义军也都纷纷响应，与岳家军共同抗敌。他们一度大败金军，收复了洛阳、郑州等地。当时的金军流传着一句话："撼山易，撼岳家军难。"这是敌人对他的敬佩与害怕。

可这一切，都终止在了一个昏头昏脑的昏君手上。1140年7月中，赵构下诏书让岳飞回朝。那时候岳飞面对的是一个完胜的战局，丢了就太可惜了，立即上书争辩。没想到几日后，岳飞在一天之内接连收到赵构发来的十二道金牌，措辞严厉地让他立刻班师回朝。接到如此荒唐的命令，岳飞愤惋泣下："臣十年之力，废于一旦！"当他们撤走时，百姓哭声震野。估计金军也哭了，那是喜极而泣。

"靖康耻，犹未雪。臣子恨，何时灭。"岳飞多年前写下的词句，没想到又印证了一次。

而后的故事我们都知道了。1142年，岳飞因"莫须有"的罪名冤死于狱中。他的儿子岳云和部将张宪也被处死。

在此之后，赵构和秦桧，又开开心心地谈他们的和议去了。再后来，大家都仿佛忘了国仇家恨，只愿躲在江南水乡里寻欢作乐。

他们可不觉得这是苟且偷生。达官贵人们在江南大修宫殿楼台、豪宅府邸。他们夜夜笙歌，生活奢华而堕落。昔日苏轼笔下"水光潋滟晴方好""淡妆浓抹总相宜"的西湖，竟有了一个"销金锅"的别称。

题临安邸
[南宋] 林升（约1123—约1189）

山外青山楼外楼，

西湖歌舞几时休？

暖风熏得游人醉，

直把杭州作汴州。

临安：南宋的都城，现浙江省杭州市。邸（dǐ）：客店。这首诗写在南宋都城一家旅舍的墙壁上。诗中冷言冷语，直指那些苟且偷安、只知享乐之人。诗人批判他们毫无进取之心和收复失地之志，在靡靡之音中全然忘了国仇家恨。

诗的作者林升，关于他生平的资料很少。在地方志和宗谱中得知，他生活在1123—1189年之间，具体生卒年不详，字梦屏，温州平阳人，是一位爱国诗人。

"山外青山楼外楼"：青山绵延不尽，楼阁也多到望不见尽头。这是多么壮丽繁华的景象啊！起句给人一种国家富饶与繁华的景象。然而，真的是这样吗？

"西湖歌舞几时休"：西湖边上的歌舞几时才能停下来？游船上、酒楼里，到处都是达官贵人们的享乐场景。前一句是大好河山之美，后一句是歌舞升平之乐，表面上看挺相得益彰的呀，为什么会有这样一问呢？

"暖风熏得游人醉"：暖洋洋的春风吹得人如痴如醉。这句描述看起来似乎也很舒服。江南的春风和煦，让人不知不觉就陶醉其中，多惬意呀！

"直把杭州作汴州"：简直是把杭州当成了汴州。原来如此。读了这句，才知道前3句诗的含义。杭州，是南宋小朝廷逃亡到南方后新定的都城。而汴州，才是大宋朝原本的都城，可惜它早已被金人所占领。原来，诗人所描述的江山，早已破败不堪；诗人所愤恨的歌舞，是当权者的靡靡之音；诗人瞧不上的暖风，是朝廷纸醉金迷的风气。他们宁愿躲在一旁纵情享乐，也不愿拿出志气来收复故土，这是何等的可气可恨啊！

【朗读秘籍】

1.情景： 西湖边上，连绵的青山、层层叠叠的楼阁是那么美好。春风吹拂，歌舞热闹，达官贵人们都在享受着这奢靡的生活。而另一头，都城失守、国土被占、百姓流离失所……这些都仿佛跟他们没有关系，他们只管享乐，不顾天下。

2.感情： 讽刺的情感是这首诗的主旨，其中也有对于国土被占的痛心和愤怒。

3.语气： 整体是讽刺的感情，所以除了首句之外，其余三句的语气都是收紧的、讽刺的。

第一句描述的是祖国的大好河山，朗读的节奏需要拓开、拉远，以显示这千里江山的大气之美。"山外青山"缓慢往上走，"楼外楼"缓慢往下，整句的调子都稍低沉一点，为后面的内容埋下声音上的"伏笔"。

第二句声音可以高起，这是愤怒的质问。"歌舞"两字带着否定的情感和语气，声音是冷硬的。"几时休"是诗人面对靡靡之音的不耐烦，所以他虽然是在发问，但却问得心中愤懑。我们甚至可以带点咬牙切齿的感觉来读这几个字。

第三句则是满满的讽刺了。这里面的春风可不像我们以前写过的古诗里的春风那么亲切美好，诗人是借春风来代表那些消磨人斗志的"糖衣炮弹"，所以这句的节奏可以稍紧，气息也是紧的、冷的，但这句声音位置整体比上一句要低，略呈上山趋势。最后一个"醉"字，读的时候稍作强调、延长一点，这表现的是投降者们享乐的丑态。

第四句是诗人愤怒的原因所在，两个地点"杭州""汴州"一定要强调出来。这句的声音同样是讽刺和冷硬的，是对贪生怕死只图安逸的统治阶级的鄙视。朗读节奏上可以先上后下，"作汴州"缓缓延伸结束。注意这里的"下落结束"与其他诗歌的抒情结尾不同，它是气息收紧的，声音并不延长。

林升《题临安邸》朗读爬山图如图 9-6 所示。

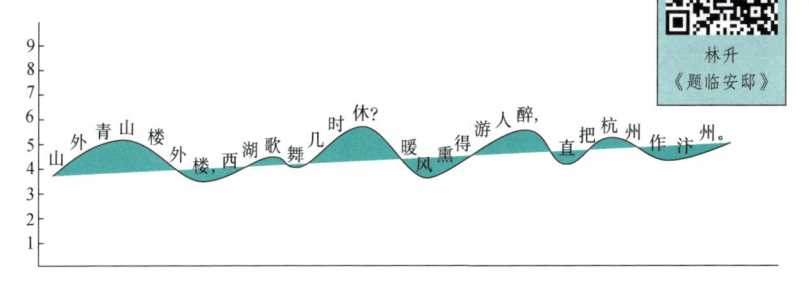

图9-6　林升《题临安邸》朗读爬山图

9.1.5　《秋夜将晓出篱门迎凉有感》：何时收复失地

金兵南下那一年，有个婴儿出生在父亲进京述职的路上。一年多以后，北宋灭亡，他随父母迁回浙江。这名婴儿出生于诗礼世家，祖父陆佃是王安石的学生、《宋史本传》的作者，精通经学，所著的《春秋后传》《尔雅新义》都是陆氏家学的重要典籍。父亲陆宰，是"越州藏书三大家"之首，为逃难的南宋小朝廷捐书 13000 卷，充实了国家书库。

如果不是遇到战乱，这个婴儿大概率会成长为一名饱读诗书的翩翩少年，写诗作词论天下，一展才华与抱负。但生逢乱世，这样的理想生活他只实现了一半：才华满腹，却无处施展。

这个婴儿，名叫陆游。

陆游（1125—1210），字务观，号放翁，越州山阴（今浙江省绍兴市）人。南宋文学家、史学家、爱国诗人。

少年陆游便才华过人，因祖荫被授予小小官职，1153 年，陆游参加专为官员举办的"锁厅试"时名列第一。这虽证明了他的才学，但也得罪了当时的权臣秦桧。第二年的礼部考试，秦桧直接指使不准

录取陆游。说起秦桧，我们总是咬牙切齿的。在这12年前的1142年，他害死抗金名将岳飞，造成了千古奇冤，为后世唾骂至今。而他在世之时，却一直权力大到一手遮天，随心所欲玩弄朝政。陆游参加的那次考试，只因排名在秦桧的孙子前面，秦桧便非常生气，指名不许录取陆游。直到几年后秦桧病逝，陆游才有机会踏上仕途。从这也可以看出南宋朝政的混乱和腐败。

　　陆游入朝后各种进言献策，包括整治军纪、减少封加王爵，还提醒皇帝严于律己等。其中最重要、持续时间最长的，是关于北伐收复失地的建言。一开始皇帝采纳了他的一些建议，但后来，经过一次短暂北伐的失利，从皇室到朝廷，都成了主和派。他们宁愿牺牲国土和百姓以换取自己的安乐生活。对于陆游的各种建议，不是冷淡处理，就是将之贬官甚至罢官。

　　1192年，陆游已经是一个68岁的老人了，但他的心从未平静过，他想杀回北方的决心从未改变过。《秋夜将晓出篱门迎凉有感二首》便是写于这一年。第一首表达了有心杀敌却无力回天的无奈。第二首表达了年复一年盼望北伐的心情。

秋夜将晓出篱门迎凉有感（其一）

[南宋] 陆游（1125—1210）

　　　　迢迢天汉西南落，
　　　　喔喔邻鸡一再鸣。
　　　　壮志病来消欲尽，
　　　　出门搔首怆平生。

秋夜将晓出篱门迎凉有感（其二）

[南宋] 陆游（1125—1210）

　　　　三万里河东入海，
　　　　五千仞岳上摩天。
　　　　遗民泪尽胡尘里，
　　　　南望王师又一年。

此时距陆游被罢官回家已经4年，而距北宋灭亡、金人占领中原地区，已经60多年了。一次次的盼望，一年年的失望。王师啊，王师，你到底何时才能开启北伐收复失地？

"三万里河东入海，五千仞岳上摩天"：三万里长的黄河奔腾向东流入大海，五千仞高的华山耸入云霄直触青天。"三万里"和"五千仞"都是虚指，是形容黄河之长、华山之高，这是中原地区独有的雄壮景观。一个"入海"、一个"上摩天"，把原本没有感情的景物写得虎虎生威、生气十足。而且这两处景物对于中华民族的意义是非比寻常的：黄河是我们的母亲河，其中大部已被金人所占；华山是我国第一个统一的封建王朝秦朝入主中原的重要军事基地，是突破金人防御的关键之地。

"遗民泪尽胡尘里，南望王师又一年"：中原人民在胡人的压迫下眼泪都流尽了。一年又一年，他们都在盼望着王师北伐。

遗民：指在被金人占领的地区里生活的汉人，内心里一直认同宋朝的统治。

泪尽：眼泪都流尽了，这是多么辛酸痛苦，百转千回的思念啊！

胡尘：胡人骑兵扬起的灰尘，诗里指的是灭亡北宋的金人。

南望：南宋小朝廷逃到了江南一带苟且偷生，遗民从中原一带望过去，便是望向南方。

王师：朝廷的军队。

诗人从前两句关于中原壮丽山河的描述，陡然转至这山河已不在我手、连人民也在外族的压迫下饱含辛酸的现状，让读诗的人内心更加震撼与心痛。那山那河那人，都在盼望着我们打回去啊！可是一年又一年，我们王朝的军队在哪里呢？

【朗读秘籍】

1. **情景**：壮丽的山河与旧日都城都被外军所占领，生活在敌人管制下的百姓苦不堪言。几十年过去了，他们仍日日都在流着泪企盼，那逃到南边的皇帝什么时候能派兵打回来啊？

2. **感情**：心痛和悲愤的感情溢满全诗。前两句以乐景写哀，所以，

第 9 章 剩一半地盘儿的南宋，写诗不服输

121

景色虽壮丽，但感情基调还是沉重的。后两句更是满含着悲伤，对失去的故土和人民心痛不已，同时，也有对朝廷的失望和那么一丝丝的期待。

3. **语气**：整体语气是深沉凝重的。

第一句提到黄河，朗读时将诗句缓慢拓开，以显示黄河的大气磅礴。但由于感情是沉重的，语气是凝重的，所以声音表现上是偏低的。"三万里河"平缓展开。"东入海"稍往下走，就仿佛是声音随着河水一路往下流入大海中一样。

第二句的音量比第一句大，声音位置也更高一些。带着一股悲愤的情绪来描摹那挺拔险峻的华山。潜台词是，这么好的地方被弄丢了也不心疼？所以在节奏上整句是上山趋势，尤其"上摩天"可读得更有力一些，但这股力量不是欣喜的，反而是含着壮志未酬的不甘在其中。

第三句又低缓了下来。诗人一想到生活在敌人铁蹄下的百姓便寝食难安。所以这句节奏放慢、声音放低，感情深沉而真挚地抒发着对遗民的心疼、对失去的家园的痛苦。"泪尽"二字尤其沉痛，声音处理上可作强调，拖长以抒发感情。

第四句在失望与心痛中又隐隐夹杂了一丝希望。虽然，已经失望很多年了，虽然，诗人也知道朝廷的现状，但是，他仍然盼望着北伐有成功的那一天，盼望着南北人民有重新团聚的那一天。所以朗读这句时的感情处理较复杂，表现在语言上便是节奏缓慢而气不断，气息饱满而声不强。

陆游《秋夜将晓出篱门迎凉有感》（其二）朗读爬山图如图9-7所示。

陆游《秋夜将晓出篱门迎凉有感》（其二）

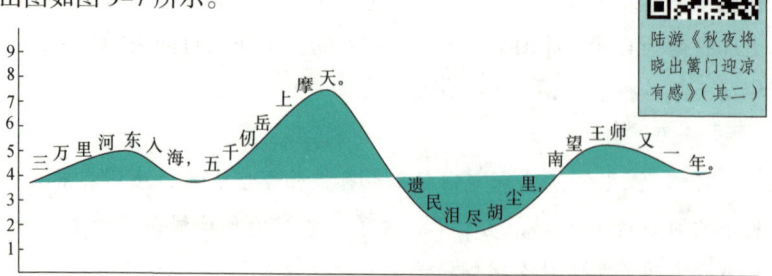

图9-7　陆游《秋夜将晓出篱门迎凉有感》（其二）朗读爬山图

9.1.6 《示儿》：祖国统一是人生大愿

其实陆游有过一次短暂的军营经历。1171年，陆游作为干办公事在南郑幕府任职。雄心壮志的陆游常常去到战略要塞勘察，并到定军山和大散关巡逻，写下《平戎策》，希望能有助于北伐。然而，仅仅8个月后，幕府就被解散，出师北伐的计划失败。这，是陆游距离抗金前线最近的一次，也是他一生中最骄傲的时期。白天，他一边巡视，一边起草北伐计划，晚上，还偷偷骑马冲过了被金军占领的渭水。多年以后，陆游还会在他的诗中回味自己的军营生活："夜阑卧听风吹雨，铁马冰河入梦来。"

从前线撤下，陆游既失望又气愤，还写下文章抨击朝廷养兵不用、苟且偷安。他的政治主张是不入主流的，是被排斥的，于是，贬官、罢官轮番上阵。他与上司交朋友，被攻击不拘礼法、饮酒狂放，便自号"放翁"；他上疏谈节俭与恢复民生，被攻击不合时宜、嘲咏风月，他就把住宅命名为"风月轩"。陆游的精神是痛苦的，陆游的内心是煎熬的。他想学文坛前辈寄情山水、不问世事，却难以熄灭胸中的理想之火。哪怕在82岁的高龄时听到朝廷要北伐了，他都能高兴得睡不着觉。尽管北伐很快失败，但他仍坚信必有打回中原、收复失地的那一天。

示儿

[南宋] 陆游（1125—1210）

死去元知万事空，
但悲不见九州同。
王师北定中原日，
家祭无忘告乃翁。

这是陆游的绝笔。85岁的他重病已久，知道自己恐将不久于人世，留下了此诗。这既是遗嘱，也是他发出的最后一次北伐号召。

"死去元知万事空"：我原本就知道，人死去后就什么都没有了，

什么都和我无关了。诗的一开头就如此悲凉。久病不起的陆游知道自己再也做不了什么了，但他用了一个"元知"，通"原知"，我们知道，这后面一定是带了转折的。是什么样的事情让诗人至死都无法放下呢？

"但悲不见九州同"：但唯一使我痛心的，就是没能亲眼看到祖国统一啊！这是诗人一生的痛，也是他为之奋斗一生的壮志。到了临终之际，陆游想的不是个人生死和交代家事，而是中原、是遗民、是尚未统一的祖国。

"王师北定中原日"：当我大宋朝的军队收复中原失地的那一天时。尽管陆游被罢官五次，承受过无数打击，但他还是升起过无数次希望、写过无数建议希望朝廷能举兵北伐。哪怕在临终之时，他仍然坚定地认为，定有驱除鞑虏、收复失地的那一天。

"家祭无忘告乃翁"：在家祭的时候，可别忘了把这好消息告诉你们的父亲啊！家祭：祭祀家中先人。乃翁：你的父亲，指诗人自己。本诗开头的第一句就说了知道将"万事空"，可他还是嘱咐孩子们一定要告诉他。这是根本就放不下的牵挂啊！

了解这首诗和那段历史背景的人，无不感到痛心和难过。陆游活了85年，北宋灭亡了83年。他一辈子都在期盼北伐，为此也做了很多准备，写了许多恢复民生、练兵强军、提拔人才、积蓄粮食等的计划，却无一被采纳。陆游的一生太长太苦了，历经四位皇帝，送走了多少仇人和朋友，可就是等不来国家的崛起，盼不来祖国的统一。

【朗读秘籍】

1. 情景："我"久卧病床，知道自己大限已至。"我"这一死啊，世间的一切就都和"我"无关啦。但唯一让"我"无法释怀的，是看不到祖国统一了。"我"知道，咱们的军队总有打过去的那一天，咱们的中原地区一定能重回朝廷的统治。等到了那一天啊，你们在祭祀的时候，可千万别忘了告诉"我"啊！

2. 感情：这首绝笔诗蕴含了许多复杂的感情。有对未促成北伐成功的遗憾，有对国土被占的悲怆，有对能收复失地的坚定，有对祖国统一的盼望。

3. 语气：诗人已经病重，整首诗的节奏都比较慢，气息都偏弱。即使是在表达坚定信心的时候，也只是勉强打起精神。

起句就很悲，声音低、缓，气息往外吐得多，吸进来的少。读完"死去元知"后可以做拉长和停顿，"万事空"读得更轻一些，如果可以的话，也能用上虚声。

第二句的"但悲"是一个转折，朗读时比前一句稍重一点点。"不见"二字是心痛的，情绪有一个往上冲、又冲不高的感觉，我们的声音表现同样如此。"九州同"三字是充满遗憾的，声音低沉。

第三句是诗人的盼望和信心，他拼命地告诉自己这个愿望一定能达成，所以他拼尽全力也会把这一句说得坚定有力。但碍于身体状况，这也只能勉强为之而已，所以这一句的朗读非常难把握好，需要在"力度"与"气若游丝"之间找到一个平衡与结合。整句基本上是呈上山趋势，朗读时虽然声音偏重，但气息要控制好，需要把它含在嘴里，不全部吐出，甚至可以读出一些因过于用力而颤抖的感觉。

第四句是交代完后事之后的泄力，带有谆谆嘱咐又气若游丝的感觉。"家祭"停一下，"无忘"又停一下，整句会越来越低、越来越慢，带着无尽的遗憾和希望，缓缓结束。

陆游《示儿》朗读爬山图如图9-8所示。

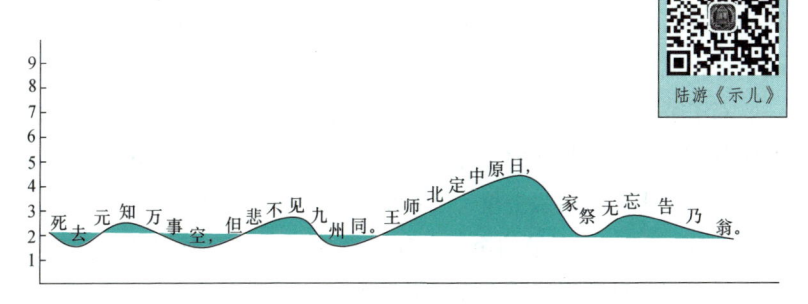

图9-8 陆游《示儿》朗读爬山图

9.2　咱们不讲道理，咱写诗

9.2.1　《四时田园杂兴》（其二十五）：18岁就进寺庙，归隐是我的梦想

范成大比陆游晚一年出生，两人是莫逆之交。他和陆游一样，出生于书香世家。范成大的母亲是名门闺秀，知书达理。他的父亲、祖父、外祖父、曾祖父都是饱读诗书之士，颇有盛名。

范成大（1126—1193），字至能，早年自号此山居士，晚年号石湖居士。平江府吴县（今江苏省苏州市）人。南宋时期官员、文学家、书法家。

范成大12岁就已经读遍经史，14岁写诗作文就颇有才华，17岁时参加南宋的"应试作文比赛"便名列前茅。可命运无常，范成大幼儿时期，母亲逝世；少年时期，父亲也走了。深受打击的范成大去了寺庙里避开世事、潜心读书，这一待，就是10年。如果不是父亲的朋友来劝他为国效力、完成父亲的梦想，他也许会在寺庙里待上一辈子。

29岁那年，范成大考中进士，从此走上仕途。他因为极高的责任感处处爱护百姓，却又处处遭人排斥和弹劾。他每去一个地方任职，都会解决一些积弊多年的问题，常得百姓称颂。他为官的能力和口碑，使得他不断地被政敌攻击，又不断地被朝廷起用。终于，在45岁这一年，范成大摊上大事了。

宋孝宗要派人出使金国。与以往去议和送钱不同，这次出使有两大任务：一是请求收回北宋帝王的陵寝之地，那儿已经被金国占领40多年了。无法给祖宗上坟，皇帝很难过。二是更改一下接受金国国书的礼仪，每年给大量的银钱布匹不算什么，但是要离开龙椅站起来接受国书，皇帝很难受。改，必须改。

可是，所谓弱国无外交，更何况，议和的条款是你想改就能改

的么？而且宋孝宗为了不惹怒金国，都不敢把更改受书礼仪的请求写出来，让使者自己想办法。这可真是，窝囊、胆小又贪心。

大臣们觉得，这种违反外交规矩的差事，谁去谁送命。所以能推的立马就推了，哪怕被贬官、罢官，也不愿去出使金国。唯有范成大将此事接了下来。

他一路北上，来到了金国的朝堂。在众人不屑的目光中，范成大慷慨陈词，气势如虹。突然，他跪下说，我这里有受书礼仪的奏章。金国皇帝怒了，说，这是献书的地方！范成大跪地不起，大臣们纷纷拿起手中的笏板（上朝时拿在手里的长条板子）抽打他，而范成大任自己渗血受伤也毫不避让，金国的太子甚至气得要立马拔剑杀了他。皇帝命人把范成大架回住处，而他竟一直保持着跪地的姿势。

最后，金国还是没有同意修改礼仪。不过，他们同意宋朝可以把皇陵迁回，也返还了宋钦宗（靖康之难里被抓走的北宋最后一任皇帝）的棺椁，范成大得以保全气节而归。对于当时的南宋，范成大的平安归来意义非凡，让那些"畏金如虎"的主和派不再"谈金色变"，他受到了英雄般的欢迎。宋孝宗也觉得自己找回了一点颜面，于是给范成大升了官。然而皇帝很快又受不了范成大的直言敢谏，把人给踢去了外地。

此后的20年，范成大在官场起起伏伏。他斗过奸臣、抓过土匪，保护了许多受灾受难的百姓。然而他终会年老，对腐败的朝廷也终会厌倦。也许范成大的内心始终向往着自己年轻时在寺庙读书的日子吧，他早早地在石湖之畔给自己准备了一方田园，以便日后归隐。

四时田园杂兴（其二十五）

[南宋] 范成大（1126—1193）

> 梅子金黄杏子肥，
> 麦花雪白菜花稀。
> 日长篱落无人过，
> 惟有蜻蜓蛱蝶飞。

范成大真的归隐了。命运的齿轮运转得如此神奇：18岁的他在寺庙里半隐了10年，年老了，又在石湖旁半隐了10年。这期间他写下许

多田园诗歌,《四时田园杂兴》就是其中一组。这组诗共有60首,从春天写到冬天,堪称宋朝农村生活的"大型纪录片",分为春、晚春、夏、秋、冬五组,每组各12首,我们将要讲的是属于夏日组诗中的两首。

"梅子金黄杏子肥":金黄的梅子挂满枝头,杏子也变得肥嫩鲜亮了。曾有小朋友问作者说,梅子不是红色的吗?为什么诗人说成熟的梅子是金黄的?其实,这是把不同的"梅"搞混淆啦!红色的叫杨梅,而诗里写的是梅花的果实,也叫青梅。它在芒种节气过后会逐渐长成黄色,我们常见的零食"话梅"就是用黄梅制作而成的。

"麦花雪白菜花稀":田里的麦花一片雪白,油菜花显得稀稀落落。麦花:小麦、大麦的花。菜花:油菜花。春天是油菜花盛开的季节,一大片一大片金黄的油菜花田,会吸引很多人前去拍照打卡。而到了初夏,油菜花就都落得差不多了——因为它开始结籽儿啦!

"日长篱落无人过":夏季的白天变长了,篱笆边都没有人经过。我们常觉得夏日午后是静谧的,那会儿阳光正烈,大家要么在躲太阳、要么在午休,所以四周一片安静。而诗里的情况却大不相同。诗人说没人经过篱落旁,并不是大家也在躲太阳,结合诗人后面的组诗我们可以得知,是初夏农事正忙,大家都在下地劳动呢,所以才没有路人经过。这描写不禁让人想起了"锄禾日当午",劳动人民的勤劳和辛苦值得尊敬。

"惟有蜻蜓蛱蝶飞":只有蜻蜓和蝴蝶绕着篱笆飞来飞去。蛱蝶:菜粉蝶。用飞舞的蜻蜓和蝴蝶的"动"来衬托夏日的"静",从而,"动"变得更灵巧,"静"也显得更无声了。

【朗读秘籍】

1. 情景:这是接在两组春日诗之后、夏日组诗当中的第一首诗,写的是初夏时江南田园的景色。诗人的笔就仿佛是摄像机的镜头一样,带着我们看到了他眼中的田园风光。初夏时节,果园里,一树树的梅子变得金黄,一颗颗的杏子也长得饱满可人;田地里,一片片的麦子飘着雪白的麦花,而不久前还黄灿灿的油菜花却变得稀疏零落了起来。夏天的日头越来越晒,白天也越来越长了。门前的篱笆路格外安静，只有蜻蜓和蝴蝶在翩翩起舞。

2. **感情**：诗里既有闲适的、享受田园生活的惬意感受，也有对夏日辛苦劳动的感慨。

3. **语气**：整体的语气是美好的充满向往的。

第一句是愉快的，看到熟透的梅子和饱满的杏子，瞬间就让人流口水啦！朗读这句的时候，我们声音喜悦满足，气息松弛轻快。"梅子金黄"往上走，"杏子肥"带着肯定的、欣赏的语气来读。

第二句是夏日里和春天不一样的景象，同样是带着欣赏的心情在观赏。"麦花雪白"可以起调高一点，拓开一点，呈下山趋势。因为这里看到的是广阔的麦田，诗人从盛开的麦花联想到了秋天将会到来的丰收，是兴奋与开心的。"菜花稀"三字则往上走，也是以愉快的口吻干脆地结束。这里虽然说的是菜花凋落，仿佛不是一个乐景，但其实，花落，也意味着果实的长大呀！这同样可以带着丰收的想象来读。

第三句开始静下来，我们的视野也随着诗人的描述从远处大片的果园和农田来到了近处的篱落。这漫长的夏日，却没什么人经过门口，环境是静的，我们朗读时也要静下来，用比较轻的声音、不急不缓的节奏来处理，呈较缓和的语势。

第四句的情绪比前一句高一点，"惟有"二字可稍拖长一点，"蜻蜓蛱蝶"是动态的展现，朗读的节奏可以是轻快地向上，最后一个"飞"字则不必拖长，按照常规的处理即可。

范成大《四时田园杂兴》（其二十五）朗读爬山图如图9-9所示。

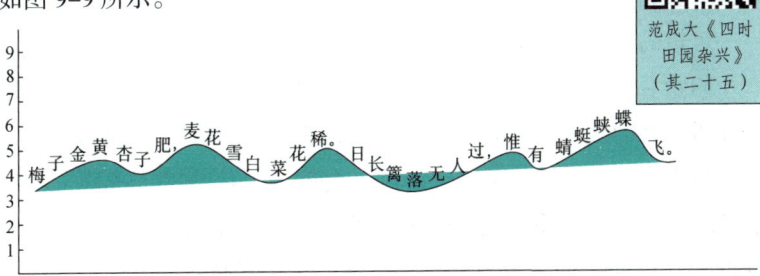

图9-9　范成大《四时田园杂兴》（其二十五）朗读爬山图

9.2.2 《四时田园杂兴》（其三十一）：我退休啦，大型纪录片走起！

南宋一朝，虽然主和派一直占着主力，但还是有不少文人牵挂着、描写着中原百姓的疾苦。不过，大家几乎都只能靠着南渡而来的前辈的文字和回忆，或者凭自己的想象去刻画中原的大地和百姓。没人有机会去看看那广袤的北方。即使是陆游在部队里时，也只能半夜偷偷过境去踩一踩北方的土地，这样他就已经很兴奋了。

但范成大不同。他出使金国时，路过了北宋的故土、故都。他看到了前辈口中繁华的大都市，而今变得满目疮痍；他见到了大家常提起的遗民，而今却什么都做不了。当百姓看到有宋朝的使者前来，纷纷围上来询问，却又被金朝的官兵赶开。面对此情此景，范成大心里难受、情绪复杂，写下了《州桥》这首诗。诗中说"父老年年等驾回""忍泪失声询使者，几时真有六军来"。中原的父老乡亲年年都在盼着宋朝可以打回来赶退金兵，好不容易看到了使者、盼来了故国的人，都很激动。当人忍着泪、哽咽到极致的时候，是发不出声音来的。所以诗里说他们是"忍泪失声"地问，什么时候才会有宋朝的大军前来？

这和前面陆游写的"遗民泪尽胡尘里，南望王师又一年"内心感情很类似，只是角度不同。陆游是以己之心度人之心，站在遗民的视角上写着盼望早日归复。范成大则是从一个使者的角度来写，他是一个被寄托了厚望的对象，自己却无能为力。同样的心痛、同样的遗憾、同样的悲切，两位爱国诗人不约而同的创作，把盼望统一的愿望抒发给了全天下。

可惜的是，在朝廷的蹉跎中，他们还是逐渐老去了。

归隐后的范成大，寄情于田园生活。多年的地方官经历，让他格外懂得百姓的疾苦，从而写出了和大家都不太一样的田园诗歌。

自古来写田园诗的不在少数。但其实，田园诗常常都是诗人用来表达自己隐逸情怀和状态的，写的都是山山水水的安静与美好，体现的是自己内心的思考与感受。农事，除了陶渊明有创作过一些之外，它极少出现在士大夫们的笔下。

范成大则吸收了前人在田园诗中对自然风光和政治隐喻的描写，还加入了许多关于农事的内容以及对百姓疾苦的同情。他把二者结为一体，全方位、多角度地描写了农村生活的各种细节，对南宋末期的诗歌产生了极大的影响。

四时田园杂兴（其三十一）

[南宋] 范成大（1126—1193）

昼出耘田夜绩麻，
村庄儿女各当家。
童孙未解供耕织，
也傍桑阴学种瓜。

与上一首诗比起来，这里展现农忙的场景更多了。

"昼出耘田夜绩麻"：白天在田里锄地，晚上在家中搓麻绳。耘田：锄地、除草。绩麻：把麻搓成绳，以供织布。白天晚上都有不同的事要做。

"村庄儿女各当家"：农家的男女都各司其事、各有各的活儿要干。"儿女"在这里不是指的小朋友，而是农夫和农妇。这是以老人的口吻在描述日常。写这首诗时，范成大是 60 岁左右，确实可以很自然地代入长辈的视角了。

"童孙未解供耕织，也傍桑阴学种瓜"：儿童虽然不懂得如何耕田织布，却也学着大人在桑树荫下种瓜。看，在农村，小孩子也不会闲着，都开始学种瓜了。把小朋友称作"童孙"，孙子辈，同样是老人的视角。青壮年都在下地干农活儿，这小孙子很可能是在跟爷爷学种瓜呢！

农忙时节，农活繁忙，农民辛苦。范成大用自己的文字把这一幅幅场景记录了下来，让时隔千百年的我们似乎在看一部宋朝农村生活纪录片一样，栩栩如生，历久弥新。

【朗读秘籍】

1. 情景：白天，男人们在田里给秧苗除草，晚上，女人们还要搓麻织布。不会干重活的孩子们呢，则在树荫底下学着怎么种瓜。农忙时节，村里没有闲人，个个都在忙着不同的活计。

2. 感情： 诗里充满了对劳动人民的同情、敬重与赞赏。

3. 语气： 在平缓的讲述中带着赞赏的语气。

第一句"昼出耘田"稍微高起一点，这是太阳升起时。"夜绩麻"三字往下，这是太阳落山后。它很像人们常羡慕的"日出而作，日落而息"的生活、劳动状态，不同的是，在诗人笔下，日落之后还要继续做些家务活儿和手工活儿，更辛苦。

第二句用带着欣慰的语气读"村庄儿女各当家"。这句的朗读节奏比较平，但注意语气，仿若是一个长辈在讲述农家日常一样。"各"字可稍作强调，潜台词是每个人都各有各的忙，都在为这个家辛劳操持。

第三句讲到儿童，老人家面对孩子时，总是慈爱的、开心的，所以这句的朗读我们可以代入这种感觉，就像白居易看到小娃偷采白莲，就像辛弃疾最喜小儿无赖，都是带着慈爱的笑意，所以这句的朗读节奏比较明快、向上。

第四句是对儿童积极学习干农活的赞赏和肯定，"也"字可稍作强调，意思是，看，孩子们也没闲着呢！"也傍桑阴"往下走，"学种瓜"带着表扬的感觉稍往上走，但是语气是愉悦的哦！

范成大《四时田园杂兴》（其三十一）朗读爬山图如图9-10所示。

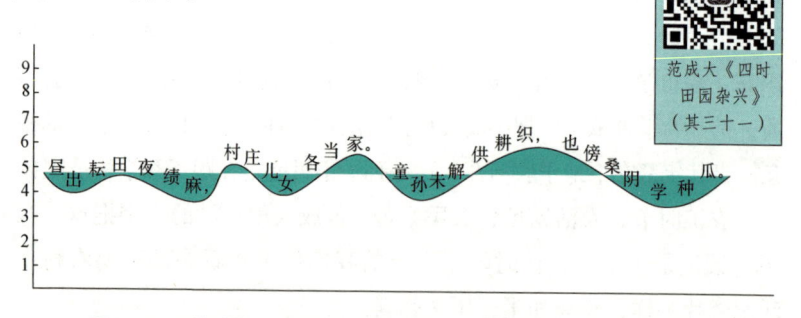

图9-10　范成大《四时田园杂兴》（其三十一）朗读爬山图

9.2.3 《小池》：我不写小池

范成大退休隐居之后，带病编完了自己的诗词全集，并让儿子去请杨万里为之作序。另一本流传下来的抄本《石湖诗集》里，卷首是陆游和杨万里作的序。杨万里何许人也？能与两位当时的文豪关系如此密切？

杨万里（1127—1206），字廷秀，号诚斋，吉州吉水（今江西省吉水县）人。南宋文学家、理学家、官员。

1154年，28岁的杨万里和29岁的范成大、30岁的陆游一同在京参加考试。范成大和杨万里都考取了进士，陆游却因被秦桧打压而落榜。但日后他们逐渐显现的共同的抗金主张、反对腐败的正直以及对诗歌艺术的追求，让三人结下了不解之缘。陆游、范成大、杨万里和尤袤并称为南宋"中兴四大诗人"，也称"南宋四大家"。他们摆脱了南宋初期"江西诗派"力求生僻典故的禁锢，创作出了在艺术上各有特色的作品。

杨万里的造诣不仅仅是诗歌方面，扬名于世的"宋朝理学"的发展，也离不开他的一份功劳。他曾师从多名理学家，自己也写过不少理学的论述。经他举荐，朱熹等一大批人才被起用。作为后来南宋最有名的理学家，朱熹对于理学的贡献毋庸置疑，但他曾向杨万里索求理学书稿，却被杨万里拒绝了——杨万里从不将自己的理学著述示人，也不在乎世人的看法。在杨万里看来，将理学融入生活、体现在诗歌里，就很好。

小池

[南宋] 杨万里（1127—1206）

> 泉眼无声惜细流，
> 树阴照水爱晴柔。
> 小荷才露尖尖角，
> 早有蜻蜓立上头。

除了理学思想，杨万里的"诚斋体"诗也独成一派，有许多追随者。这类诗的风格活泼自然、清新有趣。《小池》就是一首"理学"与"诚斋体"结合的代表之作。

"泉眼无声惜细流"：泉眼无声地渗出涓涓细流，似乎非常舍不

得这宝贵的泉水。惜：爱惜。小池有来自山泉的活水，因此是流动的，并非一潭死水。可是这股水流得多小、多细才能一点儿声音都没有啊！诗人在这里加上了一个"惜"字，立刻让泉眼灵动了起来，仿佛它是有感情的、有千万种不舍，才只汇聚出这样一条涓涓细流。同时也让人更加珍惜这小池难得的一景。

"树阴照水爱晴柔"：映在水里的树阴喜欢这晴天里柔和的风光。同上一句诗一样，诗人一个"爱"字，也把树阴拟人化了，仿佛是树阴主动去遮住小池的水面、是在爱护着小池。原本无情的自然现象，到了诗人的笔下都变得如此鲜活且富有感情，不愧是"诚斋体"的代表作呀！

"小荷才露尖尖角，早有蜻蜓立上头"：娇嫩的小荷叶刚从水面露出尖尖的小角，就有一只调皮的小蜻蜓立在它上面啦。一个"才露"，一个"早有"，仿佛它们相依相偎又心有灵犀。

这是杨万里诗学与理学的结合，诚斋体有"自然童趣"，理学有"活处观理"。那无声的泉眼，既是真实存在的，也是理学家追求真理的本心。对于真理的探索，就应当像无声细流般低调、缓缓地前行。泉眼、细流、树阴、晴日、水光、暗影、荷叶、蜻蜓，无一字在写小池，但又无处不在写小池。这幅大自然亲密和谐的画面，让人心旷神怡。

【朗读秘籍】

1. 情景：这是一幅生动精巧的小池风景图。在一个初夏的晴日里，细细的泉水缓缓流动着，树的影子倒映在池水中，刚刚长出来的荷叶上，早就有蜻蜓飞过来立在上面啦。

2. 感情：总体的感情是柔和美好、轻松愉悦的。

3. 语气：整体是充满爱的柔和语气。

诗中的整体环境是安静的，所以第一句的"泉眼无声"轻轻起，声音较低、音量较小、语气温柔。"惜细流"三字略高于前面，但语气仍然是柔的，表达出舍不得的感觉。

第二句爱的感觉更明显，所以我们的语气也可以更多地带出相应的情绪来。口腔放松、气息饱满,缓缓送出"树阴照水"四字。接下来"爱晴柔"的"爱"字可用虚声来表达爱意,"晴柔"二字缓缓向上。

第三句用比较活泼的语气来读,显示出新生荷叶的生命力。这句诗用上山类语势,语速较快,音调可以偏高一点,让我们的声音变得更清脆。

第四句语速稍慢一点,先用向下的语势来读"早有蜻蜓"四字,其中的"早"字可稍作强调,接着便语势往上扬,带着一种肯定、赞扬的语气来读"立上头"。

杨万里《小池》朗读爬山图如图9-11所示。

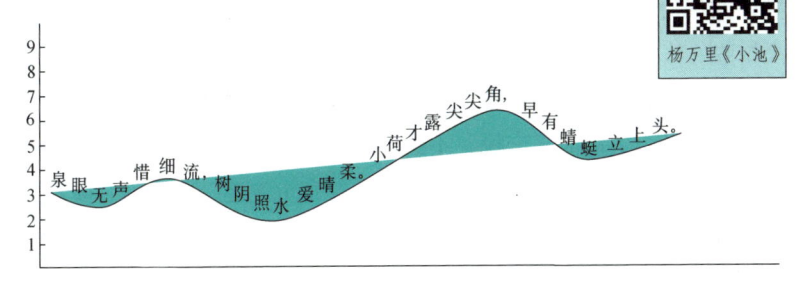

图9-11 杨万里《小池》朗读爬山图

9.2.4 《稚子弄冰》:你敢在冬天玩冰吗

和陆游、范成大一样,杨万里不仅是一位颇有才气的诗人,更是一个好官。

杨万里的曾祖父、祖父和父亲,都是饱学之士,历史上对他们的记载均是"品德高尚,不仕"。大约是他们只喜欢研究学问,对做官毫无兴趣吧!杨万里打小就知道自己家里很穷,却堆了满屋子的书;父亲明明只是一介贫苦书生,却有众多名士好友,常带着他走访、学习。在这样的影响下,杨万里小小年纪便学识丰富,也养出了一身清廉之风和浩然正气。

他当知县时,看到小吏鞭打逃税的百姓,并把他们拷走了。他去牢里一看，里面果然关满了百姓。

　　杨万里：为什么关押这么多百姓？

　　小吏：他们不纳税。

　　杨万里：那也不用打人呀。

　　小吏：这些刁民不打不老实。

　　杨万里：宁愿挨打、坐牢也不纳税？

　　小吏：所以说必须得打啊！

　　杨万里：这么能打，派你去打金国如何？

　　小吏：……

　　以上对话是作者根据史料想象出来的。史料里说，杨万里到任后，发现府库空虚，牢里又关满了不纳税的百姓，知道是小吏们提高税收、从中盘剥所致。于是，他放了所有欠租税的百姓，明令禁止鞭打百姓，还给每家每户都发了通知，放宽了纳税的期限和金额。结果，百姓纷纷主动前来交税，不到一个月就全部收齐了欠税。

　　然而，在腐败的南宋朝廷里，这样的官员注定一路坎坷。杨万里既清廉正直又口才了得、直言敢谏，特别能怼人，所以不停地被贬官、外放，但他也不在乎。正好这中间有几年因病未能赴任，他就在家闲居读书、写诗、著述。

稚子弄冰

[南宋] 杨万里（1127—1206）

稚子金盆脱晓冰，
彩丝穿取当银钲。
敲成玉磬穿林响，
忽作玻璃碎地声。

　　一个天真的老者，看一个稚嫩的孩子玩耍，是一幅什么样的情景呢？

　　"稚子金盆脱晓冰"：小孩早晨起来，把冻在铜盆里结成块的冰脱下。金盆：铜盆。水能冻成冰，那肯定是很冷的天气。小孩子却完全不怕冷似的拿冰玩。

"**彩丝穿取当银钲**"：把冰块用彩线穿起来当作像钲一样的打击乐器。银钲：古代的一种打击乐器。冰块是透明或者半透明的，这孩子用了一根彩色丝线来装饰它，把它拎起来，真是好看又好玩啊！

"**敲成玉磬穿林响**"：冰块敲出的声音像玉磬一般穿越树林。磬：古代的一种打击乐器，用玉和石做成。孩子带着自己制作的"乐器"出去玩，边走边敲，定是十分欢喜有趣。

"**忽作玻璃碎地声**"：忽然冰锣敲碎落地，发出玉石摔碎般的声音。玻璃：指的是古代的一种天然玉石，也叫水玉，并不是我们现在的玻璃。我们想想这个场景：本来正在欣赏那穿林而过的响声呢，忽然听到了如玉石破碎般的声音——冰块掉到地上，摔碎了。想必这孩子也感到很意外，也许是丝线太细，也许是孩子敲得太用力，总之，这自己制作的玩具忽然没有了。孩子会伤心吗？会想办法拼起碎冰吗？诗人没有写，留给我们许多想象的空间。

【**朗读秘籍**】

1.**情景**：冬天的早晨，四处冒着寒气。小孩子却不怕冷，跑去把铜盆里的冰块取了出来。虽然他的两手被冻得通红，但心里玩耍的热情却没有减退半分，还想办法用一根彩色的丝线穿着玩儿呢。孩子拎着自己制作的"冰块乐器"边走边敲，声音穿透了树林。他正沉迷在敲击冰块的悦耳声音中呢，突然，冰块砸在了冻得硬邦邦的地面上，发出了像玉石碎地一样的声音。

2.**感情**：一个是稚气未脱的、只顾玩耍的孩子，一个是天真自然、趣看孩童的老者，两种心态都交织在诗中，相映成趣。

3.**语气**：整体语气是比较天真有趣的。

第一句就是带着好玩的、怜爱的语气在说小孩子玩冰的事情，前四字"稚子金盆"呈上山趋势，后面的"脱晓冰"三字稍往回落，可以慢一点，注意是带着笑意的慢，不是低沉的慢。

第二句的"彩丝穿取"是比较细节的动作，读的时候声音可以稍微小一点，仿佛怕打扰了孩子穿线的动作似的，朗读节奏稍往下走。"当银钲"是孩子完成了他的"手工作品"，无论是看者还是玩者都高

兴了起来，朗读的节奏便可以往上走了，这几个字还可以带着点儿骄傲的语气来读，老人觉得这孩子的想法很新奇，孩子也觉得自己很棒。

第三句"敲成"二字可以起得稍微高一点，这是兴致高昂所在。但是到了"玉磬"时需要回落一点、声音也轻一点，一方面是宝贝这个如玉般的新"乐器"，另一方面是不忍打扰这美妙的声音。"穿林响"三字缓缓延长，要是能带出一种余音绕梁的感觉就更好啦！

第四句"忽作"，冰块碎掉的事情发生得很突然，所以这里节奏和语气都得把这种突然感展现出来。浅浅地倒吸一口气念"忽作"二字，声音高且急，然后有个小停顿，接着用带着惊讶与惋惜的感觉来念"玻璃碎地声"，声音慢慢低下去。

杨万里《稚子弄冰》朗读爬山图如图9-12所示。

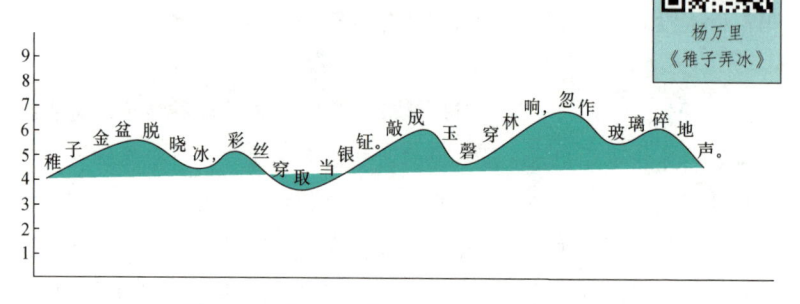

图9-12　杨万里《稚子弄冰》朗读爬山图

9.2.5　《晓出净慈寺送林子方》：舍不得你，但我不说

杨万里学写诗时，曾立志超越先贤。35岁的时候，他已经写了上千首诗歌了。可有一天，他觉得自己那些诗太拗口、太走形式，没有真情实意，于是，一把火烧掉了自己所有的诗稿，数十年心血就这样毁去了。

他心不心疼作者不知道，只知道他放下包袱后，写诗更轻松有趣了。并且，他还开发出了"活泼自然，饶有谐趣"的诚斋体诗歌。钱钟书说杨万里是努力做到与大自然和解，"重新建立起嫡亲母子骨肉关系，回复耳目观感的天真状态"。

回到天真状态的杨万里写诗怎么样？来看看他挑战的"西湖诗歌"吧！

这次杨万里一共在西湖边写了两首诗，第一首虽名气不大，但是它为第二首点明了时间、环境和感受。

晓出净慈寺送林子方（其一）

[宋] 杨万里（1127—1206）

出得西湖月尚残，荷花荡里柳行间。

红香世界清凉国，行了南山却北山。

林子方是杨万里的下属兼好友，因他接到朝廷的调令，要去外地升官赴任了，所以杨万里来送别。他们前一夜大约是留宿在了净慈寺、用了斋饭。清晨走出西湖时天上还挂着残月，杨万里陪着林子方穿过荷塘，走在杨柳依依的小道上（看，又是代表送别的杨柳）。这里红花遍地、凉爽舒适，他们走过南山，又绕到北山。

接下来呢？

晓出净慈寺送林子方（其二）

[宋] 杨万里（1127—1206）

毕竟西湖六月中，

风光不与四时同。

接天莲叶无穷碧，

映日荷花别样红。

"毕竟西湖六月中"：六月里西湖的风光景色到底是特殊的。"毕竟"二字突出了六月的西湖非同一般。还没写景就先感叹了？那到底是有多不一般呢？

"风光不与四时同"：它秀丽的风光和其他时节完全不一样。到第二句还没写具体内容，不禁勾起了读者强烈的好奇——到底有多不一样呢？

"接天莲叶无穷碧"：那亭亭玉立的荷叶连接天际，浩渺无尽。我们在形容大海的时候，常用"海天一色"来描述大海的辽阔、无尽头。在诗人的笔下，这西湖的荷花竟也是"荷天一色"，多么壮美的

景观啊!

"**映日荷花别样红**":在阳光的辉映下,荷花显得格外鲜艳娇红。前一句写荷叶的绿与天际的蓝融为了一体,这一句写的是荷花的红与阳光的金相互映衬,使得荷花红得更加明艳。绿、蓝、红、金,这是夏日的西湖才有的独特美景啊!

这首送别诗,没写朋友、没写友谊、没写不舍,单单只写了景。这是敷衍吗?当然不是。诗人是想借此风光告诉好友,西湖这么美,你若留下来该多好啊!

这是一个老人家的隐晦不舍。

写西湖的诗很多,前面有白居易的"未能抛得杭州去,一半勾留是此湖",有欧阳修的"群芳过后西湖好",有苏轼的"欲把西湖比西子,淡妆浓抹总相宜",还有林升用来讽刺朝廷的"西湖歌舞几时休"……而杨万里这首写西湖的诗,从荷花荷叶的色彩入手,又给人感觉有不同的美感,并不逊色于前人。也许,他那把火烧对了?

【朗读秘籍】

1.**情景**:夏日的清晨,从净慈寺出来,散步来到西湖边送别朋友。两人边走边聊,不知不觉,天色渐亮,太阳出来了。一眼望过去,那西湖上的荷叶袅袅婷婷、一望无尽,与遥远的天际连接到了一起。而盛开的荷花在阳光的照射下,更是红得娇艳欲滴。朋友啊,这么美的景色,你怎么舍得走呢?

2.**感情**:有对西湖的赞叹之情、对朋友的不舍之感,有想让朋友不走的挽留之意。

3.**语气**:诗人赞美西湖的兴致高昂,朗读的语气便也充满赞美的感觉。

第一句"毕竟"二字高起,引起友人注意,潜台词是,你可看好了啊,这么美的西湖、这么美的季节,你真的要走吗?"西湖"二字稍低一点,带着喜爱的语气来读。到了"六月中"时强调一下"六"字,最后尾音的"中"字不要拖长,气息可以稍微含着一点,有点像卖个关子的感觉。这里还处于铺垫阶段,还没开始夸呢!

第二句"风光不与"的"不"字可稍作强调,"四时同"则慢一点,带着一种劝人的语气,潜台词仿佛是,你听我慢慢细说这里的好再决定走不走啊。朗读这句诗的时候整体都可以轻一点。

第三句壮阔的感觉来了,咱们也要读得大气些,音量可以大起来,字词之间可以拓开一点,整句呈上山趋势,眼神、语气都随着那遥远的天际一同走上、走远,"无穷碧"后面可以用比较强的气息稍微延长一点。

第四句视线往下落到了荷花上,声音和气息也往里收一些。有了前面的壮阔,这句我们可以读得轻柔些,带着对鲜花的珍惜和喜爱之情来读,"别样红"可以用较轻柔的气息缓缓结束。

杨万里《晓出净慈寺送林子方》(其二)朗读爬山图如图9-13所示。

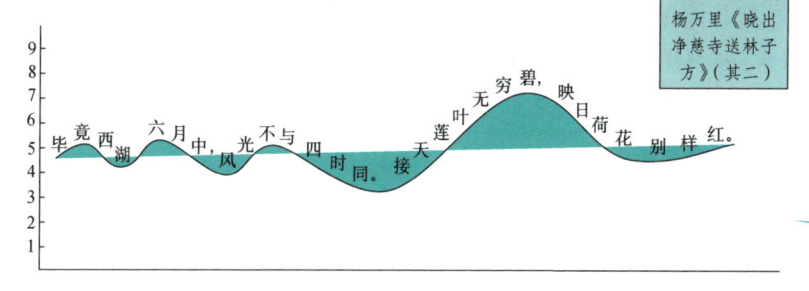

图9-13　杨万里《晓出净慈寺送林子方》(其二)朗读爬山图

9.2.6　《宿新市徐公店》:在乡村散散步很舒服

杨万里不光写诗有洁癖,觉得不好的全烧掉;他做官也有洁癖,遇到不平的事情一定会说,能管的一定会管。实在是对方的官太大,管不动也说不得的,他就不理会。

1192年,朝廷下令使用铁钱会子。这个铁钱会子最初是好的,可是后来滥印滥发,导致不断贬值,酿成了严重的通货膨胀。面对这个"国进民退"、搜刮民钱的法子,杨万里上书反对此法且不愿执行,被贬官。心灰意冷的他干脆不去就职,在家养病。没想到没过多久,朝廷又给他升了官。这是皇帝想通了？觉得杨万里提的那些刺耳的建议是有道理的了？

才不是。

当时的两大权臣赵汝愚和韩侂胄（hán tuō zhòu）的政治斗争白热化，他们一个主和、一个主战，都想拉拢杨万里。

虽然杨万里是个坚定的主战派，但是他知道韩侂胄不是真心想北伐收复旧山河，只是以此为旗帜谋取私利而已。韩侂胄当政时，修了豪华别墅南园，想请杨万里做记，说，只要杨万里愿意写，官位随便他挑。杨万里却说："官可以抛弃，记却不可能写。"就是不接这个邀请。这里岔开一句，最终，陆游接过了这个活儿，写下了一篇颇具争议的《南园记》。但他绝不是为了拍马屁，而是为了鼓励那位身居高位的宰相勿忘抗金大业、扛起北伐大旗。陆游就是这样，哪怕有一丝北伐的希望，他都不愿放弃。

杨万里却把韩侂胄看得透透的。他知道这个权相虽有北伐之行动，却无收复之心，既不忠君爱国，也不勤政爱民。于是，杨万里干脆辞官回家了。

宿新市徐公店

[南宋] 杨万里（1127—1206）

篱落疏疏一径深，

树头花落未成阴。（"花落"一作"新绿"）

儿童急走追黄蝶，

飞入菜花无处寻。

据说诗题中的"新市"为宋代酿酒中心，为现在的浙江省德清县新市镇。朝廷在新市设了酒税官，由朱熹的儿子朱塾担任。杨万里某天途经新市，品尝美酒后，醉了，留宿在新市徐公开的客栈里。

"篱落疏疏一径深"：稀稀落落的篱笆旁，有一条小路伸向远方。杨万里热爱农村、热爱大自然，非常擅长以一个小景写田园的风貌。

"树头花落未成阴"：路边树上花瓣都飘落了，而刚刚长出的新叶还没有形成树阴。在一些版本里，诗中的"花落"一词用的是"新绿"，即"树头新绿未成阴"。无论是哪个词，其实意思都差不多，就是形容暮春时节树叶正在生长、还未达到繁茂程度的样子。

"儿童急走追黄蝶"： 孩子奔跑着追赶黄蝴蝶。一个"急走"、一个"追"，把孩子天真活泼、一心想要抓住蝴蝶的形象十分生动地展示了出来。

"飞入菜花无处寻"： 可蝴蝶飞到菜花丛中后就再也找不到了。菜花，即油菜花。这是典型的春景。这句由孩子捕蝶时的欢乐动态，变为蝴蝶飞走消失的静态，给人极强的画面感。仿佛那只蝴蝶也在我们眼前消失了，遍寻不着，让人回味无穷。

【朗读秘籍】

1. **情景：** 暮春时节，村边小路上，篱笆稀稀落落，树上的花儿都落了，树叶却还没长成，也显得很稀疏。孩子们在欢快地追着蝴蝶，可黄色的蝴蝶飞进黄色的油菜花中，就如同消失了一般，再也找不到啦！

2. **感情：** 闲适有趣、轻松愉悦的感情。

3. **语气：** 前两句是静静地讲述乡村美景，后两句则有了悬念与故事感。

第一句声音较低缓，营造一种幽静的农村景象。先是轻轻地念出"篱落疏疏"，呈下山趋势，后面的气息延长一点，就好像是我们的眼神、语气都随着它在往前伸。"一径深"三字呈上山趋势，同时也需要较长的气息来支撑，好像这条路深到没有尽头似的。

第二句视线来到了树上，头部的动作、眼神及我们的声音都要高一些。"树头花落"呈下山趋势，好像我们也在看着花儿落下一般。这里的尾音可以稍延长，但气息不断，接下来的"未成阴"三字呈上山趋势，延续着诗人的观察。

第三句需要用较快的语言节奏来表现儿童追赶蝴蝶的"急"，这时候的气息就不要那么缓慢了，声音也要响亮起来，但不是一味地求语速快，而是用比较急促的气息来带动语言节奏。

第四句带着一种探寻、观察的语气，先以下山趋势读"飞入菜花"，这里可以做一个延长和停顿，蝴蝶飞入菜花后怎么样了呢？接下来再用上山趋势缓缓读出"无处寻"，虽然已经看不到了，但还是

在继续寻找，我们的眼神和语气也要有一个相应的延伸。

杨万里《宿新市徐公店》朗读爬山图如图9-14所示。

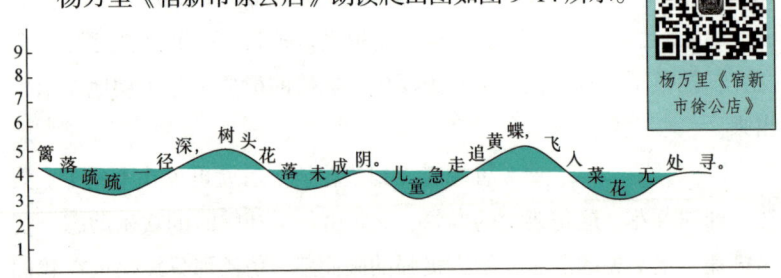

图9-14 杨万里《宿新市徐公店》朗读爬山图

9.2.7 《春日》：愿思想如春风般吹拂大地

辞官回乡的杨万里自此过着幽屏的生活。但他仍心忧国家，每每听到韩侂胄的种种劣迹，便心痛不已。后来，家人就不敢告诉他一些外界的消息了。直到有一天，有一族人从外地回乡，对杨万里说起韩侂胄的种种行为，杨万里听后悲愤不已，手书十四言诀别妻子，笔落而人逝。

其中就包括韩侂胄迫害朱熹的消息。

1185年，杨万里向朝廷上《荐士录》，共举荐60人，朱熹列位于首席。他在荐书里说："朱熹，学传二程，才雄一世……若处以儒学之官，涵养成就，必为异才。"这时候，他俩甚至都还没见过面。那时候的朱熹因为弹劾宰相的姻亲而被迫辞官，但后来通过讲学与辩论声名大噪。杨万里觉得这样的人才不得重用，实在是太可惜了。

朱熹（1130—1200），字元晦，号晦庵，世称晦庵先生、朱文公，徽州婺源（今江西省上饶市）人，南宋时期理学家、思想家、政治家、教育家、诗人。

1130年，朱熹出生于现在的南溪书院。他少年丧父，在父亲几位好友的教养中长大。他从小学识过人，18岁就考中了进士。朱熹在仕途上走走停停，见识了官场的黑暗后，更愿意埋头研究理学思想。朱熹提出要像先贤一样"修身齐家治国平天下"，他的理学是对孔子儒家学说的发展，主要倡导一个"理"字。他认为，在一切自然现象和社会现象出现以前,这个"理"就存在了。比如,太阳东升西落是理,春夏秋冬的轮转是理,人饿了要吃饭也是理。宋朝之后的元、明、清三个朝代都非常看重朱熹的学说及理念,把他推到了"圣人"的位置,成为唯一一位非孔子的亲传弟子而配享孔庙的人。

春日

[南宋]朱熹(1130—1200)

胜日寻芳泗水滨,

无边光景一时新。

等闲识得东风面,

万紫千红总是春。

这首诗的后两句经常被人们引用来形容春天的色彩斑斓。乍一看,这是一首纯写景的诗。其实不然。

"胜日寻芳泗水滨":在风和日丽的时候游览泗水之滨。泗水:在春秋时期属于鲁国。孔子曾在泗水和洙水之间聚徒讲学,后来也安葬在泗水河畔,所以后世也以"洙泗"代称孔子及儒家。而南宋时期,泗水一带已为金人所占。朱熹一生从未北上,所以,他并没有去到过泗水之滨。那为什么诗里会这么写呢?因为孔儒之道是诗人所向往的,所以才会在这大好春光里想象孔子讲学的圣地。那么,诗中写的"寻芳"就不仅仅是指赏花了,更是指的探寻圣人之道。

"无边光景一时新":无边无际的风光让人耳目一新。诗人写春色,没有写一花一草的细节,而是写无边无际尽是春色。连着上一句的意思,诗人是寻到了一整个天地的芬芳啊!这极大的空间描写,是不是也暗喻了儒家之学、学无止境?

"等闲识得东风面":谁都可以看出春天的面貌。等闲:轻易、寻常。诗人寻到了随处都可见的春光,还把春风拟人化了,说它轻易就被识别了出来,果然是无处不春天呀!

"万紫千红总是春":这里万紫千红、百花盛开,到处都是春的景色。正是有这丰富的色彩,才让人识得东风的面貌,才能具体感受到无边的春景。有人说,诗里的"东风"暗喻教化,"万紫千红"是形

容孔子学说的丰富多彩。你觉得呢?

【朗读秘籍】

1. 情景:在一个晴朗的好天气里,"我"来到泗水之滨寻找春天。辽阔的天地间满是春色,到处都是鲜花盛开、东风拂面的美景,惬意十足,让人欢喜极了。

2. 感情:无论是追寻春光还是孔学,诗人寻觅的过程和结果都是美好的,整首诗里都是喜悦和享受的感觉。

3. 语气:整体语气是充满了欣赏之情的明亮和愉悦。

第一句诗就非常有兴致,所以我们朗读时也可以起得高一点。"胜日寻芳"四字缓慢往上,速度慢了,就需要用比较响亮的声音读才不显低沉。"泗水滨"轻柔往下落,因为那是诗人心中的圣地,必会谨慎、温柔以待。

第二句大开大合,囊括了天下春景,所以朗读的节奏需要拓开,气息和情绪都要饱满起来,"无边光景"尾音可以稍微拉长一下,再接"一时新",这三字的节奏要比前面的4个字快,否则整句都拖得太慢,那就不好听了。

第三句的兴致更高了,因为大家轻易地就找到了春天、感受到了春天,高兴呀!我们可以气息饱满、声音洪亮、节奏明快地一口气朗读出来,注意是上山趋势哦!

第四句是很享受的,无论是风景还是学识,诗人都找到了,都享受其中。此句声音低下来,节奏放缓和,带着无穷的回味和欣赏之情来读。

朱熹《春日》朗读爬山图如图9-15所示。

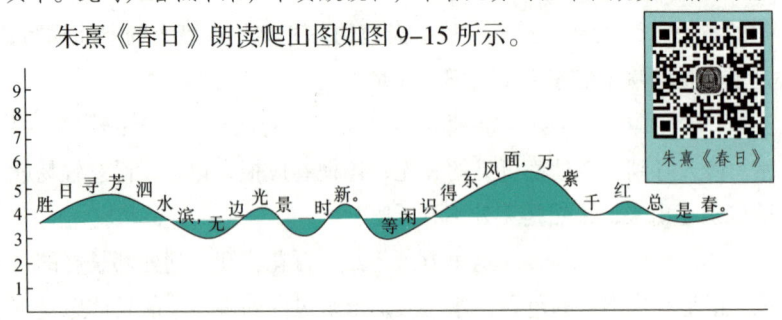

图9-15 朱熹《春日》朗读爬山图

9.2.8 《观书有感二首》：我真没刻意跟你讲道理

做了几年地方官后，朱熹感觉靠做官是救不了南宋的，得读书明理、传播知识和思想才有机会拯救天下。于是他把主要精力都放在了教育和著述上。他重修了白鹿洞书院，并请来名师、扩充图书、置办学田（以支持贫寒学子），自己也在此讲学。朱熹订立了学规——《白鹿洞书院教规》。这是世界教育史上最早的教育规章制度之一，它不仅成为中国延续700年的书院办学模式，而且在世界教育界都有所瞩目，成为国内外教育家研究教育制度的重要课题。

1196年，为避党争之祸，避开权臣韩侂胄的迫害，朱熹与自己的几个门生去到武夷堂讲学，又常受人之邀去到附近各处讲学。在此期间，他于一个村子里写下了《观书有感二首》。

观书有感二首（其一）

[南宋] 朱熹（1130—1200）

半亩方塘一鉴开，

天光云影共徘徊。

问渠那得清如许？

为有源头活水来。

写"观书有感"而不提书，想要讲道理却不说教，通过对一景一事的描述而让人恍然大悟，从而更形象地理解诗人的意思，高招啊！

"半亩方塘一鉴开"：半亩大的方形池塘像一面镜子一样打开展现在眼前。鉴：古代用来盛水或冰的青铜大盆，也指镜子。诗人说这个小池塘像镜子一样，也就是说它足够清澈且平静。

"天光云影共徘徊"：天空的光彩和浮云的影子都在水面上闪耀浮动。因为池水像镜面，所以才能清晰地倒映出天空。因为云彩和光影在不断移动，所以水中的画面也就不断地变化，像在徘徊着一样。

"问渠那得清如许"：要问池塘里的水为何这样清澈呢？那得：怎

么会,"那"通"哪"。连云彩的移动都能倒映出来,怎么会如此清澈呢?

"为有源头活水来":是因为有那永不枯竭的源头在为它不断地输送活水啊!这源头也许像杨万里写《小池》里的泉眼一样"惜细流",才能保证既有活水,又不影响镜子般的平静水面吧。

诗意很好理解,诗人想通过它来讲什么呢?

如果把"方塘"比作读书的话,那么翻开的书本就像镜子一样折射人生百态、先贤理论。别看它小,整个天空都能囊括进书本里。为什么内心世界能如此清朗明镜呢?是因为书本里的知识如活水一样源源不断地进入脑中,滋养着我们的心灵和大脑,让我们文思泉涌、灵感爆发啊!接下来诗人在读书时又会有什么样的感悟呢?

观书有感二首(其二)

[南宋]朱熹(1130—1200)

昨夜江边春水生,
艨艟巨舰一毛轻。
向来枉费推移力,
此日中流自在行。

和上一首的镜面之感不同,这首诗"动"起来了,而且动静还不小呢!

"昨夜江边春水生":昨天夜里江边的春水大涨。水涨上来会发生什么呢?

"艨艟巨舰一毛轻":巨大的舰船轻盈得如同一片羽毛。艨艟(méng chōng):有的诗集版本中也写作"蒙冲"。它是古代攻击性很强的战舰的名字,在这里指大船。因为江中涨水了,所以原本搁浅的大船此时像一片羽毛一样轻巧地浮在水面上。

"向来枉费推移力":以往行驶的时候要白费很多力气去助推。在水没有涨起来、不够深的时候,要枉费多少人力去推拉大船啊!

"此日中流自在行":今天却能在江水中央自在地漂流前行。有了足够的水,船漂起来就不是难事啦!

结合上一首的诗意，我们不难感受到诗人依旧是在"借事明理"。如果把写作比喻成大船的话，要是没有足够的阅读量、足够多的知识，便会遇到文思枯竭、下笔艰难的情况。如果我们的知识储备如同涨潮的春水一般，就很容易达到"下笔如有神"的妙境了。

这就是想要跟你讲道理，但不硬讲，而是用各种生动的比喻来让你明白他的意思，你说这是不是更容易让人听进去？

【朗读秘籍】

1. 情景：田园中有一方清澈的小池塘，它把天上的云彩和树的影子都清晰地倒映在池中。这池水怎么如此清澈呢？原来，是因为有新鲜的活水不断地流入池塘呀！

昨天晚上江边春潮涌动，水涨起来了，填满了冬季里干涸掉的河滩。以前水不够深的时候，需要很多人帮忙将船推入深水中。现在水量足够了，再重的船都能漂在上面，仿佛羽毛一样轻巧，可以自在地航行啦！

2. 感情：带着一颗悠闲的、观察的心，通过对自然美景的细致描述，见微知著地向大家细细阐述理学思想，感情平静而不平淡，语气平稳而不单调。

3. 语气：两首诗一静一动，朗读语气并不相同。

《观书有感二首》（其一）：

第一句"半亩方塘"平缓地起调，到了"一鉴开"带着愉悦的语气略往下走，好像是带着听众、带着读者一起来欣赏这方池塘一样。

第二句"天光云影"比上一句略高，这是从天上逐渐往池面看的过程，所以我们朗读的声音和视线也是这样由上往下的趋势，到了"共徘徊"这里，是云彩和水面交融在一起了，声音也可逐渐回落。

第三句抛出一个设问，读这句的时候音量可以增强，整句的趋势往上走，读到"问渠那得"时可作一个延长性的停顿。"清如许"三字慢慢读、慢慢问，带着大家一起思考。

第四句"为有源头"是下山趋势，表示肯定的意思。肯定了什么呢？"活水来"，这三字缓缓道出，略微往上延伸结束。

朱熹《观书有感二首》(其一)朗读爬山图如图9-16所示。

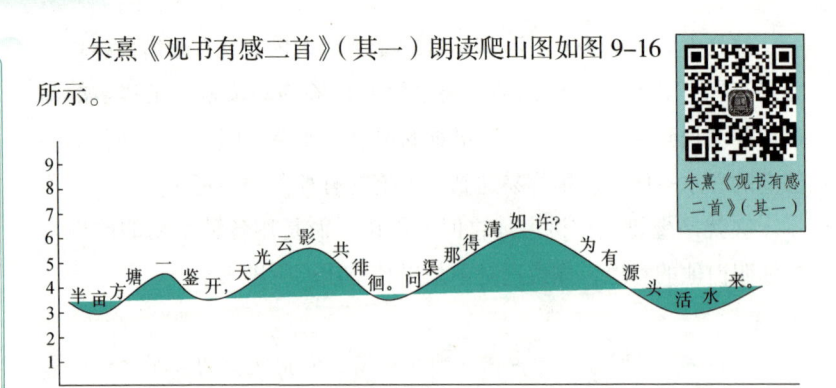

半亩方塘一鉴开,天光云影共徘徊。问渠那得清如许?为有源头活水来。

图9-16　朱熹《观书有感二首》(其一)朗读爬山图

《观书有感二首》(其二):

第一句"昨夜"低起,随后到了"春水生"有一个较高、较陡的攀升,给人一种一边是平静的睡梦,一边是澎湃的涨潮的对比之感。

第二句读"艨艟巨舰"时气息饱满地拉开一点,字词间的拓开有助于展现事物之"大",与后面的"一毛轻"形成一个强烈的对比,在声音的表现上也要轻巧一些,控制住气息,稍短促一点。

第三句较低,在"向来"二字后作一个停顿,读到"枉费"时我们可以稍稍摇头,表示对过往费力不讨好的做法的无奈。"推移力"不必拖长。

第四句"此日"可以读得稍重一点,作为一个强调,今天与往日不同了,有水了!"中流"二字往上、稍延长,"自在行"三字缓缓延长结束。

朱熹《观书有感二首》(其二)朗读爬山图如图9-17所示。

昨夜江边春水生,艨艟巨舰一毛轻。向来枉费推移力,此日中流自在行。

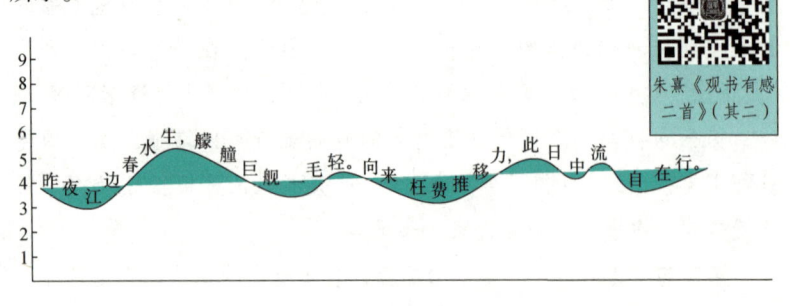

图9-17　朱熹《观书有感二首》(其二)朗读爬山图

朱熹的一些观点在现在看来是有些争议的。比如前面说的，人饿了要吃饭是"理"，但如果挑剔入嘴的食物，要吃山珍海味，那就不是"理"，而是"欲"了。因此，朱熹提出了"存天理灭人欲"的主张。现在许多人认为，人们如果没有了前进、向上的欲望，社会也就没有了发展的动力，那人类怎么进步呢？还有朱熹提倡要发扬的"三纲"（君为臣纲，父为子纲，夫为妻纲），以及宋朝程朱理学的共同观点"饿死事小失节事大"等，也被不少人批判过。是曲解了原文意思？是已经不符合时代和社会的发展？总之，我们也要辩证地看待这些学说，不能照单全收。

9.3 隐居的诗人们可有真的岁月静好？

9.3.1 《乡村四月》：农忙时节也快乐

南宋之所以能偏安于江南，长江天险和强大的水军功不可没。往北方打，马匹和骑兵不足，补给很困难。金国想要打过来，没有水军也无法成功。丰富的水资源保了南宋 100 多年的寿命。

南宋虽然打仗不行，朝廷里也常常是权臣当道，但就实际情况而言，南宋的经济体量还是很大的，农业更是得到了长足的发展。

江南自古以来就是富饶的地区。朝廷南迁以后，人口陡然增加，土地资源有限，导致富裕的江南也要另想办法才能谋出生路了。于是，朝廷鼓励开荒，水田和梯田的大量开发让农田面积扩大，农业的精耕细作也被发挥到了极致。国家修大型水利，地方富户修小型水利，劳动人数的不断增加，种种原因结合在一起，使得南宋的农作物单产量提高了几倍。"苏湖熟，天下足"这句谚语的流传，就是对此的反映。

乡村四月

[南宋] 翁卷（生卒年不详，生活在1200年前后）

绿遍山原白满川，

子规声里雨如烟。

乡村四月闲人少，

才了蚕桑又插田。

这首诗里的"绿遍山原白满川"正是对水田景象的描述。江南发达的水系和兴修水利的举措，让水田成为南方的一道风景线。

"绿遍山原白满川"：山间田野草木茂盛，到处都是绿油油的。稻田间的水色里倒映着天光。初夏时节，江南山间一片茂盛的绿色。还未插秧的水田则与天空相映成晖。一绿一白，多么清新自然啊！

"子规声里雨如烟"：在如烟似雾的细雨中，杜鹃鸟声声地啼叫着。江南的初夏是爱下雨的，我们也在前面的诗里提到过"梅雨季节"。江南的雨就是这样，细细飘飘，朦朦胧胧。而杜鹃的叫声也仿佛是在催着农事一般。

"乡村四月闲人少"：乡村的四月正是最忙的时候，没有人闲着。这句没有正面说大家在这个时候有多么辛苦忙碌，而是从反面说"没人闲着"，这样就似乎有了一丝缓和、从容的气度了。

"才了蚕桑又插田"：刚刚结束了蚕桑的事又要插秧了。这里并不是实指说一定是先采桑喂蚕再去插秧种田，而是一种整体氛围的勾画，意在告诉我们大家要做的活计很多，一样接一样地都得按照时节来完成。

这首诗的作者翁卷，字灵舒，与徐照（字灵晖）、徐玑（号灵渊）、赵师秀（号灵秀）合称"永嘉四灵"，因他们都是浙江永嘉人，且字号中都有一个"灵"字而得名。这4位诗人都反对仅仅在诗中用冷门典故的堆砌，倾向于平实自然的诗风。他们以唐代诗人姚合和贾岛的创作为依据，来反对江西诗派仅从书中找材料的做法，对诗坛产生了积极的影响。

关于翁卷的记载非常少，连生卒年都未曾记录下来。根据他与朋友的交往以及相互唱和的诗歌来判断，翁卷大约生活在公元1200年前后的几十年间。他一生未致仕，为了生存，去了很多地方。在翁卷的笔下，既有反映民生疾苦的诗作"两鬓樵风一面尘，采桑桑上露沾身。相逢却道空辛苦，抽得丝来还别人"，也有表达自己报国无门的失望之作"兴兵又罢兵，策士耻无名。闲见秋风起，犹生万里情"。一直生活在社会底层的他，在诗歌里抒发了许多个人感受。虽然他的事迹没有记载下来，但是他的诗歌却一直留在我们的文学记忆当中。

【朗读秘籍】

1. **情景**：这是一幅欣欣向荣的农村夏忙图。在绿油油的山林和白亮亮的水田旁，在烟雨蒙蒙的空气和哀婉催促的鸟啼声中，到处都是人们忙碌的身影。

2. **感情**：在南宋那样的大背景下，诗人这充满生活气息和美感的小诗也给了人们许多慰藉。诗里有对生活的热情和享受，也有对勤劳人们的肯定和赞赏。

3. **语气**：整体语气里透着忙碌的喜悦。

第一句稍稍拓开拉远一点，用我们的声音把这幅江南画卷描述出来。"绿遍山原"往上走，注意朗读时我们也仿佛是看到了这些山川草原，有一个视线的流动。"白满川"眼神往下走，来到水田里，声音也跟着往下走即可。

第二句就不要拖太长了，"子规声里"这4个字的节奏可稍稍加快一点点，声音稍弱，甚至"里"字可以用上虚声。到了"雨如烟"再放慢节奏，这样既有节奏上的变化，不至于太枯燥，又能表现出烟雨蒙蒙的感觉。

第三句的节奏可以紧凑一些，直白地交代出时间和情况，用声音把这整体的忙碌感表现出来，而不是慢慢悠悠地拖着念。

第四句一开头的"才"字需要做强调，表明农活儿一件接着一件都要做。但这是一种欣欣向荣的劳动之感，没有不耐烦的意思，别用错语气啦！读完"才了蚕桑"后，可以语气上扬、略停顿，再用向上

的语势读"又插田"。

翁卷《乡村四月》朗读爬山图如图9-18所示。

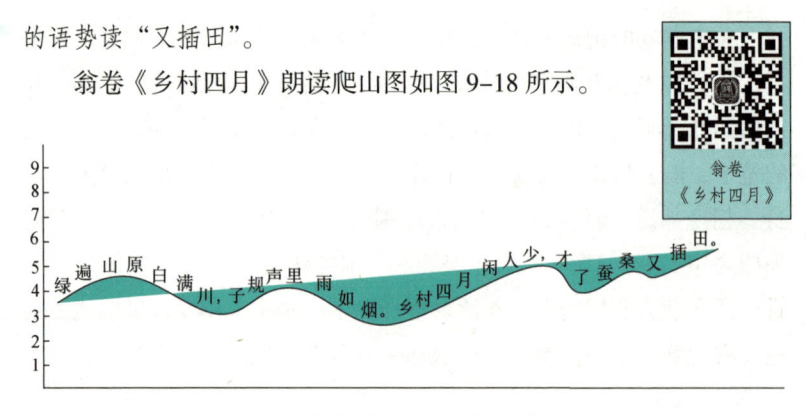

图9-18 翁卷《乡村四月》朗读爬山图

9.3.2 《游园不值》：主人到底小不小气呀

"永嘉四灵"之后，南宋诗坛兴起了"江湖诗派"。这个诗派的诗人生活年代不一、生活地点不同，构成十分复杂，既有作为平民百姓的布衣，也有一些品级小的官员，还有许多难以考取更大功名的文人，甚至绿林好汉也不乏其中。他们多喜欢豪杰的江湖气，在作品里表达了对朝廷的不满、对仕途的厌恶、对权贵的嘲讽，也有不少作品反映南宋社会底层百姓的苦难。许多江湖派诗人都羡慕自由自在的隐逸生活，也有一些消极避世的思想。

关于"永嘉四灵"和后来的江湖诗派，还有个有趣的小联动呢。前文提到的翁卷是"永嘉四灵"之一，虽然他是一介布衣，但也有不少粉丝呢！戴复古就是其中一位。这位诗人十分仰慕翁卷，却一直无缘相见。翁卷为了生存四处游走，戴复古便也到处追寻偶像的足迹。在温州、江西、福建、湖南及江淮等地都留下了他们的身影，但两人就是碰不上面，真是急死人了！

好在皇天不负有心人，有一天，这两位诗人在湖南相遇了！戴复古激动不已，专门为此写了一首诗：《湘中遇翁灵舒》。诗中说"天台山与雁荡邻，只隔中间一片云。一片云边不相识，三千里外却逢君"。这叫一个相见恨晚呀！

戴复古，就是江湖诗派两位成就最高的代表诗人之一（另一位叫刘克庄）。你说，这是不是两个诗派的有趣联动呢？

江湖诗派和"永嘉四灵"一样，反对江西诗派堆砌典故、炫耀学问的做法，也崇尚晚唐诗风，但江湖诗派不像"永嘉四灵"那样专注于律诗的写作，他们有的喜欢写古乐府体，有的喜欢写绝句，《游园不值》就是其绝句的代表作。

游园不值
[南宋] 叶绍翁（约1194—?）

应怜屐齿印苍苔，

小扣柴扉久不开。

春色满园关不住，

一枝红杏出墙来。

"游园不值"，想游览园子的景色，却进不了门儿。不值：没有遇到、没得到机会。这首诗的作者叶绍翁也是江湖诗派的代表之一，但关于他的记载并不多，我们只是推测他生于1194年前后，活到了南宋末年甚至是元朝。

"应怜屐齿印苍苔"：也许是园子的主人担心来客的木屐踩坏他爱惜的青苔。应：也许。怜：怜惜、爱惜。屐齿：屐就是木鞋，鞋底的前后都有跟儿，叫屐齿。这句是诗人的猜测。我们不知道是主人不在家，还是故意闭门谢客，只是诗人看到院子里成片的青苔，料想是没人来过，便用了艺术手法说这青苔是由于主人的爱惜才得以保留得如此完整。有人将这理解为主人小气，有人理解为主人高洁、不爱社交，是一位隐士。作者则倾向于主人出去了一段时日，否则，即使是自己在这园子里生活，多少也会有些踏痕的吧？

"小扣柴扉久不开"：我轻轻地敲了柴门许久，也没人来开门。柴扉：用木柴、树枝编成的门。敲门的过程，是诗人等待和猜测的过程，也是前一句的原因所在——正因为没人开门，才出于幽默地猜想是不是主人出于爱惜青苔而谢客呀？

"春色满园关不住"：可这满园子的春色是关不住的。春色在这里

被拟人化了,"关不住"表达了一种急切和蓬勃的生命力。为什么说关不住呢?

"一枝红杏出墙来":你看,那儿有一枝粉红色的杏花开得正旺,都从墙里伸出头来啦!这里把杏花也拟人化了,开得正艳的花儿也不想被这围墙关住,正探出头往外看呢!诗人这是以小见大、见一景而知整个春天呀!这似乎和"一叶知秋"有异曲同工之妙呢。

诗评家常说,"唐诗重情、宋诗重理"。有人分析说这首诗是在跟大家讲一个道理:一切新生的美好事物都是封锁不住的,它一定能冲破所有的阻碍和束缚,蓬勃发展。面对新鲜事物,我们要尊重它的客观规律,因为任何外力都无法阻挡它的发展。你觉得诗里有这层意思吗?

【朗读秘籍】

1.情景: "我"来到郊外踏青,听说这里有一座打理得很好的园子,园子主人性情高洁,是位隐士。可是"我"在柴门外敲门敲了很久,却没人来开门。不知道是主人不在家,还是他太爱惜这青苔、怕被人踩坏了?不过啊,虽然门没有打开,但园子里的春色已经跑出来啦!你看,这伸出头来的杏花不正是在展示春天的景象吗?

2.感情: 这首诗的诗意曲曲折折,从充满期待到失望,再到意外惊喜,把美好的春色生动地呈现在了我们眼前。尽管前面有失望、有徘徊,但全诗的底色是美好的、是充满希望的。

3.语气: 我们在朗读的时候,一方面要展现诗人的情绪变化,从期待到失望再到惊喜,另一方面也要注意整体愉悦的基调。

第一句是猜测的语气,想想我们平时在猜测的时候是什么样的声音和感觉?一般来说,当我们的语气并不十分肯定时,音量会偏小,可能会边思考边说话,语速也会比较慢。因此在朗读这句诗时,我们也带着这样的感觉,收一收音量、慢一慢语速,甚至可以稍稍有点拖,因为是在边猜边想边念。

第二句是描述自己的动作,从而反映出自己等待与期盼的心情。因此音量和语速都可以比上一句强一些、快一些。在朗读"小扣柴扉"

时往上走,然后略停一下,再给出结果:"久不开"。

第三句中有转折的意思,从失望到惊喜。朗读此句时气息饱满、语气愉悦、音量加大,中间不必停顿。我们的眼神也可以带着欣赏的感觉打量整座园子,有一个眼波流转的、欣喜的观察过程。

第四句是具体的春色描写,"一枝红杏"是惊喜的美景,此时可以用比较高的声音来读,后面可以做一个停顿,给人感觉是,这枝美丽的杏花怎么样了呢?再带着欣赏的语气读"出墙来",原来是跑到墙外面来了呀!

叶绍翁《游园不值》朗读爬山图如图9-19所示。

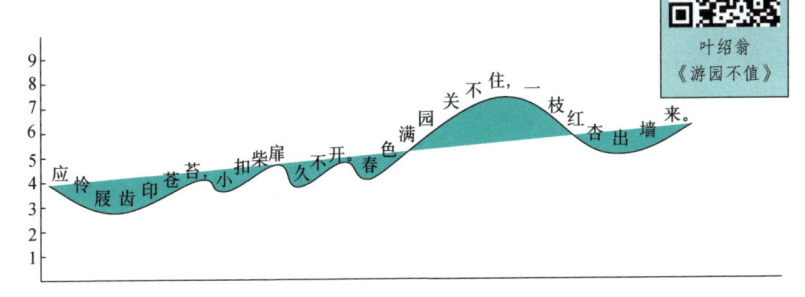

图9-19 叶绍翁《游园不值》朗读爬山图

9.3.3 《夜书所见》:真怀念小时候啊!

叶绍翁原本不姓叶,姓李。他的爷爷李颖士曾因抗金有功而被封赏升官,后来却因为赵鼎和秦桧这两大宰相的斗争而被贬。

赵鼎被称为"南宋中兴贤相"之首,曾力主抗金,起用岳飞等将领。后来意识到国家支撑不了长久的战事,便主张议和。但是他的议和跟秦桧的投降式议和不同,赵鼎是从恢复国计民生的角度出发,是尽力维护国家主权的。而秦桧则猜中了宋高宗赵构的心思——只要别丢脸丢大发,赔钱称臣都不是事儿。于是,深谙皇帝所思所想的秦桧得宠,权力日益庞大,赵鼎则渐渐被疏远,后更因与秦桧的矛盾被贬数次。被贬到潮州的赵鼎闭门谢客不谈时事,秦桧还不罢休,对赵鼎进行了各种迫害,不但不许军中给他送粮接济,更指使人诬告赵鼎贪污，又把他贬到了海南。以前我们在讲苏轼的故事时有说过，到了海南，就是比满门抄斩好一点而已。赵鼎怕拖累家人，一代名相，竟被秦桧逼迫到绝食而死。

赵鼎本人的结局已如此凄惨，他的故旧门生，哪怕只是帮他说过话的人，也都被秦桧一并打击。李颖士也在其中。受此劫难时，李颖士为了子孙后辈好好活命，把孙子送给了叶家，从此改名叶绍翁。

有此经历，我们就不难理解叶绍翁的淡泊与江湖气了。他早早隐居，偶有出仕，又很快"离职"。他曾因写悼念岳飞的诗而有名于一时。诗句"英雄堪恨复堪怜""如公少缓须臾死，此虏安能八十年！"表达了同祖父一脉相承的抗金意志。但，谁也拧不过朝廷和皇权。空有报国之志的人们，只能在江湖里漂泊、在文字里留下记忆了。

夜书所见

［南宋］叶绍翁（约1194—?）

> 萧萧梧叶送寒声，
> 江上秋风动客情。
> 知有儿童挑促织，
> 夜深篱落一灯明。

读完这首诗，仿佛那种漂泊他乡的萧瑟冷寂之感也侵袭到了我们身上。思乡之情，在深秋、在夜里、在寒冷时总是格外浓愁。

"萧萧梧叶送寒声"：萧萧瑟瑟的秋风吹动着梧桐树叶，送来了阵阵寒意。萧萧：风声。梧桐叶飘落，是秋天的景象。诗人的一个"送"字，便把秋风扫落叶的"无情"变成了自己的"有情"。有什么情呢？

"江上秋风动客情"：漂泊在外的游子不禁燃起了对家乡的思念之情。客：指客居他乡或漂泊在外的自己。我们曾在前面讲过孟浩然的"日暮客愁新"，这两句诗里面的"客"都是指身在异乡的自己。叶绍翁的这句诗里还有一个典故。据传晋朝有一个叫张翰的人在洛阳做官，见秋风起而思念家乡的莼菜羹和鲈鱼脍了，便马上辞官回乡，满足自己的心愿。这个故事不也正是暗含了诗人自己的思乡之情吗?

"知有儿童挑促织,夜深篱落一灯明":看到远处篱笆下的一点灯火,料想是孩子们在捉蟋蟀。这两句诗是倒装句,按理应该是先看到闪烁在篱落间的灯火,才猜想到是孩子们在捉蟋蟀。此情此景,也许是诗人回忆起了自己儿时的欢乐时光,又或者是在思念自己家乡的亲人,猜想孩子们此时大概也在捉蟋蟀。孩子们的活泼好玩更加衬托出诗人此时的孤寂离愁。但恰恰又是这样的对比,让人既有思念,又有趣味的猜想,不至于让整首诗过于哀伤,从而给我们留下无尽的意味。

【朗读秘籍】

1.情景:瑟瑟的秋风吹落了梧桐叶,它仿佛把一阵阵寒意也送到了"我"身边。客居他乡的"我",感受着这寒凉的江风,不禁思念起自己的家乡来。那远远的篱落之下闪烁着的灯火,应该是有孩子们在趁夜捉蟋蟀吧?那样的情景可真美好啊!

2.感情:秋风起、寒意至。这样的夜里,诗人满目秋色、满腔思念,既有身处他乡的孤寂之感,又有思念家乡亲人的温暖之情。

3.语气:整体是满含思念的深情语气。

第一句句首的"萧萧"是拟声词,重叠着读起来更有模拟风声的感觉。我们的音量不必过大,带着瑟瑟冷风的感觉就好。"萧萧"二字由上往下读,引导听众想象:这风吹树叶是干什么的呢?——"送寒声"。读这3个字时要往下走,既表示语气上的肯定,又表示情感上的寒冷与孤寂。

第二句是思念随着秋风飘向了远方、飘向了家乡,所以整句的朗读趋势都可以向上,前四字"江上秋风"呈上山趋势,节奏略紧。后三字"动客情"慢慢下落,有一种思绪飘远的感觉。

第三句是带着笑意的回忆和想象,是整首诗中唯一节奏明快的一句,声音比前两句亮、实,读得也稍微明快些,整句也是略向上的趋势。其中的"挑促织"可以稍慢一点,把这美好的童年游戏念清楚。

第四句是回忆缓缓落下后的深夜寂静，节奏放缓，声音较轻、较低，整句的朗读趋势是先下后上，"夜深篱落"轻轻缓缓地往下走，"一灯明"则是悠悠然地拉远思绪。

叶绍翁《夜书所见》朗读爬山图如图9-20所示。

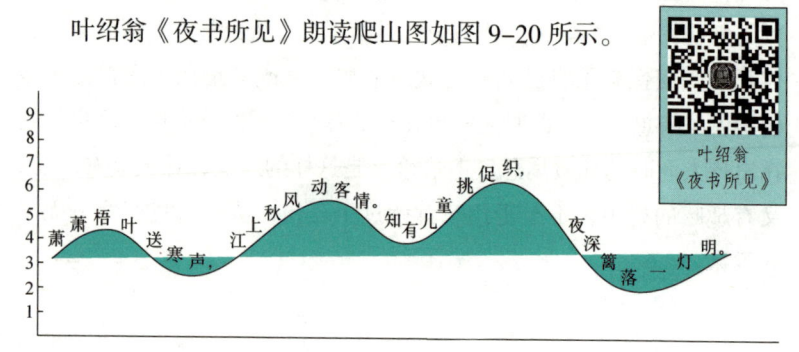

图9-20　叶绍翁《夜书所见》朗读爬山图

9.3.4　《雪梅》：到底谁赢了

以物抒情是中国文人的一大传统，一直延续到现在。周敦颐的《爱莲说》，以莲花自比高洁性格。刘禹锡的《陋室铭》，以陋室表达人生态度。陶渊明的"采菊东篱下"，以菊花来表达隐逸生活。其中，关于"梅"与"雪"的艺术创作更是不胜枚举。

梅花的原产地就在中国，最早使用梅花的记载距今已经3000多年了。从西汉开始，文人们开始将梅花落之笔下，南北朝时期已经有不少赞扬梅花的诗作了。例如鲍照的诗句"念其霜中能作花，露中能作实"；前面我们讲过王安石写的"墙角数枝梅，凌寒独自开"；陆游有一首咏梅的词流传也很广："无意苦争春，一任群芳妒。零落成泥碾作尘，只有香如故。"范成大则是写了一本《梅谱》，记载了范村里的12种梅花，这是中国乃至全世界第一部梅花专著。正是梅花只在寒冬里开放的特性，因此常被文人们用来表达不争不抢、不媚俗不低头、不惧严寒困苦等高洁品质。

同样，"雪"作为一种自然现象，也被人们赋予了丰富的意义。与"梅"不同的是，"雪"的文学意向更为复杂，甚至会有完全相反的比喻出现。它既可以是代表美好与纯洁的"积雪浮云端",又可以是代表压迫与摧残的"冻杀吴民都是你";有表达愁苦的"天阴雪冥冥",表达孤单的"罗襟湿未干,又是凄凉雪",还有表达重逢快乐的"昔去雪如花,今来花似雪";有热情的"白雪却嫌春色晚,故穿庭树作飞花",也有清寂的"孤舟蓑笠翁,独钓寒江雪"……窦娥冤里的六月飘雪,水浒传里林冲的踏雪朔风,雪啊,也是人们用之不竭的文学意向呢!

但偏偏就有人要把雪和梅放在一起比较,到底谁会赢呢?

雪梅(其一)

[南宋] 卢钺(生卒年不详)

梅雪争春未肯降,

骚人阁笔费评章。

梅须逊雪三分白,

雪却输梅一段香。

别看诗人拿它们来做比较,其实在他的心里,两样都很好!诗作者卢钺是南宋末年人,生卒年不详,籍贯地也不详,甚至连他的名字我们都不是特别确定,只是分析他应该号"卢梅坡","卢钺(yuè)"也许是他的别名,也许是他的大名,因没有找到相关的资料,所以他对我们来说很神秘。

但诗人的想法可以通过诗歌反映出一部分。梅与雪都是冬季的象征,一个孤傲高洁,一个清寒纯洁。梅花自初冬开始萌花,晚冬次第盛开,到了早春时节仍然盛开在枝头。雪花呢,春寒料峭时分也会见到她飘落而下。诗人说她们都在争着报春,莫非她们也是在盼着冬季赶快过去,想早早迎来春天?

"梅雪争春未肯降,骚人阁笔费评章":梅花和雪花都认为各自占尽了春色,谁也不肯服输,这可难坏了诗人,难以写出评判谁高谁低的文章,只得搁笔好好思量。骚人:指诗人,战国时期大诗人屈原的代表作叫《离骚》,因此而借称诗人为"骚人"。还有个词叫"文人骚客",也是类似的意思。这里把梅花和雪花拟人化了,说她们都

在争当"报春使者"呢!

"梅须逊雪三分白,雪却输梅一段香":相较而言,梅花不如雪花的晶莹洁白,雪花却输给梅花一段清香。所以是各有特色啊!

看到这里,诗人也没有评出个高低来,只是说两样都好。你也这样认为吗?其实,诗人当时写的是组诗,我们的小学课本里选取了第一首。如果把第二首当作课外读物放在一起看的话,能更好地帮助我们理解诗意。

雪梅(其二)

[南宋]卢钺(生卒年不详)

有梅无雪不精神,
有雪无诗俗了人。
日暮诗成天又雪,
与梅并作十分春。

诗意大概是,如果只有梅花而没有雪花的话,看起来就没有什么精神气质。如果下雪了却没有诗来相配,又会显得非常俗气。当夕阳西下时写好了诗,又刚好遇到空中飘雪,此时再来看梅花雪花争相绽放,这情景就像春天一样生机蓬勃、春意十足。

看出诗人的意思了吗?这就是说啊,梅、雪、诗,这三者各有特色又缺一不可。要把这仨结合在一起,才是最美的春色。的确,有许多诗歌就是把两者放在一起写的,像吕本中的"雪似梅花,梅花似雪。似和不似都奇绝";李清照的"年年雪里,常插梅花醉";张孝祥的"雪月最相宜,梅雪都清绝"。雪和梅,都拥有各自的美好,遗世而独立,这场比较注定是没有结果的。

【朗读秘籍】

1.情景:冬末初春,看到梅花傲然开放,雪花轻盈飘下,让"我"来评判谁高谁低实在太难了。说句公道话,雪花比梅花白,梅花比雪花香。别争啦,都各有各的好,大家合在一起才是最美的报春使者呀!

2.感情:诗人其实是从另一个角度别出心裁地描述雪与梅的特点,充满欣赏之情,又妙趣横生。

3.语气：前两句的语气里带着一些好玩的无奈，后两句是夸赞的语气。

第一句有点好玩，说梅和雪像小孩子闹脾气一般，为谁带来了春天争个不停。朗读时我们的语气也可以活泼一些，节奏明快些。"梅雪争春"起得稍高一点，往上走，"未肯降"往下落，但不拖沓。

第二句有点无奈，可以微微摇着头、慢慢地念，朗读趋势和上一句类似，"骚人阁笔"往上，"费评章"往下走，但是整句的声音低一些，节奏也放慢了下来。不过，这里的"低"和"慢"不是悲伤沉郁的低，而是无奈的感叹。

第三句注意重音的展现，"梅""雪"二字需突出强调。由于"须逊雪"这3个字的韵母很类似，不太好读，我们把语速放慢、逐字念清楚。"三分白"往上走且有一个延伸，表示话还没说完呢。整句呈上山趋势。

第四句比上一句稍低，语气是肯定的，"雪却输梅"的朗读趋势是往下走，同样是需要强调"梅""雪"二字，到了"一段香"再往上延伸，留给大家思考和回味的空间。

卢钺《雪梅》（其一）朗读爬山图如图9-21所示。

卢钺《雪梅》（其一）

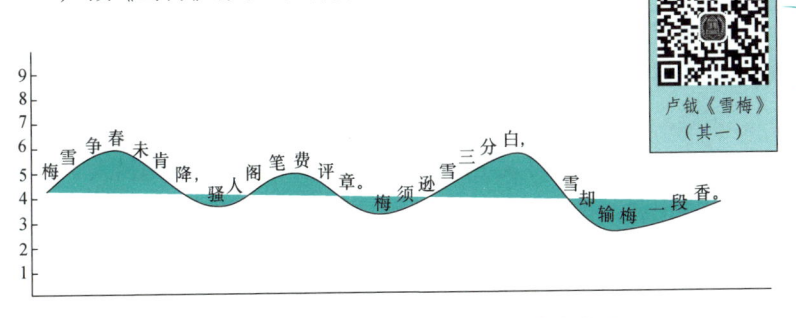

图9-21　卢钺《雪梅》（其一）朗读爬山图

9.3.5　《村晚》：优哉游哉小牧童

作为靖康之变后唯一没被抓走的皇子，赵构的南逃也算是给宋朝续上了命。他打仗不行，逃跑却厉害得很，金军一路追，他一路

逃，最终得以保住性命建立南宋。一开始为了鼓舞士气，提高凝聚力，赵构喊出了要"恢复中原，迎还二圣"的口号。"二圣"指的就是被金国掳走的宋徽宗和宋钦宗。他们一个是赵构的爸爸，一个是赵构的哥哥。

但是，人一旦安稳下来，又掌握了权力，就很难坚持初心了——又或者，赵构的初心从来都不是迎回"二圣"，否则，自己的位置往哪儿放？他对北伐的态度并不坚定，总想着议和。在岳飞快打赢某场战役的时候，他连发12道金牌把人召回，不久后便默许秦桧冤杀了这位抗金主将。

1162年，宋高宗赵构禅位于养子赵昚（shèn），是为宋孝宗。他即位后第二个月便给岳飞平了反，并开始准备北伐。但，国无足够良将，双方军事实力悬殊，北伐并未成功。到后来，他也失去了北伐的信心。不过，宋孝宗在整顿吏治、着力恢复国计民生方面，还是颇有成效的，南宋的百姓得到了一段时间的休养生息。只可惜，在宋孝宗之后，皇帝是一个不如一个，奸臣却一个比一个狠。前有史弥远强行更换太子，后有贾似道把皇帝当成傀儡。有史学家说，南宋政权从贾似道当政开始，根就烂透了。

在这种情况下，正直的官员不是被贬、被罢就是被害，许多士子也不愿和朝廷同流合污，纷纷隐居。雷震就是一名隐居的诗人。

雷震，南宋诗人，生卒年不详，有说是1215年或者1265年的进士。关于他的籍贯，有说是四川眉山人，也有说是江西南昌人。由于缺乏史料记载，我们暂且把诗人的生平放在一边，来欣赏他的诗作。

村晚

[南宋]雷震（生卒年不详）

草满池塘水满陂，

山衔落日浸寒漪。

牧童归去横牛背，

短笛无腔信口吹。

这应该是诗人晚年隐居时所作。他十分享受这样的乡村傍晚，仿佛是厌倦了尘世的喧嚣一般不愿受约束，所以牧童是随意坐在牛背上的，笛声是无调随意吹奏的，一副悠闲乡村生活的模样。

"草满池塘水满陂"：池塘的四周长满了青草，池塘里的水也几乎溢出了塘岸。陂（bēi）：水岸。诗人笔下如一幅画，一眼望去，水与草都长满了，画面里充满了生机。

"山衔落日浸寒漪"：远远的青山，像是衔着落日似的倒映在波光荡漾的水面上。寒漪：带有凉意的水纹。漪（yī），水波。诗人用拟人的手法，把落日说成是被大山一口衔住了，既让我们看到了落日已被远山遮挡一角的画面，又让人感到十分生动有趣。

"牧童归去横牛背"：放牛的小牧童横坐在牛背上，慢悠悠地朝家而去。更好玩的画面来了。这牧童可不是好好地坐着，而是横在牛背上，一副既调皮又享受的样子。

"短笛无腔信口吹"：拿着短笛随口吹着不成调的曲子。这小孩想吹啥就吹啥，说不定还顺着自己的节奏把小腿儿一晃一晃的呢，随意悠闲得很。

【朗读秘籍】

1. 情景：暮春时节，江南优美的田园里，水草铺满了池塘。太阳下山后，水也开始发凉了。放牛的牧童随意坐在牛背上，有一搭没一搭地吹着不成调的曲子，一路往家而去。

2. 感情：沉浸在乡村美景之中，悠闲自在。

3. 语气：整体是闲适的氛围，语气轻松。

第一句缓缓铺开这幅江南春景图，音量适中、语速较慢、口腔放松，语势稍往上走，到了"水满陂"有一个下弯的半圆趋势，这样可以帮助我们清晰地表达出两种景物的不同。

第二句声音集中送得更远一些，我们的眼神和声音都好像随着太阳落山一样逐渐往下走，"衔"字稍作强调。到"浸寒漪"时口腔收紧，声音变冷，这样便能读出一些寒意的感觉。

第三句语气转为轻松愉快，"牧童归去"往上走，"去"字可以有一个延长，就像我们的目光也随着小牧童在归去。"横牛背"的"横"

字需要强调一下，这是描述牧童自在好玩的关键字眼，语气也活泼起来。

前一句是上山趋势，到了第四句的"短笛无腔"就是下山趋势了，我们的声音也好像是随着牧童的笛声慢慢归去一样，语速慢一些，声音柔一些。"信口吹"的语气同样也是活泼的，尾字无须延长。

雷震《村晚》朗读爬山图如图 9-22 所示。

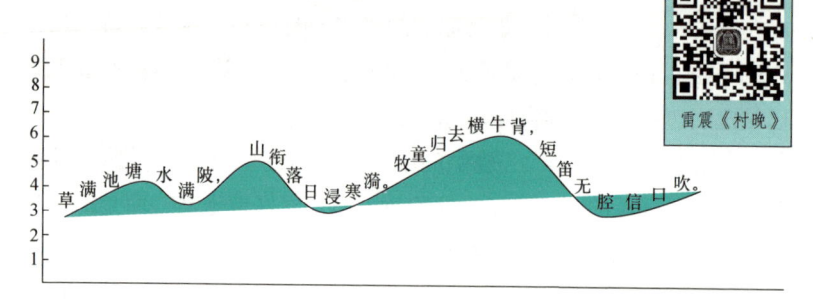

图9-22　雷震《村晚》朗读爬山图

9.3.6　《寒菊》：宁死也不降新朝

贾似道当权后，皇帝大事小事都要问他，自己什么都不管，只顾享乐。而此时，北方的蒙古国已经开始崛起。

1206 年，铁木真建立蒙古汗国，称"成吉思汗"。之前总觉得金军难打，南宋的许多人都有了"畏金"的阴影。没想到，蒙古铁骑所到之处，金兵都溃不成军。1214 年，金国皇帝为了躲避蒙古骑兵，放弃燕京，迁都开封，还写信去斥责自己的"侄子国"南宋不交岁币，并发动对宋的战争。没想到，这一回，金军惨败。眼看着金国快不行了，南宋皇帝很高兴，还于 1232 年与蒙古达成一致，共同消灭金国。

历史是何其相似啊！当年，北宋一心灭辽，想收回燕云十六州，便联合金国去攻打辽国，辽是灭了，但紧接着北宋也被金灭了。时隔 100 年，怎么又重走老路呢？朝廷里不是没人反对，也有人提出过"唇亡齿寒"的观点，南宋也不是从一开始就想联合蒙古，其实他们还曾拒绝过蒙古使者的到访。但是到了后来，眼看着金国越来越弱，已经无法作为屏障了。加上南宋十分想报仇，皇帝更是觉得自己的先祖在金人手下受尽了屈辱，一定要先灭了金国再说。

果然，相似的历史再一次上演。灭金后，蒙古也盯上了南宋这一块肥肉，经过几十年的对峙，蒙古于1276年攻占南宋都城，俘虏了5岁的南宋小皇帝。后来，南宋大臣陆秀夫、文天祥和张世杰又先后拥立了两个小皇帝，一边逃亡，一边想要保存血脉。再后来，文天祥兵败被俘，留下了"人生自古谁无死，留取丹心照汗青"的诗句，决不投降，以身殉志。1279年3月，双方在崖山决战，南宋惨败，几乎全军覆没。丞相陆秀夫在绝望之中，身背小皇帝跳海殉国。紧随其后的，是皇室的800余人，包括当时在崖山的10万军民，均投海殉难，宁死不降。

南宋，彻底亡了。它从一开始的偏安懦弱，到最后君臣全部跳海的血性，在历史上留下了一声重重的叹息。

寒菊

[南宋] 郑思肖（1241—1318）

花开不并百花丛，

独立疏篱趣未穷。

宁可枝头抱香死，

何曾吹落北风中。

郑思肖的这首画菊诗，与一般赞颂菊花不俗不艳、不媚不屈的诗歌不同，它托物言志，深深隐含了诗人的人生遭际和理想追求，是一首有特定生活内涵的菊花诗。

郑思肖（1241—1318），福建连江人，南宋末期的诗人、画家。元兵南下，郑思肖上疏直谏，献上抗敌之策，未被采纳。他痛心疾首，隐居苏州，终身未娶。

我们不知道他以前叫什么名字，只知道是在南宋亡国以后，他改名思肖，因为"肖"是繁体字"趙"的组成部分，赵，正是宋朝的国姓；字忆翁，号所南，表示不忘故国；他把自己的居室题为"本穴世界"，通过拆字组合我们可以得知，把"本"分为"大"和"十"，

再把"十"字放入"穴"中，便是"大宋"二字。可见郑思肖是在用整个生命怀念故国。

古诗词中对菊花的赞颂特别多。诗人们常歌咏它的傲霜之气、优雅之美。但郑思肖的这首诗里更赋予了菊花不同的内涵。

"**花开不并百花丛，独立疏篱趣未穷**"：菊花不和百花一起盛开，它独立在稀疏的篱笆旁，高洁意趣无穷尽。不并：不合、不在一起。菊花盛开于秋天，那正是百花凋零的时候。所以它傲然独立的形象常被文人们赞颂。例如有陶渊明的"采菊东篱下"，有元稹的"不是花中偏爱菊，此花开尽更无花"，范成大也在《范村菊谱序》里说"以菊比君子"。郑思肖的诗中又会如何写菊呢？

"**宁可枝头抱香死，何曾吹落北风中**"：宁可在枝头上怀抱着清香凋谢枯萎而死，也绝不会吹落于凛冽北风之中！诗的后两句更是将菊的寓意加深了一层。待花谢之时，菊花不会一瓣一瓣地凋落，而是整朵都留在花枝上逐渐走向生命的尽头。那是无数细长的花瓣逐渐合拢、逐渐枯萎的形态，是一个由伸展盛开到合抱而亡的过程。所以诗人说它"抱香死"。北风，在南宋诗人的笔下常用来指代从北边打过来的蒙古。所以菊花这自然特性像极了诗人的心境：宁可死在故土，也绝不投降新朝！

【朗读秘籍】

1. 情景：秋风起，落叶萧萧。春夏时节盛开的鲜花都已不见踪影，唯有菊花傲骨凌霜地开放着。是啊，它宁可在自己枝头抱香而死，也绝不会随风飘散、谄媚附和。

2. 感情：诗中表达了对菊花坚贞不屈品质的赞美，展现了诗人至死不渝的爱国情操。

3. 语气：整体语气是坚定有力的。

第一句就把菊花不俗不媚的形象描述了出来，语气是充满肯定和赞美的。朗读此句时我们气息要控制有力、声音洪亮。在"花开不并"中强调一下"不并"二字，这是菊花的特质，也是诗人的品格。"百花丛"三字读轻一点、收敛一点，代表对百花丛的冷淡态度。

第二句是对菊花的赞美和欣赏。"独立疏篱"中强调"独立"二字,"趣未穷"这三字是对菊花高洁意趣的概括,朗读的时候要把诗人这种十分肯定的态度表达出来。

第三句是带点儿"狠劲"的。诗人不说它枯萎、不说它老去,而偏偏用了个"死"字,足以表明诗人"宁为玉碎、不为瓦全"的决心。所以我们在朗读时千万别拖泥带水,要用毫不犹豫的语气一口气读完,不停顿、不下掉。

在上一句有情感的升华和爆发之后,第四句从语气到情感都稍稍收一点,节奏放缓,轻轻地但态度依然坚定地缓缓道出自己的气节,不会为北风所吹落。

郑思肖《寒菊》朗读爬山图如图 9-23 所示。

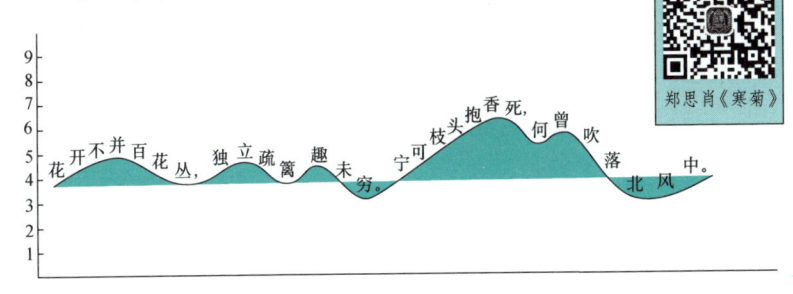

图9-23 郑思肖《寒菊》朗读爬山图

第10章 元、明、清：我们还在坚持写诗

中国文学的发展来到元、明、清 3 个朝代时，逐渐发生了一些变化。元朝时，发源于宋代、流行于元代的元曲，深受老百姓的欢迎。它包括元杂剧和散曲，《窦娥冤》和《西厢记》等作品，直到现在还有影视剧在对其进行改编和再创作。

到了明代，出现了小说热。话本小说《三言二拍》深刻揭露了社会现实；长篇文言小说《三国演义》《水浒传》《西游记》与清朝的《红楼梦》并称中国古典"四大名著"。

清代的时候，文言小说除了《红楼梦》，还有反映社会生活的《聊斋志异》和讽刺小说《儒林外史》这两部极具代表性的作品。戏曲也发展了起来，《长生殿》和《桃花扇》都是其代表作。现在我国的国粹京剧也是发源于清代。

说了这么多你不一定能记住的内容，主要是想告诉大家：到了元、明、清这 3 个朝代，文学有了新的发展样式，诗词的创作相比以前的朝代来说，数量少了很多。

10.1 功名利禄远离心间

10.1.1 《墨梅》：我的人生如梅花一样高洁

1271 年，忽必烈定国号为元，1279 年灭南宋，统一南北。这是我国历史上首次由少数民族建立的大一统王朝。蒙古人打仗特别猛，多年来一直四处征战，地盘扩大了不少，钱却越来越不够用。由于吏治腐败，又不断地提高苛捐杂税、搜刮民财，人民被剥削得越来越严重，纷纷起义。仅仅 1289 年这一年，各地人民的起义就达到 400 多起，那是天天有人在反抗啊！

世道不安稳，读书人也过得艰难。有一个叫王冕的书生，从小学习就特别刻苦，常通宵达旦地借着佛前的长明灯读书，但长大后参加了几次科举考试，屡试不中，干脆就云游天下去了。因为生活过得艰难，他看透了人间冷暖，也看透了朝廷的腐败和朝官的目中无人，越发地向往隐居生活。于是他回到家乡，在远离人烟的村子里住了下来。后来，即使朱元璋请他出山做参军他也不干。

王冕有骨气，他的诗、他的画也都很有骨气。他喜欢屈原，自己做了高帽子戴在头上，脚踏木屐，模仿"屈子行吟"，一路在街上高歌，也不管他人如何笑话。他种地、养鱼，有时也靠卖画为生，一手梅花画得远近闻名。王冕还在自己的山间小屋周围种了很多梅树，起名为"梅花屋"，自号"梅花屋主"。下面这首诗就作于梅花屋内。

墨梅

[元] 王冕（1287—1359）

我家洗砚池头树，
朵朵花开淡墨痕。
不要人夸好颜色，
只留清气满乾坤。

这是一首题画诗，原画《墨梅图》也是诗人自己所作，现藏于故宫博物院。画中的墨梅繁密茂盛，枝干硬朗挺拔，给人一种高洁自爱、表达自己不谄不媚的清高气节之感。作此诗时，社会动荡，农民起义一起接一起，更大的战争正在酝酿。面对混乱不堪的现世生活，王冕希望一直能保持自己的本心。

"我家洗砚池头树"：在我家洗砚池的边上有一棵梅树。有个典故说东晋书法家王羲之"临池学书，池水尽黑"，本诗作者王冕正好与王羲之同姓、同乡，所以借此自比"我家洗砚池"。

"朵朵花开淡墨痕"：朵朵开放的梅花都像是用洗墨水点染而成。其实我们的大自然中，并没有真正的"墨梅"存在，不过诗人笔下倒

是画出过不少墨梅。那淡淡的墨痕就如诗人的心性一样，恬淡自然。

"不要人夸好颜色"：它并不需要别人去夸它的颜色有多么好看。既叫墨梅，大约便是毛笔晕开的灰黑色，它不在乎自己有没有鲜艳的色彩，更不需要别人来评判、来夸赞。这是何等的自信和自洽呀！

"只留清气满乾坤"：只要能把清淡的香气弥漫在天地之间。不管外间繁华与否，它在乎的只是把自己清香的正气留下来。这也是诗人内心的坚守，不慕富人、不攀权贵，只留自己的清高正直之气。

【朗读秘籍】

1. 情景：我家池塘是一汪"洗砚塘"，在长年累月的作画、写诗的洗笔之下，池水得到了墨水的滋养，池塘边的梅树也开出了墨色的梅花。那一朵朵淡墨色的花朵不同于世间的任何一株。它不在乎自己是否有花儿的千娇百媚、姹紫嫣红，只在乎自己的清香正气是否能长留世间。

2. 感情：全诗清新高雅，透出了诗人的淡泊心性和高尚情操。

3. 语气：淡淡的语气中又带着一些自豪感。

第一句是带着点骄傲和自豪的。在读之前，我们可以这样想：大书法家王羲之因学习练字而洗黑了一池清水。"我"因画画作诗也洗出了一个墨池，"我"厉害吧？但是我们朗读时需要把握好一个度，不要读得过于骄傲了，恰到好处就行。所以重音不要放在"我家"二字上，而是放到"洗砚"上，就能帮助我们减轻过于骄傲的感觉。语气里带点开心，声音比较明快。

第二句是对墨梅的描述，我们朗读的时候轻一点、柔一点，因为这是自己所偏爱的事物。"朵朵花开"慢一点，仿佛眼睛是仔细地看过了每一朵花一样。接着用带着欣赏的口吻读"淡墨痕"，十分雅致。

第三句稍微强调一下"不要"，无须世人的肯定，"我"自有"我"的一套标准。后面的"人夸"二字轻轻带过即可。"好颜色"的"好"字可稍作强调，但不是正面的肯定，而是略带一点点不屑的感觉。

第四句是自己内心高洁心性的表达，口腔放松一点，带着向往的感觉读"只留清气"，气息往远处送，再坚定地、充满希望和享受地读出"满乾坤"。

王冕《墨梅》朗读爬山图如图 10-1 所示。

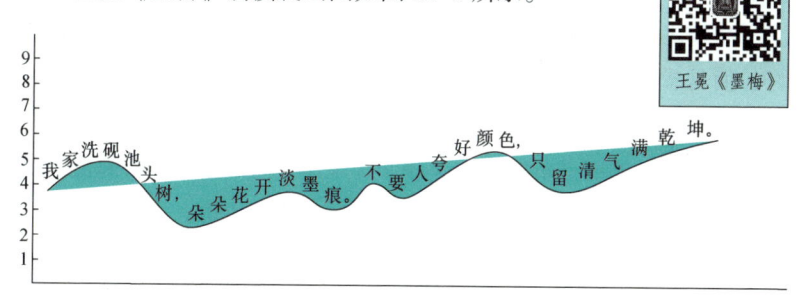

图10-1　王冕《墨梅》朗读爬山图

10.1.2　《石灰吟》：我什么都不怕

元朝在统治了中原 90 余年后结束了，历史来到了由朱元璋建立的明朝。和之前数个封建王朝一样，无论开始得多么荡气回肠、全盛时期有多么繁华艳丽，到了中后期依然风雨飘摇。明朝也不例外。

我们应该都听过一个成语，"两袖清风"。它出自诗人于谦之手。明朝那个时候，外有强敌进攻掠夺，内有宦官掌权贪腐，老百姓过得很苦。可许多官员想的不是如何救国救民，反而是去送钱送礼保住自己的前途。而于谦作为地方官员进京奏事，就从不带任何礼品，别人劝他说，您带点土特产也好哇，他甩了甩他的袖子说，"清风两袖朝天去，免得闾阎话短长"。

1449 年，瓦剌攻打都城北京。皇帝明英宗好大喜功，在宦官的鼓励下亲征，结果在土木堡遭遇惨败被俘。将军吓得不敢再打仗，官员吓得想要迁都逃走，一片混乱。这时候，兵部尚书于谦开始了一场京师保卫战。他力排众议，坚决防守，誓死保卫京城，还与太后一起拥立了一个新皇帝明代宗以稳定朝政。

他这样做，既保住了被俘皇帝的命，同时也能安定住国家上下。可在封建时代，是家天下，整个天下都是皇帝的。尽管大臣怀着不能亡国的信念拥立了新皇，但仍然犯了大忌。于谦不但这样做了，还在

一年后击退敌人时又主动迎回了被俘虏的旧皇帝明英宗，这为后面的悲惨结局埋下了伏笔。

皇权之争，残酷而激烈。于谦的立场不是看哪位皇帝跟自己关系好，而是看哪位皇帝对天下更有利，他忠于的，是国家。当时新皇明代宗执政，天下已稳，自然不会换皇帝。可过了几年，明代宗病入膏肓，被俘虏过的旧皇帝明英宗又夺回了皇位。而帮他夺位的都是些惯于贪污腐败的人，他们做的第一件事，就是囚禁于谦，诬陷他谋反。

当时的于谦身为兵部尚书，手握几十万军队，完全可以压制住皇宫里那区区1000人发动的政变。可此时的于谦，已经看透一切，他不愿参与皇权斗争、不想引起国家内战，他选择牺牲自己，保住天下太平。

1457年正月二十三日，于谦被押往崇文门外，就在这座他曾拼死保卫的城池前，得到了自己最后的结局——斩立决。

行刑的那一天，阴云密布，老百姓痛哭流涕，连刽子手都羞愧不已。全天下的人都知道他是被冤枉的，但谁也斗不过皇权。据记载，锦衣卫去抄家时都落泪了——这么一位大官，家中却十分寒酸，没有半分余钱，根本没东西可抄。

20年后，于谦被平反，《明史》里称赞他"忠心义烈，与日月争光"。他打胜仗、立大功，从不要赏赐；拥新君、稳朝纲，从不为自己。他的一生就如自己写的那首诗一样。

石灰吟

[明] 于谦（1398—1457）

千锤万凿出深山，
烈火焚烧若等闲。
粉骨碎身浑不怕，
要留清白在人间。

这是于谦一生的写照。人家当官前呼后拥、尽显官威。他当官便服一套、瘦马一匹。他敢于为民请命，严惩作奸犯科的权贵，也因此遭人忌恨。早年间于谦就曾被奸人诬陷关进了大牢，要判死刑。因他为官清廉正直，老百姓都记得他的好，1000多人联名上书保住了他。但多年后，还是不敌皇帝的猜忌和奸臣的陷害。

"千锤万凿出深山"：石灰石只有经过千万次的锤打才能从深山里开采出来。炼制石灰，先要将矿石凿击无数次，将之变成一粒粒的小石块之后，再投入炉中煅烧。第一重考验便非比寻常。

"烈火焚烧若等闲"：它把熊熊烈火的焚烧当作一件很平常的事。煅烧石灰时，温度要达到1000摄氏度以上才行。这是何等的烈火！而石灰石的态度却是"若等闲"，好像很轻松平常一般。

"粉骨碎身浑不怕"：即使粉身碎骨也毫不惧怕。从巨大的矿石到最后变成粉末状的石灰，真真儿的是物理形态上的"粉身碎骨"啊！同时诗人也在这里表明了自己的态度和志向：无论遇到何种艰难险境都不惧牺牲。

"要留清白在人间"：只要把一身清白留在人世间。煅烧后的石灰是白色的，这是在以石灰的品质写人的品性，要坚守高尚情操，做纯洁清白的人。

据说这是于谦12岁时写的诗。小小年纪便有如此心性，长大后为官的他，照顾百姓、保卫国家、一生清廉、刚正不阿，果然一如儿时诗中所言，粉身碎骨浑不怕，要留清白在人间！

【朗读秘籍】

1. 情景：" 我"看到深山之中的矿石要历经无数次锤打，先变成碎石块，再用烈火把它烧成粉末，最后变成石灰。可它对于这些严酷的磨砺毫不在意，只想把清白留在人间。这何尝不是"我"心中所愿！

2. 感情：诗中体现了不怕牺牲的勇气和磊落高洁的品性。

3. 语气：整体语气铿锵有力。

第一句是石灰的采石过程，十分艰苦。朗读时声音可以稍低一点，但一定要有力量，不可轻飘飘、软绵绵。"千锤万凿"可以平平而出，语速慢一点。"出深山"往上走，有一种带着希望踏上磨砺之路的感觉。

177

第二句磨砺又进了一步，语气可以更强烈些。朗读"烈火焚烧"时音量增大、气息增强，仿佛让人感受到炽热的火焰。到了"若等闲"这3个字时，态度又不一样了，因为它不怕，它很轻松，我们的声音也相应地放松一点、轻一点。

第三句的情感更加浓烈，道出了一种不畏死、不怕难的精神。朗读此句时声音要十分有力，带着一种大无畏的精神来展现诗句的内容，它需要饱满的情绪承托、真实的情感表达，而不是靠表面上声嘶力竭的乱喊。"浑不怕"的"浑"字可稍作强调以表达无所畏惧的精神。

第四句是内心所感的志向表达。无须做给别人看，无须刻意证明什么，我就是我，清清白白的石灰，只愿将自己的真实品性留于人间，不在乎其他。朗读这句诗时，是坚定的，是充满自信和力量的。我们需要饱满的气息支撑，需要强大的内心支持，一字一句，清清楚楚，铿锵有力。

于谦《石灰吟》朗读爬山图如图 10-2 所示。

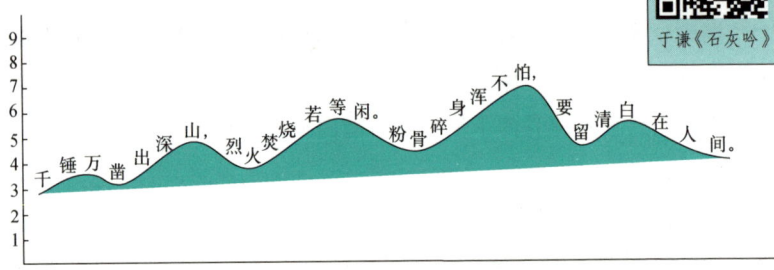

图 10-2　于谦《石灰吟》朗读爬山图

10.1.3　《画鸡》：我可不是随便叫的

于谦以一己之力给大明王朝续了 200 年的命，才有了后来的许多故事，比如流传甚广的"江南四大才子"唐寅（唐伯虎）、祝允明（祝枝山）、文徵明、徐祯卿。他们或擅诗文，或擅书法，或擅绘画，由于都生活在江苏苏州，也称"吴中四才子"。许多人都是通过影视作品了解到这四位的。有许多电影电视剧都以这四大才子为原型进行创作或者改编,其中最广为人知的恐怕就是"唐伯虎点秋香"的故事了。这些剧作里,放大了他们性格中的洒脱成分,把许多现实的困苦藏了起来。其实,古籍资料里记载的他们远没有剧作里的风流倜傥。

就拿江南四大才子之首的唐伯虎来说吧。

唐寅(1470—1524),字伯虎,号六如居士、桃花庵主等,苏州吴县人。明代著名画家、书法家、诗人。唐寅的父亲是个商人,一直鼓励儿子好好读书、考取功名。唐寅也很争气,16岁府试第一,28岁乡试第一。29岁入京准备会试时,却被党争牵扯进科举受贿案,先进大狱、后贬为吏。唐寅深以为耻,不去就职,回家后又与妻子失和,遂休妻。30岁左右的唐寅既丢官又丢家,失意之余四处远游,将沿途所见所感都融进了自己的艺术创作当中。他画山水,集众家之长;画人物,神韵独具;画水墨写意山鸟,秀逸潇洒。因此后期他得以靠卖画为生,但志向难酬,难免苦闷。后来更是晚景凄凉,死后是好友王宠、祝允明、文徵明等人凑钱安排的后事。

回到唐寅的艺术创作上。他不仅绘画成就突出,同时还擅长书法和写诗,因此将诗、书、画三者有机结合,书风与画风接近,诗情又与画意相得益彰,成为独有的特色。

画鸡

[明] 唐寅(1470—1524)

头上红冠不用裁,
满身雪白走将来。
平生不敢轻言语,
一叫千门万户开。

初读这首诗,觉得十分简单有趣。它的语言通俗易懂,像儿歌一样朗朗上口。读到它,我们就仿佛看到了一只斗志昂扬的大公鸡正向我们走来呢!

"头上红冠不用裁,满身雪白走将来":它头上的红色冠子是天然长成的,不需要刻意裁剪。身披着雪白的羽毛雄赳赳地走过来。

将：助词。诗人不用"走过来"而用"走将来"，这气势一下就有了。再加上一红一白这强烈的颜色对比，鲜亮的公鸡形象便栩栩如生地出现在了我们面前。

"平生不敢轻言语，一叫千门万户开"：平时它从来不敢轻易鸣叫，而一旦它叫起来，千家万户的门都会打开。前两句诗描述了公鸡神气的外形和动作，到了第三句，忽然又低调起来了，说它不敢随意地鸣叫，好像很小心翼翼的样子。但到了第四句，又气势大开，说千门万户都会为雄鸡的打鸣而开门，迎接新的一天。原来，前面的低调只是为了铺垫下一句，在这样的反衬之下，更加显出雄鸡的威武来了。

【朗读秘籍】

1. 情景：看，有一只精神抖擞的大公鸡向我们走来，雄赳赳、气昂昂。别看它平时不开口，只要它一叫呀，天就亮啦，家家户户都知道该起床啦！

2. 感情：诗中大公鸡的形象给我们一种骄傲自豪的感觉，也表达了诗人的心气和志向。

3. 语气：整体的语气精气神十足。

第一句描述公鸡的外形，一开始可以用比较轻松的语气读出"头上红冠"四个字，注意语气轻快不代表语速快，只是气息轻柔、感情愉快。然后稍作强调，带点儿骄傲的语气读"不用裁"。

第二句的声音表现可以比前一句低一些、慢一些，但要气息饱满地读出"满身雪白"，以充分展现出公鸡美丽的外形来。接着用神气的语气读出"走将来"，把公鸡的神态和动作活灵活现地描述出来。

第三句用比较轻、比较低的声音来表现，契合诗中低调的描述。小朋友甚至可以用带点神秘的语气来读这一句，为后面做铺垫。

第四句则要往上扬，呈上山类语势，声音也适当地拓开，显示出大公鸡雄伟的形象。朗读时，先存足气息，在"一叫"后做一个停顿，这既衔接了上一句的铺垫，让人很想听后面的内容，又对"千门万户开"做了一个很好的二次铺垫。

唐寅《画鸡》朗读爬山图如图 10-3 所示。

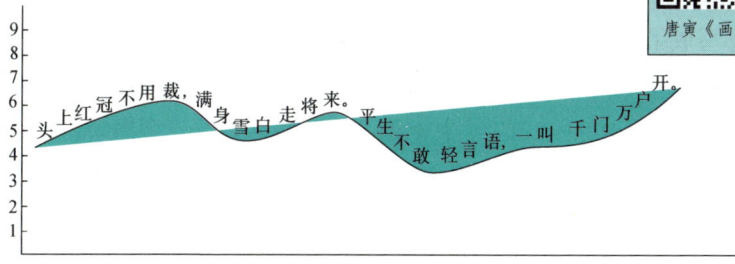

图10-3　唐寅《画鸡》朗读爬山图

10.2　随皇帝出巡的诗人

10.2.1　《舟夜书所见》：带你看江上夜景

"嗖"的一下，我们的诗歌讲解来到了清朝。最后这一章中我们从一个朝代到另一个朝代走得很快，并不完全是因为朝代更迭快，更主要的是因为这个时期入选课本里的诗歌比较少。在我们的小学语文课本里，唐宋两朝入选了 100 首诗，而其他所有的朝代全部加起来都不到 20 首。让我们好好珍惜这不同时代的诗词之美吧！

清朝是中国历史上最后一个封建王朝。1616 年，建州女真的首领努尔哈赤建立金国，这就是与中国近代史牢牢绑在一起的爱新觉罗家族。努尔哈赤建国后 10 年便去世了，由儿子皇太极继位。1636 年，皇太极称帝，改国号为大清。1644 年，清兵入关，入主中原，成为统治全中国的中央王朝。

由于影视剧和改编小说的盛行，我们对于清朝的故事总是更为熟悉。康熙皇帝，想必大家都听说过吧？他平三番、收台湾，击败沙俄和噶尔丹，大大拓展了疆域边界。康熙曾三次亲征噶尔丹，还多次巡游天下。查慎行就曾跟随康熙皇帝三次巡游塞外，把沿途的风景风俗都写成了诗作，每次御试古诗文，查慎行的诗总能被康熙钦定为第一名。

查慎行（1650—1727），初名嗣琏，后改名慎行，字悔余，号他山，晚年居于初白庵，故又称查初白。杭州府海宁花溪（今浙江省海宁市）人，清代官员、诗人、文学家。

查慎行出生于书香世家，得多位名师教导，是清初"诗坛六家"之一。他的诗法兼学唐宋，尤喜欢苏轼和陆游。一生作诗一万多首，十分"高产"。但他的一生也是崎岖不平的。查慎行少年时便学有所成，却屡试不中，二十来岁父母相继离世，他要担起照顾家庭的重担，只好辗转于许多地方谋生，去过军队做幕僚，也当过学馆的老师。一次，他受朋友之邀一起看戏，当时正值佟皇后丧葬期间，于是被人弹劾。朋友被革职，查慎行也被定罪，被革去国学生籍。经过此事后，查慎行长夜深思，遂将原名嗣琏改为慎行，提醒自己谨言慎行。

这之后的十来年他仍是东奔西走，难以安定，但是写诗从来没停过。直到1702年，康熙南巡时跟大臣们讨论诗词，问起查慎行（也许是听到了他的诗名），巡抚李光地对他褒奖有加，康熙便命查慎行前来觐见。从外地赶来的查慎行不负所望，康熙跟他聊了许久，甚是满意，又让他试了八股文，随后决定让查慎行"行走南书房"，这相当于是皇帝的机要秘书。第二年，查慎行参加会试、殿试成绩都很好，从20多岁考到40多岁，终于进士及第。随后在皇帝身边办公，也跟随皇帝出巡，又奉旨编书，这是他比较安稳的一段时光了。

舟夜书所见

[清] 查慎行（1650—1727）

月黑见渔灯，

孤光一点萤。

微微风簇浪，

散作满河星。

我们不知道这首诗作成的具体时间，但由"孤光"想到，应该是诗人独自游走于大江南北之时。毕竟，后期跟随皇帝出巡，所见的定不只这一点点孤光。

"月黑见渔灯，孤光一点萤"：漆黑无光的夜里，看不到月亮。渔船上那一点灯光，孤零零地出现在茫茫的夜色中，像萤火虫一样闪现出一点微亮。见（xiàn）：显现的意思。在整个暗色背景下，突现一点光亮，对比十分强烈。同时也给人一种孤独之感。天地之间什么都没有，只那一盏渔光。

"微微风簇浪，散作满河星"：一阵微风吹来，河面泛起了层层细浪，渔灯的微光随着波浪散开，好像河面上洒落了无数的星星。这画面太美了，简单的描写就让人身临其境、沉醉其中。当风儿吹过，孤光瞬间散作了满河的星星，闪闪烁烁，把孤单的心也闪得美好温暖起来。

我们不知这首诗属于诗人丰富曲折经历中的哪一段。但我们能感受到诗人在旅途中那一点点的孤寂，以及那一颗细致的、善于发现美的心灵。这些都通过诗歌传递出来，滋养着我们对于美的感受。

一生漂泊坎坷的查慎行得到了康熙的器重，安稳了许多年。然而世事难料。在清朝大兴文字狱的情况下，许多文人都非常谨慎。但查家还是出事了。

1726年，当时的皇帝已经是雍正了，查慎行弟弟查嗣庭任江西正考官时做了一个乡试题目："维民所止。"被人告发"维止"二字的意思是要"雍正"二字去其首。要去掉皇帝的脑袋这还了得？查嗣庭获死罪，家族也受到株连，查慎行被投入大牢。后来虽然放了查慎行，但他年事已高，出狱后两个月就病逝了。

额外说一句，大家听说过著名的武侠小说家金庸吗？或者你可以去问问自己的父母，他们一定知道。也许还会告诉你金庸都写过哪些小说、有多少影视剧是根据他的作品改编的呢。其实，"金庸"是一个笔名，他的原名叫查良镛，正是查慎行的后人。

【朗读秘籍】

1.情景：在没有月光的晚上，四周一片漆黑。只有一盏渔灯闪着

微弱的光，像一只孤单的萤火虫，显得那样寂静。这时候吹来一阵微风，水面上泛起了波纹。这推开的波纹把原本倒映的一盏灯光变成了无数盏，水面上瞬间便洒满了星星点点的渔火，像星河一样美。

2. 感情：诗人由黑夜里的一盏灯联想到萤火虫和星空，他看到的是暗色的河面，内心却能感受到天地万物之美。整首诗都是静谧、安然的感情。诗人享受着孤独，更享受着美好。

3. 语气：整体的语气较为柔和，清淡而美好。

第一句是大环境的白描，用"月黑"突出了"渔灯"，朗读时，以较柔的语气、缓缓铺开的感觉读"月黑"二字，把漆黑的氛围感营造出来。到了"见渔灯"三字可稍微上扬，仿佛是突然出现的一点亮光、一点慰藉。

第二句的"孤光"二字稍作强调，这一点点的光是慰藉，稍往上走。"一点萤"则有了一点动态之感，因为萤火虫的光是一闪一闪的，它也总是代表美好，所以语气可以温柔一点。

第三句更是由静到动，有一个明显的动态转折，朗读时我们气息稍稍提起，语势上扬，但音量不必过大，毕竟这是在寂静的夜里。我们可以带着一些惊喜的感觉念完整句，这5个字中间不必停顿，节奏是偏明快的，念完整句后才有一个停顿，引出下一句。

第四句开头的"散作"往下走，气息往下铺开，声音还是轻轻的，把语速慢下来。到了"满河星"时，气息要饱满，用声音铺开画面，缓慢而充满惊喜感。

查慎行《舟夜书所见》朗读爬山图如图10-4所示。

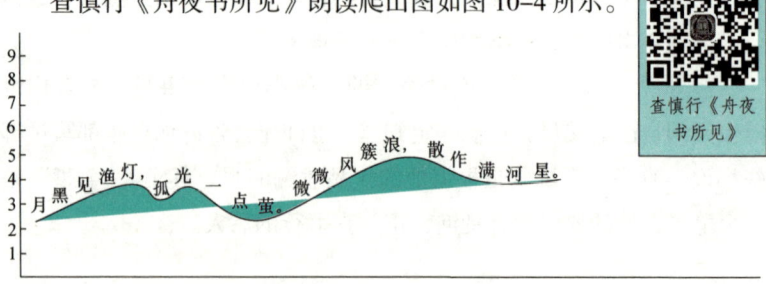

图10-4　查慎行《舟夜书所见》朗读爬山图

10.2.2 《长相思·山一程》：跟皇帝出去好玩吗

查慎行曾经被权臣明珠聘为学馆老师，教导他的次子纳兰揆叙（kuí xù）。揆叙后来也成长为一代文人，在清代的诗坛有很高的地位。揆叙的长兄更是清朝第一词人——纳兰性德。

与查慎行曲折的仕途之路不同，纳兰性德生在了一个富贵的皇亲国戚之家，他们来自正黄旗叶赫那拉氏一族，家族世代都与皇室通婚。据说乾隆在看完《红楼梦》后说，"此盖为明珠家事作也"。于是大家便猜想贾宝玉的原型也许就是纳兰性德。

纳兰性德（1655—1685），字容若，号楞伽山人，满洲正黄旗人。大学士明珠长子，清朝初年词人。

纳兰性德从小就饱读诗书、文武双全，18岁中举，次年因病未能参加殿试，深感遗憾，从那以后更加发奋读书。在这个过程中，他发现很多流传下来的书籍破损严重，也有抄录版本错误百出。于是，在老师徐乾学的支持下，他用两年时间收集汇编了一部儒学丛书《通志堂经解》，一时名满天下。这样的努力也让他得以在第三年的殿试中顺利考中了进士。

稍感意外的是，康熙封他做了三等侍卫。尽管后来晋升为一等侍卫，看起来好不风光，但这似乎不是他想要的。纳兰性德爱好编书、写词，更愿意去翰林院发挥自己所长。而且他又是一个极重情义的人，因常要去宫里当差，不得不长时间与新婚妻子分开，这也让他内心受到煎熬，写了下不少相思的词作。如果要陪皇帝出巡，一走就是几个月，那种对家乡、对亲人的思念就更不得了啦。

长相思·山一程

[清] 纳兰性德（1655—1685）

山一程，水一程，
身向榆关那畔行，夜深千帐灯。
风一更，雪一更，
聒碎乡心梦不成，故园无此声。

词牌名《长相思》是唐朝教坊曲，调名出自《古诗十九首》的"著以长相思，缘以结不解""上言长相思，下言久离别"。所以这个词牌下写的内容都是以表达相思之情为主，以白居易的《长相思·汴水流》为正体，偶有押韵的不同，但也属于它的变体。纳兰性德的这首《长相思·山一程》讲的是将士们的思乡之心。

"山一程，水一程"：跋山涉水地走过了一程又一程。词人把"一程"重复使用，突出了路途的遥远曲折，读起来也朗朗上口。

"身向榆关那畔行，夜深千帐灯"：将士们马不停蹄地向着山海关进发。夜深的时候，千万个帐篷里都点起了灯。榆关，指的是山海关，在今天的河北省秦皇岛市。那畔：指山海关的另一边，也就是身处关外。

词人在这里说"身"向榆关，也许藏了一个潜台词是"心"并不这样想。心在哪里呢？在夜深的营地里思念着家乡呢。

"风一更，雪一更"：外面风声不断，雪花不停。更：古时把一夜分成五更，每更大约两小时。意思是说风雪呼啸了一整晚。

这里又重复使用了"一更"，与上阕的"一程"无论是在形式上还是意思上都两相映照，一个山长水远，一个凄寒苦楚。词人大约想着，伴着皇上出巡，真的是累啊！

"聒碎乡心梦不成，故园无此声"：风雪声扰得思乡的将士们无法入睡。想到远隔千里的家乡，那里没有这般寒风呼啸的聒噪之声啊！聒（guō）：声音嘈杂，这里指的是风雪声。

下阕的这两句就是很直白地表达思念了。家里什么都好，没有这么苦寒。哪怕真是风雪交加，只要一家人在一起，也是温情满满啊，不用露宿在寒冷的帐篷里。所以，即使是跟着皇帝一起出去玩，也不好玩啊！

【朗读秘籍】

1. 情景："我们"翻山越岭、登舟涉水地走了很远很远。人向着山海关在走，心却留在了北京城的家里。晚上，大家都驻扎在帐篷里，在野外亮起了无数盏营灯。帐篷外寒风卷着雪花呼啸了一整晚，太聒噪了，吵得人无法入睡。还是家乡好啊，没有这般风如刀割、彻夜苦寒。

2. 感情： 尽管词中有着浓浓的相思和对眼前辛苦的忍耐之感，但整首词并不给人十分软糯的印象。因为它有"夜深千帐灯"的壮观，有"山一程，水一程"的坚持。但这一趟是去巡视，不是打仗，所以露营的将士们没有战争的肃杀之气，而是词人那柔柔的、悠悠的思乡之意。

3. 语气： 整体的语气里略带忧伤与疲惫。

上阕第一句就是讲这一路有多远、有多累，由此可知，面对沿途的山山水水，词人根本没有欣赏美景的心思。那么我们的朗读也要展现出这种疲倦的心情。"山一程，水一程"是向下的趋势，气息不需要很足，语气有点累，音量不大。

第二句是往着榆关走，需要气息带着声音送远，但不是悠长的，是有些无奈的，自己并没有很想去的意思，朗读的节奏稍快一点。到了"夜深千帐灯"才开始有悠悠的思乡情绪绵延开来，这一句读慢一点，开始铺垫思乡氛围了。

下阕第一句是对前面的呼应，情感更强烈，心里更烦躁，所以"风一更，雪一更"的音量要高过前面、节奏也更紧，带着被吵得无法入睡的心烦之感来读，并且紧接着读后一句的"聒碎乡心"（两句之间不停顿的意思），此时情感已经很浓烈，如继续往上顶会显得过于激动，所以到了"梦不成"时，声音往下落，整个节奏放慢，语气忧伤。最后，眼神飘往远方看着家的方向，低低地、慢慢地读完"故园无此声"。

纳兰性德《长相思·山一程》朗读爬山图如图10-5和图10-6所示。

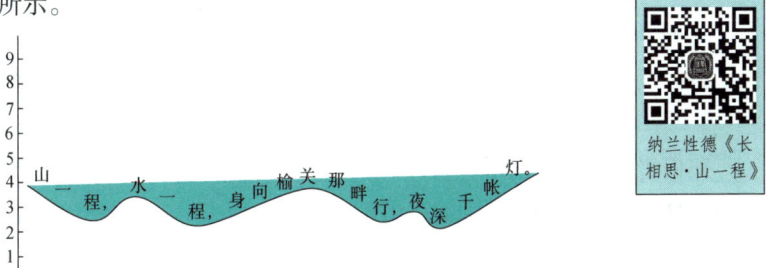

图10-5　纳兰性德《长相思·山一程》朗读爬山图1

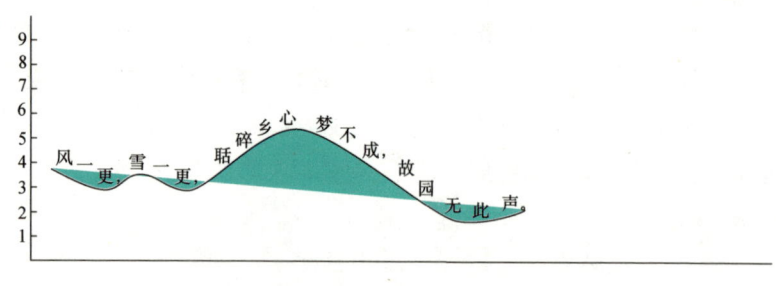

图10-6　纳兰性德《长相思·山一程》朗读爬山图2

10.3　吟诗作画别有风味

10.3.1　《竹石》：像竹子一样不低头！

在历代文人中，像纳兰性德那样每考必中的人太少了，大多数人都是要经历许多次考试历练的。清代一位叫郑燮的文人就是如此。他是康熙年间的秀才，雍正年间的举人，乾隆年间的进士。一生考试历经三帝，这份坚持之心、这股坚韧之志，不容易啊！

也许"郑燮"这个名字你听起来很陌生，但他另一个更为世人熟知的名字"郑板桥"，你会感到耳熟了吧？

郑板桥（1693—1766），原名郑燮，字克柔，号理庵，又号板桥，人称板桥先生，江苏兴化人，清代书画家、文学家，"扬州八怪"之一。

郑板桥曾在不同的地方当过10年县令。他重视农桑、体察民情，所到之处百姓安居乐业。刚调任山东潍县时，发生了大饥荒。郑板桥想尽办法控制灾情，开粮仓、筑工地、开厂煮粥，救活了数万人。在他的治理下，潍县渐渐繁荣起来，一时间富商云集，人们的生活开始变得奢华，郑板桥便提倡大家重视文化，这期间还留下了一幅书法"难得糊涂"。后来又遇到了灾荒，郑板桥为民请赈，却得罪了大官，被诬告贪污，罢官回乡。要知道，一生清贫的他仅有的财产是三头驴、两个书夹板和一张阮弦而已！离开潍县时，百姓遮路相送，家家都画了他的像，祈求他能平安顺遂。他们还自发地为郑板桥建立了一座生祠，这是百姓对板桥先生的不舍与尊敬，也是这位父母官多年来体恤民情、对百姓爱护有加的最好证明。

回乡后的郑板桥以卖画为生。他喜欢画兰、竹、石，尤其是竹子，画得生动传神、坚毅不屈。

竹石

[清] 郑燮（1693—1766）

咬定青山不放松，

立根原在破岩中。

千磨万击还坚劲，

任尔东西南北风。

郑板桥画了许多竹画，也为画题了很多诗，这是其中的一首。诗里不仅仅是在写竹，更是在写人。竹的牢固，也象征着人的坚定；竹的顽强，也象征着人的不屈不挠。

"咬定青山不放松"：紧紧咬住青山绝不放松。一个"咬"字，极为有力，就这一个字便把竹子顽强的形象立起来了。这种拟人的手法，也更让人感受到竹子努力生长、扎根的生命力。

"立根原在破岩中"：竹根深深扎进岩石的缝隙之中。这是长在岩石上的竹子，即使没有肥沃的土壤，它也能把自己的根在岩石上扎得又深又稳，甚至穿破岩石。"立根"，同样是拟人，同样是树立了竹子的形象：笔直、坚韧、傲然挺立。

"千磨万击还坚劲"：历经无数的磨难和打击仍然坚韧无比。无论生长环境多么恶劣，无论遇到多少困难，都不能打倒我，我依然苍劲挺拔地立于青山之上。

"任尔东西南北风"：管你刮东风西风还是南北风。一个"任"字，

尽显竹子的无所畏惧、从容自信。随你是狂风暴雨,还是霜打雪冻,我自坚韧不屈、直冲云霄!

【朗读秘籍】

1. **情景:** 在高大的青山之上,在杂乱的岩石之中,有竹子自缝隙中破土而出。它深深地向下扎根,紧紧地抓住青山之脉,不断直立地向上生长。无论风吹或雨打、烈日或霜寒,竹子始终坚韧无畏、傲然挺立。

2. **感情:** 对于竹子的特性是欣赏的、赞美的。从竹子的精神到人的气概,是内心坚韧不拔、顽强不屈的品质体现。

3. **语气:** 赞美的语气中蕴含着力量感。

第一句就十分有力,一字千钧地展现了竹子扎根的力道和绝不放松的意志。所以在朗读的展现上也需要充满力量。但声音不要太高、音量不用太大,它应该是从内而外散发出来的力量,需要足够的气息支撑和口腔控制,而不是靠嗓子的嘶吼。所以朗读时用非常有控制的声音、坚定的语气读"咬定青山",4个字的气息平平稳稳。到了"不放松"三字则可以略微往下,以表坚定。

第二句"立根"二字吐字有力,仿佛我们的劲道像竹子一般用力扎根。"原在"二字可稍轻处理,避免每个字都过于用力。"破岩中"的"破"字可以拉长一点,带出一种战胜困难的勇气和魄力来。

第三句低起,后面一个字比一个字高,但都只是略略高于前面一个字,这样的处理方式是为了展现一种蓄力向上、抗住压力和磨难的韧劲与意志,而不是亢奋地呐喊。

第四句带着大无畏的精神、鄙夷困难的语气来读。管你来什么招,我都不怕!在朗读处理时,我们可以先用有力且瞧不上的语气读"任尔"二字,尾音稍微拖长一点,把不屑的感觉拉满,再用毫不在乎的语气读根本不放在眼里的"东西南北风"。

郑燮《竹石》朗读爬山图如图10-7所示。

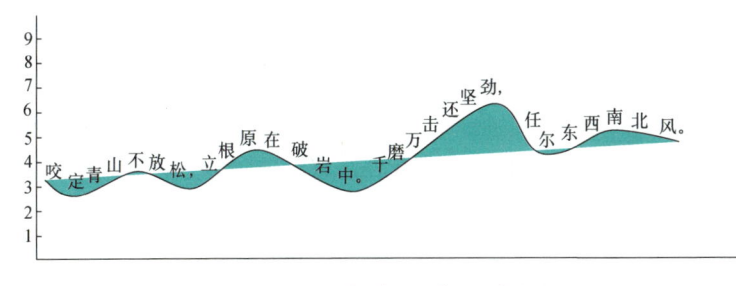

图10-7　郑燮《竹石》朗读爬山图

10.3.2　《所见》：捕蝉得这么干

我们曾介绍过苏东坡其实也是一位美食家。他被贬黄州时，很穷，日子过得很苦，想吃肉又买不起，于是他研究起了当时没人要的特别便宜的猪肉的做法。你别说，还真被他试验出了一道美味——"东坡肉"，后来他还专门写了一篇《猪肉颂》。这名字与苏东坡的大文豪形象颇为不符，但他根本不在意。猪肉在当时"贵者不肯吃，贫者不解煮"，他觉得很有必要把这既便宜又好吃的菜肴推荐给百姓。

与传统观念"君子远庖厨""君子谋道不谋食"不同，苏东坡在许多诗歌和信件里都有提到美食。到了清朝，有一位诗人更是把自己对美食的追求做到了极致——他不仅爱吃、爱写美食，还把自己吃过的菜肴食谱都记录下来，持续记了40年！他就是清朝有名的诗人、美食家袁枚。

大家想想，40年呀，那得吃下多少菜、记下多少妙方呀？所以，他干脆就出了一部《随园食单》。这可不是一份简单的菜谱。书中既有理论又有方法，全面、系统、深入地探讨了中国的烹饪技术，它代表了中国传统食学发展的最高水准，是中国历史上当之无愧的饮食圣经，它的作者袁枚也有着中国古代"食圣"之誉。

袁枚（1716—1798），字子才，号仓山居士、随园主人、随园老人。浙江钱塘（今浙江省杭州市）人，清朝诗人、散文家和美食家。

这位美食家其实也当过官。他24岁便考中进士，入了翰林院，

看起来前途一片大好。可是,他不愿意学满文,最后没通过相当于毕业分配的散馆考试,只能外放任小官。一开始他干得不错,颇受百姓好评。可时间一长他便受不了了。官场里的迎来送往、阿谀奉承、不得重用等原因,让袁枚在34岁那年便辞官隐居,享受生活去了。

所见

[清] 袁枚(1716—1798)

牧童骑黄牛,

歌声振林樾。

意欲捕鸣蝉,

忽然闭口立。

牧童天真可爱,诗者恬静快乐。一首小诗里描绘了一幅田园乐趣小景,让人读来是轻松又有趣。

"牧童骑黄牛,歌声振林樾":牧童骑在黄牛背上,嘹亮的歌声在树林里回荡。林樾(yuè):道旁成荫的树林。樾,树荫。

好一幅无忧无虑的欢快景象呀!一边骑着牛一边唱着歌,这位小牧童的心情一定很不错。

"意欲捕鸣蝉,忽然闭口立":他大概是想要去捉正在树上鸣叫的知了,突然就停止了唱歌,一声不响地站着。意欲:想要。

从骑牛行走到忽然停止不动,从放声歌唱到突然闭口收声,这两句由动至静的诗句把牧童的机灵描述得活灵活现。至于他是如何捕蝉的、有没有捕到蝉,诗人不写了,留给我们自己去想象、去猜测。

【朗读秘籍】

1. 情景:悠闲的夏日乡村里,一个牧童一边骑着黄牛一边唱着歌,清脆的声音回荡在山里林间。忽然歌声没有了,原来是牧童注意到了树上的知了,所以立马停止唱歌,仔细观察着,准备去捉知了呢!

2. 感情:整体是悠闲欢快的感觉,到后面准备捕蝉时气氛稍有点紧张,体现的是牧童机敏的心理状态。

3. 语气:前两句语气轻松愉悦,后两句带有悬念感。

第一句是牧童悠闲自在的样子,我们可以用欢快的语气、微笑的表情来铺垫这个场景，塑造出一个活泼的氛围，整句呈缓缓的上山趋势，声音不必拖长。

第二句的兴致比第一句更高、更欢快，我们朗读的声音也可以向牧童清脆的嗓音去靠近，呈一个幅度较大的上山类语势。尤其是"振林樾"三字往高处走，显出牧童歌声回荡在林子里的美妙之感。

第三句需要用声音铺垫出转折的故事感，所以我们要放低音量、加快语速、尾音上行，给大家留下一个小小的悬念。

第四句稍有点紧张感，模仿出牧童凝神屏息的感觉，读"忽然"二字时，把饱满的气息含在口腔里，念完之后立马作一个停顿，再轻轻地念"闭口立"，好像生怕吵到知了似的。最后的结束一定要干脆，不拖泥带水。

袁枚《所见》朗读爬山图如图 10-8 所示。

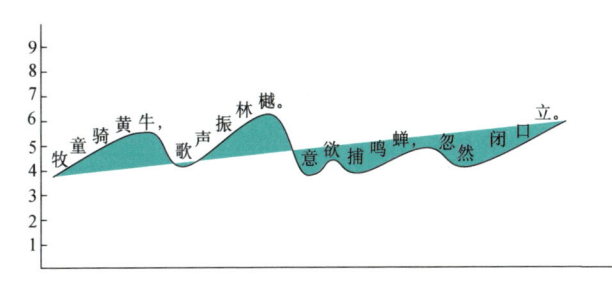

图10-8 袁枚《所见》朗读爬山图

10.3.3 《己亥杂诗》（其一二五）：老天啊，我劝你广招天下人才

清朝末年，内忧外患。那时的清政府对内禁锢思想、残酷镇压，对外闭关锁国、军事懈怠。工业革命后的英国资产阶级用正常贸易无法打开中国大门，便向中国输入鸦片。这是一种让人成瘾致幻的毒品，严重腐蚀人的身心健康，还导致中国每年白银外流达 600 万两，国内发生严重的银荒，财政枯竭。1839 年，林则徐奉命到广州禁烟。他将缴获的鸦片全部集中到虎门销毁，其中包括了英国商人的许多库存。这就是中国近代史上著名的"虎门销烟"。虽然按照中国法律，他

们无权在中国的土地上存放鸦片,但这仍旧被英国当作借口,发动了"鸦片战争"。来自西方的舰队和热武器惊到了自我感觉良好的清朝统治者,打了两年没打赢,便割地赔款,签署了中国近代史上第一个不平等条约《南京条约》。该条约中,赔钱、开放贸易港口、允许英商在华自由贸易、由英国定关税,丧失了一系列的主权,还把香港岛割让给了英国,直到100多年后的1997年,香港才重新回到祖国的怀抱。

《己亥杂诗》正是写于这样的时代大背景之下。它的作者龚自珍(1792—1841),字璱人,号定庵,浙江仁和(今浙江省杭州市)人。清代思想家、文学家和改良主义的先驱者。

龚自珍出生于官宦世家,曾全力支持林则徐禁烟。他主张革除弊政、抵御外国侵略,屡屡揭露腐朽现状,因此不断遭到权贵的排挤和打击,于1839年辞去官职回乡。这一年是农历己亥年,南归的龚自珍一路目睹鸦片对百姓的荼毒和民间的苦难,痛心于国家的不改革,写下了315首《己亥杂诗》,这是其中的第125首。

己亥杂诗(其一二五)

[清] 龚自珍(1792—1841)

九州生气恃风雷,
万马齐喑究可哀。
我劝天公重抖擞,
不拘一格降人材。

龚自珍给这首诗写了个小注:"过镇江,见赛玉皇及风神雷神者,祷词万数。道士乞撰青词。"

经过镇江时,人们正在祭祀。道长就请求他代写一篇祭文献给天神。此刻,龚自珍看到眼前的穷苦百姓,联想到国家的重重危机,感叹朝廷不思变革,要是有无数优秀人才共同来打破这个局面该多好啊!虽然这首诗是因道士的请求而写来拜神用的,但龚自珍却在诗里寄托了完全不同的情感。他饱含着满腔的愤懑,在他的笔下,风雷不再是法力无边的神仙,而是可以推动历史前进的强大力量。天公也不再是高高在上的天帝,而是振兴国家的希望。

"九州生气恃风雷"：只有依靠像风雷那样巨大的力量才能使中国大地焕发勃勃生机。九州：古代中国的代称，最早出现在先秦时期典籍《尚书·禹贡》中，分别是：冀州、兖州、青州、徐州、扬州、荆州、梁州、雍州和豫州。生气：指生机勃勃的局面。恃（shì）：依靠。诗人希望依靠一场改革上的"疾风惊雷"来改变当前僵化落后的局面。

"万马齐喑究可哀"：然而社会沉默、国家政局毫无生气，终究是一种悲哀。万马齐喑：比喻社会政局毫无生气。喑（yīn）：沉默，不说话。在清朝统治下，人们的思想言论遭到禁锢，到处都是一种令人窒息的沉闷气氛。

"我劝天公重抖擞，不拘一格降人材"：我奉劝上天要重新振作精神，不要拘泥那些规格，以降下更多的人才来。天公：上天，造物主。抖擞：振作，奋发。诗人在一场祈神大会上如此奉劝老天珍惜人才，可见他多么希望能砸破清政府的黑暗现状、迎来一个新世界以力挽狂澜啊！

清政府的腐败无能、封闭落后让国家处处受欺。统治者的无知愚昧、狂妄自大埋没了大批人才。龚自珍以及他的改革理想也都被排挤在外，只能借诗言志了。

【朗读秘籍】

1. **情景**：国家落后、社会僵化、百姓痛苦、列强围峙。面对如此内忧外患的局面，若能有暴风刮来、有惊雷砸下，必能冲破黑暗、带来光明。届时，我神州大地必能重新焕发生机。苍天啊！别管那些条条框框的束缚了，不拘一格，才能带来更多的人才拯救国家啊！

2. **感情**：诗人的内心是沉痛的，愿望是急切的，情感浓烈而沉郁，心中压着一股理想之火想熊熊燃起，可又被现实重重砸下。

3. **语气**：整体语气坚定而有力。

第一句是渴望有风雷般的力量，朗读的时候需要用磅礴的气势来表现。在节奏上，整句为上山趋势。在语言上，气息饱满、声音洪亮、字词拓开。注意声音是有控制的洪亮，而不是一味地大喊。"九州生气"慢慢积蓄力量往上，到了"恃风雷"三字则需要用有力的气息支撑声音往上，不要飘。

第二句比起第一句声音要低很多，表现出思想束缚下百姓沉默压抑、社会死气沉沉的现状，在声音表现上与上一句形成明显的对比。气息内敛、声音低沉，尤其是"究可哀"三字需要体会诗人的痛心，再用我们的声音将之表现出来。

第三句又重新燃了起来，向着苍天喊道"我劝天公重抖擞"，此时声音、眼神全部往上，语气里是饱含希望的振奋、是掏心掏肺的表白、是大无畏的劝告。

第四句是诗人内心的盼望、是真诚的建议、是强烈的期待。朗读时语气认真而慎重，用平稳的声音、真挚的感情、有力的气息道出内心所盼：不拘一格降人材！

龚自珍《己亥杂诗》（其一二五）朗读爬山图如图10-9所示。

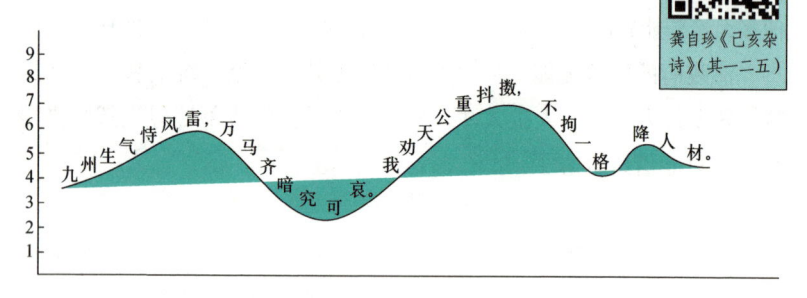

图10-9 龚自珍《己亥杂诗》（其一二五）朗读爬山图

10.3.4 《村居》：你放学后都干吗呢

尽管到了清朝，戏曲和小说等文学样式十分流行，但喜欢写诗的人还是有很多的，高鼎就是其中一位。

高鼎（1828—1880），字象一，一字拙吾，浙江仁和（今浙江省杭州市）人，清代诗人。

有关高鼎的资料很少。现存的高鼎文集《拙吾诗文稿》是在他去世以后，朋友们帮忙整理刊出的。我们也由此能在序言的寥寥数语里拼凑出高鼎的部分人生。

高鼎是一位不善言谈的教书先生，从小家境贫寒，由外祖父教导写诗。他的外祖父孙麟在当时也是一位小有名气的诗人，言传身教之下，高鼎深深地爱上了诗歌，留下了诗作2700余首。

高鼎生活在动乱的年代。他经历了战争与逃难，最后避到宁波乡下教书，写下了许多反映乡村生活的诗歌。

村居

[清] 高鼎（1828—1880）

草长莺飞二月天，

拂堤杨柳醉春烟。

儿童散学归来早，

忙趁东风放纸鸢。

风筝起源于我国的春秋时期，距今已经有2000多年了。相传最初是由墨子用木头制成了木鸟，后来他将这门手艺传给了自己的弟子鲁班。鲁班改用竹子，把木鸟做成了喜鹊的样子，又叫木鹊。又过了几百年，一直到东汉的蔡伦改进造纸术后，人们才开始用纸来制作风筝，所以称为"纸鸢"。唐宋年间，风筝逐渐在民间流行起来，成为一项很受欢迎的户外休闲活动。到了明清时期，风筝在大小、样式、制作工艺上都有了很大的发展，它也逐渐流传到海外，颇受全世界人们的喜爱。

"**草长莺飞二月天**"：农历二月，青草开始发芽生长，黄莺也在天上飞来飞去。这正是早春时节的景象。隆冬已过，万物开始萌发，绿色的小草长出来了，鲜黄的鸟儿也出来歌唱了。鲜绿亮黄的搭配，正是早春的清新之感啊！

"**拂堤杨柳醉春烟**"：在江岸边生长的杨柳轻轻地随风摆动，陶醉在春天的雾气中。拂堤杨柳：长长的杨柳枝条垂下来，像是在抚摸堤岸。春天的微风柔柔地吹拂着，诗人觉得这像是一种陶醉和抚摸，温柔至极。

"**儿童散学归来早，忙趁东风放纸鸢**"：村里的孩子们早早就放学回家，赶紧趁着东风把风筝放上蓝天。纸鸢：一种纸做的形状像老鹰的风筝，也用来泛指风筝。孩子们一放学便跑出来放风筝，不愿辜负了这大好的春光。儿童正处在人生的早春时期，在这明媚的早春天

气里尽情地玩耍着。

【朗读秘籍】

1. 情景：春天，万物萌芽，植物的新绿铺满大地，黄莺鸟的歌声回荡在春雾里。趁着和煦的春风，早早放学的孩子们赶紧拿出风筝，放上蓝天。

2. 感情：轻松愉快的感情。

3. 语气：整体语气是欢快美好的。

第一句带着愉悦的语气开场，用声音描绘出可爱春天的模样。"草长莺飞"往上走，不拖音不延长，"二月天"三字清脆地结束，同样是不拖音不延长。

第二句稍往下走，仿佛是我们的视线从空中来到了堤岸处，用比较柔和的声音，显出微风吹拂杨柳的美感，用稍慢的语速，营造出春雾迷蒙的气氛。

第三句转为欢快的语气，语速稍快，声音稍往上扬，带出一点点卖关子的感觉，好像是在问大家，孩子们放学这么早，干什么去了呢？

第四句揭晓答案，朗读时带着开心玩乐的心情描绘孩子们放风筝的情景。语速稍慢，展示清楚孩子们玩耍的场景，但注意，声音不要低沉，而是带着喜悦的心情稍稍下行结束。

高鼎《村居》朗读爬山图如图10-10所示。

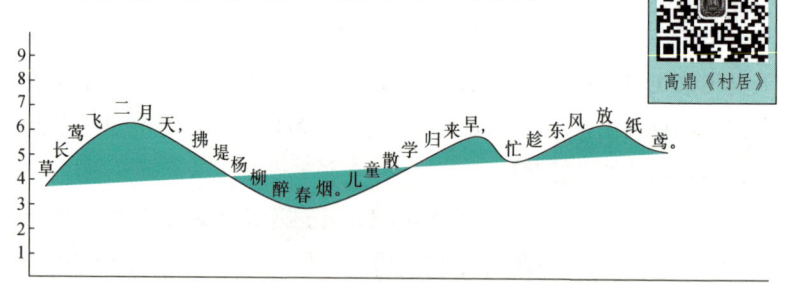

图10-10　高鼎《村居》朗读爬山图

这首诗写于1863年，前有鸦片战争，后有太平天国运动，对于那个年代来说，诗中的生活是难得的平静与欢乐了。将诗人笔下的场景放在时代大背景之下，真如世外桃源一般美好。

参考文献

[1] 叶嘉莹. 古诗词课[M]. 北京：生活·读书·新知三联书店，2018.
[2] 葛晓音. 唐诗宋词十五讲[M]. 北京：北京大学出版社，2003.
[3] 王力. 古代汉语常识[M]. 北京：中华书局，2020.
[4] 王力. 古代文化常识[M]. 北京：中华书局，2020.
[5] 陶卫东，麻庭富. 经典古诗文读解[M]. 重庆：西南师范大学出版社，2017.
[6] 王国维. 人间词话[M]. 杭州：江苏人民出版社，2020.
[7] 张颂. 朗读学[M]. 3版. 北京：中国传媒大学出版社，2009.
[8] 张颂. 朗读美学[M]. 北京：中国传媒大学出版社，2010.
[9] 张颂. 诗歌朗诵[M]. 2版. 北京：中国传媒大学出版社，2008.
[10] 曾致. 朗诵艺术指要[M]. 2版. 北京：中国传媒大学出版社，2013.
[11] 罗莉. 文艺作品演播[M]. 2版. 北京：中国传媒大学出版社，2003.
[12] 王海燕. 朗诵实务教程[M]. 北京：中国传媒大学出版社，2017.
[13] 张涵. 古诗词诵读[M]. 2版. 北京：中国传媒大学出版社，2018.
[14] 张涵. 古文诵读[M]. 2版. 北京：中国传媒大学出版社，2018.
[15] 王静，马玉坤，白贵. 朗诵的知识与实践[M]. 北京：中国广播电视出版社，2020.
[16] 李洪岩. 诗歌朗诵技巧[M]. 北京：中国广播电视出版社，2012.
[17] 张承凤. 古代诗歌欣赏与朗诵[M]. 重庆：重庆出版集团，2011.
[18] 蒙曼. 顺着历史学古诗[M]. 北京：北京联合出版公司，2021.
[19] 康震. 康震古诗词81课[M]. 北京：人民文学出版社，2021.
[20] 戴建业. 戴老师高能唐诗课[M]. 北京：北京联合出版公司，2022.
[21] 杨雨. 杨雨讲诗词故事[M]. 长沙：湖南少年儿童出版社，2018.
[22] 浦江清. 浦江清讲中国古代文学[M]. 北京：团结出版社，2019.

[23] 知中编委会. 太喜欢诗词了[M]. 北京：中信出版集团股份有限公司，2021.

[24] 黄仁宇. 中国大历史[M]. 2版. 北京：生活·读书·新知三联书店，2021.

[25] 易风. 中国历史年代简表[M]. 2版. 北京：文物出版社，2001.

后 记

  古诗词的美，是超越时空的。在中华文化5000年的历史长河中，古诗词是一簇耀眼而持久的星辰，闪烁着历史与情感的光辉。通过古诗词，我们能够穿越时空，与千百年前的诗人、词人对话，感受他们的精神世界，体验那个时代的独特情感。这是对心灵的滋养，这是对智慧的启迪，这是对中华儿女现代生活的独特启示。它带着我们用诗意的眼光去看待世界、用诗意的语言去表达内心、用诗意的内心去面对生活。

  朗读，能将无声的文字转化为有声的情感，将静态的诗句转化为动态的艺术。朗读，能让我们更加深入地理解古诗词的内涵，感受其韵律之美、意境之美，还能培养我们的语言感受力和表达力，提升我们的语言修养。朗读古诗词，更是一种传承和弘扬中华优秀传统文化的方式。当今，信息爆炸，快餐文化泛滥，许多人已经习惯碎片化的阅读方式，而忽略了深入的朗读。然而，正是这种慢悠悠的体悟和朗读，才能让我们静下心来品味古诗词的韵味。

  尽管这是一套名为"小学必背古诗词"的书，但它所传递出来的情感体验，绝不仅仅限于小学生。无论是大人还是孩子，作者都希望能通过这些分享，激发读者对古诗词朗读的兴趣，帮助大家更好地领略古诗词的魅力。同时，作者也希望这套书能够成为大家学习古诗词过程中的良师益友，陪伴大家在探寻古诗词之韵的道路上不断前行。

  亲爱的读者，对于古诗词的学习和朗读，作者希望你能保持一颗敬畏之心、一份真挚之情，希望你能用心去感受古诗词中的情感与哲理，让它们真正融入你的心灵深处。让古诗词在你的朗读中焕发出新的生命力。

最后，作者希望这本书能够在你心中播下一颗热爱古诗词的种子。愿你在未来的日子里，与古诗词为伴，让生活充满诗意与美好。愿你在朗读的过程中，感受到中华文化的博大精深、体验到人生的无限可能。愿你的人生因古诗词而更加精彩纷呈！